当代中国广播电视学

DANGDAIZHONGGUOGUANGBODIANSHIXUE

主　编　张振华
副主编　欧阳宏生　张君昌

中国国际广播出版社

谨以此书

献给中国广播诞生九十周年、中国电视诞生五十五周年

及中国广播电影电视协会联合会成立

《当代中国广播电视学》编委会

顾　问：刘习良

主　任：张海涛

副主任：雷元亮　王莉莉　杨　波　张丕民

编　委：（以姓氏笔画为序）
　　　　　王莉莉　刘习良　杨　波　张海涛
　　　　　张丕民　张　莉　周然毅　赵德全
　　　　　雷元亮

《当代中国广播电视学》课题组

组 长：张振华

副组长：张君昌　欧阳宏生

成 员：（以姓氏笔画为序）
　　　　汤甜甜　陈芊芊　李　鹏　杨　璐
　　　　张务纯　单亦砺　高　杨　徐　栋
　　　　徐明卿　晏　青　曾文莉　黎　薇
　　　　霍小语

序言　适变与守恒

万事皆有"道"，广播电视亦然。

何为道？用今天的话说就是事物的本质、本原与规律。它的特点是什么？老子用四个字加以概括，即大、逝、远、反。[①] 对此王蒙先生的解读是："大是讲涵盖性，逝是讲变易性，远是讲深刻与恒久性。……反则是讲逆向性与循环性"，即"万变不离其宗"[②]。换言之，"大"和"远"是讲道对世上万事万物的涵盖与执掌具有绝对的全时空性；"逝"是讲道并非固化的，它会随着时空的转换而适变，但这种变不能乱变，胡变，不能离其宗，背其道，必须守之有恒，即最后必然回归正道，回归本原，这就是"反"。显然，这种"反"不是原地打转，而是在新的时空中的一种螺旋式递进与提升。

依老子之论，广播电视不仅也有其道，即有其学，而且这道或学还应"与时俱化"（老子语），即与时俱进、与时俱变，但这种变既是"恒中有变"，又是"变中有恒"。

可以说，本书的立论和理论归纳正是围绕"适变"与"守恒"这两个关键词展开的。

1990年由中国广播电视出版社出版阎玉同志担任主编、26位专家学者共同编著的《中国广播电视学》开中国广播电视理论体系创建之先河，为中国广播电视学奠定了较为系统、完整的学术理论框架和基础。

二十多年过去了。虽然二十多年只是历史的一瞬，但这二十几年中国与世界乃至媒介生态都发生了深刻变化，无论变化的速度、深度、广度、力度还是持续性都是前所未有的，唯一不变的是变化本身，这就要求广播电视及

[①] 老子：《道法自然》，载《老子》，第25章。
[②] 王蒙：《老子的帮助》，贵州人民出版社，2013年版，第91页。

其理论研究必须跟上时代潮流，通过适变来推动中国以及广播电视自身的发展。

与《中国广播电视学》相较，本书的最大特点在于立足"当代"，即把中国与世界乃至传媒领域的新发展、新变化作为总背景，研究和解析当代国内外经济、政治、文化、社会及传播领域的发展变化对广播电视提供的新环境、新机遇，提出的新挑战、新命题以及广播电视适应这种变化与要求在信息传播、经营管理、事业建设及队伍建设等方面进行的新探索，形成的新理念、新经验、新突破。以期对当代中国广播电视的健康发展提供新的理论支持。

比如随着中央提出"以人为本"、"执政为民"、依法信息公开、保证人民的"四权"、构建和谐社会、和谐世界以及新的媒体观、新闻观、舆论观的形成，包括新媒体的出现，带来了广电传媒理念一系列变化。本书第四章《中国广播电视传播理念的嬗变》就从传播观念、传播功能、传播环境、传播向度、传播视阈五个方面总结了广电传播"从'宣传为主'到'传播为本'"、"从'教化为主'到'服务为本'"、"从'信息封闭'到'信息公开'"、"从'单向流动'到'交互传播'"、"从'以内为主'到'内外并重'"的历史性转变。

比如随着"科学执政、民主执政、依法执政"这一党的执政理念的形成，随着"新闻媒体越来越成为我们治国理政的重要资源和重要手段"这一新的媒体观的确立和"三善论"即"善待媒体、善用媒体、善管媒体"的提出，本书归纳了当代党和政府同新闻媒体的新型关系，即"变过去的人治、强制为现在的法治、善治；变过去的'我说你听'的命令式管理为现在的人性化、和谐化、科学化管理；由过去单一的上下级线性关系向既互相信任、相互协调，又相互监督、相互制衡的新型双向互动关系转变"。具体而言，党和政府"既要加强对媒体的管理，又要接受媒体的监督"；"既要通过媒体了解社情民意，又要牢牢掌握舆论的主导权"；"既要让媒体为我所用，又要为媒体提供服务"；"既要尊重媒体的新闻自由，又要防止媒体权力的异化"；"既要推动媒体产业发展，又要避免市场带来的低俗倾向"；"既要开放境外媒体采访，又要抢占世界舆论的话语权"。

比如随着中央关于新闻传播要"按新闻传播规律办事"这一精神的强调，本书就如何厘清新闻与宣传的关系提出，"媒体既有思想宣传功能，又有新闻传播功能；既不能以思想宣传代替新闻传播，也不能以新闻传播取代和否定思想宣传。总的来说，新闻与宣传既有重合点，又有不同点。关于二者之'同'，因为典型的新闻事实具有强大的说服力和宣传价值，因此，生动有效的宣传常常与新闻同行。但新闻与宣传又不完全是一回事。新闻是新近发生的事实的报道，而宣传则是某种观念、意志的传播。新闻的价值着眼于'客方'，即努力满足受众的信息需求，而宣传的价值则着眼于'我方'，即宣传者的观念意图如何为宣传对象所接受。新闻讲时效，宣传重时宜；新闻讲究客观地叙述事实，遵循的是新闻传播规律，而宣传意在说明观点，遵循的是宣传规律。"

比如由于新媒体的迅猛崛起，带来了传媒领域的一系列结构性改变。新媒体打破了传统媒体一统天下的格局，不仅已经自立于传媒之林，而且日渐主流化。由此催生了另一个信息渠道和舆论场，形成了另一个话语体系，此外还分割了受众市场，吸引了大批青少年受众。如何防止传统媒体在信息传播、舆论引导和受众占有上被新媒体边缘化？本书提出，"四个打通"是包括广播电视在内的所有传统媒体必须解决的一个共同的时代课题。即打通新老两种媒体、打通两个信息渠道及舆论场、打通两个话语体系、打通青少年和中老年两个受众群体。

比如随着经济和信息的全球化及对外开放，无论对内还是对外广播电视都必须在传播内容、传播形式、传播观念上加以调整。就以对内广播电视而言，本书提出，"随着卫星、网络等新技术的普遍应用，广电传播已经打破了国与国的物理疆界。"在内宣"外宣化"的当代，"在全世界面前，地方的传播、地方的事态都是整个国家形象的一个'细部'，都是世界把脉中国的依据，在这种新情势下，即便是对内广播电视，也要统筹国内、国际两个大局、两种背景和两种语境，……使自己的报道在两种语境下都做到得体表达。"特别是随着中国国际地位的提高，如何提高中国广播电视的国际传播力、影响力，已经变得越来越迫切。为此本书提出，既要追求"走出去"，更要追求"走进去"，即不仅要追求在境外更广的"技术性落地"，更要追求真正入心、入脑的"效益性落地"。广播电视对外传播既要重硬件（如覆盖、渠道、平台、语种、站点等），更要重软件（如内容、形式、观念、语态等），既要重规模，更要重质量。在传播观念、内容选择和方式方法上要坚持"中国立场，世界眼光，人类胸怀"，讲究"中餐西做"，用外国人易于接受的国际化表达讲述好中国故事和中国梦。

当然，适应时代的发展变化，广播电视不仅在传播观念、传播方式上求新、求变，同样在广电体制、经营管理、法制建设、受众工作及队伍建设上也进行了新的探索，本书均有专门的章节加以论述。

如果说本书的一个重点是力求对当代新的历史条件下中国广播电视的适变进行全方位的理论总结，那么另一个重点则是坚持"守恒"。这不仅体现在第一章《中国广播电视的基本属性》中对中国广播电视的社会主义特色、基本功能和指导思想的重申与强调，而且在第二章《中国广播电视与时代环境》中对广播电视在经济建设、政治建设、文化建设、社会建设、生态建设与全球化传播中的责任、使命、地位、作用进行了基本论述。除此之外，本书还力求在事业发展、效益追求、传播取位等一系列问题上倡导一种规律性思维、科学思维、和谐思维、平衡思维，防止倚轻倚重、片面极端，从而贻害广电事业乃至社会。比如，在事业的谋篇布局与着力点上，既要重硬件，更要重软件；既要讲规模，更要讲效益。在事业的内涵与外延上，传统广播电视重在内涵式提升，新媒体则谋外延式发展。比如要合理区分和科学发展广播电视公益性事业和经营性产业。不要从过去一谈广电产业就是异端邪说这一极端，跑到一谈产业就将整个广电"产业化"的另一极端。比如对于广电体制改革，要正确处理生产力与生产关系的辩证关系，既要善于通过调整广播电视生产关系促进其生产力的发展；更要呵护广播电视生产力，真正使广播电视生产力的内在要求成为调整广播电视生产关系的根本动因，防止主观的决策与盲动。比如广电传播既要追求形式创新，更要追求内容创新；既要满足受众的娱乐需求，又要抑制泛娱乐化倾向；既讲收视率、收听率，又要防止唯收视率、收听率；既要追求经济效益，但首先要追求社会效益，坚守媒体责任和职业道德。比如在新闻传播中，既要强调党性原则，又要尊重新闻传播规律；既要体现党的主张，又要反映人民心声；既要坚持舆论导向，又要通达社情民意；既要坚持正面报道，又要强化建设性的舆论监督，如此等等。正如古人云，"悬衡而知平，设规而知圆，万全之道也"[①]。上述种种看似矛盾

---

① 韩非子：《韩非子·饰邪·第十九》。

的两个方面的协调统一都属于规律的规定性、"道"的规定性，都属于必守之"恒"、必由之"道"。偏之废之，违之逆之，都将行之不远，乃至受到规律性惩罚。只有恪而守之，执而行之；遵而循之，张而扬之，才会促进中国广播电视新的健康发展。

总之，一方面，"不守道循常，即为妄矣"[①]，另一方面，"变化者，乃天地之自然"[②]。广播电视及广播电视理论研究作为一个开放的体系、发展的体系会永远在时代大潮中围绕守恒与适变不断前行，本书呈现的只是一个历史的断面而已。

本书虽力求立足"当代"，对广播电视理论创新进行一次科学总结和系统梳理，但囿于学识和理论功力，时有浅陋之感，不当之处，诚望指正。

张振华

2013年7月8日

[①] 前蜀杜光庭：《道德真经广圣义》卷七。
[②] 东晋葛洪：《抱朴子·黄白》。

目 录

绪 论 1

第一章 中国广播电视的基本属性 25

第一节 广播电视的社会主义特色 25
第二节 广播电视传播的指导思想 38
第三节 广播电视传播的基本功能 52

第二章 中国广播电视与时代环境 62

第一节 广播电视与经济建设 62
第二节 广播电视与政治建设 69
第三节 广播电视与文化建设 76
第四节 广播电视与社会建设 82
第五节 广播电视与生态建设 90
第六节 广播电视与全球语境 92

第三章 中国广播电视与传媒生态 97

第一节 广播电视与报刊在竞合中发展 97
第二节 新媒体对传统广播电视的冲击 103

第三节　三网融合赋予广电媒体的机遇 …………………… 115
　　第四节　科技进步对广播电视业的推动 …………………… 122

第四章　中国广播电视传播理念的嬗变 …………………… 128

　　第一节　传播观念：从"宣传为主"到"传播为本" ……… 128
　　第二节　传播功能：从"教化为主"到"服务为本" ……… 141
　　第三节　传播环境：从"信息封闭"到"信息公开" ……… 152
　　第四节　传播向度：从"单向流动"到"交互传播" ……… 161
　　第五节　传播视阈：从"以内为主"到"内外并重" ……… 167

第五章　中国广播电视节目形态与生产 …………………… 169

　　第一节　广播电视节目形态与发展 ………………………… 169
　　第二节　广播电视节目的生产流程 ………………………… 181
　　第三节　视听新媒体内容的生产传播 ……………………… 192

第六章　中国广播电视的产业经营 ………………………… 208

　　第一节　广播电视产业内涵特征 …………………………… 208
　　第二节　广播电视产业经营原则 …………………………… 217
　　第三节　广播电视产业模式内容 …………………………… 224
　　第四节　广播电视产业集团化运营 ………………………… 233
　　第五节　广播电视产业资本运营 …………………………… 244

第七章　中国广播电视的体制管理 ………………………… 253

　　第一节　广播电视事业体制建设 …………………………… 253
　　第二节　广播电视体制管理创新 …………………………… 265
　　第三节　广播电视体制改革目标 …………………………… 276
　　第四节　广播电视体制改革前瞻 …………………………… 286

第八章　中国广播电视的法治建设 ………………………… 295

　　第一节　广播电视法治基本内涵 …………………………… 295

第二节　广播电视法律制度体系 ······ 310
　　第三节　广播电视法治建设任务 ······ 333

第九章　中国广播电视的受众研究 ······ 339

　　第一节　广播电视受众基本特征 ······ 339
　　第二节　广播电视受众研究沿革 ······ 348
　　第三节　广播电视受众调查方式 ······ 359
　　第四节　构建科学节目评估体系 ······ 371

第十章　中国广播电视的队伍建设 ······ 382

　　第一节　广播电视人才职业素质 ······ 382
　　第二节　传媒新生态的人才需求 ······ 396
　　第三节　广播电视人才培养目标 ······ 404

后　记 ······ 419

绪 论

作为20世纪人类最伟大的十大发明之一，广播电视不仅带来了媒介传播历史由平面时代进入电子时代的一场革命，而且由于其覆盖的广域性、受众的广泛性而使得人类社会被空前地"媒介化"。

中国的广播与电视分别诞生于20世纪初期和50年代末期。随着广播电视业的蓬勃发展，起步于20世纪50年代的当代中国广播电视研究，逐渐发展成为一门独立的新兴学科。

任何一门学科的成立，都要满足三个要件：第一，有特定的研究对象及研究内容；第二，有社会认可的职业化人才队伍和工作实务流程；第三，有一定的历史沿革及研究成果。广播电视学有自己特定的研究对象，有庞大的从业队伍和理论教学工作者，有从发明到发展的近百年历史及其业已形成的基础理论、应用理论、管理理论和史学研究等构成的知识体系。显然，建构广播电视学科类别具备了相应的条件。

1992年11月，《中华人民共和国学科分类与代码国家标准》（以下简称《学科分类与代码》）正式出台，学科分类代码是对现实学科体系按其内在联系加以归类进而作出的符合逻辑的排列。广播电视由于其重要性和复杂性，分别出现于"艺术学"（760）、"新闻学与传播学"（860）和"电子、通信与自动控制技术"（510）三个一级学科目录之下，其下又涉及三个二级学科。在"艺术学"下属的二级学科中，名称是"广播电视文艺"；在"新闻与传播学"下属的二级学科中，名称是"广播与电视"；而在"电子、通信与自动控制技术"下属的二级学科中，名称是"广播与电视工程技术"。2012年10月，教育部公布《普通高等教育本科专业目录（2012年）》（以下简称《专业目录》），将"广播电视新闻学"调整为"广播电视学"，标志着国家教育主管部门正式将"广播电视学"确立为独立学科。从《学科分类与代码》的两级学科界定到《专业目录》为广播电视学正名,不仅确立了广播电视学的学科地位,而且诠释了广播电视学的内涵,体现出该学科研究对象交叉复杂、领域宽广、研究方法丰富多样、既重学理论性又重应用性的特点。

进入 21 世纪以来,中国广播电视的核心竞争力得到显著提升,其在整合与激活社会资源、倡导并建设社会主义核心价值体系、传播并构建社会主义先进文化等方面发挥着日益强大的社会功能。中国广播电视业的纵深发展,为中国广播电视的理论研究及中国广播电视学的学科建设和发展奠定了扎实的基础。时代的进步又赋予了广播电视学科丰富的内涵,中国广播电视学的学科特色不断彰显,学科优势不断扩大,学科发展成就不断累积,需要我们及时总结,以便更好地推动中国广播电视的实践与创新。

一、当代广播电视学研究的对象与内容

当代中国广播电视学是研究 20 世纪 50 年代以来中国广播电视的传播活动及其发展规律的科学。其根本目的是从中国广播电视的发展及传播活动中总结出规律性的东西,用以指导广播电视工作的实践,促进中国特色社会主义广播电视事业的健康、快速、可持续发展。

自 20 世纪 90 年代中期以来,广播电视不仅越来越深刻地进入并影响着社会的生产、生活,而且随着信息的全球化及中国国际地位的提高,广播电视在国际传播活动中的地位也日益突出。在这种背景下,如何加强当代广播电视学的研究,不断丰富发展该学科的理论体系,不断提高理论效用和实践意义,体现其学科建设与发展的当代价值,就显得越来越迫切。尤其是当代广播电视自身发展迅猛,传播技术日新月异,传播方式日趋多样,传播内容日益丰富,适应新形势、开拓新领域、研究新变化、总结新经验、提出新理念,从而推进中国广播电视学向纵深领域发展,是本书的要义所在。

(一)当代广播电视学的研究对象

广播电视是现代科学技术与人类日益增长的信息需求相结合的产物。要明晰当代广播电视学的研究对象,还得从追溯广播电视的诞生、发展的渊源开始。

19世纪末至20世纪20年代，经过多国科学家和工程技术人员长期探索，无线电广播作为一种传播媒介终于诞生。1928年—1970年，世界各国的广播电台数量猛增，节目内容更加丰富，形式日趋多样，特别是在第二次世界大战中，各国对外广播发展迅猛，成为为战争服务的利器。战后广播进入全盛阶段，成为现代新闻传播的主要媒介。再说电视，电视的英文名称"television"，"tele"是拉丁文的词根，意思是"远处的地点"，"vision"意思是"看得见的事物"。1936年11月2日，英国广播公司（BBC）在伦敦市郊亚历山大宫正式播送电视节目，拉开了电视作为一种大众传播媒介的序幕，并很快显示出超越其他媒体的种种优势。

中国广播电视是世界广播电视的重要组成部分。正确认识广播电视和中国广播电视的基本内涵、客观规律是廓清当代中国广播电视学研究内容的重要基础。

1. 广播电视的基本内涵

从广义上讲，广播电视通称为广播，既包括只传播声音的广播（分无线广播和有线广播），又包括既传送声音又传送图像的电视广播（分为无线电视广播和有线电视广播），因此美国、英国、日本等国的广播机构虽都兼办广播电视，但一直称为"广播公司"或"广播协会"；在我国则习惯从狭义上将广播与电视拆分，称"声音广播"为"广播"，称"电视广播"为"电视"。本书取其狭义。

对于广播电视的内涵，研究者多从技术和性质两个方面进行界定。《辞海》从技术层面对广播电视自然属性的解释是："通过无线电波或通过导线向广大地区播送音响图像的节目，统称为广播。按传输方式，可分为无线广播和有线广播两大类。只播送声音的，称为'声音广播'，亦简称'广播'；播送图像和声音的，称为'电视广播'。"[①] "通过无线电波或通过导线向广大地区播送音响图像的节目"一说，表明了广播电视的工作原理和技术特征。

根据广播电视技术传播的特点，"声音广播"和"电视广播"还可以分若干种，如"声音广播"中无线广播按电磁波的波长，还可以分为调频、中波、短波、超短波；有线电视可以分为电缆电视、光缆电视，通过人造卫星传播

---

① 辞海编辑委员会：《辞海》，上海辞书出版社，1979年版，第845页。

的广播电视又分卫星广播、卫星电视，等等。可见，广播电视是运用电磁波传导方式把声音和图像传递给广大受众的电子传媒工具。

随着当代通信技术的创新和应用，数字技术、卫星技术、互联网技术等高新技术不断融入广播电视领域，使得传统广播电视呈现融合多媒体、打造全媒体平台的超媒体发展趋势。网络广播电视、移动广播电视、IPTV、手机电视等新业态、新终端应运而生，赋予了广播电视新的传播形态和功能。视听新媒体技术不仅极大地丰富了广播电视节目的传播载体、传播渠道和传播终端，使受众实现"我的节目我做主"、"我的时间我做主"、"我的地点我做主"、"我的终端我做主"，而且可以实现实时互动，甚至可以完成网上购物、订票、缴费等日常生活所需；在与物联网充分融合后，还可以实现远程办公、智能管家等，从而使传统的广播电视大大突破原有的形态与功能，正在演进成为一种新型媒体。

综上所述，本书认为，当代广播电视是指以各种电子通信技术与设备为介质，将声音、图像、文字等多种信息广泛传播，通过多种终端为受众提供视听类服务的大众传播媒体。

2. 中国广播电视的特殊内涵

广播电视属于上层建筑范畴，因此，除了其自然属性，还具有社会属性。中国是社会主义国家，中国广播电视既具有广播电视的自然属性，也具有中国特色社会主义的特殊属性。因此，研究中国广播电视还必须从中国广播电视的性质、属性、社会关系、社会作用、社会功能和社会影响等方面进行考察。

第一，中国广播电视是以社会主义公有制为主体的大众传播媒介，是中国共产党领导下的社会主义新闻事业的重要组成部分。公有制特色决定了中国广播电视的社会主义性质，决定了中国广播电视归人民所有。作为一种具有高度政治敏感性和强大舆论影响力的新闻媒介，要维护我国广播电视的社会主义性质，必须始终坚持在政治上、思想上、组织上全面接受党的领导，必须反映最广大人民群众的根本利益。

第二，中国广播电视既是党和政府的喉舌，也是人民群众的公共话语平台，是党、政府和人民群众联系、沟通的桥梁和纽带。中国广播电视是党和政府的舆论宣传机构，担负着自上而下传递政治信息的任务，包括发布、宣传、解释党和政府的路线、方针、政策、法律、法规，引导舆论，等等。充分发挥党和政府的喉舌作用，是中国广播电视的根本使命和必然选择。与此同时，广播电视又是自下而上反映社情民意和群众呼声以及进行舆论监督的公共话语平台。

早在新中国成立时，国家新闻出版总署就提出，广播要发挥好"发布新闻，传达政令，社会教育，文化娱乐"的作用。1958年，北京电视台（中央电视台前身）刚建立不久，党中央就提出电视台应根据自己的特点，担负起宣传政治、传播知识和充实群众文化生活的任务。根据上述宗旨和任务，广播电视设置了新闻性节目、教育性节目、文艺性节目和服务性节目。在其后的几十年，中央对广播电视作为党、政府及人民的喉舌这一宗旨作了一再强调。

第三，中国广播电视是受众群庞大的现代化大众传播媒介。与对受众文化程度要求更高的纸质媒体和在技术上对受众要求更高的网络媒体相比，广播电视不仅拥有最大层次范围的受众，而且还能够在最大程度上消除时空对传播的限制，将正在发生的事实同步传递到电波覆盖范围之内的任何地方，是我国覆盖面最广、受众群体最大的传播媒体。

第四，中国广播电视是一种独特的现代文化与艺术形态。中国广播电视作为新闻媒体，当然要坚持"新闻立台"的宗旨，但满足受众不断增长的文化要求也是中国广播电视责无旁贷的任务。自20世纪80年代以来，中国改革开放所带来的思想文化的冲突、价值观念的互渗、意识形态的碰撞、审美理念的转变构成了中国文化发展史上前所未有的多元景观。广播电视文化也表现出多元性、多样性、多层性的特征。广播电视文化是融合官方意识形态、精英意识形态与大众消费文化的混合形态。在传播新闻信息的同时，广播电视与多种形式的文化艺术结缘，形成了丰富多彩的广播电视艺术，被称为继诗歌、音乐、绘画、雕塑、建筑、舞蹈、戏剧、电影之后的一种受众面最广、影响力最大的艺术形态。随着信息高速公路、多媒体技术等新技术手段的开发和普及，广播电视文艺的信息量将更加丰富，视听艺术手段和节目样态将更加多样，从而成为当代社会文艺形态的重要组成部分。

第五，中国广播电视具有产业属性，是文化产业的重要组成部分。自从1985年广播电视被列为第三产业以及1992年广播电视被明确提出具有上层建筑和信息产业双重属性以来,我国广播电视的经济属性和产业功能越来越受到重视。从政策方面看,1998年召开的九届全国人大一次会议明确提出,国家今后对包括电台、电视台在内的大多数事业单位,将逐年减少拨款的三分之一,三年后要实行自收自支,广播电视行业将完全被推向市场。我国广播电视产业发展势头方兴未艾,广播电视广告市场潜力、产业开发潜力巨大:我国的收音机、电视机拥有量和听众、观众日均收听、收视时间都居世界第一;随着频率、频道的扩大和增加,对广播、电视节目的需求也在迅速增长;目前我国有线电视用户市场规模居世界第一,有线电视网络经营及节目制作、节目销售市场也具有巨大的发展空间。

（二）当代广播电视学研究的主要内容

广播电视学是研究广播电视的传播活动及其发展规律的新兴学科,一般包括广播电视基础理论、广播电视应用理论、广播电视管理理论和广播电视历史研究四个方面。

其一,广播电视基础理论是广播电视学的学理部分,是探索广播电视本体理论、广播电视实践本源的一般性、普遍性规律的各学科的总和。它是应用理论和决策研究的依托和主要理论根据。基础理论由三方面组成:一是广播电视本质理论,包括中国广播电视事业的性质、功能、任务等方面的理论;二是广播电视外部关系的研究理论,包括与经济的关系、与政治的关系、与文化的关系、与社会的关系、与生态的关系、与法律的关系、与道德的关系、与科技的关系,等等;三是广播电视内部关系研究理论,包括广播电视新闻学、广播电视传播学、广播电视艺术学、广播电视语言学、广播电视美学、广播电视批评学等。

其二,广播电视应用理论是对广播电视传播及运行中的操作环节进行的实践性研究。它要对实践提出的各种问题进行回应,其研究水平直接关系甚至决定广播电视传播和运行的效果与效益。这一部分主要由广播电视制作应用理论、广播电视节目创作理论、广播电视传播实务理论、广播电视构成要素理论四个部分组成,其中,广播电视制作应用理论包括广播电视制作技术、传播技术理论两方面;广播电视节目创作理论是广播电视应用理论的主体部分,分为栏目和节目两大块,前者涉及策划、选题、采录、编辑、制作等环节，包括栏目宗旨、目标、定位、板块设计、主持人设计、编排、制作方式等方面的研究，后者包括新闻节目、纪实节目、社会教育节目、专题节目、综艺节目、广播剧、电视剧等的理论，属于广播电视文化批评的范畴；广播电视传播环节的理论是对传播过程中不同职能、不同工种从业者的研究；构成要素的理论是对广播电视的成品的主要构成要素，包括声音、色彩、光等的研究理论。

其三，广播电视决策管理理论包括对事关广播电视发展全局的规划、方针、政策、条例、法规、制度等各种决策的理论，主要由战略规划理论、政策法规理论、管理制度理论三部分组成，其中，广播电视战略规划理论是宏观理论，它涉及广播电视事业发展全局的方方面面，包括发展目标、发展阶段、发展规划等理论；广播电视政策法规理论是广播电视中观决策理论，对广播电视顺利健康发展具有重要的保证作用；广播电视管理制度理论是广播电视微观决策理论，是对广播电视事业发展中具体问题所制订的一系列措施的研究。

其四，广播电视历史研究是研究广播电视事业产生、发展的历史过程、得失及其规律的一门新兴学科。它既是研究广播电视学的基础，又是广播电视学一个重要组成部分。具体而言，广播电视历史研究按国别来分，可分为中国广播电视史、外国广播电视史；按历史时期划分，有通史、断代史；按内容划分，有广播史、电视史、广播电视新闻史、广播电视文艺史、广播电视媒介批评史、广播电视节目史，等等。此外，还可以有广播电视台台史、广播电视管理史、广播电视技术史，等等。

二、当代中国广播电视学的研究思路和方法

建立科学的中国广播电视理论体系是广大广播电视从业人员和研究人员的重大责任与历史使命，必须围绕广播电视学科发展的基本规律，明确学科发展的突破方向，在全面研究中国广播电视理论的同时，重点研究对行业发展和学科建设具有全局性、战略性、前瞻性、指导性的重点、难点和关键性问题，从而提高理论研究的有效性和建设性。

（一）当代中国广播电视学的研究思路

本书共设十章。第一章提纲挈领，从中国广播电视的社会主义特色、指

导思想、基本功能三个层面出发，探讨当代中国广播电视的基本属性。

第二章从中国广播电视与经济建设、政治建设、文化建设、社会建设、生态建设以及全球语境等六个方面分析当代中国广播电视的时代环境和时代要求。

第三章重点从广播电视与报刊、广播电视与新媒体、广播电视与"三网融合"三个角度探讨新的媒介生态环境下的中国广播电视的现状与发展趋势。

第四章从五个方位梳理和总结中国广播电视传播理念的嬗变，即从"宣传为主"到"强化传播"，从"单纯教化"到"构建公共空间"，从"信息封闭"到"信息公开"，从"单向流动"到"交互传播"，从"以内为主"到"内外并重"。

第五章从广播电视节目的采编制作、视听新媒体节目采编制作、全媒体时代节目的策划与编排等方面，总结归纳当代广播电视节目的形态与生产流程。

第六章回顾中国广播电视产业经营探索的过程、基本原则、经营模式与内容以及广播电视产业资本运营的情况。

第七章回顾中国广播电视事业体制建设的发展过程，提出了中国广播电视体制改革的方向和目标。

第八章回顾中国广播电视法治建设的情况，并作前瞻性探讨。

第九章重点探讨中国广播电视的受众工作，分析当代中国广播电视受众的基本特征、受众研究的沿革、受众调查方式以及如何构建科学的广播电视节目评估体系。

第十章从广播电视人才素质的架构、当代媒介市场对广播电视人才的需求、媒介融合背景下广播电视人才的培养等方面对中国广播电视人才队伍建设进行了探讨。

尽管本书力图全面反映中国广播电视理论研究的重要成果，并形成一个科学的框架，但是由于任何一门学科的建设不仅处于一个不断变化、持续创新的动态之中，而且又是与其他学科相互渗透、相互影响的，而这种交叉渗透甚至融合不仅是当今整个社会科学研究和社会科学发展的总趋势，而且同样处在一种不断变化的动态之中，因此，当代中国广播电视学没有一个终极性的稳定框架，特别是由于中国广播电视仍在不断变化和发展之中，这就决定了本书仍是一个阶段性研究成果,决定了业界、学界必须不断地研究新情况、总结新经验、解决新问题,促使中国广播电视学的理论体系日臻完善。可以预期的是,21世纪上半叶将是我国社会发生深刻变化和重要转型的时期。社会大系统的发展变化对广播电视的功能发挥、角色优化与价值建构具有根本意义上的规定性。这尤其需要广播电视学科建设和理论研究能够紧跟社会的发展脉络,紧扣行业的时代命题,不断推动学术创新,共同迎接中国广播电视行业与理论研究更加生机勃勃的明天。

(二) 当代广播电视学的研究方法

广播电视学的研究内容和研究方法之间乃是"体"和"用"的关系。广播电视学的研究只有以科学的方法论作为指导,才能把握其规律,切实推动学科的发展。广播电视学的方法论是有系统、分层次的,具体来说,包括宏观层面的哲学方法、中观层面的一般方法、微观层面的具体方法。

1. 宏观层面的哲学方法

这是指要以马克思主义的世界观与方法论和中国特色社会主义理论体系为指导,推进中国广播电视学的深入研究。马克思主义的世界观与方法论为广播电视研究提供了正确的理论思维方法,是指导广播电视研究的科学路径。它要求将辩证唯物主义和历史唯物主义作为广播电视学的理论基础和研究指南,坚持历史方法与逻辑方法的有机统一,从广播电视传播最本质的属性和最基本的规律入手,综合运用分析与综合、归纳与演绎的思维方式研究中国广播电视的传播活动和发展规律。马克思认为生产力决定生产关系,生产关系又反作用于生产力;经济基础决定上层建筑,上层建筑又反作用于经济基础。属于上层建筑范畴的广播电视是由特定的经济基础决定的,必然要建立与经济基础相适应的生产关系。因此,广播电视包括广播电视理论既不能滞后,又不能超越它所处的社会发展阶段,更不能脱离它所依托的政治体系。总之,广播电视学的研究既要从社会客观现实出发,从具体的社会历史条件出发,又要从社会及广播电视的发展规律、发展前景出发,从而使之既具符合实际,又具有前瞻性、引领性。

广播电视不是一个孤立的社会现象,而是与社会各方面因素相互联系、相互影响的。特别是在我国社会目前处于转型期,广播电视研究要用联系的观点、发展的观点，要用全景思维、系统思维，把广播电视放在整个社会相互关联和发展变化的时代大背景中，分析广播电视与社会各方面的相互联系、相互影响、相互作用，充分释放其协调社会关系、推动社会进步的作用。此外，广播电视本身也是不断发展变化的，随着电子技术的不断进步，广播电视领域不断涌现出各种新现象、新问题，面临新的机遇与挑战。广播电视研究要从发展的观点出发，适应发展变化的具体要求，使科学研究具有时代性、创新性。

2. 中观层面的一般方法

这是指从各相关学科研究方法中概括出来，具有一定通用性的研究方法。进入 21 世纪以来，学科多元化发展的步伐加快，一方面学科分化的趋势加剧，但同时互相之间的联系也越来越紧密。各学科既高度分化又高度融合，这就要求必须突破现代学科之间的学术壁垒，以开放的思维和视野进行学术研究。

当代中国广播电视学是一门文理交叉的综合性学科，在发展过程中吸收了多学科的大量研究成果，也借鉴了相关学科的一些研究方法。用于广播电视学研究的一般方法主要包括社会学方法、心理学方法、符号学方法、信息论方法、控制论方法、系统论方法，等等。

社会学方法把广播电视当作社会现象来研究，并将广播电视传播者及受众划分成超个体的构成体，研究各个传播群体或受众群体的统计学特点和心理特征等。

心理学方法把广播电视传者和受者的认知、情感、态度、评价看成是组成不同群体的各个个体的心理状态，通过对其心理活动的分析，推断所属群体的特征并寻求群体视听习惯的深层次动因。

符号学方法把广播电视传播活动看成是意义的传递过程，研究其编码、译码的具体操作过程。它关注意义在流动过程中的细微变化，探讨优化组合各种符号以取得最佳传播效果的路径。

信息论的研究方法把广播电视看成一种信息传播过程，研究广播电视如何对信息进行采集、加工、处理、传送、接收，进而实现其传播目的。

控制论的研究方法着眼于广播电视传播与接受过程的控制问题，研究广播电视传播者对传播与接受过程进行支配，以保证传播活动沿既定及正确的方向运行。在控制论方法中，最优化方法和反馈方法应用较多。最优化方法关注广播电视传播过程中如何才能以消耗最少的人力、物力、财力、时间来达到最佳的传播效果。反馈方法则探讨广播电视传播者怎样根据受众的反馈来调节、校正传播活动。

系统论研究方法把广播电视活动作为一个系统来考察和分析。系统论中的整体性、目的性、最优化原理等，均可运用于广播电视学的研究中。

原则上讲，无论是什么研究方法，也不管它是哪个学科体系的，只要适用于"广播电视学"的建构，都应该加以借鉴。只要广播电视学研究扣紧自己的研究对象，对其他学科研究方法的借鉴不仅不会影响这个学科体系的独立性，而且会因研究方法的丰富而推动学科体系建设的完善。

3. 微观层面的具体方法

主要有以下几种：

（1）调查研究法。在广播电视研究中运用调查研究方法，主要是通过对广播电视传播活动进行有计划、周密、系统的考察，用科学的手段和方法收集客观的资料进行分析研究，总结成果和经验，发现问题和教训，为今后广播电视的发展提供参考依据。调查研究法广泛应用于对广播电视受众的研究中。

（2）内容分析法。内容分析法广泛运用于广播电视节目的研究中，主要是对特定的广播电视节目（包括声音和图像讯息）进行客观、系统的量化，并对量化结果加以描述和分析。研究者可以通过分析一段时期内某个（或某类）广播电视节目的内容资料，得出该（或该类）节目的特征。研究者可以通过分析不同时期里某个（或某类）广播电视节目的内容资料，得出该（或该类）节目的变化因素并推断其发展趋向。研究者还可以对几个（或几类）相似的广播电视节目的传播内容进行分析和比较，找出它们之间的异同。

（3）个案研究法。个案研究法乃是针对特定的团体或组织之背景、发展及行为，或某一事实、某一特定事件，作深入、客观的探讨分析。系统地进行个案研究，必须经由资料的收集及对个案进行观察、分析、比较、求证、整合等步骤，充分了解个案之真实状况，以作为解决问题、决策制订或修正之准则或依据。在广播电视研究中，个案研究法往往被运用于全面、系统地研究某位传播者（如记者、编辑）或某一传播组织（如广播电视台）的特性，或某种广播电视传播现象在一个时期内发生、发展过程的全面情况和规律。

通过个案研究获得的资料较详细，也较有深度。个案研究一般包括四个步骤：第一，确定个案研究的对象。第二，实地研究，包括收集资料、观察、测量或收集统计数据。第三，整理记录。在实践中，常常需要保存一份原始材料，将另一份材料进行整理。整理记录可采取逐步缩减记录法或索引法两种方式进行。逐步缩减法是剔除记录中不重要的部分，去粗取精。索引法主要是通过做笔记或作记号来组织材料。第四，分析研究，撰写报告。

（4）控制实验法。在广播电视学中，控制实验主要是用于测试广播电视传播内容与受众的特定心理或行为反应类型之间的因果关系。控制实验法通过创造一个人工环境，控制影响被试者的心理或行为的变量，如被试者的特征、传播内容、传播频率等，来探讨特定变量间的因果关系。

（5）访谈法。深度访谈乃质化研究中收集资料的一种方法，研究者期望经由在实际的场域对话中，了解研究对象的生活世界，发现研究对象的观点，收集特定对象争论的问题或讯息，包括研究对象的经验、意见、感受和知识等直接引述，并进一步探求资料或讯息本身所反映的一些事实真相。在广播电视的研究中，访谈法可用于了解受众对广播电视传播内容、传播形式、传播手法等的认识、看法与意见及广播电视节目对受众思想与行为的影响。

（6）参与观察法。参与观察是田野调查的一种特殊形式，其中研究者因实际参与研究，而成为行动者。参与观察者在研究的互动情境中，扮演不同的角色，主要借由两种方式进行：一种是以观察者的身份，直接对研究情境及其人际互动进行观察，并配合深度访谈同步进行；另一种是以参与者的身份观察，介入他们的一般性谈话，借由亲身体验，来发掘和发现较具真实性的资料，以弥补文献分析和深度访谈的不足。观察法的实施主要由四个环节组成：第一，确定研究目的，训练观察人员，作好研究准备。第二，选择观察对象、观察范围与观察内容，确定观察指标及观察记录方法。第三，实施观察，搜集、记录资料。第四，分析资料，撰写报告。

此外，广播电视研究的具体方法还有文献法、功能分析法、系统分析法，等等。在对我国广播电视进行研究的过程中，应注意将宏观研究和微观研究相结合、静态研究和动态研究相结合、定性研究和定量研究相结合、经验研究和理论研究相结合，以科学、准确、全面地揭示我国广播电视的本质特征和基本规律。

三、当代中国广播电视学的学科特征与学科建设

无论从理论还是实践上，抑或历史渊源上，广播电视学与新闻学、大众传播学都有着直接的联系。广播电视学是在新闻学和大众传播学的基础上产生的，兼容这两门学科中的部分研究内容。由于其又融合了文学、艺术、美学等学科的大量成果，因此又同新闻学、大众传播学有着明显的区别。从研究的对象和范围来看，广播电视学、新闻学、大众传播学这三门学科既自成体系又相互交叉。

需要指出的是，广播电视经过几十年的发展，已形成自身的传播特点，其传播内容日益丰富、传播形式日趋多样，其内涵远远超出新闻传播的范畴。以传播内容为例，除广播电视新闻节目以外，占据广播电视大量播出时段的是专题节目、综艺节目、谈话节目、电视剧等，而这些内容显然不是新闻学的研究对象，不能纳入到新闻学的研究范畴中。另外，根据传播内容，广播电视学不仅可以划分为广播电视新闻学、广播电视艺术学、广播电视管理学等分支学科，还有诸如广播电视社会学、广播电视文化学、广播电视心理学、广播电视哲学、广播电视批评学、广播电视美学、广播电视受众学、广播电视经营学、广播电视节目学、广播电视管理学、广播电视传播学、广播电视播音主持学、广播电视纪实学，等等，而且这些分支学科已经初步形成了自己的知识理论体系。

总之，在几十年的发展中，广播电视学通过不断地从其他成熟的相关传统学科中吸纳营养，逐步形成了自己完整的知识理论体系。

（一）广播电视学与新闻学、大众传播学的关系

新闻学和大众传播学是广播电视学的主要理论来源。广播电视学既兼容了这两门学科的部分研究内容，又形成了自己独有的特征。

新闻学关注人类的新闻活动与社会生活之间的关系，主要研究人类社会新闻传播活动、新闻现象、新闻事业的产生、发展状况及其规律。新闻学包括三个方面的内容：一是理论新闻学，主要研究新闻的本质特征、新闻传播活动与新闻事业的一般规律以及在社会生活中的地位、作用、功能和特点。二是实务新闻学，主要研究新闻采访、写作、编辑、评论等新闻业务方面的

技能、技巧、方法和原理。三是历史新闻学，主要研究新闻传播活动和新闻事业产生的背景与条件、历史与发展的特点及规律以及新闻界各个时期的名人、名报（刊、台）等在新闻传播活动中的地位和作用。在对广播电视的研究方面，新闻学涉及的主要是广播电视节目的新闻、评论部分。二者的融合形成了一个新的分支学科——广播电视新闻学。当然，随着广播电视的飞速发展，新闻学的研究范围早已不能涵盖广播电视日益丰富的传播内容与日益多样化的传播手段。

大众传播学起源于20世纪40年代的美国，由于广播电视的普及促使大众传播学很快成为一门显学。20世纪50年代其学科体系即趋于成熟。大众传播学是传播学的一门重要分支学科，主要研究大众传播现象的发生、发展、规律以及大众传播与社会的关系。它广涉报纸、广播、电视、电影、杂志、书籍等六大传播媒介，着眼于从宏观层面通过各种理论与模式描述、分析、解释大众传播现象。广播电视学的分支学科广播电视传播学便是在与大众传播学相互渗透的基础上产生的。

（二）广播电视学与美学、艺术学的关系

美学作为一门独立的学科诞生于19世纪50年代的德国，主要研究人对现实的审美关系。美学包括基础美学、实用美学和历史美学三个方面，其关注的基本问题是美的本质、审美意识同审美对象的关系等。

20世纪初，德国的艺术理论家玛克斯·德索第一次确立了艺术学的独立的学科性质。艺术学属于人文学科的范畴，主要对各种艺术及艺术现象进行宏观、整体和综合的研究。它涉及的范围广泛，包括艺术的发生、发展、创作、欣赏以及艺术与人类社会生活的关系。作为独立的学科体系，艺术学由艺术理论、艺术史和包括艺术美学、艺术心理学、艺术教育学等在内的艺术学边缘学科群组成，其中，艺术理论是艺术学的核心与主导，主要关注艺术的本质特征和一般规律。广播电视本身既是一种新的艺术媒体，又是一种新型的艺术样式，而且它在与各种传统艺术形式的相互渗透中形成了包括广播剧、广播小说、电视剧、电视文艺晚会、电视文学等丰富多彩的艺术形式。

广播电视艺术是一种具有独特艺术个性和美学风貌的新型艺术形态，广播电视与美学和艺术学有着天然的渊源。把美学和艺术学运用到广播电视的领域，用美学和艺术学的观点和研究方法研究广播电视，比如广播电视节目的艺术价值和美学价值、艺术风格和表现手段等，便形成了新的交叉分支学科——广播电视美学、广播电视艺术学。

（三）广播电视学与社会学、心理学的关系

社会学是从社会整体出发，通过研究社会整体及要素的相互关系和运动过程来探讨社会的结构、功能、发生、发展规律的综合性学科。在社会学中，人不是作为个体存在，而是作为一个社会组织、群体或机构的成员而存在。社会学起源于欧洲。1838年，法国实证主义哲学家、社会学家孔德在《实证哲学教程》一书中首次使用"社会学"这一概念，提出要建立社会学这样一门独立的学科，标志着社会学的诞生。社会学是一门应用科学，具有很强的实用性。社会学学科形成了两种互斥、互补的方法论，即实证主义（或科学主义）与人文主义（或解释学、反实证主义）的方法论。实证主义强调数量化、模型化的分析方式，通过抽样调查方法搜集资料，倾向于运用诸如统计图表类的定量技术处理、资料分析，主张运用公式、数量模型去表达经得起检验的假设。人文主义主要运用实地调查研究方法去搜集资料，强调社会行动的主观意义以及研究对象内心的思想、情感、行为目的、动机需要等因素；强调对当事人的洞察、理解和解释。社会学的两种方法论影响极为深远。广播电视学中，常运用实证主义的定量研究、人文主义的定性研究或定量研究与定性研究相结合，去统计、探讨、分析广播电视受众的特点、视听行为、视听规律等，因此形成了一门新的分支学科——广播电视受众学。

在对广播电视受众的研究过程中，还吸取了心理学的大量研究成果，采用心理学的研究范式对受众的视听心理、视听动机、视听过程进行分析。心理学是一门内涵丰富、博大精深的学科。心理学是研究人的心理现象的发生、发展、变化过程以及人的行为与心理活动规律的科学。心理学在前科学阶段属于哲学范畴。1879年，德国心理学家威廉·冯特在莱比锡大学建立心理研究所标志着科学心理学的诞生，实证研究方法的运用是这一学科成为科学的转折点。运用心理学的基本原理和方法研究广播电视传播者、采访对象、受众在信息采编、传播和接受全过程中的种种心理现象及其客观规律，形成了广播电视学的又一个分支学科——广播电视心理学。它是广播电视学与心理

学交叉融会的边缘学科。

从上面对广播电视学与其他学科的关系梳理可以看出,广播电视学已发展成为一门有着自身独立特征、自成体系、实践性强的应用科学。广播电视学在发展的过程中兼收并蓄、融汇综合新闻学、大众传播学、艺术学、美学、社会学、心理学等学科的大量成果,与他们相互交叉形成了众多的、新的分支学科,并在此基础上构建了广播电视学的学科体系。

四、当代中国广播电视学的意义与价值

构建当代中国广播电视学不仅是广播电视学科自身发展的内在需要,更是推动当代广播电视发展的外在需要。

技术的进步、政治、经济和社会的变革,已经并将继续给广播电视事业的发展带来越来越深远的影响。21世纪前期的几十年,不仅是我国改革开放和现代化建设的关键时期,而且也是我国广播电视在传播业态、传播理念上面临转型的关键时期。这就要求广播电视学必须与时俱进,以科学发展观为指导,认真分析我国广播电视行业所面临的世情、国情、民情、行情,科学判断时代特征,科学预断发展趋势,集中广播电视从业人员和研究队伍的聪明才智,加强学科研究的力度,提高学科研究的水平,从而充分释放中国广播电视学的当代价值。

具体说来,我国广播电视学的当代价值应该体现在以下四个方面:

(一) 推动广播电视更好地为国家发展、民族复兴服务

中国的现代化建设和中华民族的复兴是前所未有的,同样,它面临的来自国内外的种种挑战也是前所未有的。当代广播电视学要认真研究中国广播电视如何从世情、国情、党情的实际出发,发挥广电传播的优势,为提高党的执政能力、执政水平、促进全社会的民主与法治、公平与正义、道德水准和人心凝聚,为全国的改革、开放、稳定和发展及"五位一体"建设中国特色社会主义总布局的顺利推展,以及为推动国家发展总目标的实现提供有效的信息支持、智力支持和舆论支持。

就以广播电视如何为构建社会主义和谐社会服务而言,就是一个重大课题。

构建社会主义和谐社会既是一项复杂而系统的庞大工程，又是一项长期而艰巨的战略任务。中国广播电视在构建社会主义和谐社会进程中不仅责任重大，而且大有可为。中国广播电视学应该为广播电视在构建社会主义和谐社会中如何发挥更大的作用提供理论指导，比如广播电视学应研究如何促进广播电视更有效地传播社会主义核心价值观、和谐观念、时代风貌、进取精神，倡导积极向上、健康文明的生活方式，营造与时代要求相适应的价值观与社会氛围。另外，应着力研究广播电视如何加强对社会种种丑恶、失范现象的批评与监督。总之，广播电视学既要研究广播电视如何发挥"导善功能"，又要研究其如何发挥"抑恶功能"。使广播电视从两个不同的方面释放推动社会进步的正能量。

在现代社会的有机体中，不同的社会群体日趋分化，彼此间既有矛盾，又相互依存。广播电视学应研究广播电视如何呈现社会各方相互作用的复杂情状，发挥广播电视的社会整合与调控功能，为社会整合提供充分的沟通渠道和建设性的传播平台，探寻各方利益的最大公约数，建立广泛的社会共识，从而促进社会的稳定与进步。这些研究对于处在社会转型过程的中国而言，其当代价值不言而喻。

（二）推动中国广播电视提高国际传播力，使之更有效地走向世界

广播电视是一个重要的国际交流媒体。随着中国的不断发展壮大，世界进入了一个瞩目中国、群说中国、乱说中国的时代，中国"崩溃论"、中国"威胁论"、中国"超越论"、中国"责任论"、中国发展前景的"不确定论"等此起彼伏。中国广播电视如何通过有效传播向世界描绘一个真实、客观的中国，如何有效传播中国独立自主的和平外交政策，及和平发展、和谐共赢的发展方针，如何化解对中国的误读、误判、误导、忧虑、担心、恐惧以及恶意的歪曲、抹黑、中伤和攻击，为中国的发展营造一个好的国际舆论环境。为此，一方面要加强国际传播平台、渠道、覆盖等硬件建设，同时更要从传播理念、传播行为、传播内容、传播方式、传播话语、传播规律等方面提高中国广播电视国际传播的软能力，从而提高国际传播的话语权、有效性。

就当前中国广播电视的国际传播而言，硬件建设已有相当的规模和水平，关键是软实力太软，即作为核心竞争力的"内容"的竞争力、影响力还不强。

如同一个国家一样，硬实力不强，难于强大；软实力不强，也难于强大。当硬实力发展到一定水平时，软实力就成了终极竞争力。如何改变中国广播电视在国际传播能力建设上"硬件硬"、"软件软"，虽然"落地"但难于"入心"的状况，是当代中国广播电视学应该研究的重要课题。

（三）推动中国广播电视的新发展、新创造

在对外开放、实行社会主义市场经济和推动文化大发展大繁荣的背景下，需要通过宏观研究、系统研究和战略研究厘清广播电视如何适应外部变化，确定广播电视公益性事业和经营性产业未来发展方向及管理模式，从而推动中国广播电视的深层次改革。

在各种思潮相互激荡、国内外媒体及新旧媒体竞争日烈以及人们视野越来越广、自主意见越来越强、对广电传播的审视能力和挑剔度越来越高的情况下，广播电视如何坚守"内容为王"的宗旨，更新传播理念，不断提高广电节目的品质、品格、吸引力、竞争力和影响力变得越来越突出。

在新媒体环境下，广播电视如何融合新媒体，创新观念，创新内容，创新形式，创新方法，创新手段，也变得越来越迫切。

本书对类似上述问题都做了梳理与研究。

（四）推动提高从业者的理论素养和业务素养

作为当代广播电视行业的从业者，有多种素质项要求，而第一素质项是理论功底，既包括马克思主义的基本理论，也包括广播电视业务理论。当代广播电视学意在帮助广大从业人员提高科学思维、理论思维能力及政治、业务理论水平，学会并善于运用理论武器解决实际工作中的问题，以适应广电工作不断创新、发展的需要。

（五）构建当代中国广播电视学科体系

随着广播电视行业的发展，尤其是在信息化影响下，广播电视理论研究视野愈加开阔，成果不断丰富，从各个角度、各个层面提供新知、新解，丰富着广播电视理论体系。这些新成果、新理论有待通过有机的组织，得到深化和升华，使其更为有机地纳入广播电视理论体系中。

1990年出版的《中国广播电视学》以及其后一系列专家学者有关广播电视的理论著述，为中国广播电视学奠定了很好的学科基础。但正如十八大报

告所说:"实践发展永无止境,认识真理永无止境,理论创新永无止境。"同样,广播电视学也永远是一个动态的系统、开放的系统、发展的系统。本书意在已有研究的基础上跟踪新形势、适应新变化、研究新课题、总结新经验、提出新理念,使之体现时代性,把握规律性,富于创造性。

五、当代中国广播电视学研究现状

广播电视学是一门年轻的学科,在其发展过程中,一大批专家学者及从业人员从广播电视的属性与功能、传播内容与传播艺术、事业发展与产业经营、行业管理和队伍建设等方面的规律与特征进行了持续的研究,取得了一系列研究成果,不仅体现了鲜明的学科特征,也为本书的研究奠定了坚实的基础。

(一)中国广播电视理论研究的历史与现状

新中国成立的六十多年来,中国广播电视理论研究伴随着中国广播电视事业的发展不断进步。在这个过程当中,主要经历了四个阶段。

1. 起步阶段(1949年—1978年)

在1949年到1978年的起步阶段,有关研究成果主要集中在1955年创刊的《广播业务》(现《中国广播》的前身)上。其发表的研究文章有一千四百多篇,再加上其他报刊上的有关文章,约计两千多篇。其研究特征有以下几个方面。

第一,在研究思路上,基本沿袭了新闻理论和艺术理论的途径。第二,在研究水平上,基本都停留在描述层面。第三,在研究对象上,主要集中在广播电视媒体的属性和业务操作研究。第四,在此期间,不仅全国广播电视理论研究平台很少,而且理论研究基本处于一种自发状态,其中又以广播研究居多。

形成这样一种研究状态主要是由于当时接收设备特别是电视机远未普及,广电节目特别是电视节目还不够丰富,广播电视的影响还不大,广播电视作为一种独立的文化形态还没完全形成,因此真正关注、研究广播电视的不多。特别是"文化大革命"的十年,中国的广播电视理论研究基本处于停滞的状态。

2. 发展阶段(1979年—1991年)

1978年中国改革开放以后,中国广播电视开始进入迅猛发展时期。到

1991年，中国已拥有三千多家电视台，成为一个名副其实的电视大国。这期间广电理论研究的特点主要在于：

首先，广播电视研究刊物纷纷问世，包括《北京广播学院学报》（《现代传播》的前身），《新闻广播电视研究》，《电视文艺》等。特别是1987年，中国广播电视学会创办了《中国广播电视学刊》。一系列理论刊物的创办为广播电视研究提供了更多的平台，广电理论研究的文章也大幅度增加。

其次，广播电视节目的奖评活动逐步展开。评奖本身就是对节目的一种研究，也是电视批评的一种形式。1981年我国开始全国性的电视评奖活动。最初由中央电视台组织，每年一届；1994年中国国际广播电台牵头组织了全国广播外宣评奖活动，每年一届。1988年中国广播电视的评奖工作受国家广电部（后广电总局）委托，由中国广播电视学会统一组织，并一直持续到现在。1981年专门为电视剧设立了飞天奖，为电视文艺设置了星光奖。这些评奖活动都有效推动了广播电视理论研究特别是应用理论研究的不断发展。

再次，建立了一系列广播电视理论研究机构，学术活动日趋活跃。随着中国广播电视事业的发展，各级广电部门对广播电视理论研究越来越重视。1983年中央电视台研究室成立，1986年中国广播电视学会成立，中国电视艺术家协会也于1988年底成立。此后，各个省市、地区，甚至有的县都成立了相应的学术组织和研究机构。随着广电理论研究机构的纷纷成立，广电理论研究蔚然成风，研究队伍不断壮大。在这期间，理论研究的重点，一个是围绕四级办广电进行了一些理论探讨，另一个则对新闻改革、电视艺术进行了集中研究。在这期间，一些全国性的电视学术研讨会也开始办了起来，比如1986年中央电视台召开了电视新闻改革研讨会，1988年中国电视艺术委员会举办了革命历史题材电视研究会，等等。

最后，广播电视理论研究开始进入全面发展阶段，广播电视学科建设正式起步。特别是改革开放以后，西方传播理念逐步进入中国，在客观上推动了中国广播电视理论研究的发展。一些比较有代表性的著作纷纷出版，比如1987年出版的《当代中国的广播电视》，1990年的出版的《中国广播电视学》以及围绕交叉学科出版的《电视文化学》、《电视传播艺术》，等等。这些成果为广播电视学成为一门学科，搭建了重要基础。其中《中国广播电视学》的问世标志着中国广播电视学开始自立于各个社会学科之林。

3. 深化阶段（1992年—2000年）

从1992年到2000年，中国广播电视行业加大了改革开放的力度，广电理论研究也逐步深化。

第一，1992年3月，由国家广播电影电视部政策法规司和中国广播电视学会联合召开了首次全国广播电视理论研究工作会议，部署了中国广播电视理论研究的课题规划（规划了115个研究课题，其中重点课题22个），这是从全局意义上重视、加强和统筹规划广电理论研究的一个起点和标志。

第二，广播电视理论研究的形式多样化，内容丰富化，成果规模化。这期间的广播电视理论刊物发表了大量的有学术理论价值的研究成果，特别是拓宽研究思路，围绕广播电视的热点问题（比如广播电视的产业经营，广播电视的深度报道，纪录片的真实性等）进行了卓有成效的研究。在此期间一系列非常有理论价值的学术专著也纷纷出版。

第三，基础理论研究加强。在此期间，围绕着中国广播电视的性质、任务、功能及广播电视宣传、技术管理、产业经营、受众等进行了深入的研究，举办了一系列的研讨会，发表了大量有学术价值的论文，也出版了一批理论专著。这些成果具有科学性、理论性、系统性、应用性、前瞻性的特征，标志广播电视学作为一门学科开始逐步成熟。

第四，全国广播电视理论研究格局形成，不同的载体特色突出。从20世纪80年代开始，广播电视研究逐步形成了基础理论、应用理论、决策理论、史学研究的完整格局。科研院校从事广播电视教育和研究的人员构成了中国电视基础理论研究的主体；而媒体的从业人员则形成了中国广播电视应用理论研究的主体；广播电视管理部门、机构或研究院所构成了决策理论研究的主体；科研院校及各局台史志办构成了广播电视史学研究的主体。经过二十多年的发展，《现代传播》成为了广播电视基础理论研究的重点阵地；《中国广播电视学刊》成为了决策理论研究的主要阵地；《电视研究》、《中国广播》则成为电视、广播应用理论研究的重要阵地；《中国电视》、《当代电视》成为研究电视文艺的主要载体。这几类研究群体和研究阵地，在更为广阔的理论背景下，相互补充，共同推进了中国广播电视学科理论的发展。

4. 成型阶段（2001年至今）

进入21世纪以来，中国广播电视理论研究进入了一个围绕诸多新问题、新热点、新难点进行深入研究的创新时期。主要表现在以下几个方面。

第一，电视理论研究队伍进一步扩大，主体身份更加多元。随着我国广播电视事业的发展，理论研究队伍逐步形成了三大派别：一是学院派。目前我国有800多所高校办有广播电视相关专业，从事各类广播电视教学研究的达两万多人，他们是广播电视基础理论的主要研究者。二是实践派。截至2012年年末，中国广播电视从业人员达82.04万人，其中有学术研究能力和理论著述的约三万人，主要从事应用理论研究。三是管理派。这类研究人员一般由广播电视领导部门和直属专业机构的研究者构成，主要从事广播电视管理和决策研究。除此以外，再加上一些交叉学科的研究力量，目前国内有近六万人从事广播电视理论研究，其中四百多人获得过中国广播电视协会授予的全国广播电视"十佳百优"理论人才称号。① 当然，这些派别并非截然分野，常常跨界组合、相互渗透。

第二，国家加大投入，各级各类广播电视研究课题大大增加。1983年，我国设立了国家哲学社会科学学科基金研究项目，1990年，《中国广播电视通史》成为第一个获得立项的广播电视类项目。在以后的十年里，列入国家学科基金项目的广播电视课题总计17项。进入21世纪以来，每年都有若干关于广播电视研究的国家课题立项，再加上国家广播电影电视总局及中国广播电视协会的立项，国家层面组织的理论研究大大加强。另外，广播电视在研究形式上也发生了变化。网络作为一种研究平台，为广播电视的研究提供了广阔天地，其中典型的就是央视网。

第三，围绕十年的发展，深化决策理论、应用理论研究，且重点特色突出。进入21世纪以来，针对中国广播电视发展当中出现的各种新问题及热点问题，如广播电视体制改革、广播电视数字化网络化、广播电视与新媒体的融合、新闻传播理念嬗变、广播电视新闻改革及广播电视节目评估体系等进行了多方面的研究。

第四，研究系统趋于完整，学术成果更加丰富，广播电视学科建设基本成型。进入21世纪以来，在广播电视基础理论研究方面，特别是在广播电视本质理论方面，加强了广播电视与经济、政治、文化、社会、生态、法律、

---

① 参见张君昌：《十年成果炳史册　广播电视著华章》，《光明日报》，2012年11月18日，第7版。

道德、科技方面深入的研究。在广播电视传播学、美学、艺术学、批评学、语言学等方面出现了大批的成果。应用理论方面，围绕广播电视新闻、文艺、频道、栏目、节目、专题片、纪录片、电视剧等进行了卓有成效的研究。2000年以来，我国广播电视学类著作出版数量每年都呈上升趋势。但广电理论研究还需要在以下方面进一步加强。

一是要继续加强广播电视基础理论研究，特别是我国要在2020年由广电大国变成广电强国，就必须在广播电视基础理论的学理性上下更大工夫，比如广电与文化，广电与法律，广电与经济，广电与道德以及广电与传播，电视与美学等，都应该在学理上加以深化。在坚持中国特色的同时，以开放的态度合理地借鉴西方电视基础理论研究中的合理部分，同时还要借鉴其他相关的科研成果。

二是要继续深化广播电视应用理论研究，特别要在广播电视节目创新上下工夫，要从广播电视传播的各个环节、各个要素的相互关系中拓宽研究视野，从适应世情、国情、党情的新变化、满足人民群众对广播电视的新期待、应对新媒体时代对广播电视的新挑战及从广播电视传播深层动态环境中丰富报道内容、开拓新的节目样式。

三是要继续强化广播电视决策理论研究。决策的科学、民主是广电科学发展的前提。现在中国广播电视处于一个突破时期，很多问题的解决需要正确的决策理论研究的支持，从而防止事倍功半、翻烙饼和贻误机遇期。

（二）当代广播电视学文献概述

1986年7月，广播电影电视部政策研究室召开了首次广播电视学研讨会，这次会议把广播电视学作为一门独立的学科，从宏观、总体上进行了综合研究。同年10月15日，中国广播电视学会成立，《中国广播电视学会章程》把"开展广播电视的学术研究，促进中国广播学、电视学的建设和发展"作为学会的首要任务，这标志着建设中国特色社会主义广播电视学已经由少数人的倡导变成了全系统的意志，从而使广播电视学研究进入了系统化、学科化的新阶段。

1987年，中国社会科学出版社和复旦大学出版社分别出版了由当代中国广播电视编委会编辑的《当代中国广播电视》和施天权所著《广播电视概论》,这是国内较早对广播电视学进行总结研究的著作。1990年,由阎玉主编、由26位专家历时4年编著的《中国广播电视学》开创中国广播电视学研究之先河。正如在该书《导言》中所说,"像这样全面、系统地论述广播电视学的专著,本书是第一部。"[1]

这一时期的专著还有朱羽君、王纪言、钟大年主编《中国应用电视学》、黄匡宇著《理论电视新闻学》、吴信训著《实用电视传播学》、张君昌著《应用电视新闻学》、苗棣、范钟离著《电视文化学》、杨伟光主编《中国电视论纲》,等等。

2000年以后,广播电视专著明显增多,学科覆盖广泛。有欧阳宏生著《电视批评论》、周鸿铎著《广播电视经济学》、张振华主编《中国广播电视新论》、黄勇主编《广电蓝皮书·2006年中国广播影视发展报告》、孙宝国著《中国电视节目形态研究》、李兴国等主编《中国广播电视文艺大系(1977—2000)》、王庚年主编《国际传播发展战略》、庞井君主编《中国视听新媒体发展报告(2011)》、刘习良主编《中国广播电视改革发展十年回眸(2001—2010)》等。

一系列富有中国特色的广播电视理论专著,为我国广播电视持续发展提供了重要的理论支持,也为中国广播电视学的成熟及本书的撰写提供了丰富的理论营养。

---

[1] 阎玉主编:《中国广播电视学》,中国广播电视出版社,1990年版,第6页。

第一章　中国广播电视的基本属性

属性指事物质的规定性，它揭示事物内在的本质特征。作为世界广播电视业的重要组成部分，当代中国广播电视与其他国家的广播电视有着许多共性特征，即一般的普遍属性。同时，中国社会主义制度又决定了作为社会主义新闻事业一部分的广播电视还有着特殊的基本属性。

中国广播电视具有鲜明的社会主义特色。建立在社会主义公有制经济基础之上的中国广播电视，以为人民服务、为社会主义服务为根本宗旨。中国广播电视传播的基本功能主要表现为新闻传播、社会教育、文化娱乐、信息服务等方面。中国广播电视的基本属性决定了其特色、指导思想、基本功能和任务，关系着中国广播电视前进的正确方向，对指导我国广播电视的健康发展有着重要的指导和推动作用。科学认识中国广播电视的诸多功能，有利于在传播中准确发挥这些功能，通过改革不断开发这些功能，从而推进社会的全面发展。

第一节　广播电视的社会主义特色

中国广播电视作为社会主义的现代化大众传播媒体，除了具有广播电视的普遍属性以外，还具有中国特色社会主义的特殊属性。中国广播电视是中国共产党领导下的整个思想文化系统的一个重要组成部分，所以，坚持党的领导、坚持党性原则是中国广播电视的根本属性之一，是区别于西方资本主义广播电视的最鲜明特征。中国广播电视建立在社会主义公有制经济基础之上，归国家所有，由人民共享。在事业建设和传播活动中，中国广播电视以为人民服务、为社会主义服务为宗旨，以社会效益为最高追求，强调为人民服务与为社会主义服务的一致性。中国广播电视是一个统一的传播网络，由国家统一管理、规划，具有较强的系统合力和舆论优势。中国广播电视的这些个性特征是区别于其他国家广播电视的显著标志。

一、坚持中国共产党领导

中国共产党自成立之日起，就既是中华优秀传统文化的忠实传承者和弘扬者，又是中国先进文化的积极倡导者和发展者。在我国，广播电视是教育、鼓舞全党、全军和全国各族人民，建设社会主义物质文明、精神文明、政治文明和生态文明的现代化工具，是党所领导的整个社会主义革命和建设事业的重要组成部分，也是党和政府联系群众的最有效的渠道之一。

（一）坚持党的领导是保障新时期广播电视健康发展的关键

中国广播电视是在中国共产党领导下创办的，历史证明，坚持党的领导不仅是中国广播电视在社会主义现代化建设中发挥其重要作用的根本保障，也是实现自身健康发展的根本要求。

新中国成立之初，中国共产党和人民政府通过接管、改造旧中国的广播电台，在全国范围内建起人民广播电台，为我国社会主义广播事业奠定了初步基础。虽然"文革"的"左倾"错误让我国广播电视事业发展走过了一段弯路，但总的来看，广播电视技术的发展还是持续的。1978年党的十一届三中全会拨乱反正之后，中国共产党领导全国人民齐心协力开创改革开放和社会主义建设新局面，广播电视发展也进入了一个历史新时期，成为社会最普及的信息工具。据统计，截至2012年年底，人们每天收看电视的时间平均超过2小时，全国广播人口综合覆盖率达97.51%，电视人口综合覆盖率达98.20%；全国有线广播电视用户2.15亿户，数字电视用户数1.43亿户；全国电视机、收音机社会拥有量逾5亿台。[①] 中国作为最大的发展中国家已建成了世界上覆盖人口最多的广播电视传输覆盖网络。中国广播电视坚持"自己走路"，各类节目改革与时俱进、导向正确、成绩斐然，为我国的改革、开

---

① 参见《2012年全国广播电视发展主要指标一览表》，载《中国广播电影电视发展报告（2013）》，社会科学文献出版社，2013年版，第345页。

放、发展、稳定作出重要贡献,积累了许多成功经验。

当前,我国正处于改革攻坚、社会转型的关键时期,加上国际局势的深刻变化,无论整个国家还是广播电视都面临着挑战和机遇并存的局面。这要求广播电视坚决维护和服从党中央的坚强领导,努力提高广播电视的舆论引导水平,不断增强广播电视的社会影响力和国际竞争力,为全面建成小康社会提供强大的精神动力、舆论支持和思想保证。

(二) 坚持党对广播电视领导的具体体现

中国共产党对广播电视的领导是多方面的。党的十六大报告中指出:"党的领导主要是政治、思想和组织领导,通过制定大政方针,提出立法建议,推荐重要干部,进行思想宣传,发挥党组织和党员的作用,坚持依法行政,实施党对国家和社会的领导。"这是党总结数十年来的领导经验所作出的科学概括,深刻揭示了党的领导的实质和内涵。我国广播电视坚持党的领导具体体现在:坚持党性原则;坚持"政治家办台",加强广播电视从业人员队伍建设;逐渐完善中国特色的广播电视管理体制;坚持党对广播电视建设和发展的统一调控等方面。

1. 坚持党性原则

党性,源自党的性质、纲领。它既是无产阶级阶级性的集中表现,又是人民利益的集中表现。坚持党性原则是我国广播电视的第一要旨。坚持党性原则,要求广播电视把中国特色社会主义理论作为传播活动的根本指针;要求广播电视结合党在特定历史时期的中心工作,积极、正确、全面、生动地宣传党的纲领、路线和方针政策;要求广播电视在其日常传播中突出民主与法制、公平与正义的思想,充分体现"以人为本",弘扬社会主义核心价值观,引导人们热爱祖国,增强民族凝聚力等等。

2. 坚持"政治家办台",加强广播电视从业人员队伍建设

广播电视作为党领导下的主流媒体,其从业人员要对党和政府负责,坚持"政治家办台"。这就要求加强广播电视从业人员队伍建设,培养和选拔"政治强、业务精、纪律严、作风正"的优秀干部来充实广播电视队伍特别是领导力量。从而保证在广播电视传播中不仅能积极贯彻执行党的路线、方针、政策,坚持正确舆论导向,而且能够"按新闻传播规律办事",在广播电视传

播活动中具有能动性、创造性。从而实现组织性、纪律性和能动性、创造性的有机统一。

3. 逐渐完善中国特色广播电视管理体制

在我国实行计划经济期间,广播电视一直被纳入国有事业的管理范畴,成为国家行政管理体制的一部分。这在当时的历史条件下保障和促进了中国广播电视的发展,但自20世纪90年代开始,随着我国社会主义市场经济体制的建立和逐步完善,广播电视也逐步被赋予事业、产业双重属性,这对广播电视的管理体制提出了新要求:一方面要坚持党对广播电视的领导,另一方面必须建立健康发展、科学分工、运行高效的广播电视管理体制,以便切实解决事业发展中由管理权分散带来的结构松散、力量分散、重复建设、效益不高及资源浪费等问题。

二、以社会主义公有制为主体

新中国建立以来,我国经济制度经历了多次变革。新中国成立之初,曾经是以国营经济为主体、多种经济成分并存的时期,但从1956年开始,我国在所有制结构上大搞"对立论",将非公有制经济视为社会主义经济的对立物,于是先在城镇搞社会主义工商业改造,接着又在农村搞人民公社,追求生产关系的"一大二公三纯"。由于严重脱离生产力的水平与要求,违背了社会主义初级阶段的经济发展规律,导致国民经济到了崩溃的边缘。党的十一届三中全会以后,"对立论"逐步得到纠正,以公有制为主体,多种所有制并存的新的经济架构得以重新确立,社会主义市场经济得以实施,从而迎来了我国经济社会蓬勃发展的新时期。

经济基础决定上层建筑。广播电视属于上层建筑,由经济基础所决定。因此,我国经济制度的变化也给我国广播电视带来了深刻的变化。随着我国改革开放的不断深入和社会主义市场经济体制的建立完善,中国广播电视首先是建立在社会主义公有制为主体基础上的大众传播媒介,但同时如何发展广播电视的产业功能以及如何支持民营资本参与到广播电视产业中来就成了新的课题。2003年国家广播电影电视总局(以下有时称"广电总局")出台《关于促进广播影视产业发展的意见》,此后,促进非公有制经济参与广播电视建设的相关规定也陆续出台。这些都极大地丰富了我国广播电视业的所有制成分，促进了广播电视业新的发展。

（一）以公有制为主体

我国是社会主义国家，国家性质决定了中国广播电视的性质。它由各级政府主办，建立在以社会主义公有制为主体的经济基础上，代表着最广大人民群众的根本利益。

我国广播电视的国家所有制形式是从新中国成立前夕确立的。中共中央于1948年发出《对新解放城市中原有之广播电台及其人员的政策决定》以及后来的《关于对私营广播电台的处理办法给天津市委的指示》等文件，将国民党政府、军队和党部管理的广播电台收归中国人民解放军军事管制委员会，并将其设备用于建立人民广播电台；对于私人所有的广播电台，在军事管制期间，也一律归军管委统一管理；凡外国资本及外国人经营的广播电台，均停止广播。此后，中国广播电视的国家所有制性质不断得到强化，明确要求"广播电台、电视台只能由广播电视部门开办，不能由其他部门、其他系统办，也不能'民办'，更不能同外资合办。"[①]

社会主义公有制包含了社会主义全民所有制和社会主义集体所有制两种形式。除了各级广播电视部门主管的广播电台、电视台外，一些国有大中型企业、部分机关、团体以及城乡社区为解决信号覆盖或进行本地、本单位信息交流及服务而开办的有线广播电视台站作为集体所有制性质，仍然属于社会主义的公有制范畴。2001年8月，中办、国办转发中宣部、国家广播电影电视总局、新闻出版总署《关于新闻出版广播影视业改革的若干意见》（17号文件），肯定了国有大中型企业的合法投资地位，即允许国有大中型企业参与非内容性的媒体经营活动。

在社会主义市场经济中，尽管以公有制为主体的广播电视单位彼此之间以及同其他传媒之间存在竞争，但在根本目标、根本利益上是一致的，都是为了更好地满足人民精神文化的需求。

[①]《全国广播电视厅局长会议纪要》，载《中国广播电视年鉴（1989）》，中国广播电视出版社，1989年版，第3页。

(二) 多种所有制经济共同促进广播电视业建设

中国共产党坚持在所有制问题方面不断探索、发展创新。党的十一届三中全会指出，非公有制经济是社会主义经济的必要补充。党的十三大提出"在公有制为主体的前提下继续发展多种所有制经济"。党的十四届三中全会进一步提出，必须坚持以公有制为主体、多种经济成分共同发展的方针。党的十五大提出"公有制为主体，多种所有制经济共同发展"，党的十七大进一步提出："坚持平等保护物权，形成各种所有制经济平等竞争、相互促进新格局"。这样，以公有制为主体、多种所有制经济共同发展的基本经济制度作为社会主义初级阶段必须长期坚持的经济制度就被确定下来。

与基本经济制度的发展相适应，中国广播电视也逐步加大市场开放力度，不断提高广播电视产业的社会化程度。从20世纪90年代后期开始，国家逐年减少了对广播电视机构的行政拨款，广播电视媒体逐步加大了产业经营的力度。1999年6月，我国第一个广播电视集团——无锡广播电视集团正式组建。紧接着，上海、湖南、广东、北京等7个广播电视集团先后成立。虽然初衷都是把广电产业做强，但由于在集团的性质、管理、经营等问题上并不明晰、规范，因之产生了不少困惑与曲折。在组建广电集团的同时，对业务资本进入广播电视领域的开放力度也逐步加大。2005年7月，国家广播电影电视总局提出在确保国有广电部门控股51％以上的前提下，可以吸收境内非公资本参与推进有线电视数字化整体转换工作及开发业务。同年9月，国家广电总局明确规定非公资本可以投资参股国有广电机构控股51％以上的广播电视节目制作经营企业，开展音乐、科技、体育、娱乐等节目制作。

三、坚持社会效益优先原则

中国广播电视是党、政府与广大人民群众联系的桥梁和纽带，是社会的公共财产，肩负着传播社会主义先进文化、进行正确舆论引导的神圣使命。中国广播电视的性质决定了它必须把公益性、社会效益放在第一位。

(一) 坚持团结稳定鼓劲、正面宣传为主

早在1957年，毛泽东就明确指出社会主义文化建设应坚持为人民服务和为社会主义服务的"二为"方向。在我国迈向全面建成小康社会的关键时期，

习近平强调指出,"坚持团结稳定鼓劲、正面宣传为主,是宣传思想工作必须遵循的重要方针。"① 坚持团结稳定鼓劲、正面宣传为主重要方针,是新时期广播电视传播对"二为"方向落实的具体化,就是要大力宣传人民群众在社会主义建设中的新成就、新创造、新经验;弘扬爱国主义、集体主义、社会主义思想,加强诚信意识、社会公德、职业道德、家庭美德、个人品德建设,引导人们自觉履行法定义务、社会责任、家庭责任;营造有利于发展社会主义生产力,有利于坚持四项基本原则和改革开放,有利于维护社会和谐稳定,有利于提高整个中华民族思想道德素质和科学文化素质的广电文化。从而使广电传播真正做到对群众负责,对社会负责。当然,坚持正面宣传为主的方针,并非单纯地讲成绩、讲发展,更非盲目和吹擂性地炫耀,要防止片面地正面宣传的负面效果。在坚持正面宣传为主的同时,并非绝对回避问题与矛盾。比如对于妄图颠覆党和国家的敌对言行,要旗帜鲜明予以揭露;对党和政府工作中的缺点错误,应进行负责任的舆论监督;对社会中的种种失范现象,要诚恳地批评引导。而积极、负责任和建设性的问题报道、批评报道从根本上说也是一种正面宣传。甚至它的正面效果往往还是一般化的正面宣传难以达到的。因为问题报道是一种清醒和自信的表现,它不仅有利于问题的解决,还有利于提高政府及媒体的公开性、公信力。

坚持正面宣传为主重要方针,为我国的社会主义新闻事业提供了具体的思想原则和实践准则,是坚持社会效益优先原则的首要体现。

(二)弘扬主旋律,塑造社会主义核心价值体系

"主旋律"一词原为音乐术语,用于文化及新闻传播领域,指的是时代的主流价值观。在人类发展史上,每一个时代,每一个社会,都有代表历史发展方向的思想文化主潮,都有代表这一主潮的时代精神。因而,也都有意识形态领域的主旋律。主旋律代表着时代精神,反映着社会主流和历史发展大趋势。弘扬主旋律,提倡多样化,塑造社会主义核心价值体系,是中国广播电视以社会效益为最高准则的另一个体现。

党的十八大报告要求"用社会主义核心价值体系引领社会思潮,凝聚社

---

① 《习近平在全国宣传思想工作会议上强调:胸怀大局把握大势着眼大事 努力把宣传思想工作做得更好》,《人民日报》,2013年8月21日,第1版。

会共识。"当前，我国文化发展同经济社会发展及人民日益增长的精神文化需求还很不适应，广播电视节目作为一种重要的精神文化产品，是社会主义核心价值体系的重要载体，这就要求广播电视要继续高度重视、积极主动地做好意识形态领域的工作，抵制享乐主义、拜金主义和极端个人主义，唱响时代精神、民族精神、爱国主义、集体主义、民族团结、社会进步、人民幸福的时代主旋律，引导人们特别是青年人树立社会主义核心价值观。

（三）倡导绿色传播，坚决抵制低俗之风

近年来，随着广播电视业的激烈竞争，一些广播电视播出机构出现片面追求视听率倾向。"一个台没有视听率是可怕的，但'唯视听率'，使视听率像幽灵或生死牌那样捆住广电人的手脚，窒息广电人的理性也是可怕的。事实是，视听率已经成为很多台的'新货币'——一种'硬通货'。甚至有人喊出了'收视率是硬道理'，出现了'收视率图腾'、'收视率崇拜'"。[①] 以至不惜降低节目品格、品质、品位，造成了极坏的社会影响。

针对上述现象，中央电视台提出"绿色收视率"理念，倡导电视台向社会提供健康绿色的文化产品，杜绝媚俗，抵制低俗，坚守品位，确保国家主流媒体对观众的影响力和对舆论的引导力，增强电视传播的权威性、公信力和品牌价值。绿色收视率的提出无疑具有非常深远的指导意义，有利于电视传播机构正确看待、分析、把握收视率，更加清醒地认识和践行媒体的社会责任，坚守广播电视工作者的职业道德底线，实现自身的健康、协调、可持续发展。

为了确保广播电视的正确导向，抵制低俗之风，国家广电总局近些年推出多项治理方案，采取积极措施，强化监管督察。2005年6月，国家广电总局专门研究抵制低俗的策略和重点栏目整改问题，将抵制低俗的重点明确放在综艺类节目、娱乐游戏类节目及电视剧等方面，同时要求提高播音员、主持人的素养。2007年以来，国家广电总局又多次出台相关政策，加强对影视剧、选秀、法治、栏目剧等节目类型的调控与管理力度，倡导正确看待收视率，净化荧屏，收到较好效果。

---

① 张振华：《电视文艺：责任·问题·发展》，载《道法之问》，中国国际广播出版社，2011年版，第164页。

四、文化产业的重要组成部分

2011年10月，党的十七届六中全会通过的《中共中央关于深化文化体制改革推动社会主义文化大发展大繁荣若干重大问题的决定》指出："发展文化产业是社会主义市场经济条件下满足人民多样化精神文化需求的重要途径。必须坚持社会主义先进文化前进方向，坚持把社会效益放在首位、社会效益和经济效益相统一，按照全面协调可持续的要求，推动文化产业跨越式发展，使之成为新的经济增长点、经济结构战略性调整的重要支点、转变经济发展方式的重要着力点，为推动科学发展提供重要支撑。"

中国广播电视不仅是现代传播体系、优秀传统文化传承体系的重要组成部分，也是文化产业的重要组成部分。中国广播电视对于构建现代文化产业体系，形成公有制为主体、多种所有制共同发展的文化产业格局，推进文化科技创新，扩大文化消费等意义重大。

（一）我国广播电视产业的性质与内涵

从文化产业的角度来看，广播电视媒体是由各种生产要素构成的具有政治属性的经济实体。广播电视所拥有的各种有形资产和无形资产（如品牌资本、人力资本等）都可视为资本，并通过资本运营方式实现价值增值。然而，对中国广播电视的产业属性的认识却是随时代进步不断发展的。

长期以来，广播电视的产业属性受到抑制。直到1979年1月28日，上海电视台播出"参桂补酒"广告片，成为我国内地第一个电视广告。此后，各级广播电视台纷纷效仿。广告在我国广播电视的出现，标志着广播电视媒体迈出产业经营的第一步。1983年第十一次全国广播电视工作会议确立"以新闻改革为突破口"，"开展多种经营，广开财源"的方针。1985年，国务院在有关文件中正式将广播电视业列入第三产业，广播电视的产业属性被正式确认。特别是1992年邓小平南方谈话和同年召开的党的十四大，使中国更快地走上了社会主义市场经济建设轨道，深刻地影响了广播电视产业的改革和发展。进入新世纪，随着社会主义市场经济体制改革的不断深入、政府职能转变和国际竞争的加剧，广播电视的产业性质更加明显。产业经营成为我国广播电视发展的重要选择。

目前，我国广播电视产业的组织形式主要有两类：一是通过组建公司等方式，把政府主管的广播电视机构中可以实行产业经营的事业单位转变成企业单位，或对之实行企业化经营。二是指广播电视行业内部各广播电视机构之间、广电与其他行业之间的市场关系及其调整。在这两类大的组织形式下，我国广播电视产业经营主要包括以下内容：

第一，广告经营。广告是目前中国广播电视媒体最主要的收入来源，也是最传统的收入来源。

第二，节目经营。广播电视节目不仅是精神产品，还是一种特殊的文化商品，不仅具有精神价值，同时具有经济价值。节目的经济效益是节目经济价值外化的表现，在节目市场中，有价值的节目才能真正获得经济效益，为再生产或购买更新更好的节目提供基础，实现节目社会价值与经济价值的良性循环。

第三，广电网络经营。在广播电视发射、微波电路、卫星上下通道、有线电视线路等传输网络中，有线电视网络是最具开发价值和增值空间的资源之一。由于有线电视传输建设使用的是光缆，它具有频带宽、传输信号好的特点，因此具有巨大的产业开发价值。

第四，广电资本运营。广电资本运营是广电产业经营的一个十分重大又引人注目的动向。广播电视是一个大制作、大产出、高风险、高消耗的行业，没有经济实力不仅难以承担信息传播、文化娱乐等职能，而且自身进一步发展也将难以为继。目前，广播电视行业资本的基本来源有三个：一是财政拨款，二是广播电视机构自身积累，三是进入资本市场融资。长期以来，我国广播电视业的产业资本的主要构成是国有资本，社会资本和外资的比重较低，甚至为零。单一的资本构成形成了规模小、成长慢的特点，成为制约我国广播电视发展的瓶颈之一。改善广播电视的资本结构，将会极大地推动我国广播电视业的发展。

（二）采取积极举措，促进广播电视产业发展

当前，我国广播电视产业化程度还处于较低的水平，应当从以下几个方面采取举措加以促进。

一是积极参与现代文化产业体系的建构。推进我国文化产业发展的首要

任务，就是构建结构合理、门类齐全、科技含量高、富有创意、竞争力强的现代文化产业体系。广播电视既是传统文化产业的重要组成部分，也是文化创意产业的重要组成部分，应该在现代化的文化产业体系中找到壮大自身的坐标，并不断探寻新兴的产业增长点，推动有实力的广电企业在重点领域重大项目上实施跨地区、跨行业、跨所有制兼并重组，从而优化广播电视的产业布局，提高文化产业规模化、集约化、专业化水平。

二是形成公有制为主体、多种所有制共同发展的广播电视产业格局。加快发展广播电视产业的发展，不仅要毫不动摇地支持和壮大国有或国有控股的广电企业，也要毫不动摇地鼓励和引导各种非公有制广电企业的健康发展。既要培育一批核心竞争力强的国有或国有控股大型文化企业或企业集团，在发展产业和繁荣市场方面发挥主导作用；也要在国家许可范围内，引导社会资本以多种形式投资广电文化产业，参与国有经营性文化单位转企改制，营造公平参与市场竞争、受同等法律保护的文化体制和法治环境。同时，加强和改进对非公有制文化企业的服务和管理，引导他们自觉履行社会责任。

三是推进广播电视科技创新。广播电视文化产业是对科技创新依赖度最高、受益也最大的行业。对于广播电视产业而言，切实加强核心技术、关键技术、共性技术攻关，发挥科技的带动作用，以先进技术推动系统研制和自主发展，提高我国广播电视领域的技术装备水平，是增强广播电视文化产业核心竞争力的重要途径。健全以企业为主体、市场为导向、产学研相结合的广电文化技术创新体系，支持产学研战略联盟和公共服务平台建设，是一条科学发展之道。

四是扩大广播电视文化消费。适应市场需求，增加广播电视文化消费总量，提高文化消费水平，是广播电视文化产业发展的内生动力。这就要求广播电视产业要丰富广电产品、提高节目质量、创新商业模式，拓展大众文化消费市场，开发特色文化消费，提供个性化、分众化的文化产品和服务，培育新的文化消费增长点。

当然，提倡广播电视产业运营绝非将整个广播电视产业化。毛泽东说过，"化者，彻头彻尾彻里彻外之谓也"。中国广播电视是人民的公共财产，它的首要属性是公益性。显然不能从忌谈产业属性这一极端跑到"彻头彻尾彻里彻外"产业化的另一个极端。广播电视业既包括公益性事业，也包括经营性产业。公益性事业主要是指广播电视应向社会提供的公共文化服务。比如新闻传播、公共服务等等。发展公益性事业要以政府为主导,增加投入、转换机制、增强活力、改善服务,实现和保障人民群众的基本文化权益。经营性产业是指通过市场来组织广播电视产品的生产、服务、传播和消费。发展经营性广播电视产业要以市场为主导,创新体制、转换机制、面向市场、壮大实力,满足人民群众多方面、多样性、多层次的精神文化需求。两者性质功能有所不同,但又相互联系、相互促进。在广播电视产业经营中,要正确区分和科学把握公益性事业和经营性产业的不同性质和功能,坚持"两手抓",既集中力量办好公益性事业,又放手发展经营性产业,推动二者各展所长,各尽其责,相互补充,共同发展。

五、全国统一的传播网络

中国广播电视是一个由各级政府主办的广播电台、电视台结构而成的系统,实行的是"条块结合"、双重领导的管理体制。广播电视事业的发展规划、技术建设、事业管理等在全国的统一政策、统一规划前提下分级实施。

目前,我国已建成世界上覆盖人口最多,中央与地方、国内与国外相结合,有线、无线、卫星等多种手段并用的广播电视网。广播电视经过不断地改革、演变和发展,已经形成了统一的、分级管理的网络,宣传上形成全国一盘棋,很好地保证了系统优势的发挥。

(一) 中国广播电视传播网络的构成

中国的各级电台、电视台都有自己特定的传播网络,这些网络交叉覆盖、分工合作、主次结合,形成了全国统一的传播网络。

对广播电视实行中央和地方的双重领导管理是从新中国成立之初便开始的。经过长期的建设,无线、有线、卫星有各自的定位,相互分工、相互补充、互为备份,形成以微波干线和通讯卫星为传输手段的实行四级混合覆盖的全国广播电视网,并成为国家信息基础建设的三大支柱网之一。当前,党和政府正按照科学发展观的要求,统筹无线、有线、卫星和移动多媒体广播电视等各种技术手段,明确各自定位,发挥各自优势,力求形成全方位的广播电视传输覆盖体系和统一的传播网络,真正实现让党和国家的声音传入千家万户、让中国的声音传向世界各地的目标。

(二) 中国广播电视具有强大的系统合力

以全国统一的传输覆盖网络为基础，中国广播电视形成了一个完整统一的传播体系。在这个网络体系中，各级广播电视传媒在党和政府的领导下，彼此既有分工，又有合作，形成强大的系统合力。

1. 中央台（指"中央三台"，即中央人民广播电台、中国国际广播电台、中央电视台）与地方台的合理分工

中央台积极主动地为地方台提供服务，定期给地方台通报宣传报道思想和报道规划，举办各类全国性广播电视业务活动，交流经验、展播节目、举办各类业务研讨、培训班等。在节目制作与播出上，中央和省级广电媒体侧重于发挥政治优势，突出作为传达政令、行政指挥、重大新闻信息传播和传播优秀文化的主要阵地；市、县广播电视侧重于体现地域特色，主要在传播地方新闻和经济信息、社会教育和服务以及大众文化娱乐等方面发挥作用。全国性节目主要由中央人民广播电台、中国国际广播电台、中央电视台办，地方性的节目由地方台办。地方台不仅把转播中央台节目作为一项工作任务，同时其优秀节目还可以通过中央台播出，在全国乃至国外产生影响，从而实现中央和地方在节目上相互补充，获得双赢。

2. 中央台和地方台加强合作，共享程度不断加深

主要体现在：

新闻素材共享。2008年，中央电台牵手32家电台组建全国奥运广播联盟，报道北京奥运盛况。在此基础上，2009年成立"中国广播联盟"，在上海世博、广州亚运会、西安世园会等大型活动中实现资源共享，深度合作。到2013年，联盟台已发展至186家，建立起一个"以省台为骨干支撑、以地市台为补充"的新闻传播网络。

制作方式共享。在发挥系统优势的过程中，中央台注重"汇全天下之精华"，放开视野，把社会上的节目制作纳入计划，出点子，抓选题，做好组织工作，积累了丰富经验。

播出平台共享。注重发挥系统优势和全国一盘棋精神，实行平台共享。如中央人民广播电台的《新闻和报纸摘要》、中央电视台的《新闻联播》，各

地方台都完整转播，以保证中央政令畅通。同时中央三台尽力为地方提供播出平台，如国际电台 1995 年同全国电台 31 家省市台联手开办《中国之窗》，联办台每年有 12 期介绍本省市的节目通过国际电台向海外播出。

3. 中国广播电视具有集约化经营优势

进入 21 世纪，我国广播电视业开始从分散经营向集约化发展过渡，从重点突破向整体推进过渡。国家"十五"计划提出要推进广播电视等领域的信息化进程，大力发展高速宽带信息网，重点建设宽带接入网，促进电信、广电、计算机三网融合。截至 2012 年年底，三网融合双向进入工作取得实质性进展，各地积极推进下一代广播电视网建设，全媒体构建步伐加快，高清电视发展强劲，安全和应急广播体系建设提速。[①] 在全国一盘棋的系统优势下，我国广播电视提高了社会效益和经济效益，有力地推动了广播电视全面、协调、可持续发展。

第二节　广播电视传播的指导思想

改革开放以来，党和政府为了适应国内外形势的要求进行了一系列的观念更新和理论创新。这些观念更新和理论创新成为新时期广播电视指导思想发展变化的原点和支点。

一、以人为本，为受众服务

梳理中国广播电视传播指导思想的流变，离不开公民、人民、民意等关键词，而这一切的起点来自于对"人"的认识。党的十六届三中全会通过的《中共中央关于完善社会主义市场经济体制若干问题的决定》中指出"坚持以人为本，树立全面、协调、可持续的发展观，促进经济社会和人的全面发展。"这一新论断，是对马克思主义关于人的全面发展理论的继承、丰富和发展，是党的根本宗旨。

所谓"以人为本"，有以下几重含义：第一，它是对人在社会历史发展中

[①] 参见庞井君主编：《中国广播电影电视发展报告（2013）》，社会科学文献出版社，2013 年版，第 93—95 页。

的主体作用与主体地位的认定,强调人在社会历史发展中的主体作用与地位;第二,它是一种价值取向,强调尊重人、解放人、依靠人和为了人;第三,它是一种思维方式,就是在分析和解决一切问题时,既要坚持历史的尺度,也要坚持人的尺度。① 以人为本也是中国特色社会主义新闻事业的内在要求。广播电视只有牢固树立和践行以人为本理念,才能真正做到为受众服务,满足其文化需求。

随着社会发展和传媒技术的进步,中国广播电视受众的视听心理和视听行为都发生了较大变化。受众的主动性、参与性大大增强,同时受众群体也在不断细分。"受众由原来的'受传者'变成了新媒体环境下广电传媒的'参与者'、广电内容的'提供者'以及广电服务的'享受者'。同时,在信息泛滥的当今时代,广电传媒不得不以内容的细分来吸引有着不同需求的受众,以便在激烈的竞争中争夺已经被'细分化'了的受众。"② 具体来说,中国广播要做到"以人为本,为受众服务"必须把握好两个层面的工作。

(一) 加强基础投入,保障受众基本收视需求

广播电视为人民服务,首先应满足各阶层民众对于新闻类、文艺类节目的基本需要,这既是人民群众了解国家事务、参与公共事务的一种形式,也是人民群众实现其文化权利的重要部分。因此,各级政府和主管部门及各级广播电台、电视台应从覆盖和内容两个方面加强公共服务体系建设。

为满足农村牧区及边远地区人民的精神文化需求,从1998年起国家投入巨资实施"广播电视村村通"工程。2000年9月,江泽民就加强西藏、新疆等边远省份广播电视覆盖作出重要指示,"西新工程"随之启动。国家广电总局和各级广播电视部门投入大量资金,新建、扩建一大批发射台,大大增强了西部省区的广播电视覆盖能力,收到了良好的社会效果,得到各族群众的拥护。截至2011年年底,在有线电视未通达的农村地区基本建立直播卫星接收设施专营服务网点,基本解决20户以下已通电自然村1000万户农民看电视难的问题。从2012年起,国家重点实施直播卫星"户户通"工程,建立健全长效机制,努力实现广播电视户户通、长期通、优质通。

---

① 韩庆祥:《论以人为本》,《前线》,2006年第1期。
② 洪天辉、张春朗:《传媒技术发展与广电受众角色变化》,《当代传播》,2010年第4期。

与此同时，我国地面数字电视覆盖网建设也取得较大进展。从 2008 年开始播出的高清电视发展强劲，截至 2012 年年底，全国批准开办的高清频道已达 28 个，中央台及大多数省级卫视实现了高标清同播，高清节目制播能力也进一步提高。[①]

值得重视的是，在重大自然灾害及其他重大公共事件频发的当下，广播电视尤其是广播在及时传达政令、发布信息、引导舆论、稳定人心、协助救灾等方面发挥了不可替代的作用。因此，加强安全可靠的应急广播体系建设，进一步提升广播电视应急保障能力，已经成为国家应急体系不可缺少的重要组成部分，应急广播体系建设已列入国家"十二五"规划。

加强基础设施建设，保障受众基本收视需求，是广播电视践行以人为本理念的重要前提。

（二）丰富节目类型，满足受众更高层次的文化需要

自 20 世纪 90 年代以来，随着受众层次与类型的不断分化，及其参与性和互动性的增强，各级电台、电视台越来越注重根据受众特点来细分专业频道和专业节目，不断增强节目的参与性和互动性，使广播电视的节目内容与表现形式呈现多样化趋势，使不同受众的精神文化需要得到更好满足。

在广播领域，适应受众市场不断细分而生的类型化广播实践，已成为广播节目创新发展的主要动力之源。类型化广播的概念来源于美国，原意是格式化广播（FORMAT），即频率不再分拆时段去设置不同栏目，而是利用全频率去打造同一种概念、传播同一种文化、经营同一类人群。国内较为知名的类型化广播是中央电台的音乐之声，经济之声，国际电台的"环球资讯"及北京电台的交通广播等。各省级台通过类型化电台的本土化实践，对市场进行精确定位、细分，明确目标受众并提出对应的营销方案，使节目内容专业制作精细，人员更加精简，社会、经济效益大幅提升。为了提升广播节目的参与性和互动性，广播界自 1992 年兴起热线参与、全天候直播、明星主持等样式。特别是各级广播中政风行风热线类节目遍地开花，构成广播参与社会管理的新形式；"两会"期间开办的"我有问题问总理"等专栏，成为民众

---

① 参见庞井君主编：《中国广播电影电视发展报告（2013）》，社会科学文献出版社，2013 年版，第 46 页。

反映诉求、同政府直接沟通的有效渠道。这些都大大增强了广播为受众服务的能力与实效。

在电视领域，为满足不同类型受众的需求，电视频道专业化实践不断深化，节目类型不断丰富。面对"细分化"的受众，电视加强了专业频道和节目的建设。如今，中央电视台已办有综合频道、新闻频道、财经频道、综艺频道、体育频道、电影频道、军事·农业频道、科教频道、电视剧频道、戏曲频道、少儿频道、音乐频道、中文国际频道、英语国际频道等近二十个频道。此外，省市台对农广播电视专业频道及为老年人开办的栏目也逐步增多，传媒的公益性得到彰显。

电视领域节目层面的创新更是层出不穷，新闻评论节目、调查性报道、谈话节目、法治节目以及各类娱乐节目样式不断更新，令人目不暇接。蓬勃兴起"民生新闻"热，其核心理念便是以人为本。

从节目制作方式和报道手法上看，各台不断探索新路子，充分利用先进的技术手段，用更新更好的节目来满足受众需要。整点新闻播报、重要新闻滚动播出更好地满足了人们对信息的需求。直播已成为广播电视常态的报道方式。广播电视媒体与受众互动的方式也随着现代传播技术和手段的发展而日新月异。无论是在节目播出前、节目直播中、还是节目播出后，受众都可以通过热线电话、短信、微信及各种网络平台来提供新闻线索、音视频素材、发表评论、参与实时互动，使其成为了"主动参与者"乃至"内容提供者"，因此具有原生态和双向互动性，极富现场感和交流感，节目的参与性满足了受众的心理需求，进一步体现了广播电视以人为本的宗旨。

另外，互动电视、智能电视等的诞生与发展，使受众成为享受大众传媒服务的客户。借助机顶盒，电视媒体可提供多媒体增值业务，为用户实现自主互动点播及获取各种多元化信息提供服务，不仅彻底改变了传统电视"你播我看"的被动接收方式，而且使电视成为集公众传播、信息服务与文化娱乐为一体的家庭互动信息平台。

在21世纪，中国广播电视为践行以人为本原则进行了一系列探索与创新。比如广播电视以发现和表彰普通人中的先进人物为主题的媒体活动（如发现和评选"最美"人物、"感动中国十大人物"等）的广泛展开；以及在地震、矿难和国际救援等重大灾难和事件报道中彰显的对人的关怀和对生命的尊重等等，都使广电文化闪烁着浓浓的人性光辉和人本理念。实践证明，广播电视贴近实际、贴近生活、贴近群众，天地十分广阔。

二、尊重传播规律，保障公民"四权"

马克思主义新闻观有多重维度，其中之一就是对新闻传播规律的认知、认定和尊重。在马克思主义新闻观中，承认和尊重新闻规律是一个基础性维度。马克思早在1843年就提出："要使报刊完成自己的使命，首先必须承认它具有连植物也都具有的那种为我们所承认的东西，即承认它具有自己的内在规律。"[①]

但长期以来，我们忽略、模糊了新闻与宣传的不同，常常不顾新闻传播规律，一味地按宣传规律甚至是部门意志、长官意志管新闻、做新闻，把新闻等同于宣传，结果往往既达不到宣传的目的，也达不到新闻传播的效果。尤其是在对外开放和全球化语境的背景下，我们的新闻报道是否按新闻传播规律办事，还会直接影响媒体乃至国家的形象、信誉和公信力。

事实上，媒体既有思想宣传功能，又有新闻传播功能；既不能以思想宣传替代新闻传播，也不能以新闻传播取代和否定思想宣传。总的来说，新闻与宣传既有重合点，又有不同点。关于二者之"同"，因为典型的新闻事实具有强大的说服力和宣传价值，因此，生动、有效的新闻常常与宣传同行。但新闻与宣传又不完全是一回事。新闻是新近发生事实的报道，而宣传则是某种观念、意志的传播。新闻的价值着眼于"客方"，即努力满足受众的信息需求，而宣传的价值则着眼于"我方"，即宣传者的观念、意图。新闻讲时效，宣传重时宜；新闻讲究客观地叙述事实，遵循的是新闻传播规律，而宣传意在说明观点，遵循的是宣传规律[②]。

正是出于对新闻传播规律认识的不断深化，胡锦涛2002年在全国宣传部长会议上、2003年在全国宣传思想工作会议上、2006年在解放军报、2008年在人民日报以及2009年在世界媒体峰会上的一系列讲话中，对在新世纪新时

---

① 《马克思恩格斯全集》，中文第2版，第1卷，人民出版社，2011年版，第397页。
② 参见叶皓：《政府新闻学——政府应对媒体的新学问》，江苏人民出版社，2006年版，第99—100页。

期、新环境新条件下，如何认识、把持马克思主义新闻观，作了一系列重要阐释。在2002年的讲话中，在中国共产党历任主要领导人中，他首次提出"要尊重舆论宣传的规律"。2008年1月在全国宣传思想工作会议上提出"要善于把握新闻传播规律"，而2008年6月20日在视察人民日报社时明确提出，新闻报道要"按新闻传播规律办事"。这三个论断和要求不仅把"舆论宣传"和"新闻传播"做了拆分，而且越来越突出强调要把握、尊重和践行"新闻传播规律"。

尤其是在2009年10月9日的世界媒体峰会上，胡锦涛进一步提出中国政府"促进新闻信息真实、准确、全面、客观传播"，"鼓励和支持中国媒体……搞好舆论监督和保障人民的知情权、参与权、表达权、监督权"。这是中国政府就尊重新闻传播规律向世界作出的郑重宣示和承诺。

上述"四权"也是宪法赋予公民的基本权利。何谓公民？《辞海》对公民的解释是："具有本国国籍，并依据宪法或法律规定，享有权利和承担义务的人。"在《新华词典》中对公民的定义是："具有一定国家的国籍，依据法律规定享有政治权利和承担义务的人。"1982年宪法确认中华人民共和国的一切权利属于人民。尊重和保障人权，一切国家机关和工作人员必须倾听人民的意见和建议，接受人民的监督，公民享有言论、出版、集会、结社自由。而"知情权、参与权、表达权、监督权"正是从以上公民基本权利中派生出来的。

"知情权"是其他三权的基础。知情权就是了解权、知悉权，是指公民、法人或其他组织对国家机关掌握的信息享有了解的权利。对于广播电视机构而言，这意味着我们要尽可能全面、客观、真实地为受众群体描绘出现实世界的图景。使他们了解党和政府的大政方针、经济社会形势。特别是与群众利益直接相关的大事、要事要及时报道。而《突发事件应对法》及《政府信息公开条例》的颁布，则把新闻报道要"按新闻传播规律办事"这一中央的要求与意志上升到法律层面，对政府提出了刚性要求，对媒体提供了刚性保障。正是由于对新闻规律的认定和尊重，才有了对非典后期的疫情与防治以及接下来对伊拉克战争、汶川地震、"7·5"事件及时、充分的报道，从而赢得了国内外的好评。

"参与权"是公民参与国家管理的权利的具体实现形式之一。我国宪法第

3条规定：人民有权通过各种途径和形式，管理国家事务。也就是说，公民可以依法通过选举、投票、听证及通过媒体讨论国家政务，实现其参与权。民众参与权的行使，需要广播电视机构扩大信息来源的渠道和途径，广开言路，使民众通过广播电视更广泛地参与到具体的社会事务之中。当今的广电媒体不仅将更多的舞台交给了受众，还不断开拓受众参与的渠道与方式。如今，信件、电话、网络、微博、短信、社交媒体等都成为受众参与节目制作和社会事务的有效途径。

"表达权"是群众权利的一种较高层次，它的提出拓宽了人民民主的渠道。广播电视要切实做到为人民服务，就必须为民众提供充分的话语平台，给予人民足够的表达权利。只有疏通言路，打捞那些沉没的声音，真正让大多数民众的心声表达出来，社会才会真正和谐与稳定。因应新媒体在新世纪的长足发展，中央三台及地方电台、电视台不仅在传统的广播电视节目中将镜头和麦克风对准群众，还十分重视新媒体中的民意与诉求，从而丰富了受众表达的渠道。

"监督权"是指公民有监督国家机关及其工作人员的权利，这是民主政治与和谐社会构建的一个重要基础。广播电视新闻传播中的舆论监督是实现公民监督权的一种重要形式，其中包括：人民群众通过广播电视对党和政府的宏观决策及其贯彻执行的监督，对政府公职人员行为的监督，对企事业行为的监督以及对社会行为的监督。舆论监督是揭露腐败现象，促进廉政建设，端正社会风气，推动国家政治生活民主化进程的重要方式。由于广播电视具有的广泛影响力，使其在进行社会批评、社会监督方面有着特殊优势。

十六大以来，党中央、国务院及相关部门下发了一系列文件，制定了多部法律、法规。相关文件包括：2003年4月下发的《关于改进会议和领导同志活动新闻报道的意见》；2003年8月非典之后下发的《关于进一步改进和加强国内突发事件新闻报道工作的通知》；2005年5月中央办公厅下发的《关于进一步加强和改进舆论监督工作的意见》；2008年11月新闻出版总署下发的《关于进一步做好新闻采访活动保障工作的通知》。相关法律、条例有：2003年12月中共中央印发的《中国共产党党内监督条例（试行）》（其中首次把"舆论监督"提升到了党内监督条例层面）；2006年1月国务院下发的《国家突发公共事件总体应急预案》；2007年11月实施的《中华人民共和国突发事件应对法》；2008年5月1日实施的《中华人民共和国政府信息公开条例》等。

所有这些文件、法律、条例一方面为新闻媒体的新闻报道、信息传播及舆论监督提供了保障，同时也对各级党委、政府和领导干部在管理媒体、使用媒体、支持媒体、服务媒体上提出了法规性要求。从而把党和媒体的工作关系用法律的形式固定下来。而汶川地震发生于《政府信息公开条例》正式实施的第12天，如何贯彻这一条例，既是对政府的大考，也是对媒体的大考。实践证明，无论政府还是媒体都交出了一份优秀答卷。

规律是客观事物之间内在的必然联系，决定着事物发展的必然趋势。同样，新闻传播规律也是新闻传播过程和大众传媒发展过程中的客观法则。由于客观事物是发展变化的，因此规律并非一成不变。同样，新闻传播规律也应随着媒介生态环境、传播技术的发展而发展。可以说，承认、尊重、倡导和强调"按新闻传播规律办事"，这是我们党在对新闻工作规律性的认定上和新闻传播管理上的一次理性回归和思想解放，是在新闻观上的一种超越和完善。

三、体现党的主张和反映人民心声的统一

坚持党的主张与人民心声的统一，也是中国特色社会主义新闻传播事业的内在要求。人民，在《新华词典》中的解释是：以劳动群众为主体的社会基本成员。《辞海》则认为：在不同的国家和各个国家的不同的历史时期，人民有着不同的内容。如在抗日战争时期，一切抗日的阶级、阶层和社会集团都属于人民的范围。在社会主义时期，一切赞成、拥护和参加社会主义建设事业的阶级、阶层和社会集团都属于人民的范围。

（一）党的主张和人民心声相统一的重要意义

党的十八大报告指出，"为人民服务是党的根本宗旨，以人为本、执政为民是检验党一切执政活动的最高标准。"并且大力倡导"始终与人民心连心、同呼吸、共命运……坚持问政于民、问需于民、问计于民，从人民伟大实践中汲取智慧和力量。"中央对新闻宣传工作提出的"三贴近"、"走转改"，其核心就是要求包括广播电视在内的新闻传播活动树立和践行"以人为本"的

信念，把体现党的主张和反映人民心声统一起来。

媒体的新闻报道始终有一个根本取向问题，即"让谁说话、听谁说话和为谁说话"。因此，媒体要做好新闻报道必须树立这样一种观念：媒体既是党和政府的喉舌，又是人民群众的喉舌；既是党的执政资源，又是人民群众的公共资源、信息平台和话语平台。

人民群众是历史的创造者，是社会的主体。从根本上说，人民群众绝不应仅仅是媒体的受众主体，更应是媒体的报道主体和话语主体。长期以来，我们的媒体既有关心群众的传统，但也有忽视群众的倾向。不然就不会有"三贴近"、"走转改"的提出。应当看到，在传播渠道多样化、思想文化多元化的今天，在信息传播进入买方市场的情况下，媒体如果罔顾人民群众、脱离人民群众，不仅难于引导社会舆论，甚至连自己的生存、发展都会成为问题。正如马克思所说："民众的承认是报刊赖以生存的条件，没有这种条件，报刊就会无可挽救地陷入绝境。"①

（二）党的主张与人民心声相统一的具体举措

马克思主义新闻观认为，党性和人民性是高度统一的。坚持党性，核心就是坚持正确政治方向，站稳政治立场，坚定宣传党的理论和路线方针政策，坚定宣传中央重大工作部署，坚定宣传中央关于形势的重大分析判断，坚决同党中央保持高度一致，维护中央权威。坚持人民性，就是要把实现好、维护好、发展好最广大人民根本利益作为出发点和落脚点，坚持以人为本，树立以人民为中心的工作导向，把服务群众同教育引导群众结合起来，把满足需求同提高素养结合起来，多报道人民群众中涌现出来的先进典型和感人事迹，丰富人民精神世界，增强人民精神力量，满足人民精神需求。

1. 要全面、准确、生动地传达党的方针政策

党的方针政策是根据世情、国情的变化及国家发展的需要制定的方略。其宗旨是推动国家的发展、增进人民的福祉。如何把党的方针、政策变成各级政府和人民群众的共识与实践呢？

首先，要及时、充分、原原本本地把党的方针政策传达给人民群众，为

---

① 《马克思恩格斯全集》，中文第2版，第1卷，人民出版社，2011年版，第381页。

人民所了解、所掌握,从而使政策变成人民群众的共同实践,进而使政策的力量幻化成巨大的物质力量。其次,在宣传党的方针政策时,要避免机械化、简单化地照抄照念,避免文件化、抽象化、概念化、口号化,要紧密联系全国、各地及人民群众的生产、生活实际,找准群众权益与政策的契合点,让群众感到政策与自身的密切关联性。从而激发人民群众掌握政策的主动性及对政策执行的关注度。再次,要对中央有关政策的贯彻执行加以全程跟踪甚至监督,防止"中央政策不出中南海"的"政策衰减"、"政策缩水"甚至"政策扭曲"、"政策变异",即搞"上有政策,下有对策"。好的政策只有真正落到实处才能产生应有的政策效应。

依法实施政府信息公开是政府密切联系人民群众、转变政风的内在要求,是建设现代服务型政府、提高政府公信力和保障公众知情权、参与权、监督权的重要举措。2013年9月18日,李克强总理主持召开国务院常务会议,研究部署进一步加强政府信息公开工作。会议提出,要采取配套措施,加强相关制度和平台建设,使政府经济社会政策透明、权力运行透明,让群众看得到、听得懂、信得过、能监督。要把人民群众的期待融入政府的决策和工作之中,要更加及时、有效地回应社会关切,敢于向人民群众"说真话"、"交实底"。① 这种敢于将政府工作置于阳光之下,积极为人民群众答疑解惑的态度也是转变政府职能的体现。

2. 深入实际,体察、反映人民心声

2012年12月4日,习近平总书记主持召开中共中央政治局会议,审议通过中央政治局关于改进工作作风、密切联系群众的八项规定,无论是"轻车简从","不安排群众迎送","不铺设迎宾地毯","不出席各类剪彩、奠基活动","严格控制出访随行人员"的细致和坦率,还是"首先要从中央政治局做起","要求别人做到的自己先要做到"的真诚和坚定,都深得民心。八项规定还对新闻报道作出明确要求:"中央政治局同志出席会议和活动应根据工作需要、新闻价值、社会效果决定是否报道,进一步压缩报道的数量、字数、时长"。新一届中央领导集体以身体力行的方式,为端正党风政风率先垂范,也对广播电视新闻报道比以往更加深入实际、体察民心、反映民声,提出了

---

① 参见王悦威:《政府信息公开再"升级"》,新华网,2013年9月18日。

更高要求。

首先,广电工作者要根据"三贴近"、"走转改"的精神,深入基层、深入实际、深入群众,体察民情,反映民意,特别是要关注弱势群体,"打捞那些沉没的声音"。① 中国的目标是要建成和谐社会,而和谐社会应当是一个温暖的社会。一个社会的实际温度不能靠少数富人和强势群体的感受来判定,而应靠弱势群体的感受来衡量。其次,要继续办好政风行风热线、广播电视问政一类节目,同时使领导干部述职会、竞聘会及事关公共利益的听证会等直播常态化;使广播电视成为群众的话语平台、参政问政的平台,成为群众同干部交流甚至对其监督的平台。再次,广播电视要充分利用网络等新媒体,汇聚民意、了解民情、反映民声。

总之,广播电视传播既要体现党的主张,又要反映民声,把二者统一起来,一方面使党的主张充分地尊重、体现和反映民声,另一方面又要维护党的方针政策的严肃性。

党的主张和民声的基本方向是一致的,但也会存在这样那样的矛盾,因此,在反映民声的过程中,对有些民声要加以理性的甄别和引导,不能超越阶段,不能哗众取宠。要把顶层设计和现阶段的国情实际与改革步骤结合起来,把"大道理"同"小道理"结合起来,从而求得党的主张和人民心声的合理结合、和谐共振。

四、坚持正确舆论导向与通达社情民意的统一

所谓社会舆论,有专家称是指在一定范围内的多数人基于一定的需要与利益,针对特定的社会现实(如人物、人群、事件、问题、现象等)公开表达的态度、意见、要求和情绪,通过一定的传播途径而形成的整体知觉和共同意志的外化。而所谓舆论引导,指的是相关主体运用大众传媒以新闻舆论的形式倡导、涵化和培育主流价值及思想意识的方法、策略和效能。任何一个国家都会存在两个舆论场,即由政府主导的主流舆论场和由民众主导的社会舆论场。广播电视只有坚持正确舆论导向与通达社情民意的统一,才能协

---

① 人民日报评论部:《倾听那些"沉没的声音"》,《人民日报》,2011年5月26日。

调好两个舆论场之间的关系，真正做到下情上报，上情下达。

（一）坚持正确舆论导向的现实重要意义

在当今信息全球化的时代，多元文化及各种思潮相互激荡；加之改革的深入，各种矛盾交织交错；还有新媒体的兴起带来的舆论的复杂性，在这种情况下，坚持正确的舆论导向就格外具有重大现实意义。由于舆论导向关乎人心向背，人心向则江山稳，人心背则江山垮，所以几代领导人一再强调要"政治家办报"，提出了导向问题的"福祸论"、"利误论"。习近平同样强调："在事关大是大非和政治原则问题上，必须增强主动性、掌握主动权、打好主动仗，帮助干部群众划清是非界限、澄清模糊认识。"①

过去谈到舆论导向，往往是指由党和政府主导的主流媒体的舆论导向，但是，新媒体的出现不仅改变了信息传播的格局，也改变了舆论场的格局。研究表明，现阶段，超过40%新闻的首报者不是传统媒体，而是普通民众通过"自媒体"实现的。普通民众对于各类新闻几乎无处不在的接近性显然使专业媒体望尘莫及。此外，新媒体作为一种独立于传统媒体的力量，不仅打破了传统媒体的信息垄断，而且成为社会舆论场的主要营造者，对传统媒体营造、倡导、呈现的主流舆论场形成严峻挑战。

媒体这个曾经是传者的传媒、专业者的专利，如今演变成它既是传者的、又是受者的；既是高端的，又是"草根"的，而且新媒体正在由"草根"向"主流"嬗变，特别是随着我国社会主义政治建设的发展以及人民群众主体意识、民主意识、权益意识的增强，越来越多的人希望通过自由表达实现社会参与；而新媒体的出现则使人们的自由表达进入了"低门槛"甚至是"零门槛"时代，使中国进入一个民间思想家、民间评论家辈出的时代，进入了"大嘴小嘴都说话的时代"。正是由于有了互联网，弱者也有了自己发声的机会与平台，普通民众不再是"沉默的大多数"，也不再因为"人微"而"言轻"。②

总之，随着社会舆论场的场强越来越大，如果传统媒体视而不见、听而

---

① 《习近平在全国宣传思想工作会议上强调：胸怀大局把握大势着眼大事　努力把宣传思想工作做得更好》，《人民日报》，2013年8月21日，第1版。

② 张振华：《新世纪10年新闻传播理念的诸多变革》，《中国广播电视学刊》，2011年第3期。

不闻，置身度外，顾左右而言他，不要说引导舆论，恐怕连固有的阵地都会丧失。因此，传统媒体应积极跟踪、回应社会舆论场，对之加以引导，甚至通过议程设置加以主导。

（二）处理好舆论导向和通达社情民意的关系，开创舆论引导新格局

胡锦涛在2008年6月20日视察人民日报社时明确提出："必须加强主流媒体建设和新兴媒体建设，形成舆论引导新格局"；要"把提高舆论引导能力放在突出位置。"这意味着在舆论问题上，要由过去单纯重视和强调传统主流媒体营造的舆论场和舆论导向，向同时关注新兴媒体营造的社会舆论场及其导向的转变；从过去单纯强调舆论导向同时强调必须"提高舆论引导能力"的转变。这是新形势下党和政府对传统舆论观的一种丰富和发展，是适应时代变化的新的和更为全面的舆论观的再造与重构。"形成舆论引导新格局，首先，在重大活动、热点事件、敏感问题的新闻报道上，要寻求传统媒体和新兴媒体的最佳公约数，使不同舆论场的声音能够统一协调起来，达到传播效果的最优化。其次，新兴媒体要主动、积极地配合传统媒体、主要是主流媒体的新闻宣传……主流媒体运用'美声唱法'，新兴媒体则可以是'通俗唱法'；主流媒体有时低调一些，新兴媒体不妨张扬一些。第三，既把握好主流媒体的'正音'，又处理好新兴媒体的'杂音'"。"网络……出现'杂音'是正常的，不出现才是反常的。封堵'杂音'在技术条件上难以办到，在现实中也容易引起误解甚至反感。更何况通过'杂音'，还可以了解到广大群众的真实想法，汲取群众的智慧，有助于领导层和决策者的正确执政和科学执政。'杂音'没有不行，太多也不行，太大更不行，关键是如何引导'杂音'，向'正音'看齐和靠拢"。[①]

为构建舆论引导新格局，新世纪以来，广播电视一方面加强新媒体建设，使之成为舆论引导的一种新手段；同时密切关注社会网络舆情，有的加以利用，有的加以回应和引导。特别值得注意的是，"提高舆论引导能力"是广电提升其引导力、影响力之必须，是"正确引导舆论"和"提高舆论引导的权威性、公信力、影响力"的前提和基础。而"舆论引导能力"包括从业人员

[①] 程少华：《十六大以来党的新闻思想之拓新》，《声屏世界》，2011年第4期。

的党性原则、政策水平、人文情怀、知识层野、业务素质、专业技能、沟通和引导艺术等多个方面。这些都对广播电视管理者和从业人员提出了更高的要求。

五、坚持统筹国内国际两个大局

在经济全球化时代，中国与世界你中有我，我中有你。与国际无关的纯国内问题越来越少，与国内无关的纯国际问题也越来越少。国内问题国际化、国际问题国内化的趋势越来越显见。另外，随着卫星、网络等新技术的普遍运用，广电传播已经打破了国与国的物理疆界，无论从技术层面、从传播地域层面，还是从传播的主观对象和实际对象上讲，内宣、外宣的界限越来越模糊，彼此的同一性越来越明显。即便是内宣，即便是地方台，只要节目上了星，特别是上了网，实际也都成了外宣。因此，在信息全球化环境下，所谓的"内宣"再也不是自家人办给自家人看、自家人听，再也不能关起门来自说自话。在全世界面前，地方的传播、地方的事态都是整个国家形象的一个"细部"①，都是世界把脉中国的依据，因此，即便是对内广播电视，也要统筹国内、国际两个大局、两种背景和两种语境，要跳出本地看本地，跳出中国看中国；报道国内问题时要有国际的考量，报道国际问题时要有国内的视点。使报道在两种语境下都做到得体表达，赢得双重效果。

在"内宣外宣化"的当代，中国广播电视传播"既要有中国视角，又要有世界视角；既要有中国思维，又要有世界思维；既要讲'中国话'，又要讲'世界语'；既要唱'中国调'，又要唱'国际歌'……从而增强同世界的沟通能力和沟通效果。"② 正如习近平所言："重要任务是引导人们更加全面客观地认识当代中国、看待外部世界……对我国传统文化，对国外的东西，要坚持古为今用、洋为中用、去粗取精、去伪存真，经过科学的扬弃后使之为我所用。"③

---

① 参见任陇婵：《统筹内宣外宣大局 突破二元宣传结构》，《声屏世界》，2009年第1期。
② 张振华：《奥运传播理念九题》，载《道法之问》，中国国际广播出版社，2011年版，第119页。
③ 《习近平在全国宣传思想工作会议上强调：胸怀大局把握大势着眼大事 努力把宣传思想工作做得更好》，《人民日报》，2013年8月21日，第1版。

第三节　广播电视传播的基本功能

拉斯韦尔在 1948 年发表的《传播在社会中的结构与功能》一文中，将传播的基本社会功能概括为三个方面：即"监视周围环境，联系社会各部分以适应周围环境，一代代传承社会文化。"简单来说，可概括为：监视功能、联系功能和传承文化功能。监视功能指的是大众传播帮助人们持续地、及时地注意环境的变化，这种功能通过向受众提供新闻信息来完成，这类信息中主要是那些危机情况和与经济、公众和社会生活密切相关的重要新闻；联系功能指的是大众传播"指示人们应如何对周围发生的事件作出反应"[①]，在大众传播中发挥监视功能、联系功能的主要是言论信息；传承文化功能指的是大众传播通过对知识和社会规范的传播，使之在社会成员中一代一代地传递下去。后来，社会学家查尔斯·赖特（Charles Wright）在《大众传播：功能的探讨》（1959）一书中，又补充了大众传播的另外一个功能即提供娱乐的功能，指大众传播通过传播娱乐性信息来提供娱乐，让人们放松身心。威尔伯·施拉姆（Wilbur Schramm）在《传播学概论》（1982）一书中，将以上四种传播的功能概括为：雷达功能、控制功能、教育功能和娱乐功能。如今，"四功能说"在大众传播学领域得到广泛认可。

一、积极监测环境，推进民主政治

新闻传播是广播电视传播最基本和最重要的内容。从普遍意义上来说，新闻传播就是借助特定的媒介所完成的信息流动过程，从而使人们完成对其生存环境的了解和监测。具体而言，新闻传播是新的信息借助于一定的传播媒介存在并反映现存的社会关系的内容，表现在社会生活领域中即为某种新鲜事物的传递与散播。古代先民通过口耳相传传播信息；后来人们逐渐学会用火石，烽火便成为外敌入侵时紧急行动的信号；伴随社会进步，《邸报》等

[①] 【美】沃纳·赛佛林，小詹姆斯·坦卡德：《传播理论：起源、方法与应用》，华夏出版社，2000 年版，第 347—348 页。

早期报纸雏形出现，信息传递呈现纸质化，出现了以专门交流信息为主的专业新闻活动；伴随技术革命，广播和电视等新兴电子媒体问世，加快了信息传递的速度、容量，扩大了传播的范围和影响力。随着广播电视影响力的加强，其新闻传播已深深地影响着人们的生产方式、生活方式、交流方式、思维方式和思想观念。在中国，这尤其体现在对于民主政治的推动作用上。

（一）广播电视新闻对环境的监测

广播电视以其特有的技术和专业化的信息处理优势，提供着最新、最活、最快的新闻信息，跟踪热点新闻事件，及时进行深度报道，从而完成对人们生存、发展环境的监测。广播电视新闻对环境的监测功能主要体现为信息传播、社会控制和舆论监督三个方面。

1. 信息传播

1964年，加拿大著名传播学者马歇尔·麦克卢汉在其《理解媒介》一书中提出一个流传甚广的判断："媒介即是信息。"[①] 广播电视新闻能够迅速发展的驱动力正是基于信息时代人们对信息需求的急剧增长。广播电视新闻传播信息及时、鲜活、容量大，通过"汇天下之精华"，传播一切值得传播的信息。通过收听收看广播电视的各类节目，人们可以对自己所生存的这个世界从总体上有基本的把握，帮助人们扩大认知领域。

2. 社会控制

信息流通过程中，大众传播媒介对信息起着"过滤器"和"放大器"的作用。一方面，作为把关人的电台、电视台记者、编辑、主持人、制片人等对新闻素材进行筛选、过滤、加工；另一方面，广播电视将大众的意志、意见、要求和呼声汇集起来，可以形成一种集中的、强大的舆论和导向，因此，广播电视的新闻传播是一座信息桥梁，起着沟通协调的作用。这种沟通既可以纵向沟通，又能够横向沟通。

在纵向沟通上，广播电视通过新闻播报，使上情下达、下情上传。不仅让群众了解国家大事，把中央关于"重大情况让人民知道，重大问题经人民讨论"的精神落到实处，也让党和政府及各级领导部门了解群众疾苦，体察

---

① 【加】马歇尔·麦克卢汉：《理解媒介：论人的延伸》，商务印书馆，2000年版，第33页。

民间百态，为制定正确的方针政策提供参考和依据。在横向沟通上，广播电视通过新闻传播，使各个地区、各个部门及各阶层之间相互了解，从而增强全民族的凝聚力，促进共同繁荣发展。

正是由于广播电视新闻传播的社会控制功能在管理国家事务中有着巨大能量，在营造有利于我的国际舆论环境中负有重大责任，因此广播电视已经成为一种重要的执政资源。围绕这一命题，在新世纪，学界、业界提出了"政府新闻学"、"广播办公"、"电视办公"等新学科、新概念。所谓"广播办公"、"电视办公"是指在发生重大公共危机事件的特殊时刻，政府可以把广播电视作为应急管理机制的一个信息枢纽和指挥中心。事实上，在2008年年初南方冰冻灾害、"5·12"汶川地震和2010年"4·14"玉树地震中，广播电视已经发挥了这方面的作用。特别是广播，在一些断电、断路的灾区，广播成了信息孤岛的唯一信息源。成为非常时期的非常媒体，以致有的省把广播电台当做抗灾救灾信息发布和指挥的中心枢纽。

3. 舆论监督

广播电视新闻传播中的舆论监督包括：人民群众通过广播电视对党和政府的宏观决策及贯彻执行的监督，对政府公职人员行为的监督，对企事业行为以及各种社会行为的监督，以推动国家政治生活民主化的进程，揭露腐败现象，倡导积极的价值观，端正社会风气。

广播电视的公开性和广泛性使其在进行社会批评、社会监督方面有着特殊优势。它将批评诉诸社会，借助社会舆论的力量促成问题的解决。20世纪90年代以来，随着《焦点访谈》、《新闻调查》、《新闻纵横》等舆论监督栏目的开播，调查监督类节目开始兴盛，并在社会上产生强烈反响，广播电视新闻对环境的监测功能得到了进一步提升。

需要强调的是，监督作用的发挥要以确保正确舆论导向为前提，要确保事实的准确，采取与人为善和建设性态度，以促进问题的解决为目的。要正确行使监督权利，必须规范记者的采访行为，坚持"用事实说话"，防止"媒体暴力"、"媒体审判"。只有这样，广播电视的舆论监督才能走得更实、更远和更有效。

(二) 广播电视新闻对民主政治的推进

广播电视对于民主法治建设的推动是非常重要的。所谓民主法治，"就是社会主义民主得到充分发扬，依法治国基本方略得到切实落实，各方面积极因素得到广泛调动"①。

广播电视新闻信息传播无论对社会民主法治和公平正义的倡导，还是对社会充满活力和安定有序的促进都具有重要影响。广播电视新闻对于关乎国家和大众利益的重要信息的提供，尤其是对于公共危机事件的监测和政府行为的报道，对于大众与国家之间种种矛盾的揭示、分析并提出解决之道，对于民主法治的建立、公平正义的维护、安定和谐局面的形成是不可或缺的。同时，要充分发扬民主，就必须对权力进行有效监督。这种监督不仅包括权力对权力的内部监督，更要有权利对权力的外部监督，其中就包括舆论监督。广播电视在构建民主法治社会中的作用，一方面在于对行政权和司法权行使的监督，另一方面，在于促进相关法律法规的完善，最终加快我国依法治国方略的积极落实。

二、做好信息服务，促进经济建设

长时间以来，由于思考问题的角度不同、方法不同，业界对广播电视的信息服务功能的看法也不尽一致。从大的方面说有"广义说"与"狭义说"之分。"广义说"认为广播电台、电视台所办的各种节目都具有服务的功能，不应该把服务功能单列出来。"狭义说"则认为广播电视的信息服务功能与新闻报道、社会教育和文化娱乐同为广播电视四大基本功能，应单列一项。本书认为，虽然广播电视的新闻、社教、文艺等类节目内容都包含一些信息服务的内容，但广播电视的服务性节目（比如广告）具有明显区别于其他节目的功能特性，有必要加以单独研究。

（一）信息服务功能的具体体现

中国广播电视信息服务功能的日益突出，是社会主义市场经济日益发展和媒体工作者市场经营和受众意识不断增强的结果。随着当代中国社会经济生活的日趋繁荣，受众对信息服务方面的需求也在不断增加，广播电视的信息服务功能正在不断被开发和利用起来。广播电视的信息服务功能具体体

---

① 《胡锦涛强调：深刻认识构建和谐社会的重大意义》，《人民日报》，2005年2月20日，第1版。

现在：

1. 提供日常生活信息服务

深入家庭生活的广播电视比起其他媒体来，在为群众生活提供日常生活信息服务方面，有着更大的渗透力和更好的效果。广播电视信息服务节目的内容与百姓生活的方方面面息息相关，例如许多电台开设交通信息节目，采用直播的方式播报路况信息，以满足司乘人员的需要；健康养生类节目也是一种服务内容，以教太极拳、健身操，讲解医药卫生常识、养生之道为主体……再如广播电视每天都办有多档气象服务节目。可以说，与百姓生活密切相关的信息服务在广播电视中都会有所涉及。

2. 为专门的经济活动服务

当前，经济信息在人们生产、生活中的作用日显重要。广播电视在传播经济信息、金融信息，推动经济发展上具有明显的优势作用。

3. 特殊的服务节目形式——广播电视广告

广告是一种特殊的服务性节目，是广播电视信息服务功能的重要体现形式。广播电视广告是媒介广告的一种，是以直接或间接地树立商品或企业形象促进销售为目的的有偿宣传活动。它是一种介于生产、流通和消费之间的信息渠道，在促进生产、扩大流通、指导消费、活跃经济、方便人民生活和发展国际贸易等方面起着重要的作用。

新中国成立后广播电视的信息服务功能从历时性的角度考察，大致可以分为两个阶段：第一个阶段是1949年—1977年。这个阶段广播电视的主要功能是为意识形态服务。第二个阶段是1978年转入"以经济建设为中心"以后。中国广播电视的服务功能进入一个新的历史时期。以上海电视台播出中国大陆第一条电视广告为标志，各家电台电视台相继开通广告业务。在当代，中国广播电视广告有多种层次的服务范围和发布内容。按照广告发布的范围可划分为"地区性广告"、"全国性广告"和"国际性广告"。按照传播的内容和性质分，有"商品广告"、"企业广告"、"公关广告"、"赞助广告"、"公益广告"，等等。广播电视广告的信息服务功能具体体现在：传播商品、科技、文化和劳务等方面的信息；推进健康向上的社会风气；为广播电视事业的发展提供财力支持，等等。

(二) 做好信息服务，促进经济建设

经济建设的顺利进行，需要广播电视从宏观、中观、微观三个层面即经济政策、经济现象和经济信息进行有效的传播、分析和引导。

1. 宏观层面传播经济政策、监测经济环境

经济政策指党和政府关于经济工作的方针，它是指导经济工作的总原则，关系到经济工作的总方向，也是新闻媒体经济报道的灵魂。对于广播电视来说，不仅要及时将党和政府制定的重大经济政策、方针传递给社会大众，而且对之要加以深入、准确的解释，帮助广大干部群众正确理解自觉执行这些政策。

此外，广播电视还要监测国内外经济环境。就国内经济而言，一方面，对于贯彻中央政策过程中的典型和经验以及取得的经济成就，广播电视要进行介绍和报道；另一方面，要披露经济工作中的失误和不正之风，从而净化经济建设环境，保障人民正常的经济生活秩序和正当权益。就国外经济而言，由于中国经济已融于世界经济之中，彼此的关联度越来越强，广播电视要密切观察和解析国际经济走势，以帮助国家和企业趋利避害，适时调整经济政策与经济结构。

2. 中观层面分析经济现象、指导经济生活

广播电视为经济建设服务，还要关注经济生活领域中带有普遍意义的重大问题、重大经济事件、经济现象，从而使广播电视能把握经济建设的脉搏，促进经济健康快速发展。比如近几年围绕房地产热、炒股热、汽车工业热、经济开发区热、造景热、文化产业基地热、地标性建筑热、节庆热等各种问题，以中央台为首的各级广播电视媒体纷纷对其进行分析和引导，促进经济健康理性发展。

3. 微观层面传播经济知识、传递经济信息

广播电视还应从微观上通过传播经济知识、传递微观经济信息来进一步为经济建设和人民生活服务。广播电视对经济知识的传播，主要涉及从事经济活动的业务知识以及与经济活动相关的历史知识、法律知识、科技知识、地理知识和其他知识等。

广播电视无论是宏观上对经济政策的传播和经济环境的监测，还是中观

上对经济现象的分析和指导，乃至微观上对经济知识的传播，相互之间不是孑然独立，而是相互交织、相辅相成。广播电视应充分利用自身的传播优势，从三个层面进行合理有效的组织，为经济建设的全面发展发挥独特的作用。

三、传播先进文化，引导娱乐审美

文化是国家和民族的精神基石，是国家和民族自立于世界的身份标志。文化作为国家的软实力与经济硬实力一起，构成了综合国力的两大重要组成部分。在经济高速发展的同时，文化建设如何实现同步发展，成为了中国现阶段面临的一个紧迫性问题。始终坚持社会主义先进文化前进方向，发展繁荣社会主义文化，激发全民族文化创造活力，引导娱乐与审美是中国广播电视重要的文化使命。

（一）中国广播电视传播先进文化的重要内容

广播电视传播为文化建设服务，其内涵十分丰富，涵盖了整个文化门类，包括文学、艺术、教育、科学以及人们的生活方式等。以下仅从广播电视为教育、文艺、科技服务等方面进行简要阐述。

1. 为教育服务

广播电视是一种先进的教化工具，它具有先进的技术性、开放的辐射性、系统的网络性和广泛的社会性等特点，使教化范围变得空前广泛，是实现教育现代化的重要途径。其中广播电视社教节目和广播电视教学节目是直接实现教育任务的两类节目。

社教节目经过几十年的发展已经成为比重较大的节目种群。从总体上讲，社教节目内容丰富，融思想性、知识性、科学性、艺术性、趣味性于一炉。如央视科教频道的《百家讲坛》，坚持"让专家学者为百姓服务"的宗旨，以"文化品位、科学品质、教育品格"为其风格定位，以"构筑时代常识、享受智慧人生"为其内容定位，通过通俗的讲解方式向大众普及优秀中国传统文化。无论是刘心武以其特有的文人气质和平民化阐释揭秘《红楼梦》，还是易中天以其风趣幽默的话语方式"品三国"，都在观众中引起较大反响，激发了大众对历史文化的浓厚兴趣。

广播电视教学节目涵盖政治、经济、历史、文化、军事、教育、科技、卫生等方面，其中为适应改革开放和科技现代化而举办的各种讲座，为渴望新知识的受众提供了难得的学习机会和有效的学习环境，尤其是全国各地开办的广播电视大学课程，已经成为我国建设学习型社会的重要组成部分。广播电视教学节目作为一种行之有效的教育形式，将与广播电视社教节目一起担当起继续教育的重任，成为学校教育之外的第二大教育模式。

2. 为文艺服务

广播电视一大任务是满足人们日常的文艺需求。广播电视为文艺服务包括两个方面。

一是通过广播电视普及优秀文艺作品，将优秀的文艺作品加以广播化、电视化。如广播方面的小说连播、广播剧，电视方面如电视散文、音乐电视、电视晚会以及各种类别的电视剧等。广播电视通过自己独特的艺术手段对原有的文艺作品进行再创作，不仅使原作得到再传播，而且给受众以异样的审美享受，进而提高人们的艺术修养。

二是广播电视可以通过各种不同类型的栏目、节目满足人们的文化需求，提升大众的文化品位。如以教授京剧和地方戏为宗旨的《跟我学》节目，以普及戏曲艺术、弘扬传统文化为己任，为戏曲迷们提供一个学习、体会戏曲神韵和欣赏中华民族优秀传统艺术的平台。

3. 为科技服务

科学技术是经济发展的发动机。1988年9月，邓小平提出科学技术是"第一生产力"。但如果先进的科学技术仅仅掌握在少数人手里，则根本无法实现其生产力价值。2003年中国科普研究所进行的中国公众科学素养调查结果令人悲观，中国公众具备基本科学素养的比例只有1.98%，公众如此低下的科学素养已成为我国可持续性发展战略的一个制约因素。而现代科学技术发展日益加快，新技术不断出现，科技界和广大群众迫切需要交流科技信息，不断更新科技知识，因此进行科技知识的普及和推广工作十分重要而紧迫。广播电视作为大众传播工具，一方面应该大力普及科技知识，一方面要弘扬科学精神，反对封建迷信，揭露和抵制各种伪科学行为，为提高全民族的科学文化素养而不断作出努力。

（二）中国广播电视文化娱乐功能的具体体现

追求娱乐和休闲是人类的一种天性。休闲应被理解为一种"成为人"的过程,是一个完成个人与社会发展任务的主要存在空间,是人的一生中一个持久的、重要的发展舞台。"成为人"意味着摆脱"必需后"的自由,与他人一起行动,使生活充满朝气,并促进自由与自我发展。① 广播电视文娱类节目表现力、感染力强,收听收看广播电视文化娱乐节目已经成为广大受众满足自身休闲文化娱乐需要的首选方式。

1. 提高人们审美水平

广播电视节目可以通过声音与画面艺术化地向受众传播人类生活的审美体验,创造一种理想化的人类生活图式,描绘多彩的文化娱乐生活。受众通过收听收看文艺节目,把节目所构造的意象还原为审美形态的人类生活图式,满足多样的精神享受需求,给广大受众以想象和憧憬的空间,推动人格精神的不断完善与提高。

广播电视艺术是综合的艺术,它综合了各种艺术门类之长,融会贯通,为我所用,因而它提供给人们审美也是多方面的。人们在收听优秀的广播音乐、广播小品、广播剧、广播小说等广播类文艺节目时,会通过听众的二次体验和创造得到美妙的审美体验。人们在收看电视文学、音乐、戏曲、曲艺以及文艺晚会、电视剧的过程中,带来的不仅是愉悦感,还是一种美的享受和文化的洗礼。2012年4月,法国戛纳国际电视节期间,央视春晚被认定为"全球收看人数最多的晚会"而荣获吉尼斯世界纪录证书。每年一度的央视春晚,创造全球华人共赏的奇观,可谓盛况空前,审美效应非凡。

2. 满足受众娱乐休闲需求

享受轻松,获得愉悦,是许多人听广播、看电视的主要目的。广播电视文娱类节目可以较好地满足人们这一需求。广播电视除了有专门的文艺频道之外,其他频道的文娱性节目也占有很大比例。这些节目的体裁多样,如音乐、舞蹈、戏剧、栏目剧、电影、电视连续剧等,能够满足各种层次各类人群的娱乐需求。广播为青年人提供的各式各样的流行歌曲排行榜成为年轻人喜爱的节目,一些电台的"音乐广播"收听率极高,表明广播音乐节目看好的市场趋势;歌剧、古典音乐受到文化层次较高的知识分子钟爱;而戏剧、曲艺、评书等则受到中老年受众的欢迎。

---

① 【美】约翰·凯利:《走向自由:休闲社会学新论》,云南人民出版社,2000年版,内容简介。

一些广播电视文艺节目还不断提升受众的参与性。例如"听（观）众点歌"、"现场观众互动"，特别是《星光大道》、《中国梦想秀》等百姓可以直接上台表演的节目，已成为当代社会民众普遍的休闲娱乐方式之一。广播电视文艺节目今后应着眼内容与形式创新，以满足受众多层次、多方面、高品位的文化娱乐要求。

（三）中国广播电视文化娱乐功能的发展方向

早在20世纪40年代，毛泽东在延安文艺座谈会上的讲话就指出，文学艺术应当坚持为人民服务。新中国成立后，进一步提出"二为"方向和"双百"方针。进入新世纪，中央又提出"三贴近"原则和"以人为本"的理念。这对于广播电视文娱类节目繁荣发展具有指导意义。具体来说，广播电视文娱类节目应该弘扬主旋律，提倡本土化、创新性，树立精品意识，通俗而不庸俗，"娱乐"而不"至死"。努力为受众提供思想健康、艺术精湛、制作精良，具有强烈吸引力、感染力，能经受历史检验的优秀作品。

四、积极融合新媒体，创造文化传播新形式

中国广播电视正在加快发展新媒体，不断创新业态及新的传播形式和服务形式，从而拓展广播电视功能，使其越来越紧密地渗透到人们的日常生活之中。

伴随着各级广电全媒体平台的构建，广播电视正以多种形式、多种业态倡导现代健康生活方式，将政务、教育、医疗、卫生等社会信息服务与银行、家庭物联等有机结合，以满足广大群众多样化、个性化、专业化的精神文化和生活需求，进而提升广播电视的竞争力和服务水平。

随着广播电视智能化程度的提高，它终将会由终端变成"中枢"，朝着家庭的多功能控制终端演变，比如，通过云电视，将电脑、手机、家用电器、监视系统等进行互联、操控，使家随时在人们"身边"。显然，这样的多功能广播电视已经远远突破传统广播电视的概念和范畴。它将从观念上、行为上为人们提供一种现代的健康文明的生活方式。

第二章　中国广播电视与时代环境

时代环境既为广播电视的生存发展提供了条件,也对广播电视提出了时代要求。"十二五"时期将是我国经济、政治、文化、社会、生态建设全面发展的新时期。它不仅为中国广播电视的发展提供了良好的环境,同时也提出了更高的要求。

第一节　广播电视与经济建设

经济是一个国家的基础与命脉。习近平指出:"党的十一届三中全会以来,我们党始终坚持以经济建设为中心,集中精力把经济建设搞上去、把人民生活搞上去。只要国内外大势没有发生根本变化,坚持以经济建设为中心就不能也不应该改变。这是坚持党的基本路线100年不动摇的根本要求,也是解决当代中国一切问题的根本要求。"[①] 因此,全党全国必须聚精会神搞建设、一心一意谋发展。广播电视必须通过有效传播推动经济发展,并在经济发展中谋求自身的发展。

一、经济基础是广播电视发展的物质条件

改革开放以来,中国经济保持了三十多年的高速发展,人民生活已基本实现了由温饱到总体小康的历史性跨越。经济的快速发展是国家硬实力的集中体现,也是国家软实力建设的前提基础。综观中国广播电视事业的发展,

---

[①] 《习近平在全国宣传思想工作会议上强调:胸怀大局把握大势着眼大事　努力把宣传思想工作做得更好》,《人民日报》,2013年8月21日,第1版。

不难发现，广播电视的发展与中国经济的发展具有高度一致的同步性。经济体制的转轨、国民经济实力的增强，居民消费水平的提高，消费结构的改变，广告市场规模的扩大等都分别从不同层次、不同领域推动了中国广播电视的发展。

首先，广播电视是高消耗高投入的产业，经济的繁荣是广播电视发展的经济基础。市场经济的兴起不仅极大地推动了中国经济的飞速发展，也推动了广播电视产业经营如广播电视广告的繁荣。中国的广播电视广告是随着社会主义市场经济的发展而迅速发展、成熟起来的。广电广告不仅在社会主义市场经济建设中发挥着不可忽视的桥梁和纽带作用，而且已经成为各级电台、电视台财力收入的重要来源。

其次，随着人民生活水平的提高，文化消费呈飞速发展趋势。中国有13亿人口，人民群众对视听文化的巨大需求和不断提高的新要求，则是推动广播电视不断发展的市场动力。据统计，截至2012年年底，全国电视观众规模为12.82亿人，比上一次统计时的2007年增加7700万人，家庭电视机普及率达接近饱和，三成以上家庭拥有两台及以上电视机。[①] 全国广播听众总规模为6.6亿人，其中城市听众4.2亿，农村听众2.4亿，受众规模仅次于电视。[②] 广播电视无论是在覆盖范围上，还是在发展规模上，都是其他媒体所无法代替的。

作为人类最基本的日常行为，经济活动不仅是广播电视发展的物质条件，更是整个人类社会不断发展的内在动力，它维系着人类的生存与延续。没有经济发展所带来的物质文明，就没有人类对精神文明的追求，也就没有广播电视发展壮大的可能。实践证明，随着生产力的发展和市场经济的繁荣，中国广播电视发展将逐渐改变依赖政府拨款的单一渠道为多渠道广泛筹措资金，逐步增加广告收入在整个经费中的比重，最终形成包括广告收入在内的多元经费结构。

二、广播电视经济报道促进经济信息的交流

党的十八大报告提出，为确保到2020年全面建成小康社会，要推动"经

[①] 参见张宁、王建宏、赵文江主编：《中国电视观众现状报告》，中国传媒大学出版社，2013年版，第6页。

[②] 参见赛立信：《2012中国广播广告影响力发展研究报告》，2013年4月。

济持续健康发展。转变经济发展方式取得重大进展……科技进步对经济增长的贡献率大幅上升……工业化基本实现，信息化水平大幅度提升，城镇化质量明显提高，农业现代化和社会主义新农村建设成效显著。城乡协调发展机制基本形成。"这一系列经济方针、目标的落实都迫切需要借助广播电视加强相关的信息传播。

事实上，身在市场经济日益发达的现代社会，人们不仅需要在微观上熟悉与经济相关的各种知识信息，也需要在中观上对社会经济现象和经济问题有较为透彻的理解，更需要在宏观上大体感知国家的经济政策以及社会经济的发展趋向，以便更好地应对经济生活各个层面带来的压力和挑战。特别是经过三十多年的改革，中国社会发生了巨大的变化，无论是国家经济体制及其运行方式，还是公众生活水准及其消费习惯都与以往大大不同，人们需要通过各种渠道对其进行体察和解读，从而消除自身对整个经济生活的无知和不安。因此，中国的广播电视需要从宏观、中观、微观三个层面，对经济政策、经济现象和经济信息进行有效的传播和阐释、分析和指导，从而使国家的经济方针政策深入人心并成为大众生活的重要规范准则，使国家经济体制改革能够深得民意并成为大众的一种自觉意识，使经济建设在国家与民众良好的互动中实现动态有序的健康发展。

（一）在宏观上，广播电视应宣传经济政策，监测经济环境

经济政策指党和政府关于经济工作的方针与运行指导方法的总和。它关系到经济工作的总方向，是指导经济工作的总原则，也是广播电视经济报道的纲领与灵魂。这就要求广播电视在经济报道中的首要任务是最迅速、最有效、最深入地将党和政府制定的重大经济政策、方针传递给社会大众，使之成为人们在经济工作、经济生活中的自觉行动。在监测经济环境方面，广播电视应对国内各种经济行为、经济过程进行反映和监督，从而推动构建一个健康的经济生态环境。这既包括对贯彻中央政策过程中或日常经济工作中出现的典型、经验和成就进行有针对性、有深度的介绍和报道，从而宣传经济方针、政策的有效性，并借之推动全局，也包括要披露经济工作中的失误和不正之风，从而净化经济建设环境，保障人民正常的经济生活秩序和正当权益。此外，在经济全球化的背景下，广播电视还应监测国际经济环境与走势

以及中国经济在国际经济中的优势与问题，以利在国际经济竞争中因应变化、科学决策、趋利避害。

（二）在中观上，广播电视要分析经济现象、指导经济生活

广播电视为经济建设服务，还要挖掘、传播、解读经济生活领域中的重大经济事件、普遍现象，尤其是与公众息息相关的经济问题和现象进行贴近性解析和阐释，从而促进经济生产、商品流通，引导人民群众合理地生活消费。国家重大经济事件、重大经济现象，是广播电视经济报道的重要内容，把握住这些重大问题，也就把握住了我国经济建设的脉搏，从而使广播电视能高瞻远瞩热点、难点和焦点问题，反映市场经济的走向、社会消费的趋势，满足公众的知情权，指导人们的经济思考和经济生活。

（三）在微观上，广播电视应传播经济知识、传递经济信息

广播电视对经济知识的传播，主要涉及两个方面：一方面是关于从事经济活动的业务知识，如工农业生产知识、商品知识、商务管理知识等；另一方面是与经济活动相关的历史知识、法律知识、科技知识、地理知识和其他知识以及背景介绍等。而无论对哪类知识的传播，广播电视都不应是学校式的纯粹知识理论的直接灌输，而应是通过具体的案例进行形象表达，最终让受众轻松地理解接收。而经济信息是指经济活动、经济生活领域中能减少或消除人们认识上不确定性状态的消息和知识，其中包括市场行情、物资供求状况和生产状况；经济决策、经济法规、经济管理状况、经济理论研究动向；自然资源状况、科技发展和规划状况、不同地区人们的消费心理及习惯以及经济界重要人物的活动，等等。而广播电视的传播优势使自身对于推动诸多经济信息的传递和交流起到了特殊重要作用。

总之，中国的广播电视不应仅仅是经济繁荣的"受益者"，同时还应是经济发展的"推动者"。广播电视应通过各种经济类节目给人民群众提供切实可行的服务和指导，从而帮助人民群众认知新领域、掌握新信息、了解新政策、把握经济形势和市场机会、增强决策的理性和科学等多个层面满足人民群众的经济信息需要。广播电视无论是宏观上对经济政策的传达和经济环境的监测，还是中观上对经济现象的分析和经济生活的指导，乃至微观上对经济知识的传播和经济信息的传递，相互之间不是孑然独立，而是相互交织、相辅

相成的。要做到用宏观解读和指导微观,用微观反映和推动宏观,从而提高经济报道的立体感、服务性和指导性。

三、广播电视产业和相关文化产业的互动发展

任何事物的为与不为,都离不开一定的时空坐标。广播电视也不例外,其发展路径和目标也必将随着社会政治、经济与文化的动态变化而不断调整。早在20世纪80年代初,中国广播电视业就对其经济功能进行了实践性的探索,但真正意义上的广播电视产业是在20世纪90年代初随着市场经济体制的逐渐确立而开始的。随着我国由计划经济体制向市场经济体制的转轨,我国广播电视的经济属性和产业功能越来越受到人们的重视。人们开始清晰地意识到,广播电视不仅仅是党、政府和人民的喉舌,同时还是一个有着巨大经济潜力的产业,特别是在国内外媒体竞争日益激烈的当代,中国的广播电视只有通过大力发展自身产业及其相关文化产业,才能不断壮大实力,更好地满足人民群众不断增长的精神文化需求。

改革开放后,中国步入了社会主义市场经济时代,广播电视传媒也随之从单纯的文化、精神产品生产的事业单位,逐渐向产业经营过渡。1987年,国家科委编制的中国产业投入产出表上,首次将广播电视纳入"信息商品化产品"序列;1992年6月,中共中央、国务院发布的《关于加快发展第三产业的决定》将广播电视明确定位为第三产业,这份文件的出台意味着中国广播电视可以名正言顺地走产业发展之路。几乎与此同时,上海东方明珠股份有限公司成功上市,标志着中国广电业开始走上资本运作之路。

具体来讲,广播电视产业是指围绕广播电视节目(包括广告)的生产、经营和消费等环节进行有经济意义的市场活动,以特殊的价值交换形式向社会提供精神文化产品和服务。从广义上讲,广播电视产业还包括电视节目的采集、制作、存储、传输、播出、发射、接收和监控等各个环节的设备制造等企业门类。其中,节目、广告、信息、技术、频道、劳务以及资源的开放和利用等共同组成了广播电视产业的主要内容,而广播电视在其产业经营范围方面,则包括了网台经营、制播分离、频道经营、集团化运作以及各种专业频道、网络公司、节目制作公司、广告经营公司,涵盖了广播电视系统内

部与社会性公司机构的各种形态。

在中国，广播电视既是一种公益性事业，又是一种经营性产业。广播电视传播的产品是一种物质性和非物质性相融合的信息产品，具有商品性，它能指导经济活动，参与社会生产，促进生产力的发展，其绝大多数产品要进入市场进行交换，参与市场竞争，因而具有鲜明的产业属性；同时，广播电视作为宣传工具，又具有明显的政治属性。由于集政治属性和产业属性于一身，因此，可以把广播电视产业称作一种特殊的产业。广播电视产业既是一种文化产业，又是一种以生产、传播、销售信息为主要活动内容的信息产业。广播电视通过对信息进行收集、加工、传递，引导社会生产要素合理有效进行配置，促进社会生产力提高。在某种意义上，广播电视的这种对生产要素的导向作用，既是信息产业软功能的表现，又是广播电视成为传媒产业的一个重要依据。[1]

2002年，党的十六大明确提出要"积极发展文化事业和文化产业"。十六大后，中央制定了《关于文化体制改革试点工作的意见》。作为生产、传播各类文化产品的重要部门，广播电视理所当然成为文化体制改革的重要目标对象。根据十六大关于文化建设和发展文化产业的精神，国家广播电影电视总局随后专门出台了《关于促进广播影视产业发展的意见》，对发展广播影视业的指导思想、基本思路、发展重点、相关措施等作了比较详细的规定和解释。《关于文化体制改革试点工作的意见》和《关于促进广播影视产业发展的意见》是广播电视体制改革重要的指导性文件。2003年6月，中央在北京召开了文化体制改革试点工作会议，将传媒业正是纳入文化产业的范畴，其中，广播电视产业又作为文化产业当中的支柱性产业，至此标志着中国文化体制改革进入了新的历史发展阶段。

作为广播电视产业发展的必然结果，2012年，我国付费电视相较"九五"期间仅有央视的3、5、6、8四套节目已翻了四十多倍。在传输网建设方面，"十一五"末期，中国已形成卫星覆盖农村、有线（网）覆盖城镇、地面无线覆盖城乡结合部以及卫星、地面无线覆盖移动终端的多元化产业格局，新建

---

[1] 高鑫、贾秀清主编：《经济·文化与现代电视传媒》，北京师范大学出版社，2009年版，第316—317页。

和改网工作成效卓越。据统计,目前中国租用8颗卫星、58个转发器传输350多套电视节目和263套广播节目,广播电视有无线发射台(含转播台)3万余座、具有双向功能的有线电视干线网333万公里,居世界第一。[①] 在体制和政策方面,全国各级广电系统不断深化广播电视体制改革,迈出了可喜的步伐,培育了广播电视市场主体,主要包括全国有线电视网络整合和以CMMB为平台的全国统一运营体系。

"十一五"期间,国家为深化广电改革出台了一系列产业政策,对推动广电产业的发展起到了积极的作用。2003年12月,国务院颁发《文化体制改革试点中支持文化产业发展的规定(试行)》,明确规定:"鼓励、支持、引导社会资本以股份制、民营等形式,兴办影视制作、放映、演艺、娱乐、发行、会展、中介服务等文化企业,并享受同国有文化企业同等待遇。"其中还有涉及广播电视投融资方面的比较具体的规定:"党报、党刊、电台、电视台等重要新闻媒体经营部分剥离转制为企业,在确保国家绝对控股的前提下,允许吸收社会资本。""广播电视传输网络公司在广电系统国有资本控股的前提下,经批准可吸收国有资本和民营资本。"等等。2007年,党的十七大又提出"推动社会主义文化大发展大繁荣"的任务,作为推动社会主义文化大发展大繁荣的重要力量,广播电视媒体产业被给予了厚望。由此可见,作为第三产业的重要组成部分,广播电视产业发展既要符合国家政策,又要遵循其内在的要求。

国家"十二五"规划纲要在繁荣发展文化事业和文化产业中提出"一手抓公益性文化事业、一手抓经营性文化产业,始终把社会效益放在首位,实现经济效益和社会效益的有机统一"。具体到广播电视的产业发展上,则是要求其承担并完成相应的任务:第一,在明确事业主体的前提下,加紧塑造产业主体。第二,在繁纷复杂的中国当代文化中,明辨哪些是"良币",哪些是"劣币",不让"劣币驱逐良币"。第三,加紧制定节目分类指导意见,继续推进制播分离。第四,在承担社会责任和自主创收之间,要把握一个平衡点;在提供公共服务和满足个性化服务方面,要把握一个度。第五,在发展新业

[①] 胡晓东:《我国广播电视产业的发展现状与工作思路》,《广播电视信息》,2011年第3期。

态方面，既要勇往直前，还要加强调查研究，积蓄力量，量力而行。① 要完成这些任务都不是轻而易举，需要时间，需要魄力，还需要准确的判断力和强劲的执行力。

第二节　广播电视与政治建设

媒体不是政府，但它是党、政府和人民群众的喉舌；新闻不等同于政治，但它离不开政治。报道党务、政务活动及党的方针政策是政治；报道经济离不开政治，因为"政治是经济的集中体现"；报道外交也是政治，因为"外交是内政的延长"；报道战争也是政治，因为"战争是流血的政治"；文化报道也离不开政治，因为文化的核心是政治取向和价值取向；甚至报道体育也离不开政治，以奥运会而言，"奥运与政治无关"是虚幻和不真实的，所以萨马兰奇说："历史告诉我们，奥林匹克运动中始终存在着政治"。② 总之，新闻与政治是近亲，新闻工作既是政治性很强的业务，又是业务性很强的政治。因此，在党的十六大报告提出的"发展社会主义民主政治，建设社会主义政治文明"的过程中，既赋予了广播电视重大的政治责任，也为其提供了巨大的能动空间。

一、坚决维护中国特色社会主义道路、理论和制度，坚持正确的政治导向

广播电视既是上层建筑的一部分，又是在促进上层建筑建设，坚持中国特色社会主义道路、贯彻中国特色社会主义理论体系、维护和完善中国特色社会主义制度中的能动力量和责任媒体。党的十八大报告明确指出，"中国特色社会主义道路，是在中国共产党的领导下，立足基本国情，以经济建设为中心，坚持四项基本原则，坚持改革开放，解放和发展生产力，建设社会主义市场经济、社会主义民主政治、社会主义先进文化、社会主义和谐社会、

---

① 参见刘习良：《寻路和趋势》，《中国广播电视学刊》，2010年第12期。
② 转引自《奥运政治与奥运"政治化"之辨》，百度文库，2013年6月1日。

社会主义生态文明,促进人的全面发展、逐步实现全体人民共同富裕,建设富强民主文明和谐的社会主义现代化国家"。"既不走封闭僵化的老路,也不走改旗易帜的邪路。"

在建设中国特色社会主义现代化强国的征程中,"中国特色社会主义道路是实现途径,中国特色社会主义理论是行动指南,中国特色社会主义制度是根本保障。"这三者是党和人民通过九十多年的奋斗、摸索、积累、创造的实现中华民族伟大复兴的重要成就和宝贵经验。广播电视宣传在这三个问题上必须旗帜鲜明地加以贯彻、积极有效地加以维护、生动活泼地加以阐释。

道路、理论、制度关系到国家的发展方向、路径选择、人心凝聚。坚持中国特色社会主义道路、理论、制度是舆论导向的核心。广播电视必须在事关国家发展、命运的三个根本问题上与中央保持高度一致,并努力通过理论与实践、历史与现实、经验与教训、国内与国外的生动对比解读使之最大限度地变成全社会的共识和实践,从而使广播电视成为党领导全国人民建设中国特色社会主义道路的有力助手,成为国家发展进步的凝聚性、建设性、推动性力量。

二、政治环境是广播电视改革发展的第一环境

广播电视的改革发展有赖于多种环境,如经济环境、文化环境、社会环境乃至技术环境和国际环境,但第一环境是国家的政治环境。

首先,党和国家对包括广播电视在内的新闻媒体及其新闻报道工作十分重视。无论是历次党代会、人代会、全国宣传思想工作会议、全国对外宣传工作会议及国家发展规划等,都从把广播电视当做党的一种重要执政资源的高度,对其发展改革、宣传报道提出明确要求和规划。

其次,党的新闻观、舆论观、媒体观都发生了积变化,提出各级党和政府要积极支持新闻媒体的新闻报道和舆论监督工作,要善待、善用、善管媒体。从而从思想观念、政治观念上为广电的发展和宣传报道提供了十分重要的政治软环境。

再次,中央明确提出,要实行信息公开,建立阳光政府,新闻报道要

"按新闻传播规律办事",以保证人民群众的知情权、参与权、表达权、监督权。并通过政府信息公开条例把保障媒体及时传播信息提高到了法律层面。

最后,中央提出"以人为本","尊重和保证人权",提出要加强党的执政能力、执政水平建设,提出要"立党为公,执政为民",不断提高"科学执政、民主执政、依法执政"的水平,要坚持反对腐败,要把权力关进制度的笼子里。广电新闻报道如何围绕上述目标的实现,发挥好舆论引导、舆论推动和舆论监督的作用,不仅为广电发展提供了更好的政治环境,而且为广电传播提供了更多的政治资源。

三、广播电视要成为发展社会主义民主政治、建设社会主义政治文明的建设者

广播电视不能仅仅做社会主义政治文明的受益者,还应成为社会主义政治文明的推动者、建设者。

(一)主动设置议程,搭建公共交流平台

"议程设置"即 Agenda-setting,是指大众传播媒介通过对事实的选择、编排,在一段时间内集中突出报道,从而吸引受众的注意力,使之成为公众议论的话题。1922年,美国新闻工作者和社会评论家沃特·李普曼(Walter Lippman)在其经典著作《舆论学》(*Public Opinion*)中提出,新闻媒介影响"我们头脑中的图像",这成为议程设置理论的雏形。时隔46年之后,美国传播学家 M·E·麦库姆斯和唐纳德·肖采用实证研究的方法对当年的总统大选进行了较为详细的调查分析,重点研究传播媒介的选举报道对选民的影响,并试图厘清媒介议程与公众议程之间的影响关系。随后,他们对研究成果进行了总结并提出:在公众对社会公共事务中重要问题的认识和判断与传播媒介的报道活动之间,存在着一种高度对应的关系,即传媒作为"大事"加以报道的问题,同样也作为大事反映在公众的意识中;传媒给予的强调越多,公众对该问题的重视程度越高。根据这种高度对应的相关关系,麦库姆斯和肖认为大众传播具有一种形成社会"议事日程"的功能,传播媒介以赋予各种议题不同程度"显著性"的方式,影响着公众瞩目的焦点和对社会环境的认知。

具体来讲，议程设置理论分为两个主要方面：一个方面是议题从媒介议程向公众议程的传播过程，另一个方面是公众在头脑中形成这些议题时媒体所起的作用。

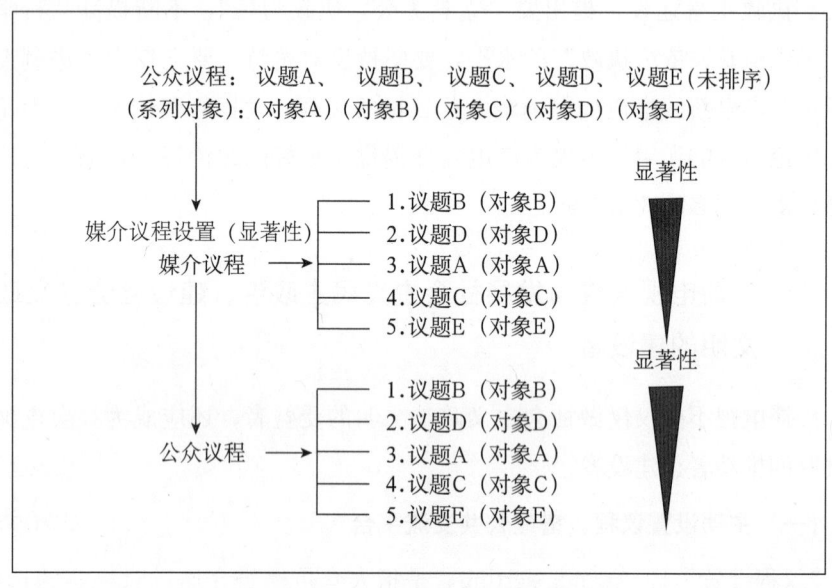

图 3-1-1　议程设置示意图

具体到广播电视的议程设置而言，即指广播电视在一段时期内持续、大量地传播某一新闻事件，并将其置于频道的黄金时段或栏目的"头条"播出，由此吸引受众的注意力，形成社会公众关注的"热点"和社会舆论关注的焦点。广播电视是中国社会中最具影响力和公信力的大众传媒，由其所建构的媒介议程，在很大程度上影响着中国公众对社会环境的感知和判断。美国政治家伯纳德·科恩在1963年《报纸与外交政策》一书中明确提出：在多数时间，媒介在告诉人们该怎样想可能并不成功，但它在告诉人们该想些什么时，却是十分成功的。大众媒体只要对一些问题给予足够的重视，集中报道，就能影响大众舆论。而人们一般都倾向于关注和思考媒介议程安排注意的那些问题，并按照大众媒体给各个问题确定的重要性的次序，分配自己的注意力。从媒体特征来看，广播电视属于线性媒体，具有极强的时效性和即逝性，因此，其在传播信息时不可能穷尽地呈现世间百态，决定选择报道哪些内容，如何报道，都在很大程度上决定了受众对周围环境的认知。

当前，中国社会正处于经济、政治全面发展的转型期，社会各阶层群体利益复杂化的趋势日益凸显。在此背景下，分属不同社会阶层的群体，因其身份立场、民族文化、教育背景等的不同，其利益诉求也呈现出多元化、分层化的特征。当这种多元化的表达诉求成为一种普遍的客观存在时，大众传媒则成为社会公众多元意见交汇互动的公共平台。广播电视是社会对话的沟通器、不同社会意见的融合器，广播电视可以通过真实、平等的传播，为普通公众提供广阔的意见表达场所。社会公众不仅可以直接参加节目的录制甚至直播，还可以通过一些谈话类、评论类的节目直接或间接地发表自己的观点。此外，一些与传统媒体或是新媒体合作的广播电视节目，如读报类节目、微博摘选类节目也可以将社会公众的各种意见、观点集中起来，有选择地进行整合传播。

广播电视作为植根于广大社会公众之中的公共产物，它的传播与政府机构、组织部门、社会公众有着不可分割的紧密联系。对于社会公众普遍关注，或在某一段时间内特别关注的社会事务，广播电视通过议程设置真实地传递不同群众的心声，不仅可以使国家管理者及相关决策机构及时了解民情民意，而且可以使不同群体之间形成沟通，从而以中间者的身份成为公众表达意见的公共平台。

在现代民主社会中，广播电视已经成为整个社会高度依赖的客观存在，作为重要的社会协调组织机构，广播电视虽然不具有行政权力，但在社会管理中却扮演着政府不可替代的沟通者、参与者和引导者的多重角色。特别是通过科学的议程设置，可以使广播电视决定什么是重要的，应该抓住什么来思考，以及该如何思考。总之，广播电视通过议程设置，搭建公共平台，可以成为深刻影响人们认识世界的主要信息来源和方式。

（二）主动发布信息，维护社会稳定

坚持信息的公开透明和维护公众知情权是现代民主社会的基本要求。"信息成为与物质和能源同等重要甚至比之更加重要的资源，整个社会的政治、经济和文化是以信息为核心价值而得到发展的"。[①] 施拉姆则从信息对于人的

[①] 郭庆光：《传播学教程》，中国人民大学出版社，1999年版，第35页。

重要性的角度进行了阐述:"信息是人类的基本权利之一,是全世界人民实现自由和尊严所必需的东西。"① 可见,对信息的获取已经成为现代社会中人类精神需求和满足的基本方式之一。关于信息的知情权,从1987年党的十三大报告首次提出"重大情况让人民知道,重大问题经人民讨论",到2004年9月,党的十六届四中全会审议通过的《中共中央关于加强党的执政能力建设的决定》提出,完善新闻发布制度和重大突发事件新闻报道快速反应机制,到2007年党的十七大提出的"依法保障人民的知情权、参与权、表达权、监督权",再到2008年5月1日正式施行的《中华人民共和国政府信息公开条例》,强调"公开为原则,不公开为例外",保障公民"知情权"在写进了党的重要文件的同时,也成了国家的法律。

作为现代社会公民基本的民主权利之一,知情权的明确提出旨在进一步强调社会公众有权通过新闻媒介及其他手段,知晓和掌握作为一个社会成员所需获得的种种相关信息。从这一意义上说,大众传播媒介即是公众知情权实现的载体,其对信息传播享有的自由权利在很大程度上决定了社会公众知情权的有效实现。换句话说,大众传播媒介对信息及时、充分和准确的传播是社会公众知情权得以实现的重要保障。政府是事关人民群众的公共信息资源的主要掌控者,是信息公开的主体,特别是那些与民众个体的利益具有接近性或相关性的信息,公众尤为关切。因此,政府信息公开如何常态化、制度化就成了时代的必然要求。

1983年4月,中国记协首次向中外记者介绍了国务院各部委和人民团体的新闻发言人,正式宣布中国建立新闻发言人制度。经历30年的发展之后,中国的新闻发言人制度已日趋完善,其内容涉及政府的重大事项、重要活动、国内外关注的热点问题,如重大突发事件、公共政策、公共服务、政府决策等。广播电视因其传播的快捷成为各类新闻发布会的最佳传播渠道。通过消息报道、滚动报道、现场直播再辅以对信息的解析和评论,极大地满足了公众的知情权,同时也为中国新闻发言人制度的实施和完善提供了有力的保障。

信息公开不仅是政府的职责、人民的权利,而且是防止流言、消除隔阂、化解矛盾、建立互信、维护稳定的必然要求。然而,在当前的信息公开与传

---

① 【美】威尔伯·施拉姆:《大众传播媒介与社会发展》,华夏出版社,1990年版,第253页。

播中，仍有一些地方政府或机构设置信息屏障及广播电视等媒体难作为或"不作为"的情况。因此，需要双方从维护法律尊严、尊重新闻规律、满足人民知情权的高度统一思想，继续作出努力。2013年9月18日国务院召开常务会议研究部署进一步加强政府信息公开工作。要求加强相关制度和平台建设，把政务信息公开作为依法行政的重要内容，加强监督问责，提高实效，不断增强提升政府的公信力。充分显示了新一届中央领导集体进一步加强政府信息公开工作，建设人民满意的服务型政府的决心和努力。

（三）做好舆论监督，辅助政府调查决策

舆论监督是广播电视的一项重要职能。所谓舆论监督，是指公民通过传播媒介表达意见、建议，形成舆论，对国家事务和社会公共事务及相关人员的言行进行监督，进而影响公共决策和权力运行的一种舆论表达形式。在这一过程中，公民所享有和行使的就是舆论监督权。[1] 舆论监督权是广大人民群众的基本权利之一，广播电视媒体是人民实现舆论监督权的重要保障，其在为社会公众提供舆论平台的同时，也以"参与者"的身份积极介入其中，如对信息、意见的核实、选择，对其新闻价值和社会价值的综合考量，以及对其可能产生的社会影响进行评估等。因此，在某种意义上，广播电视等新闻媒体也是群众监督、舆论监督权的实施主体。

在中国，广播电视担负着上情下达和下情上达双重责任。这种居中的位置要求它既接受党和政府的领导，又要反映人民群众的意见与呼声，对政治权力进行监督和制约。也正因如此，广播电视在舆论引导和舆论监督方面负有重要使命，其不仅是社会的"守望者"、"瞭望哨"，同时还承担着进行社会调查，反映社会舆论，进而辅助政府民主决策、科学决策的重任。随着中国政治民主化进程的不断推进，舆论和舆论监督在政治领域中发挥的作用日趋巨大。从某种意义上讲，舆论和舆论监督的活跃，是一个国家政治民主是否成熟的一面镜子和一个维度。当前，舆论监督和信息公开一样，已经成为发展社会主义民主政治、建设社会主义政治文明中极为重要的两大部分。

舆论监督作为广播电视媒体的重要功能，历来受到党和政府的高度重视，

---

[1] 郑保卫等著：《新闻传媒与和谐社会建设》，中国人民大学出版社，2006年版，第138页。

早在 1950 年，中共中央就曾作出过《关于在报纸刊物上展开批评和自我批评的决定》；1987 年，党的十三大报告中更是明确提出"通过各种现代化的新闻和宣传工具，增加对政务和党务活动的报道，发挥舆论监督的作用，支持群众批评工作中的缺点和错误，反对官僚主义，同各种不正之风作斗争。"从党的十五大到十八大的历次报告中，都提出要加强舆论监督。1989 年 11 月，李瑞环在新闻工作研讨班上的讲话中则阐述了群众监督和舆论监督的关系。他说："新闻舆论的监督，实质上是人民的监督，是人民群众通过新闻工具对党和政府的工作及其工作人员进行的监督；是党和人民通过新闻工具对社会进行的监督，不应仅仅看成是新闻工作者个人或是新闻单位的监督。"①

在当代，广播电视日益成为党的重要的执政资源和社会进行公共管理的重要资源。尤其是在新媒体的舆论监督既日趋活跃又鱼龙混杂的当代，广播电视既要加强舆论监督的力度和强度，防止被新媒体边缘化，又要提高舆论监督的水平和权威性，防止被新媒体异化和牵着鼻子走。

第三节 广播电视与文化建设

作为内涵丰富、外延广阔的社会文化形态，广播电视的传播活动从根本上讲，是一种文化活动，其不仅担负着自我发展自我繁荣的任务，更担负着发展繁荣文化的任务。因此，在推动社会主义文化大发展大繁荣过程中，如何自觉地发挥好广播电视传播的优势与作用，是当前广播电视的一项重要任务。

一、文化是广播电视发展的不竭动力

当今时代，文化作为国家和民族发展的精神基石，已成为民族凝聚力和创造力的重要源泉，它不仅是综合国力竞争的重要因素，更是国家和民族自立于世界的身份标志。从文化哲学的角度来讲，文化创造乃是人类超越自然，脱离野蛮，向人生、人性更高阶段迈进的文明生成活动。具体来看，广义的

---

① 转引自赵志立：《危机传播概论》，清华大学出版社，2009 年版，第 88—90 页。

文化与自然相对，是指人类所创造的一切物质文明和精神文明的总和；狭义的文化仅限精神文明，是指与特定民族的生活方式相适应的价值观念和行为准则，包括人类所创造的一切社会意识形态。经济、政治、文化这三个概念，构成了人类社会生活中相互区别又相互联系的三个维面。文化的创造显示了人类对于生存意义和精神价值的追问和探求，从而为经济发展和政治进步提供精神动力和智力支持。

然而，在不同的社会形态和政治体制下，文化的内涵与外延也各有不同，并随着社会物质生产的发展而发展，显示出一定的历史继承性。当前的中国社会正处于现代化发展的关键转型期，是以现代工业文明的技术理性和人本主义启蒙来塑造国人，并构成现代化主体，这是中国文化转型的主导价值目标，同时它又构成了中国现代文化建构框架的基本点。① 与经济硬实力相对，社会文化作为一国软实力的核心内容，是人类满足自身精神需求的主要来源，而对于精神文化生活的丰富和改善也越来越成为当代中国公众的热切愿望。广播电视媒体是人类社会物质文明和精神文明发展到一定阶段的产物，在经历了几十年的快速发展之后，它凭借自身强大的文化影响力，给人类文明注入了新鲜而生动的活力，日益影响着现代社会公众的思想和行为。因此，广播电视传播本身就是一种社会文化现象，必然植根于特定的文化环境之中，其发展不可避免地与文化发生千丝万缕的联系，折射出文化母体遗传因子所赋予它的种种规定性。

文化对广播电视传播的影响，源自文化本身的维模与适应原理、优势扩散原理、传播圈层原理。文化本身对原有的文化模式的维护，使广播电视不得不调整传播的内容和方式，以适应广播电视传播指向的文化圈的需要。文化的维模原理，是指文化圈对外来文化起到一种选择和自我保护作用，当所传播的文化有利于原有文化模式的维护时，便容易被接受，并作为一种新的营养补充到文化机体中；而如果外来的文化对原有的文化模式具有危害或破坏性作用时，便会受到竭力阻止。② 事实上，广播电视文化尽管主要以大众文化的身份而出现，但同样也包括精英文化、高雅文化的内容。内容多元的广

---

① 参见欧阳宏生主编：《电视传播核心价值论》，北京大学出版社，2010年版，第217页。
② 参见黄匡宇主编：《广播电视学概论》，暨南大学出版社，2003年版，第132页。

播电视文化不仅能很好达到公众雅俗共赏的要求，还能在满足公众基本娱乐需求的基础上，使他们的文化素养得到积极提升，使他们的思想道德得到正确引领，从而最终提升整个国家的文化竞争力。

伴随着电子技术以及相关科技的飞速发展，广播电视日益成为最有利于传播先进文化、提升大众素质的大众传播媒介，其已经不仅仅是一种技术，而是成为一种备受公众关注的文化现象，它对人类的深刻影响力也理应得到足够的关注和重视。作为一种渗透性极强的文化，广播电视媒体迅速及时的传播特点、生动形象的传播形式、综合多样的传播内容，使其成为了一种前所未有的开放性文化，并对大众产生了巨大的影响力。

首先，广播电视自身的发展是依托先进的物质文化和精神文化的共同作用。在电子传媒时代，文化与经济之间的边界开始消失，文化生产本身正在成为最为强盛的经济产业之一。虽然文化、商品、经济利润、意识形态各个环节并非一脉相承，但是，人们不得不承认，文化与经济正在前所未有地交织为一体，共存共荣。

其次，广播电视文化作为社会文化的一部分，自诞生之日起就与经济、政治等社会因素有着千丝万缕的联系，它们构成了广播电视文化生存、发展的外围空间。一方面，政治、经济的发展状况决定者电视文化的发展方向和活跃程度；另一方面，电视文化的表现内容和表现手段都脱离不了当下的政治、经济环境，这是由其与生俱来的时代性和现实性决定的。在当前文化融合的大背景下，广播电视自身文化的发展也随着社会的改革变迁而日趋多元。然而，来自政治和经济的限制和制约力量是客观存在、不容忽视的，其强大的推动力影响着广播电视文化的繁荣发展。

文化是一个国家文明程度的标志，建设中国特色社会主义文化是事关中华民族复兴的核心问题。广播电视不仅要以文化的传承与发展为己任，更要提高中华民族的文化素质，最终促进"中国梦"的实现。

二、中国广播电视与多元文化格局

积极探索、大力发展文化产业，培育新型文化业态，满足人民群众多层次多样化文化需求，充分发挥文化引导社会、滋养人民、推动发展的功能，以增强民族凝聚力和创造力，是当代国家在推动文化发展方面的总体要求。广播电视作为社会文化的重要组成部分，理应承担为文化建设服务的重任，这是传承中华优秀文化的必然要求，是广大人民群众提高自身文化素质的现实需求，也是跨文化传播交流的现实需要。

自20世纪80年代以来，随着中国社会的改革开放和民主化进程的不断的进步，中国的文化格局发生了重大变化，形成了以主流文化、精英文化和大众文化三足鼎立的共生文化格局：

第一，主流文化以体现国家意志、维护社会核心意识形态的权威地位为己任，以社会主义主导价值观为价值引导，在各种广播电视文化中占主导地位。中国广播电视主流文化的根本任务是统领整个广播电视文化的基本价值取向，维护民族文化、社会基本道德准则和善恶标准，维护社会主义经济和政治制度，推动建设社会主义强国。主流文化注重从上而下对受众的引导和教化，是广播电视媒体政治属性的集中体现。

第二，广播电视的精英文化则是一种高雅文化。由于文化精英是社会所普遍需要的各类文化知识的传播、应用和生产者，所以精英文化本质上是一种自觉的文化，它承担着教化大众、提升社会价值的功能，为全社会确立一种普世信念，并负责向全社会提供高品质的精神文化产品，向民众传递社会理想和理性精神，确立价值尺度和审美标准。

第三，广播电视通俗文化是在打破原有一元格局后发展得最快的文化形式，直接面对大众群体，以娱乐、消遣为主要价值取向。广播电视通俗文化以不可或缺的文化态势起着娱乐大众、播撒文化的作用，它具有合乎大众审美需要的内容和形式，同时把过去为少数人享用的文化变成为数众多的人所享有的文化，从这个角度来讲，通俗广播电视文化是一种大众文化。

在现代社会中，以消费主义为特征的文化产业理念十分盛行，整个社会文化场域中都弥漫着强烈的后现代色彩，全球化、个性化、多元化逐渐成为现代文化的身份标签。所谓"和而不同"，即越是全球化就越是多元化，全球化的愿望越是强烈，个性化和多样化也才越发得以彰显，越是全球化就越显得民族化的重要。正因如此，广播电视应当担负起为文化建设服务的重任，大力传承和弘扬中华民族的优秀传统文化，尤其深入民族传统的内核层面，在广播电视作品中开掘出国人之魂、展现出中华之志、释放出民族之情，最终提升国人的民族自尊心和文化认同感。而在大力弘扬中华民族优秀传统文化的同时，广播电视还应当以中国特色、中国风格和中国气派发扬民族伟大精神，表现鲜明的民族特色和地域特色，体现出中华文化的民族身份。同其他精神产品一样，广播电视传播中越具有民族性的作品，其越具有世界性和独特性。

毋庸置疑，社会文化多元性和受众需求多元性决定了传媒的多元化发展，而广播电视作为当代大众文化的重要组成部分，在人们经济、政治、文化、生活中占据着极其重要的位置。作为中国文化传承和建构的主体，广播电视通过多种方式作用并影响着整个文化系统，包括文学、艺术、教育、科学以及人们的生活方式等。广播电视的普及为整个文化系统营造了一个前所未有的文化氛围，它使得电影、戏剧、戏曲等在广播电视文化的压力下去探寻与受众接近的新形式、新方法和新内容。如国外纪实性电影的发展就受到电视纪实特性的影响，我国近些年来通俗文学、迪斯科、通俗音乐、通俗电视剧、电影电视等的崛起，也同电视播放的相关节目有着深刻的内在联系。至于广播电视对人们的服饰、发型、生活方式的影响就更是不胜枚举了。中国大众文化飞速发展的二十多年的历史，也是中国的广播电视媒体深刻转型历史。广播电视是大众文化的重要载体，大众文化是广播电视传播的重要内容，两者之间是相互促进与共生的关系。从文化发展的意义上说，广播电视文化对人们的影响已经远远超过了当今其他任何文化形态，已经成为改造社会的一种全新的文化力量。

三、传播和引领社会主义先进文化

党的十六大把提高全民族的思想道德素质、科学文化素质，形成全民终身学习的学习型社会并最终促进人的全面发展作为建设小康社会的主要奋斗目标之一。而另一方面，面对复杂多变的时代和竞争日趋激烈的社会，提升自身文化素质也是大众的急切愿望和着意选择，更是对他们文化权益的尊重和保障。党的十七大报告也明确指出，要坚持社会主义先进文化的前进方向，兴起社会主义文化建设高潮，激发全民族文化创造活力，提高国家软实力，使人民基本文化权益得到更好保障，使社会文化生活更加丰富多彩，使人民精神面貌更加昂扬向上。

所谓当代中国的先进文化,是指以马克思主义为指导,以培养有理想、有道德、有文化、有纪律的"四有"公民为目标的面向现代化、面向世界、面向未来的,民族的、科学的、大众的社会主义的文化和文明。习近平指出,在全面对外开放的条件下做好文化引领工作,一项重要任务是引导人们更加全面客观地认识当代中国、看待外部世界。阐释中国特色,要讲清楚每个国家和民族的历史传统、文化积淀、基本国情不同,其发展道路必然有着自己的特色;讲清楚中华文化积淀着中华民族最深沉的精神追求,是中华民族生生不息、发展壮大的丰厚滋养;讲清楚中华优秀传统文化是中华民族的突出优势,是我们最深厚的文化软实力;讲清楚中国特色社会主义植根于中华文化沃土、反映中国人民意愿、适应中国和时代发展进步要求,有着深厚历史渊源和广泛现实基础。中华民族创造了源远流长的中华文化,中华民族也一定能够创造出中华文化新的辉煌。独特的文化传统,独特的历史命运,独特的基本国情,注定了我们必然要走适合自己特点的发展道路。对我国传统文化,对国外的东西,要坚持古为今用、洋为中用、去粗取精、去伪存真,经过科学的扬弃后使之为我所用。①

中华文化是中华民族生生不息、团结奋进的不竭动力,中华民族之所以久经磨难后仍能延绵不绝,就在于这种文化的维系和支撑。正是各个时代优秀、先进文化的逐步积累形成了整个中华民族世世代代的生存智慧,最终演化为中华民族得以延续的精神力量。对于"中国梦"的最终实现,不仅需要经济的持续发展,更需要文化的全面复兴。具体到中国的广播电视传播活动中,即是指弘扬时代精神、民族精神;弘扬爱国主义、集体主义精神,宣扬社会主义思想,提倡有利于改革开放和现代化建设的思想与精神;提倡民族团结、社会进步;提倡诚实守信,人民幸福的思想和精神。通过对先进文化的弘扬,来进一步巩固安定团结的局面,维护改革开放的成果,引导人们特别是青年人树立社会主义核心价值观。

---

① 《习近平在全国宣传思想工作会议上强调:胸怀大局把握大势着眼大事 努力把宣传思想工作做得更好》,《人民日报》,2013年8月21日,第1版。

四、反对"三俗",增强"三力",提升文化品格

近年来,中央高层明确强调抵制思想文化领域中出现的"三俗"之风,要求引导广大文化工作者和文化单位自觉践行社会主义核心价值体系,坚持社会主义先进文化前进方向,坚决抵制庸俗、低俗、媚俗之风。作为文化领域的主力军,广播电视媒体如何保持自身的健康发展,已成为极具现实意义的重要问题。

广播电视节目中存在的某些低俗现象已经影响到广播电视的公信力和广播电视产业的健康发展,主要表现在媒体的社会责任感下降,片面追求经济利益。之所以出现这些问题,追根究底是一些广播电视媒体背弃了社会赋予的责任。胡锦涛在2009年10月的世界媒体峰会上指出,当今社会对各类媒体来说,树立和秉持高度的社会责任感,比以往任何时候都更为重要。在中国,坚持社会主义核心价值观,传播引领先进文化,弘扬优秀文化品格,为文化建设服务始终是广播电视媒体的根本职责,是任何时候都坚决不容动摇的。因此,要保证广播电视媒体认真履行好党和政府赋予的神圣职责,必须要通过强制性的力量进行制约,同时要从内部管理着手,加强马克思主义新闻观的教育,并在此基础上提高行业自律意识,通过自我约束、自我规范、自我管理和自我控制,促进广播电视业健康、稳定、可持续发展。

第四节 广播电视与社会建设

社会建设是我国社会主义现代化建设中的重要一环,也是当前党和政府特别强调和突出的发展内容。其以和谐为追求目标,讲究人与人、人与社会、人与自然的和谐共处,具体包括"民主法治、公平正义、诚信友爱、充满活力、安定有序、人与自然和谐相处"六方面内容,而这也对广播电视为社会建设服务指出了具体方向。

一、和谐社会与"善治"视野下的广播电视

党的十六届六中全会通过了关于构建社会主义和谐社会的重要决议。这

是我们党在社会建设的理念与目标上的一个历史性文献，同时也对广电传播提出了时代要求。

"和谐"一词在中国的传统文化中，隶属于哲学的概念范畴，它反映和表达的是一种思想，一种文化，一种精神，一种理想的境界。而"和谐社会"则是"和谐"这一哲学概念运用于社会所形成的一种经世致用的思想，是一种人类始终在不断追求的社会理想。①

当前中国正处在社会转型期，各种矛盾、利益交织交错，如何构建和谐社会成了当代社会建设一个必解的政治性课题。恩格斯说，"每一时代的理论思维，都是一种历史的产物，它在不同的时代具有完全不同的形式，同时具有非常不同的内容。"② 进入21世纪后，广播电视成为践行科学发展观和构建社会主义和谐社会的重要组成部分。《中共中央关于制定国民经济和社会发展第十一个五年规划的建议》中指出：建设社会主义和谐社会要畅通诉求渠道，完善社会利益协调和社会纠纷调处机制。这是继《中共中央关于加强党的执政能力建设的决定》中提出建立舆情汇集和分析机制，畅通社情民意反映渠道之后对媒体提出的新要求，标志着新闻传播和舆情研究工作已成为围绕构建社会主义和谐社会目标、践行科学发展观的重要一环。

广播电视是社会环境的守望者，是社会上下之间、左右之间沟通的重要渠道，具有协调社会中的各种关系及公众行为，整合公众舆论，使之更加平衡、更加有序、更加和谐的功能。广播电视发展史表明，广播电视是在与社会的互动中逐步成长和发展起来的，"媒介不是孤立存在的，它也是一种社会子系统，是社会的有机组成部分，它的存在与其他子系统（诸如政治、经济、文化等）也存在着密切的关系。"③ 特别是当前中国正处于社会转型的关键时期，广播电视通过对社会环境的监测、信息的选择、舆论的引导，对不同社会阶层、群体的利益诉求进行协调，从而形成相对统一的认知理念和价值认同，以维护社会的稳定，促进社会的和谐发展具有重大作用。

施拉姆在《大众传媒与社会发展》中指出，"对任何社会来说，不论发展

---

① 郑保卫等著：《新闻传媒与和谐社会建设》，中国人民大学出版社，2006年版，第3页。
② 《马克思恩格斯选集》，第4卷，人民出版社，1995年版，第284页。
③ 李良荣：《新闻学概论》，复旦大学出版社，2001年版，第1页。

程度如何,传播总是处于生存的中心位置。每当有危险或机会需要加以报道,有决定需要作出,有知识需要加以扩散,或变革迫在眉睫——信息就开始流动。对发展中国家来说,这些需要特别迫切和普遍。在那里,分配给传播媒介的任务比发展前要广泛得多。如果信息流动和传播渠道不适应于这些任务,就必须加强建设,使之达到所需要的水平。"① 这段话精辟地总结了大众媒介与社会发展之间的内在联系,作为社会系统中重要的组织部分,广播电视媒体在科学发展观与和谐社会构建的理论和实践框架中,已不再仅仅是传统意义上的"传声筒"或"减压阀",而是应能敏锐地感知环境的变化,积极主动地促进社会各领域、要素之间平衡发展的"推进器"。社会主义和谐社会的构建关系到最广大人民的根本利益,关系到巩固党执政的社会基础、实现党执政的历史任务,关系到全面建设小康社会的全局,关系到党的事业兴旺发达和国家的长治久安。社会的和谐发展需要广播电视的积极推动,同时,和谐的社会环境也为广播电视的发展提供了机遇和保障。

应该说,广播电视的和谐发展与传播是社会和谐发展的重要部分。广播电视信息传播的使命应是促进社会系统的整合与化解矛盾、协同发展、维护稳定。践行这一使命,不仅广播电视的社会生态环境会变得越来越好,而且广电的发展也会越来越好。而违背这一使命,则会使社会及媒体自身的发展都受到伤害。总之,广播电视和谐传播的理念与实践不仅是促进社会和谐的重要力量,同时也是促进自我完善的重要路径。

二、广播电视是构建和谐社会的重要力量

广播电视作为当今社会主流的大众传播媒介,具有"新闻传播、社会教育、文化娱乐和信息服务"四大社会功能,无论是新闻传播,还是信息服务,其实都是对环境的一种监测和体察,努力通过提供与公众社会生活密切相关的各种重要信息,来为大众把握社会发展的方向和脉络。社会教育的本质即是整合社会,是通过提供和强化一种社会规范和行为准则,使生活其中的大众达成共识,最终形成一个有机共同体,从而增强社会的凝聚力。当前,中

---

① 转引自张国良主编:《新闻媒介与社会》,上海人民出版社,2001年版,第340页。

国广播电视的基本功能与中国社会建设的"和谐"诉求一脉相承,党的十七大报告也充分肯定了包括广播电视在内的新闻媒体在社会主义和谐社会建设中的地位和作用,其传播的核心本质即是"民主法治、公平正义、诚信友爱、充满活力、安定有序、人与自然和谐相处"等。

首先,广播电视媒体凭借新闻信息的传播来发挥监测社会环境的功能,在为政府和公众提供信息服务的同时,还对社会发展过程中出现的风险与危机进行监测,对政府的行为进行监督,在此基础上,社会的民主法治才得以建立、公平正义才得以维护、安定有序才得以促成、健康发展才得以实现。其次,广播电视通过对社会规范、公德意识和诚信准则的宣传和强化,来实现其社会教育的功能。因此,诚信友爱、公平正义以及人与自然和谐相处等和谐理念的形成和普及,都在很大程度上依赖于广播电视整合社会的媒体优势。再次,广播电视文化传承的功能更是为和谐社会提供了精神支撑和智力支持。通过对中国优秀文化"和谐"精髓的传达,广播电视媒体不仅凝聚了社会人心、求得了民族认同,还激发了社会活力,最终促成和谐社会的全面展开。最后,广播电视通过娱乐功能来调节大众的生活节奏、缓解大众的工作压力,营造轻松的社会环境,进而消除社会的紧张与不安,在无形之中助推了和谐社会的构建。

随着改革的深入和利益的调整,许多社会矛盾由隐性变为显性,由静态变为动态,甚至突发事件也成了常态。与此同时,社会出现了普遍的焦虑症及种种失调心理,如仇官、仇富、仇星,甚至仇医的"仇心理"以及官员与群众、医生与患者、城管与小贩等都认为自己是弱势群体的"弱势心理",等等。如何既能继续保持经济高速发展,又能使社会矛盾得到消解,已成为党和政府必须面临且急需解决的紧迫性问题。基于此,中共十六届四中全会通过了《中共中央关于构建社会主义和谐社会若干重大问题的决定》,决定明确提出要构建社会主义和谐社会,并将提高构建社会主义和谐社会的能力作为提高党执政能力的一个重要方面。

构建和谐社会却是一项复杂的系统工程,其既要发展社会主义民主,又要落实依法治国方略;既要实现社会公平正义,又要增强社会创造活力;既要处理好社会矛盾、保持社会稳定,又要加强生态建设治理、促进人与自然和谐共处。如此复杂的系统建设工程,无论是前期方针政策的宣传贯彻,还是中期具体问题的监督和处理,以及后期结果的反馈和分析,都需要能得到人民群众的普遍认同和积极参与。而作为极具公信力和影响力的大众传媒,广播电视当之无愧地成为整合民心,协调民意,动员民力的最为便捷、有力的传播工具。唯有如此,和谐社会的构建才能得到人民群众的认同和支持并转化为群策群力,从而最大限度地遏制可能产生的矛盾和危机、促进社会的持续发展;也只有如此,党的十八大报告提出的到2020年全面建成小康社会的目标才能实现。

三、推动社会结构优化,促进社会公平正义

作为和谐社会的重要特征之一,公平正义的实现是社会得以稳固发展的基本前提,所谓公平正义,"就是社会各方面的利益关系得到妥善协调,人民内部矛盾和其他社会矛盾得到正确处理,社会公平和正义得到切实维护和实现"。[①] 但遗憾的是,改革开放带来的成果并没有公平地惠及所有人,诸如教育、医疗、就业以及收入分配,在不同区域、行业和阶层之间很不平衡,而且差距还在增大,导致"强势群体"和"弱势群体"区分日益明显。即使同属农民,全国不同地区的差别也极为悬殊。尽管收入差距不能被作为衡量公平与否的唯一指标,但收入之间的差距过大肯定不能被视为是公平的表现。特别是当某些强势群体并非依靠自身的诚实劳动致富,而是通过特殊途径或垄断地位获得非法利益,进而引发了其他群体的强烈不满,严重阻碍了和谐社会的构建。

鉴于此,努力遏制特殊利益集团的发展,关注民生民意、扶助弱势群体,对改革成果予以协调和平衡,从而实现利益分配的公平化、合理化,已成为当前社会改革的必然趋势。十七大报告也明确指出,"深入贯彻落实科学发展观,加快推进以改革民生为重点的社会建设,着力保障和改善民生,推进社会体制改革,妥善处理人民内部矛盾,促进社会公平正义,推动社会主义和谐社会。"长期以来,广播电视着眼于促进社会全面进步和人的全面发展,为全面建设小康社会、构建社会主义和谐社会提供了强有力的舆论支持和精神

---

① 《胡锦涛强调:深刻认识构建和谐社会的重大意义》,《人民日报》,2005年2月20日,第1版。

动力。

具体来讲,广播电视利用自身影响力大、公信力高和传播力强等众多优势,在关注民情、改善民生,促进社会公平正义方面表现出相当的作为,发挥出了不可替代的重要作用。全国各大广播电视媒体纷纷推出各具特点的民生类栏目,旨在努力唤起社会的关注,特别是党和政府的重视,使弱势群体受损害的权利得到弥补,被忽略的权力得到尊重,被损失的利益得到补偿。这些做法不仅促使了某些问题得以当场解决,同时还增加了百姓对党和政府的理解和信任,有力地推动了和谐社会的建设。因此,为大众排忧解难、为群众扶危济困,为弱势群体争取应有的权利和平等的机会,成为中国广播电视传播的着力点。

在现代社会的有机体中,存在着高度组织化的社会分工,不同部分的社会群体之间必须相互依存、关联发展。然而,不同阶层、群体之间由于自身利益、身份等的不同,会产生难以避免的矛盾和冲突。面临这种客观现实,大众传播媒介尤其是居于主流地位的广播电视不仅需要呈现社会各方相互作用的复杂情状,反映出各种社会关系要素的调整与变化,为社会整合提供必要的沟通渠道和传播平台,同时还需要为社会各阶层提供有利于社会和谐的必要支持和内在动力。特别是当中国建立了社会主义市场经济体系之后,社会的文化价值体系也随之发生了巨大的变化。社会的价值取向日趋多元,文化发展的大众化、世俗化、功利化倾向也随之凸显,此时,具有较强媒介优势的广播电视媒体在社会文化价值体系的建构中,也逐渐开始承担越来越重要的整合与控制责任。如在较短时间内建立起有利于社会稳定和谐的民众共识,以促进社会遵从动机的形成,最终确立新的社会秩序格局。由此可见,畅通社会信息渠道、建立社会思想共识,推动社会结构优化,维护社会发展秩序、促进社会格局稳定已成为当前中国广播电视媒体在社会转型时期的新任务,新目标。与此同时,中国广播电视媒体本身在构建社会主义和谐社会进程中,也实现了其内在的当代价值。

四、有效利用广播电视手段,增强社会管理职能

当前,中国的社会发展已进入一个新的历史阶段,与此同时,广播电视自身的发展环境也发生了深刻的变化。特别是十一届全国人大第四次会议通过的"十二五"规划,将保障民生提升到国家战略的重要位置,如注重社会建设、着力保障和改善民生、推进社会体制改革、扩大公共服务、完善社会管理等,都体现出了党和国家对民生民情的关注和重视。而作为社会公众的"舆情"渠道和"咨询"机构,广播电视媒体对决策过程、法规完善、政务活动、市政建设及社会管理等方面也发挥着重要的作用。现代社会治理是一种公共治理,即以全部的社会资源、公共力量一起参与社会治理。这样既可为政府减负、分忧,又可形成对政府的制衡与监督。各种公共力量能否在社会治理中发挥重要作用,是衡量一个国家社会管理的现代化水平、效能及抗风险能力的重要指标。所谓各种公共力量其中就包括媒体。如今,运用媒体力量改善社会管理已经成为时代的潮流和普遍的共识,因此,从提高党的执政能力的高度重新审视在新形势下党与广播电视媒体的关系,包括该如何看待媒体、如何使用媒体、如何管理媒体,从而实现媒体作为执政资源的效能最大化。

对于身处转型期的中国社会而言,各种不确定和不稳定的因素日渐增多,大众对信息的需求也空前增长,尤其是涉及一些事关公共安全和公共利益的危机性事件几乎成了一种常态。邓小平曾说过:"中国的问题,压倒一切的是需要稳定。没有稳定的环境,什么都搞不成。"[①] 社会的安定有序"就是社会组织机制健全,社会管理完善,社会秩序良好,人民群众安居乐业,社会保持安定团结"[②]。而要维护好社会的安定有序,"必须创新社会管理体制,整合社会管理资源,提高社会管理水平,健全党委领导、政府负责、社会协同、公众参与的社会管理格局……形成统一指挥、反应灵敏、协调有序、运转高效的应急管理机制,有效应对自然灾害、事故灾难、公共卫生事件、社会安全事件,提高危机管理和抗风险能力。"[③] 对于广播电视来说,要成为应急管理机制中的重要组成部分,必须对信息进行及时多样而充分的提供,有效进行危机传播,最终促进社会的稳定。

[①] 《邓小平文选》,第3卷,人民出版社,1993年版,第284页。
[②] 《胡锦涛强调:深刻认识构建和谐社会的重大意义》,《人民日报》,2005年2月20日,第1版。
[③] 《中共中央关于构建社会主义和谐社会若干重大问题的决定》,《人民日报》,2006年10月19日,第1版。

安定有序，是社会和谐的重要前提，也是国家发展的重要基础。广播电视对风险事件、危机事件相关信息的及时提供，不仅是对大众知情欲的满足和知情权的尊重，而且还能帮助政府获得民众的参与和支持、提升政府的公信力和诚信度、增进人民对政府的向心力和信赖感。更为重要的是，能遏制流言的产生，减轻甚至消除大众恐慌，维持社会的安定与有序，最终起到"减压阀"的作用。如果广播电视对重要性信息保持"沉默"或掩盖甚至扭曲，必然为谣言提供滋生空间，进而引起大众的恐慌、最终影响社会的稳定，同时也使政府和广播电视媒体自身形象受损。2003年"非典"事件则是一次深刻教训。疫情爆发开始，当地政府保持沉默，媒体对此也集体性"失语"。这导致谣言伺机而起，引起大众疑惑与不安进而发展为一种全国性恐慌，买粮、买醋、买板蓝根风潮更使恐慌达到"爆发点"。直到政府主动公布有关疫情，才开始稳定了民心。

在现代社会中，广播电视媒体已成为一股不容忽视的巨大力量，其已广泛地嵌入社会的方方面面，深深地影响着人们的生产方式、生活方式、交流方式、思维方式和思想观念。媒体在一个国家、一个社会中的地位、角色、职能十分重要，应当全面履行宣传党的主张、弘扬社会正气、通达社情民意、引导社会热点、疏导公众情绪、搞好舆论监督等职责，从而促进社会的和谐。

五、加强对农广播电视建设，缩小城乡信息服务差别

长期以来，由于执行农业服务工业、农村服务城市的二元管理方针，政府将公共服务体系建设的重心放在城市，将有限的财力大部分投在了城市，从而加大了城乡差距。农村经济落后于城市，农民收入低于城镇居民，农村公共服务基础设施落后，占全国人口大多数的农民不能享受与城镇同等的交通、能源、信息、医疗、教育、文化等公共服务，而公共服务却是实现社会基本平等和稳定的基础。广播电视公共服务惠及千家万户，关系到国家安全、政权巩固、经济发展、社会稳定。广播电视公共服务，对于传播党和国家的方针政策，提高人民群众的思想文化、科技素质，促进经济发展，有着不可替代的作用。

与城镇地区不同，在中国农村地区，广播电视公共服务体系建设的任务，

既存在升级和提高的问题,又存在普及的问题。在农村发达地区,广播电视公共服务水平已接近于城镇,在公共服务体系建设方面的任务主要是升级与提高。而在农村落后地区,广播电视公共服务水平不高。在相当一部分农村地区,普及广播电视的任务更为迫切。要在短期内使农村落后地区普及广播电视,就需要从当地的地形地貌、人口分布特征、传输网络现状以及经济发展水平出发,因地制宜。综合利用无线发射、有线联网、多路微波、卫星接收等多种技术手段扩大覆盖,探索切合本地实际的技术模式,逐步解决农村居住分散地区存在的"入户率低,节目套数少,维护管理难"等问题,充分体现技术先进、政治安全和经济实惠的原则。

当前,影响农村广播电视发展的根本问题是覆盖难度大和节目内容的缺乏。因此,调动各方力量,办好对农节目和频道、频率;因地制宜,建立农村广播电视公共服务体系;在政府的主导下从农村广播电视的经济政策和体制方面为农村广播电视工作创造良好的环境已成为当务之急。按照构建社会主义和谐社会的要求,加强农村广播电视工作,推动农村广播电视公共服务体系建设,不断提高广播电视村村通水平,满足广大农民群众听广播、看电视的基本需求,是我国广播电视面临的重大任务之一。在中国,无偿信息服务不仅是政治的需要,也不仅是服务对象的需要,更是服务者自身的需要。社会主义新农村建设是中央领导集体提出的新命题,但新农村的建设绝不仅仅是"三农"问题,也绝不仅仅只与相关政府部门有关,广播电视机构应该充分重视有关于新农村建设的公共信息服务。这不仅有助于改善近年来中国本土传媒在人们心中的某些不良影响,也有助于重构人们对本土广播电视机构的信任度。从长远的角度来看,不仅是利人利己之好事,同时也是利国利民之大事。

第五节 广播电视与生态建设

如果说农业文明是"黄色文明",工业文明是"黑色文明",那么,后工业文明应该是一种"绿色文明"。如果说"黄色文明"推动了封建社会的发展,"黑色文明"推动了资本主义社会的发展,那么生态文明将是推动社会主义及人类社会的全面发展的一种新的文明。

生态文明是工业文明之后人类面对环境的变化及自身的生存与发展必须树立的一种新的文明形态。它是以人与自然、人与人、人与社会和谐共生、良性循环、全面发展、持续繁荣为基本宗旨的文化伦理形态。

党的十五大首次提出可持续发展战略，十六大以来，在科学发展观指导下，中央先后提出走新型工业化发展道路，发展低碳经济、循环经济，建立资源节约型、环境友好型社会，建设创新型国家、建设生态文明等新的发展理念和战略决策。十八大报告提出，建设中国特色社会主义的"总布局是五位一体"，"把生态文明建设放在突出地位，融入经济建设、政治建设、文化建设、社会建设等各个方面，努力建设美丽中国，实现中华民族永续发展。"

生态文明关系到整个社会及每一个人和每一个行业，广播电视作为一个影响巨大的媒体，在生态文明建设中要从多方面设置议题，加强宣传力度。

首先，要从现代生态理论和我国传统文化中固有的"天人合一"、"主客合一"的生态观、环境观两个方面加强生态伦理、道德、观念的宣传，提高全社会的生态文明观念与意识，推动人们建立一种新的生态观及生产方式和生活方式。特别是要加强十八大提出的"五位一体"总布局的战略意义与实践要求的宣传与阐释。

其次，要引导好社会生产在生态文明建设中的发展方向，传播社会生活必备的科学知识，倡导必须建立的文明行为。

再次，生态建设既需要道德的提升，也需要法律的制约。因此要宣传国家有关加强生态建设的法律、制度，推动其进一步完善，并监督其执行。从而使生态建设进入法治轨道。

还有，从典型推介和舆论监督两个方面加强环境保护、生态治理实践的宣传与引导。

最后，要打开国际视野，一方面介绍国外在生态建设方面的先进理念、制度措施、科学技术，做法、经验与教训；同时宣传中国提出的"五位一体"发展战略的国际意义，宣传中国推动世界建设良好生态环境的决心、立场与观点，参与相关的舆论博弈，推动世界的生态文明建设。

生态文明关系到整个社会、每个人和每个行业的生存与发展，关系到人类的今天与未来，没有一个人、一个行业可以脱离具体的生态环境而独善其身。

因此，广播电视应该通过自己的传播，有效推动中国乃至世界的生态建设。

第六节　广播电视与全球语境

2008年10月，胡锦涛在党的十七届三中全会上提出，要"建设覆盖广泛、技术先进的现代传播体系"。2011年10月，党的十七届六中全会《决定》强调，要加强国际传播能力建设，打造国际一流媒体。为贯彻中央的这一精神，中国广播电视从硬件、软件两个方面加强了国际传播的力度。

一、加强硬件建设，大力推进"走出去"工程

党的十七大报告明确指出："坚持对外开放的基本国策，把'引进来'和'走出去'更好地结合起来，扩大开放领域，优化开放结构，提高开放质量，完善内外联动、互利共赢、安全高效的开放型经济体系，形成经济全球化条件下参与国际经济合作和竞争的新优势。""走出去"战略是党中央、国务院根据经济全球化新形势和国民经济发展的内在需要作出的重大决策，是发展开放型经济、全面提高对外开放水平的重大举措，是实现我国经济与社会长远发展、促进与世界各国共同发展的有效途径。

在中国综合国力不断增强的环境下，2001年正式启动的"走出去"工程成绩斐然。截至2012年年底，中国国际广播电台每天使用61种语言，向世界累计播出节目3000多小时；在全球有83家境外整频率落地电台，一百八十多家合作电台，22家境外节目制作室，40个海外地区总站和记者站，18家环球网络电台，12家广播孔子课堂，逐步成为集无线广播、在线广播和多媒体传播于一体的全球语种最多、媒体形态齐全、受众分布广泛的现代综合新型的国际传媒机构。此外，中央人民广播电台也用闽南话、广州话、客家话和普通话向港澳台地区每天播出80小时节目，"华语广播网"日趋扩大。电视方面，中国电视长城（亚洲）平台于2005年建成开播，分别面向我国港澳台地区和亚洲地区播出；2007年8月，长城（欧洲）平台在法国开播，直接进入欧洲主流社会；2012年3月，长城（非洲）正式开播。截至2012年年底，中国电视长城平台全球付费用户突破12万户，成为全球最大的付费华语电视平台，有

效带动中央和地方三十多个中文和外语频道在国际主流电视媒体落地;中央电视台非洲分台、北美分台正式开播,建成68个海外中心站和记者站,海外人员规模近五百人,其中一百五十多人为海外雇员;中央电视台7个国际频道在171个国家和地区落地,海外落地用户超过3亿。[①]

客观来讲,"走出去"工程虽然已经取得了较为显著的成效,但与中国的国际地位和实力、与中国文化产业的发展要求、与发达国家媒体的实力和影响力之间还存在差距。目前,中国媒体在国际舆论中的影响力仍然偏弱,"硬实力"和"软实力"失衡。中国传媒在海外的规模、实力和影响力方面还不大。世界500强企业中,有8家传媒企业,但没有一家属于中国。中央电视台的6个国际频道在海外落地总用户数与BBC、CNN等国际传媒巨头相比还有一定差距。和中国对外经济贸易"出超"相比,中国的对外文化贸易则是严重"入超",进口与出口仍然是10∶1的比例,存在着严重的"文化赤字"。

广播电视媒体是世界各国相互了解的最主要方式,是对外文化交流的主力军。必须通过扩大中国广播影视"走出去"的规模和力度,把中国的声音传向世界各地,让世界更好地了解中国,展示中国的良好国际形象,营造更有利于中国发展的国际舆论环境。具体来讲,中国广播电视"走出去"的总体目标是实现广播电视节目的多语种、地域化播出,海外落地取得重大进展,节目影响力大大增强;使中央电视台和中国国际广播电台成为世界传媒领域有重要影响的全球性媒体,成为世界各国特别是欧美国家了解中国和世界的主要渠道;形成多层次覆盖、多语种播出、多方式落地的环球广播电视格局,国际广播电视领域中"西强我弱"的状况得到改变。

二、加强软件建设,从"对外宣传"向"国际传播"转变

中央制定的《2009—2020年我国重点媒体国际传播能力建设整体规划》既包括硬件建设规划,也有软件性要求。硬件建设只要重视、只要投入不仅容易出成果,而且容易量化;而软件建设主要是指传播观念、传播内容、传播语态,由于长期形成的惯性与模式,以及新闻管理上常常不得其法,因

[①] 参见庞井君主编:《中国广播电影电视发展报告(2013)》,社会科学文献出版社,2013年版,第149—151页。

此不仅改进起来难度大，而且不易量化。但软件恰恰又是国际传播的核心竞争力。观念不更新、内容不得当、方式不得法，硬件规模再大、平台再多、技术装备再先进，也可能是做无效功，甚至是反效功。

要完成中央关于外宣的使命性要求，既要抓硬件建设，更要抓软件建设。长期以来，中国宣传的总布局不仅存在"重内轻外"的倾向，而且存在"以内代外"、以宣传代传播的倾向，致使我们的对外传播难有影响力。因此，改变对外传播的理念、方式、心态、语态，就成了提高中国广播电视国际传播力关键的一环。

（一）坚持"内外有别"、"外外有别"

尽管传播技术的发展打破了传播的物理疆界，对内宣传在"外宣化"，但是，对外传播的对象毕竟与国内受众不同，因此，从新闻传播的接近性原则出发，从外国不同的社会制度、意识形态、价值观念、文化传统、风俗习惯的实际出发，从各个国家同我们的双边关系及其受众和舆论对我国的关注点不尽相同出发，对外传播必须从内容选择、表达方式上注意针对性、适宜性。既不能照搬内宣的一套做法，也不能把对不同国家的外宣一统化。总之，立足于遵循新闻传播规律、争取最佳传播效果的"内外有别"和"外外有别"的做法仍要坚持。

（二）要正确处理传播与宣传的关系以及"以我为主、以正面宣传为主"与按新闻传播规律办事的关系

长期以来，西方认定中国没有新闻自由；西方民众认定中国媒体所做的都是"宣传"，因而对其有一种本能的质疑、不屑，甚至抵制，从而大大削弱了传播效果。究其原因，一方面是西方的偏见，另一方面则是由于我们常常背离新闻规律，混淆新闻传播与宣传的不同，往往把新闻做成宣传，以宣传代替传播。

这里主要表现在内容选择上片面理解和践行"以正面宣传为主"和"内外有别"原则，只讲成绩，不讲问题，只讲"盛世"，不讲"危言"。实际上，报道的客观、真实是媒体建立公信力和进行有效传播的基础和前提，特别是在信息时代，信息的封堵不仅已不可能，而且会直接损害民众的知情权、损害国家和媒体的信誉，还会给"中国威胁论"、"中国责任论"提供把柄。因

此，在国际传播中，应该既坚持以正面宣传为主，但又不能回避问题。要讲究报道的真实、客观、全面，从而向外国描述一个真实的中国。既要坚持以我为主，不能跟着西方的舆论节拍跳舞，又要考虑国外受众的关心点、兴趣点。片面强调以我为主会失去受众，片面地强调受众为主会迷失自我，二者的有机统一才会取得良好的传播效果。

（三）要调整语态和传播方式

西方之所以认定中国的广播电视是宣传，同长期以来我方形成和使用了一整套政治性话语、宣传式话语不无关系。坚持正确导向并不等于贴政治标签，为了讲好"中国故事"和"中国梦"，国际传播的语态要由宣传式话语向传播式话语转变，由文件式话语向交流式话语转变，由结论式话语向思辨式话语转变，话语表达讲究"外圆内方"，讲究"去宣传化"的"无痕性"、讲究"硬内核、软包装"。当然，"去宣传化"，并非是"去政治化"，中国立场，国际化表达才是我们追求的目标。

（四）树立大国心态，从容应对各种涉华舆论

在全球化背景下，中国不仅在改变着自己，也在改变着世界；中国在影响着世界，世界也在影响着中国。正是由于中国的发展给世界带来了结构性、格局性的变化乃至冲击，所以不仅如何向世界说明中国成了中国对外传播的一个重大课题，而且如何认识和应对各类涉华舆论也成了中国国际传播的一个长线课题。首先，在世界各国群说中国、杂说中国的情况下，必须看到，改革开放以来，中国一方面取得了长足的发展，但同时又处在并将长期处在社会主义初级阶段。因此，在有关中国国情的国际传播既要从中国自身的纵向坐标比对中充分报道它的发展与进步，又要从与发达国家对比的横向坐标以及我国未来的追求目标中报道它的差距与不足；既要以中国的眼光看中国，又要以世界的眼光看中国；既要以历史的眼光看成绩，又要以未来的眼光看不足。防止浅薄与张狂、盛气与膨胀、溢美于吹擂，防止我们的片面报道被人误判、为人所用，防止对中国新闻报道公信力的质疑，从而避免片面的正面报道产生的负面效果。

（五）坚持"中国立场，世界眼光，人类胸怀"

在全球化时代，国际传播要把"中国立场，世界眼光，人类胸怀"有机

地结合起来。

坚持"中国立场",就是在重大国际问题上,及时发出中国声音,传播中国政府立场;广泛宣传中国的基本国情、价值观念、发展道路、内外政策;广泛传播博大精深的中华文明,增强中华文化在世界上的亲和力与影响力。坚持"世界眼光",就是把中国的发展,放到全球范围内进行展示,赢得国际社会的理解和认同;用国外受众普遍接受的方式,向世界传播中国、向世界传播世界;以社会主义核心价值观念为指导,着力传播和展现我国文明、民主、开放、进步的良好形象。坚持"人类胸怀",就是站在全人类的立场上,尊重和承认各国文化差异,有效回应海外受众的广泛关切;以开阔的视野、开放的胸怀、开明的态度,促进不同文化平等对话、不同文明和谐交流;遵循效果决定论原则,创新国际传播方式方法,实现国际传播入耳入脑入心。[①]

[①] 参见王庚年:《承前启后 继往开来 全面建设现代综合新型国际传媒》,《中国广播电视学刊》,2011年第12期。

第三章 中国广播电视与传媒生态

当代媒介生态环境的变化深刻地影响着中国广播电视。自从 20 世纪 90 年代开始,随着我国经济环境的发展变化,人们对社会信息的需求量骤增,报纸、杂志、广播、电视、网络等媒介越来越成为人们信息传播活动的重要工具。不同的媒介有着不同的传播形式、生产与消费方式,并在不同时期内成为主导传播媒介。如今,中国广播电视在信息传播中仍居主导地位,但是互联网等数字媒体迅猛发展,在信息传播、日常娱乐中日益为人们所倚重。那么中国广播电视在这种多媒体并进的传播格局中如何保持优势,如何与其他传统媒介和新媒介进行竞争与合作便显得尤为重要。

第一节 广播电视与报刊在竞合中发展

作为诞生时间最早,历史最悠久的大众传播媒介,报刊在其发展过程中已数次遭遇来自其他媒体的生存威胁。20 世纪 20 年代末,当无线电广播刚刚出现时,就有不少人对报刊的发展前途表示忧虑,甚至预言报刊终将被无线电取代以至消亡。1932 年,美国的报纸发行人协会因担心广播电台将占有更多的广告和受众,建议各家通讯社在报纸刊发新闻之前,不得向电台网透露或售出相关新闻信息,并要求电台新闻只限于播报简单的新闻简讯,试图以此拉拢公众购买报纸,来维系报业的生存。随后,当集声音与图像于一体的电视诞生后,更是有人悲观地认为,电视是报纸的真正掘墓者。然而,现实的发展并非如此,历经了广播电视冲击的报刊媒介,不但没有被取代,而且还在稳步发展,并与广播、电视、网络等媒体一起,成为当今世界最为主流的几大媒体。由此可见,在大众传媒不断发展的历史进程中,不同的媒体形式之间并不是非此即彼的相互取代,而是在相互竞争、相互合作的基础上,发扬各自独有的媒体优势,来满足受众对于信息的多元需求。

一、广播电视与报刊的竞争

现代化社会的飞速发展,不仅扩大了各类媒体的规模和覆盖率,更是催生了媒介形态的多样化发展。然而,在众多的媒介形态中,作为传统媒体的广播电视依然是不可替代的强势媒体。与报纸、杂志等传统印刷媒介相比较,作为电子媒介的广播电视在时效性、传真性、信息容量和受众数量上具有明显优势。

(一) 时效性强

一方面,随着科学技术的进步,广播电视媒体采集新闻的设备日益现代化,微波转播系统和全球通讯卫星系统在采访和转播中的运用,使得广播电视新闻报道与新闻事实发生能够同步进行;另一方面,在节目编排上,广播电视相对比较灵活,可以随时调整内容,在重大政治新闻、突发性事件发生时,广播和电视都可以随时打乱正常的节目安排,及时播报。

从节目时间来看,各级广播电视媒体都设有"整点新闻"和"半点新闻",为最新新闻的发布提供了一小时甚至半小时的更换周期。相比而言,报纸的更换周期最少也得12小时,杂志的周期则更长至半月或一月、一季不等。因此,在时间播出上广播电视媒体具有明显优势。此外,从中央到地方各家广播电视台纷纷开设新闻频道,新闻发布还可以实现从清晨到深夜连续、滚动的播出,而这更是纸质媒体所无法比拟的。

总之,广播电视媒体的即时性和现场性的传播优势,使其新闻信息的传播能够随时随地借助现代化的科技手段将最新发生的事情转化成信息,通过自己的平台发布出去,在辐射广大受众的同时也为自己赢得最大的影响力。

(二) 传真性强

广播电视媒体的传播符号具有具体、直观、形象的特点,其通过声音和图像的传播,能够绘声绘色地再现人物的音容笑貌和新闻现场的情景,给观众以身临其境的感染。与报刊的文字表达方式相比,广播电视的传播符号具有更强的表现力、感染力,更具真实感。

（三）信息容量大

具体表现为：第一，广播电视节目数量多。新闻节目是电台、电视台的主干节目，播出时间长、档次多，节目安排灵活，突发性、重大的新闻可以随时插播。而且新闻节目在广播电视的黄金时段占据了绝对优势，实际收听收看的受众也相应增加。第二，广播电视新闻传播的信息符号多，能够综合利用各种语言与非语言传播符号。同一时间内，通过广播电视传播的信息量远远超过仅仅依靠文字和图片的纸质媒体。第三，新闻囊括面广。政治、经济、军事、文化、科技、体育、卫生……可以说传媒报道的一切领域，广播电视新闻都可以"涉足"。第四，新闻传播的过程中，可能发生"梗阻"的环节少。报章杂志的出版发行要经历印刷、运输、投递、批发零售等环节，任何一个环节的差池都会影响到新闻传播效果的实现。第五，广播电视传播符号的直观性强，较少受到文化程度的制约，容易被受众的视听感官所接受。第六，广播电视的信息发布频率高。各类报纸中发行周期最短的是日报。而广播电视每日播出的次数多，少则几次，多则几十次，专业新闻频道的出台更加实现了24小时无间断性播报，缩短了受众了解新闻信息的时间差。

（四）受众面广

相比报纸杂志对受众文化程度的要求而言，广播电视的受众很少受文化程度、年龄和性别等因素的制约。无论是成年人还是儿童，只要具有一定的听力、视力和语言能力，都可以收听收看，而且还可以边做其他事情边收听收看。因此，在受众层面上，广播电视的受众比报纸的读者的数量要多许多。

二、广播电视与报刊的合作

与报纸等纸质媒介相比，广播电视虽然具有不可企及的优势，但亦有其劣势。因此，广播电视一方面要扬己之长，同时也需要汲取报纸等其他媒体的营养补己之短。

（一）传播的快速性与声画的易逝性

在传播速度方面，广播电视是网络媒体出现之前传播速度最快的传播媒体。依赖于极快的导电速度和电波传播速度，广播电视媒体的信号发送与接收等整个信息传播过程,都是在极短的瞬息之间同步和直接完成的,信息传播的过程同时也是信息接收的过程。而纸质传播媒介则需要有编报、印报、发行、投递等过程。然而,以电磁波为载体进行传播的广播电视媒体,其传播的信息既瞬间而至,又瞬间而逝。

因此,除非借助现代录音、录像等技术手段,否则由广播电视媒体所传播的信息是无法留存的。而报刊等纸质媒体不仅可以对信息进行永久保存,还可以根据个人需求对信息进行选择。面对一些复杂信息,受众一时难于理解时,还可以仔细读反复阅读,甚至可以停下来进行推敲、思考和回味,有必要的话还能将报纸留存以供日后翻读。鉴于此,广播电视应该主动寻求与报刊媒体的合作,以实现不同媒介的异体同步传播。如在节目内容策划之初,即与报刊媒体合作成立策划小组,共同参与选题的策划、制作以及后期传播的整个过程,并从宏观上对报道的时间安排及内容侧重作出部署。

(二) 传播的广泛性与视听的随意性

所谓传播的广泛性,从技术角度讲,随着传播技术的发展,特别是卫星技术的运用,广播电视节目的传播范围得到了极大地扩展和延伸,其传播信号可以在瞬间覆盖地球村的各个角落,真正实现全球性覆盖。

从内容角度讲,与报刊的受众群相比,广播电视媒体的受众群体不需要较高的文化水平,不需要认识相对数量的文字,也不需要具有深层的抽象思维。利用这一优势,广播电视安排的节目是海量的,除新闻外,还有戏剧、综艺、音乐、舞蹈、体育等,这些节目涵括了社会生活的方方面面,满足了不同年龄、不同性别、不同教育程度、不同职位、不同家庭收入、不同地区、不同接收条件的受众的需求。然而,由于广播电视是一种线性传播,因此往往被看成是一种"线传播"。在通常情况下,不少人是边收听收看广播电视,边从事其他活动,据调查,有68.7%的观众在收看电视节目的同时在从事其他活动,只有10%的观众认真看电视节目;广播听众随意性收听更加明显,88.6%的听众都是随意性收听广播节目,特别是青少年,他们几乎百分之百把广播当做背景音乐。[1] 远远不如读报时专注。

---

[1] 参见黄匡宇主编:《广播电视学概论》,暨南大学出版社,2005年版,第169页。

可见，广播电视媒体在传播较为复杂深刻的信息时，往往并不具有报纸那样的优势。针对这一劣势，中国广播电视媒体纷纷向报纸学习，创办符合自身定位和风格的深度报道栏目，通过深度追踪事件原因，完整阐述事件发展的来龙去脉，来揭示事件本质、系统反映社会重大问题和新闻事件，回答"是什么"和"为什么"。深度报道类广播电视节目（新闻调查节目、新闻述评节目）在借鉴报刊新闻报道的角度、方式的基础上，运用广播电视媒体独有的传播符号，满足不同受众对于新闻信息的需求和期待，成为广播电视新闻报道上的一个亮点。

（三）内容的丰富性与视听的被动性

广播电视媒体具有新闻传播、社会教育、文化娱乐、信息服务等多种社会功能，其节目数量之大、种类之多、范围之广、内容之博，除了网络媒体之外，其他大众传播媒介都不能与之相比，24小时不间断播出的广播电视节目，其日发信息量要比一家报社大得多。而随着广播电视媒体的专业化发展，其节目形态也日趋向纵深拓展。当前，中国的广播媒体已分设了新闻、经济、体育、交通、文艺、音乐、长书、故事等一系列专业频率；电视媒体也开办了电影、电视剧、经济、综艺、体育、教育、少儿、新闻、农业、科教、生活、女性、生活、旅游、汽车等各具特色的系列专业频道，节目内容包罗了社会生活的方方面面。

然而，广播电视媒体虽然可以传播无所不包的信息，但却受着线性传播的制约，其节目只有按照事先编排的时间依次顺序播放，受众在同一时间只能接收一种节目，选择一个频率、频道，并按照传者安排的播出时序逐条收听收看，不像报刊读者可以随意选择阅读的顺序，既可以从头版头条读起，亦可以从末版末条读起，可以精读，亦可略读，可以挑着读，亦可逐条读。而听众或观众只能被动地等待广播电视节目的播出来接收节目信息，很难作出及时有效的应变。因此，在某种程度上，广播电视媒体因缺乏受众的即时反馈而难以对节目作出相应调整，以满足受众的需求。此外，广播电视媒体在传播信息时，往往都更为侧重信息的可看性和趣味性，较之于纸质媒体而言，缺乏足够的理性和深度。特别是在信息爆炸的当今社会，当受众面对大量的来自广播电视媒体堆积式的报道而无所适从时，读报类栏目也就应运而生了。广播电视媒体通过摘取、整理报刊媒体中的新闻报道和新闻评论,并以广播电视媒介特有的传播符号来进行解读、分析和点评,将报刊媒介的理性和深度与广播电视媒介的生动和形象紧密融合,有效地强化了受众对信息的理解程度和认知深度。广播电视媒体以跨媒体运作为基础,恰当地利用纸质媒介的新闻资源,通过资源整合创造出可以共享的竞争能力和优势。

(四)声画的生动性与信息的传真性

较之于报刊的文字表达形式,广播电视媒体以声音和画面为表达手段,传达情感,愉悦耳目,具有丰富的表现力和感染力。无论是主持人的声音、记者的声音还是新闻人物的同期声,都在抑扬顿挫间饱含了对传播内容的爱憎之情、褒贬之意。这些带有感情色彩的语言,比文字更容易贴近受众,激起感情共鸣。此外,广播电视媒体为受众提供了鲜活生动的画面,有效地增强了受众之于信息认知的确定性,特别是电视画面的现场摄制,更是为观众营造了身临其境的现场感。由此可知,广播电视所传播的信息内容是作用于人类听觉和视觉器官的,受众在接收到画面或声音刺激后,只有通过想象才能唤起对事物的形象感知,进而把握住形象的画面语言和抽象的文字语言所表达的信息内容。

这种想象式的信息理解,一方面可以无限地激发受众的参与感,因为言为心声,受众感之于外,而受之为内,在心领神会中去理解感悟其所传递的信息内容;但另一方面,个性化的主观想象会在无形之中给予信息理解的差异性,使得即使面对同一信息的不同受众,限于自身文化知识、思想观念和社会环境等因素的影响,对节目内容的解读也不尽相同,甚至可能完全误解了节目所传播的实际内容。此外,受众在接触广播电视媒体时又多处于半收听收看的状态,对转瞬即逝的声音与画面在理解和认知上,都非常容易出现误听和误判,甚至导致信息变异。在这种情况下,文字符号便逐渐成为电视传播体系中不可或缺的重要组成部分,其主要包括两大类别:其一是字幕,作为新闻信息的直接表述元素,"字幕就是兼容报纸文字传播的特点,有一种文字传播所具有的优雅"[1];其二是出现在画面图像中的说明文字,如标语、

---

[1] 朱羽君:《现代电视纪实》,北京广播学院出版社,1998年版,第157页。

横幅等。较之于平面媒体而言，电视媒体似乎更适合表现视觉感较强，理论性较弱的信息，但文字符号的出现却有效地弥补了电视媒体的这个缺陷，作为电视传播中的强势传播要素，文字符号不仅具有强大的逻辑意义概括能力，更是与电视的图像、声音、特技等一起组成了一种共时空的多方位多信息渠道的传播手段。[1]

电视媒体是一种综合运用多种符号的大众传播媒介，它的兼容性要求在节目制作过程中合理而巧妙地运用各类符号元素。电视各类符号可以按一定的意图复合使用，如声画分立、画面叠印、声音混录、一屏多画面等等。多元符号的合理组合足以形成立体交叉的密集的信息"阵"，无疑有助于深化、拓展传播内容容量。总体来看，广播电视媒体利用声音和画面作为信息载体，成功地实现了人类听觉和视觉的延伸，表现出非凡的传播能力和传播效果，也因此成为广大社会公众使用得最为普遍的大众传播媒介，在人们的生活中发挥着越来越重要的作用。

第二节　新媒体对传统广播电视的冲击

新闻媒体总是循着这样一个基本方向向前发展，即传播者能够以更快的速度、更高的质量来保证新闻信息传播取得更好的效果；受众在选择新闻信息方面能够拥有更多的自主性、多样性，能够更便捷地接受新闻信息。每一次科技发展都会给传媒带来巨大变化，以致身处当代的人都难以预测下一代传媒的形式。1946年，人类历史上第一台通用数字电子计算机的出现，揭开了数字化时代的序幕。1981年8月12日，第一台个人计算机（PC Portable Computer）IBM5150由美国国际商业机器公司（IBM）推出，计算机开始在所有行业普及，促使新传媒、新产业、新市场不断涌现，并且逐渐成为世界各国的战略发展重点。在全球化和信息化的背景下，传媒技术不断发展，受众与媒体的依赖与渴求关系推动了新的传播方式乃至新媒体的产生。

---

[1] 参见张晓峰：《解构电视：电视传播学新论》，中国广播电视出版社，2006年版，第146页。

一、新媒体在传播上的优势

"新媒体"一词最早见于1967年美国CBS（哥伦比亚广播电视网）技术研究所所长P·戈尔德马克（P·Goldmark）发表的开发电子录像商品的计划书。① 至此，新媒体一词便开始在全世界流行，但截至目前，有关这一概念的定义仍无一致的看法。有学者认为，新媒体分为两类：第一类包括新出现的技术和工艺，它们延长了或倍减了传统手段播发或传输文字、资料、图像或声音的能力；第二类包括新近出现的能使每个人通过简单操作就能得到服务和所选择的节目的所有设备。② 也有学者提出，新媒体主要是指伴随着卫星通信、数字化、多媒体和计算机网络等技术的发展而出现的新兴传播媒体，包括跨国卫星广播电视，多频道有线电视、文字、音像的电子出版物以及作为信息高速公路之雏形的互联网等。③

一般而言，新媒体是相对于旧媒体即传统媒体（包括报刊、广播、电视等媒体）而存在的一个概念，是指利用数字技术、网络技术，通过互联网、宽带局域网、无线通信网和卫星等渠道，以电视、电脑和手机为终端，向用户（受众）提供视频、音频、语音数据服务、远程教育等交互式信息和娱乐服务，以此获取经济利益的一种传播形式。从媒体发生和发展的过程来看，新媒体永远是一个动态的概念，它区别于以往的媒体，并且伴随着媒体本身的发生和发展在不断变化。新旧媒体之间并非是相互取代，而是存在着一种共同演进的关系。每当一种新的形式出现和发展的时候，它就会长年累月地和程度不同地影响一切其他现存形式的发展。具体到传播内容和传播过程方面，新媒体往往表现为报刊、广播、电视的综合体，其一方面通过文字、声音和图像的多维传播来实现信息传递，另一方面可以同时提供以存储、读取方式为主的非线性传播和以流媒体方式为主的线性传播。由此可见，以往根据样式、材质、符号、属性等物理形态来对媒介进行定义和分类的标准已不再适用于当前的媒介形态，"媒介"本身的概念内涵和外延都已发生了质的

---

① 参见蒋宏、徐剑主编：《新媒体导论》，上海交通大学出版社，2006年版，第12页。
② 参见【法】弗兰西斯·巴尔、杰拉尔·埃梅里著：《新媒体》，商务印书馆，2005年版，第30页。
③ 参见郭庆光：《传播学教程》，中国人民大学出版社，1999年版，第154页。

改变。

首先,从新媒体概念的内涵来看,新媒体通常是指在计算机信息处理技术基础之上出现和影响的媒体形态,包括在线的网络媒体和离线的其他数字媒体形式。虽然在很长一段时间内,新媒体这个概念的名称是不变的,但是它的内涵却在不断地发生变化。因此,只有媒体构成的基本要素有别于传统媒体,才能称得上是新媒体,否则,最多也就是在原来的基础上的变形或改进提高。美国网络新闻学创始人、"博客(blog)"报道形式首创者丹·吉尔默2001年9月28日在自己的博客上提出了"新闻媒体3.0"(Journalism 3.0)的概念:1.0是指报纸、杂志、电视、广播等传统媒体或说旧媒体(old media);2.0就是人们通常所说的以网络为基础的新媒体(new media)或叫跨媒体,但新闻传播方式并没有实质改变,仍是集中控制式的传播模式。而媒体3.0就是以博客为趋势的我媒体(we media)或者自媒体。

其次,从新媒体概念的外延来看,广义的新媒体是指形成于"二战"以后,依托于数字化、网络化信息处理技术和通信网络的新型信息媒介的总称。狭义的新媒体是指形成于"二战"以后,依托于数字化、网络化、平民化信息处理技术和通信网络,由专业信息网络机构主导,以各种数字化信息处理终端为输出装置,通过向大量用户大规模提供交互式信息和娱乐服务以获取经济利益的各种新型传媒形态的总称。

因此,就其内涵而言,新媒体是指20世纪后期在世界科学技术发生巨大进步的背景下,在社会信息传播领域出现的建立在数字技术基础上的能使传播信息大大扩展、传播速度大大加快、传播方式大大丰富的、与传统媒体迥然相异的新型媒体。就其外延而言,新媒体主要包括光纤电缆通信网、都市型双向传播有线电视网、图文电视、电子计算机通讯网、大型电脑数据库通信系统、通信卫星和卫星直播技术以及利用数字技术播放的广播网。[①] 作为一种既超越了广播电视媒体的广度,又超过了印刷媒体的深度的媒体,新媒体凭借其高度的互动性、个人性和感知方式的多样性,具备了从前任何媒体都不曾具备的力度,成为真正的互动式数字化复合媒体。

由上可知,新媒体是一个不断发展变化的概念,科学技术在发展,媒体

---

① 参见蒋宏、徐剑主编:《新媒体导论》,上海交通大学出版社,2006年版,第14页。

形态也在发展。罗杰·菲德勒认为媒介形态的变化有这样六个基本原则：(1) 新旧媒介共同演化与共同生存；(2) 新媒体是从旧媒体的形态中逐渐变化出来的；(3) 新的媒介形式会加强原来各种媒介形式的主要特点；(4) 一切传播媒介和媒介企业要在改变的环境中生存，都被迫去适应和进化；(5) 新媒介并不仅仅是因为技术上的优势而被广泛采用的，它需要机会，还有刺激社会的、政治上和/或经济上的理由；(6) 新媒介要获得商业上的成功，总是要花比预期更长的时间。①

通常所说的旧媒体（传统媒体）在若干年前也曾是新媒体，当今的新媒体在若干年后又会变为旧媒体（传统媒体）。新媒体包含三个方面，一是新出现的，以前没有的；二是基于技术进步引起的媒体形态的变革，尤其是基于无线通信技术和网络技术革命基础上出现的新型媒体形态，如数字电视、IP电视、手机电视等等；三是随着人们生活方式和消费理念的转变，一些一直存在但长期未被发现传播价值的渠道、载体，因为营销理念的变革和泛商业化的运用，成为信息传播的新载体，并被赋予媒体的意义，如大量新兴的户外媒体，包括楼宇电视、移动电视等等。综上所述，新媒体是依靠数字技术、网络技术，通过广电系统、高清电视、互联网、手机短信和多媒体信息的互动平台、多媒体互联网、宽带局域网、无线通信网和卫星等渠道，以电视、电脑和手机为终端，向用户提供视频、音频、语音数据服务、连线游戏、远程教育等集成信息和娱乐服务的一种传播形式。

一般认为，有七类媒体形态可以被归入新媒体之列：(1) 移动数字电视，包括无线的、车载的、公共交通上的；(2) 有线数字电视；(3) IPTV，狭义上指基于 TV 终端的；(4) 网络广播；(5) 网络电视，这是新媒体中发展最快的一块；(6) 手机电视；(7) 楼宇电视。它们有些是传统媒体的数字化形态，比如楼宇电视，在传播方式与服务方式上并没有本质变化，也是以"广播＋广告"的盈利模式来支撑运营；有些则是相对于传统媒体的数字电视不同形态，如网络电视、手机电机等。新媒体与旧媒体最本质的区别即是新媒体交互参与的传播特点和多媒体融合的表现形态。此外，在技术上新媒体采

---

① 参见【美】罗杰·菲德勒著：《媒介形态变化：认识新媒介》，华夏出版社，2000 年 1 月版，第 24—25 页。

用的是数字技术和网络技术，分割、融合、交互、放大的信息技术彻底变异了报纸、电台、电视乃至人际传播的诸多特点，使一点对多点变为多点对多点。通过新媒体方式，任何人都可以经济而便捷地以众多形式向他人传播信息。具体来讲：

1. 媒介个性化差异突出

与传统媒体"大众化"的传播方式相比，新媒体更加侧重对受众个体的细分，受众可以随时通过新媒体获取符合自身需要的个性化信息，在时间和内容上极少受到限制。

2. 受众自主选择性增强

在技术层面上，人人都可以通过新媒体发布信息或接收信息，这从根本上打破了新闻机构在信息发布过程中的垄断地位，在最大程度上满足了信息消费者的细分需求；与传统媒体的"主导受众型"不同，新媒体是"受众主导型"。

3. 信息表现形式丰富多样

新媒体是集文字、声音、画面于一体的多符号传播媒介，其在时间上表现为即时性，在内容上表现为无限性。理论上讲，只要满足一定的网络通讯条件，新媒体即可满足全世界的信息存储需要。此外，新媒体还具有独特的"易检索性"和"恒存储性"。

4. 信息发布及时交互性强

与报刊、广播、电视等传统媒体相比，新媒体彻底摆脱了时间和空间的限制，其强大的媒介技术使得传者与受者之间的关系最终走向平等，所有的信息使用者都可以即时地进行信息互动。

二、新媒体对广播电视市场份额的瓜分

新媒体的发展，让人们的信息阅读和娱乐习惯发生了改变。微软公司主席比尔·盖茨在2005年国际广告媒体会上预测，所有的媒体渠道都将转移到互联网上。央视市场研究（CTR）的全国读者数据和广告检测数据认为：传统媒体广告投放量或增长率呈现下降趋势；传统媒体日到达率普遍下降，网络媒体日到达率上升；传统媒体受众的日接触时间明显减少，网络媒体受众

的日接触时间增加；互联网受众呈现出明显的年轻化和高学历特点。①

随着个人新媒体的崛起，网络成为自由人的联合体，是生产和消费紧密结合在一起的新生产与消费体。

1. 博客被视为Web2.0最主要的表现形态

作为一种新的表达方式，博客的形成不仅是个人意见表达的创新，更是群体意见表达和交流方式的创新。从利益原则上看，它是符合经济原则的，因此它能够作为一种生产或行为方式被复制、模仿和传承下去。与此同时，个人新媒体的发展，必将带动互联网的整体繁荣，并在一定程度上促进社会的信息化发展。

2. 具有极强的个性化

交互性和兼容性的网络电视凭借其广阔的发展空间和巨大的影响力，刚一问世就受到传统媒体、互联网站、电信运营商等的共同青睐，成为各方竞争的焦点。20世纪90年代中期，美国在线开始了将网络与电视结合起来的初步尝试，推出了面向大众的交互式网络电视服务——AOLTV。继美国在线之后，微软、美国电话电报公司（AT&T）、有线电视运营商康卡斯特（COMCAST）等也纷纷推出网络电视。新技术的不断发展将使数字娱乐方式最终超越传统娱乐方式，而在线数字娱乐业的兴起又必将推动网络电视发展的高峰，最终促使网络电视拉开在线数字娱乐业发展的序幕。

3. IPTV业务更是被看做最具商业前途的新媒体业务

据市场研究公司艾萨普利（iSuppli）发布的报告称，由于语音、互联网和娱乐服务捆绑发展的激烈竞争，未来数年内，预计全球IPTV用户的年复合增长率将达到92.5%，到2011年IPTV用户将从2006年的390万户增长到1.03亿户；IPTV的收入将增长40倍，从2006年的9.605亿美元增长到2011年的391亿美元。② 我国IPTV业务自2003年启动以来发展迅速，截至2012年年底，用户规模已达2300万户，处于世界领先行列。③

---

① 参见姚林：《传媒变革与媒体经营——技术手段·传播方式·媒体创新》，《新闻与传播》，2006年第11期。
② 参见【美】iSuppli市场研究公司：《全球IP发展分析报告》，2006年版。
③ 参见庞井君主编：《中国视听新媒体发展报告（2013）》，社会科学文献出版社，2013年版，第50页。

4. 手机媒体的发展随着手机普及率的提高而日益壮大

在通讯技术（例如 3G）、计算机技术不断发展的大背景下，手机就成为了具有通讯功能的迷你型电脑，具有网络媒体的无限延伸性。手机媒体的主要优势在于高度的便携性、互动性、网络化以及用户的海量性。

借助技术上的优势，新媒体创造了一种个性化、人际化的传播方式，构筑了新的传受关系，显示出了前所未有的强大生命力。从"广播"向"窄播"、从"单向"向"双向"、从"传者中心"向"受者中心"等来自新媒体的一系列转变，深刻影响着软件服务商、设备提供商、电信运营商、广播电视业、印刷出版者等媒体关系网络中重要参与者的战略规划和发展地位，掀起了一场浩瀚的多媒体竞合革命。

在新媒体的强大影响下，传统的广播电视媒体发展已不可避免地遇到了一定的阻力和障碍，具体表现为：

1. 各级广播电视媒体利益冲突日益激烈，并主要表现为系统内层级之间的利益矛盾

由于发展空间小、服务方式单一、盈利模式单一，所有节目频道（频率）只能依赖广告收入为支撑，导致节目套数越办越多，制作成本越来越高，但节目内容却相互雷同，频道资源紧张，广告恶性竞争，使层级之间的经济利益矛盾日益加剧。

2. 产业发展空间日益狭小，发展压力增大

广播电视系统的收入增长放缓，发展缺少新的增长点。广播电视体制是在计划经济条件下形成的相对封闭的系统，市场服务没有充分开发，产业化的基础相当薄弱。多年来广播电视主要提供单一的公共类节目，老百姓的消费观念仍停留在免费收看时代，社会各界要求打破垄断、要求自主办广播电视的呼声越来越高。此外，国内电信行业也加快了与新媒体的互通合作，电信业的增长百分比连续 20 多年保持两位数以上。

3. 广播电视传输覆盖技术水平低，改造难度大

目前大部分地区的有线电视网还是单向网，双向覆盖和带宽远远不足。新媒体是数字技术、网络技术发展的产物。数字化、双向传输的网络是开展新媒体业务的基本技术条件，而模拟的接入网已成为广电开发新媒体的"瓶颈"。从整体上看，我国有线电视数字化规模还不够大，各地发展还很不平

衡，尤其是中西部地区和广大农村地区发展缓慢，难以充分发挥广电的内容资源、网络资源和用户资源优势。而电信网、移动网和互联网已经率先完成了数字化改造，实现了光纤到楼、光纤到户。

4. 广播电视业和电信业利益冲突日益加剧

在信息内容制作方面，广播电视媒体有着天然的人力和媒介优势，而在信息传输渠道方面，新媒体却有着极强的竞争优势，两者之间尚未形成高效发展的竞合态势，因此在利益的竞争中始终存在着矛盾和冲突。

三、新媒体对受众习惯和媒介生态的改变

自大众传播在人类社会出现以来，每当新的传播技术诞生时，人们的信息消费方式、内容以及信息消费体验就会随之改变。古老的说书艺术以及人际传播的方式被文字艺术和印刷方式所取代；印刷术的发明又使得小说、报纸、杂志的产生成为可能，人们能够在字里行间获得更多有关信息想象的消费感受；随后，电子媒介的出现，又将人们从文字时代带进了图像时代，使人们进入到一个幻象世界，获得了比真实更真实的"超真实"的信息消费体验；如今，互联网所营造的虚拟时空给人们提供了一个巨大的非现实的空间，人们可以随意游走于虚拟和现实两个世界中。

可见，在现代社会中，大众传播媒介的发展紧密依赖于各种新技术在传播领域的应用，技术本身的特性决定了信息消费的特点，其不仅改变了人们获取信息消费、表达信息消费的方式，更是改变了人们对信息消费内涵的认识。任何新技术的出现都会带来人们信息消费方式和信息消费体验的变革。当前，以新媒体为标志的数字化技术出现后，人们接收和传播信息的方式被彻底打破，大众传播媒介系统的传统格局也由此发生了根本性的变革。

（一）传播技术发生变化

传播技术的变化主要体现在用数字技术代替模拟技术进行信号处理、传输和接收。

1. 信号处理方式的改变

模拟技术是对信号进行整体处理，在传送过程中，电路中的杂波随同信号被当做信号一并处理，得到的图像质量大大低于发送端的图像质量。数字

技术是将原始信号的视频和音频分割成一个个小块进行单独处理，用"0"和"1"的数字化来表示，去除了杂波，减少了损耗，使发送端和接收端的图像质量基本一致，信号质量显著提高。

2. 信号传输方式的改变

模拟技术是对电信号进行实时传输，一个频率或频道对应一套节目，一个通道只能传一路信号，因此，模拟系统中接收端和发送端处理过程相互独立。数字技术增加了复用环节，把多套节目进行压缩后混合在一个通道内，即将多路信号打成数据包传输，此时，数据量被压缩30—400倍，传输效率得到明显提高。因此，数字系统中的发送端和接收端是密不可分的整体，接收端如果没有发送端提供的业务信息就找不到相应的节目和服务。以有线数字电视业务为例，由于中央、省和本地节目的业务信息不同，上述业务信息必须在本地服务平台上被换成统一的业务信息，用户才能正常接收，这就需要服务平台设在地市，并增加节目和服务集成单位的审批。

3. 信号传输系统的改变

模拟技术传输图像、声音、数据信号时，必须使用不同的传输系统和制式，而数字技术是对广播电视、通信、数据信号进行统一编码，以"0"和"1"的通用比特流进行传输和交换、应用，即数字处理是将不同的信号编成同一格式的数字代码信息，打成一个数据包，放在同一个系统、同一个通道里传输。这意味着无论是文本、视频还是音频都可以在一个综合应用的系统中进行传送，无需给每一种媒介提供单独的传送渠道，这就为实现广电节目与各种数据、互联网信息等业务的融合创造了条件，沟通了以往泾渭分明的信息（计算机）业、电信业、大众传媒业三大领域。此外，光纤传输技术和网络多媒体软件的共同发展成就了四通八达的带宽和高质量的光纤传输网络，为各种不同标准的网络业务提供了相互沟通的技术支持。至此，三网融合的新趋势得以显现，并呈现出一定范围内的跨领域企业间的并购与整合。

（二）传播方式发生变化

传播方式的变化主要体现在传播形态、资源和体系三大方面。

1. 从单向单一形态变为双向多元形态，实现了真正意义上的互动

传统大众传播媒介传播的特点是信息的单向流动，其所谓的互动主要包

括两部分,一是在现场或演播厅,以观众或嘉宾与主持人的互动为主,二是以热线电话、手机短信等形式出现的场外互动。这种互动实际上只是听众或观众对节目本身的一种较为及时的反馈,并非真正意义的传受互动。与传统媒体的互动性不同,新媒体的交互性却是深入到了节目的内容当中。如在节目播出的同时,受众即可以通过留言、回帖、投票等各种形式实时参与到节目的播出过程中,用户可随时根据自己的需求进行点播、竞猜和交流等,且参与手段日趋多样、便捷。这种媒体与媒体、受众与受众、受众与媒体之间进行的深度互动,即是新媒体与传统媒体在信息传播特点上的本质区别。

2. 从资源垄断变为资源共享

一直以来,广播电视等传统媒体内部资源的配置都是以栏目、频道为基本单位,电视资源按频道划分,再划到栏目,形成以栏目为单元、频道资源为实体的传统资源配置结构。在此前提下,有限的广播电视资源被"诸侯式"地分割成若干"小而全"的"作坊式"的生产单位,频道与栏目之间形成一种自产自销、自购自播、自娱自乐的制播合一模式,并由此导致了各频道频率栏目设置重复雷同,资源配置分散凌乱,无法形成现代企业化资源整合配置的机制和格局。此时,新媒体的出现使得信息传播真正实现了从资源垄断向资源共享的转化。作为一种建立在高技术基础上的信息产业,新媒体产业是生产社会化程度很高的高技术产业,它要求科学地利用媒体资源,真正实现资源的互通共享。

3. 从自成体系变为开放体系

一直以来,传统的大众传播媒介都采取自制自播、自给自足的运行方式,其信息的传递与接收都具有明显的区域性特点。然而,随着科学技术、电子媒体以及跨国企业的日益发达,讯息传递的方式和资本流动的方式被逐渐改变,人与人、地域与地域、国与国之间的"距离"已日趋模糊,往日宁静的、分割的、与世隔离的封闭体系不再存在,随之取代的是一个真正的"地球村"世界。传统媒体作为把关人为公众设定议程的能力逐渐消失,公众在新媒体的使用过程中,随时都可以成为信息发布者,信息的开放性大大增强。因此,从传统的大众传播媒介向交互的新媒体转移的过程中,受众的权利是递增的。[①]

---

① 【美】约瑟夫·斯特劳巴哈、罗伯特·拉罗斯著:《信息时代的传播媒介》,清华大学出版社,2002年版,第22页。

(三) 传播能力发生变化

数字化、网络化、交互性、即时性、多媒体、个性化的特点给新媒体传播带来了诸多新的变化。

1. 丰富多样的节目内容

信息技术的不断发展使得新媒体成为了集多种传播形态于一身的综合性媒体，其通过新的传播平台对传统媒体的内容资源进行整合，利用海量的内容资源和强大的节目制作能力，创造出了更加符合用户需要的节目内容，并通过虚拟频道、时移节目等形式真正实现了节目播出和节目内容的非线性传播，最终形成了独具优势的核心竞争能力。与此同时，采用数字技术后的广播电视媒体，也在其声音、图像等媒介符号的表现上更具感染力。

2. 人性化、个性化的传播方式

以微博、博客、播客等为代表的新媒体平台的出现，彻底改变了传统的"你传我看"的被动传受关系，使受众在面对海量的视听内容时，具有了高度的自主选择权和参与权，受众需求的多样化和受众市场的细分化得以被充分满足。此外，数字技术的发展大大拓宽了广播电视媒体稀缺的频道资源，其不仅可以传送中央、省级卫星节目及当地所有节目，还可以利用富余的频道资源提供多层次、多样化、对象化的节目。如有线电视分配网一般只能传送40—50套模拟电视节目，频道资源相当紧张。而采用数字技术后，其可以提供500套左右的数字频道，频道资源极大丰富，从根本上解决了频道资源紧张的矛盾。不仅如此，新媒体还具有通信、上网、游戏等功能，最大限度地实现了信息娱乐与通信的结合。

新媒体将传播载体从广播、电视扩大到电脑、手机，将传播渠道从无线、有线网扩大到卫星、互联网，并呈现出与广播电视截然不同的传播方式，如手机电视能够随身携带、移动接收，IP电视能够双向互动、自由点播，网络广播能够留住声音、任意下载等等。这些技术变革，让消费者摆脱按固定节目表收看电视、收听广播的束缚，在任何时候都能从广播、电视、互联网甚至移动通讯工具中获得自己喜爱的节目内容，实现了按自己的时间、自己的心情、自己的爱好、自己的价值趋向去选择收看的节目的梦想，改变了受众的行为模式和收听习惯。同时，数字化为广播电视提供的端到端的服务手段，可以控制管理每一个用户、每一套节目、每一个时段，满足不同用户对节目服务的需求，使每一个家庭都可以拥有一个集公共传播、信息服务与文化娱乐为一体的超媒体平台。

所谓超媒体，是超级媒体的简称。基于 Web2.0 时代的超媒体概念，是美国人尼葛洛庞帝提出的。他认为"超媒体"（hypermedia）是"超文本"（hypertext）的延伸。[①] 形象地说，超媒体＝超文本＋多媒体。而基于 Web3.0 时代的超媒体（UltraMedia）是指借助网络技术和移动通信技术将文本、图形、图像、动画、声音和影视片断等多种信息形态建立链接关系，用户可以便捷地实现搜索跳转、上传下载、即时通讯等功用的软件和设备的总称。[②] 可以理解为，超媒体＝hypermedia＋互联网＋移动通信＋视频＋传统媒体。

超媒体和超文本都以非线性方式组织信息，本质上具有同一性。由于二者都与多媒体密切相关，因而容易混淆。在超文本中，信息的主要形态是文本和图形，以节点形式存储信息，实现相关节点间的非线性、联想式检索。而超媒体是一种在一条条信息间创建明确关系的方法，它把超文本扩展为既包含多媒体对象、又能实现音频与视频信号同步的状态。因而，超媒体处于更高层次的"生态位"，它是支持多媒体信息管理的主脑，组织信息对象繁多，是媒体中的"巨无霸"。[③] 超媒体是一个有技术学词根的元概念，涵义精准、无歧义。其他诸如跨媒体、全媒体等概念均是在此基础上产生的应用。超媒体时代最突出的传播特征是人性化、个性化和全球化。它将创造一个超级"你媒体"世界，即任何个人将别无选择地生活在无处不在的"电子超市"中，个人信息既是这个"电子超市"的内容，又为其创生新的服务；任何个人既是超媒体信息的享用者，又参与这些信息的制造和传播。

3."小众化"的受众群体

按照"沉默的螺旋"原理，人们为了避免成为异类，陷入孤独，往往在大众媒体或舆论活跃分子发表了意见之后，不再表达自己与之不同的观点。

---

① 【美】尼葛洛庞帝：《数字化生存》，海南出版社，1997年版，第89页。
② 张君昌：《"超媒体"还是媒体吗？》，《现代传播》，2004年第3期。
③ 参见《超媒体》，百度百科，2013年5月4日。

然而，在数字网络的新媒体时代，任何一个人通过互联网、手机等新媒介，都可以随时进行信息发布，人际传播的功能得到凸显和强化。此时，传统的、倾向于无差异的普遍的广大受众，开始分裂为气味相投的或者利害相关的"小众"，如各种各样的网络游戏团体、户外旅游论坛、短信交友俱乐部等。在小众中，人们更容易找到适合的伙伴，以对抗大众传播所造成的社会孤立的恐惧，形成和坚持与大众舆论未必一致的意见。

第三节　三网融合赋予广电媒体的机遇

2005年10月，《中共中央关于制定国民经济和社会发展第十一个五年规划的建议》提出"加强宽带通信网、数字电视网和下一代互联网等信息基础设施建设，推进三网融合"等建议内容，表明了中国政府要打破横亘在三大产业中的体制壁垒的坚定决心。对于广播电视业来说，大力发展网络广播电视、IPTV、手机广播电视、移动电视、楼宇电视等视听娱乐新媒体业务，不仅可以实现广播电视媒体与其他新媒体之间的优势互补和利益共赢，同时还有助于带动其他文化产业价值链的发展，使广播电视产业价值链在与其他产业价值链交合中把握主动权，并逐步使传统的广播电视媒体演变为一个能够面向新媒体市场的内容提供商和服务提供商，进而为中国广电传媒行业创造巨大的社会效益和经济效益。

一、内容层面的互补

随着数字技术的迅猛发展和媒介融合的不断深入，传统广播电视传媒行业的生存和发展空间发生了很大的改变，以手机电视、网络视频等为代表的新媒体形式不断出现，并对传统广播电视媒体的内容生产发起了挑战。所谓的"媒介融合"主要表现为两种方式，一是不同媒体之间的交融与互动，这主要指在不同媒体之间，传播方式和内容的相互借用，以促进共同发展；二是媒体之间的整合与并购，力图在传媒业中以规模出效益。

具体到广播电视媒体的内容生产上，第一种方式，即为推动跨界信息的有效整合。在渠道为王的单向传播时期，广播电视内容中包含的信息一般都是采编人员在各自划定的区域范围内或是在规定的某一类行业之中进行捕捉，是在一种自给自足的状态下完成对大众的信息传播。在媒介融合的今天，传媒业竞争的重点将集中在传媒终端服务链、产业链、价值链的扩张上，这种扩张大体上沿着跨地区、跨媒体、跨行业的方向运行。① 在这种跨界思维的指导下，广播电视媒体一方面要在行业内部进行积极有效的资源整合，打破地域和旧有模式的约束，另一方面，也要与网络等新媒体之间形成资源联动，在统一的内容平台上整合其他媒体的资源，实现信息共享。

第二种方式，即为针对不同终端的内容特制。美国坦帕新闻中心的建立之所以一直被美国新闻界公认为媒介融合成功的典范，就在于它推行的集团化多媒体战略收到的良好效果。它将《坦帕论坛报》、网站 Tampa Bay Online、电视台 WFLA-TV 设在同一所大楼内，进行统一的突发新闻指挥管理。由此形成的一系列新闻信息同时通过平面、网络、广播电视三方媒介共同传递，并相互借势打造出一个多层次、大范围的传播体系。

对传统广播电视媒体而言，只有通过将自身的媒介优势扩延至其他媒介类型上或媒介以外的产业领域，并根据不同播出终端的特点来重新规划广播电视内容的生产方式和呈现形式，才能最终实现广播电视媒介产业的可持续发展。换句话说，只有在受众对融合内容满足的基础上，长久以来对电视形成依赖的群体才不会发生质的偏移，因为他们对内容的强烈需求会让他们在新的媒体平台上实现重新聚合。在这个意义上说，媒介融合的结果既能使所有技术应用于同一媒介，又能使同一媒介包容所有技术。②

在三网融合时代，人们消费的不是媒体本身，而是终端上有附加值的内容产品，媒体之间的竞争一时在技术，恒久在内容。在新媒体上，一个好的内容可以在多个平台上实现其价值，在渠道不断扩张的现实背景下，内容的质量才是竞争取胜的关键和根本。因此，对于传统的广播电视媒体而言，其发展的核心仍是内容的创作与生产，内容为王始终是广播电视媒体发展革新必须坚持的一个重要准则。从这个意义上说，三网融合的推进不但不会让广

---

① 参见喻国明：《"渠道霸权"时代的终结——兼论未来传媒竞争的新趋势》，《当代传播》，2004年第6期。

② 参见宋毅：《媒介融合趋势下电视媒体的内容变革》，《中国广播电视学刊》，2011年第11期。

播电视媒体消亡，相反会加速广播电视媒体自身内容的建设和发展。无论渠道、形态、终端如何演变，坚持按广播电视媒体的传播规律来发展，注重内容的开发与创作，提高内容产品的数量和质量，在维护广播电视主体功能地位的基础上，科学合理有序地推进与新媒体的多维融合是目前以及今后相当长的一段时间里，中国广播电视媒体发展应当坚持的基本方向。

二、组织层面的互助

"三网融合不仅仅是广电和电信业务的对等开放，更是服务业态的创新。我们不仅要物理变化，更应达到一种化学变化。三网融合给有线电视带来历史性机遇的同时，也带来了严峻的挑战，三网融合让有线电视从部门行为上升到国家行为，这是有线电视发展千载难逢的机会。我们要借这个机会，实现广电行业的战略转型"。[①] 2010年3月23日，时任国务院副总理张德江担任组长、以国家广播电影电视总局和工信部等部门领导为主要成员代表的"国务院三网融合工作协调小组"正式浮出了水面，该小组的成立旨在从根本上打破部门利益障碍，对三网融合实施统一监管。

多年来，我国广电与电信产业分属两个部门，属于分业监管。囿于部门利益之争以及互相准入的政策壁垒，三网融合在我国的发展遭遇了一系列瓶颈，IPTV（交互式网络电视）的艰难进展就是最好的例证。IPTV是电信运营商一直垂涎欲滴的业务，然而手持发放经营牌照权的广电不愿意让工信部主管的电信运营商介入IPTV领域，以至于成为广电主推的数字电视的竞争对手。

可见，三网融合的实质是电信和广电之间的市场准入问题，如何解决分头监管的局面是三网融合破冰的关键因素。美国是全球最早实现机构融合的国家。1934年，依据《1934年通信法》，美国即成立了具有综合监管功能的美国联邦通信委员会（FCC）。FCC监管内容包括公共电信、专用电信、广播电视、无线频率等，FCC的成立消除了美国通信产业中存在的政出多门、相互分隔的现象。在融合监管方面，英国2003年将原来的电信管理局、无线电

---

① 张海涛：《在2010年中国国际广播电视信息网络展览会（CCBN）主题报告会上的讲话》，2010年3月22日于北京。

通信管理局、独立电视委员会、无线电管理局、播放标准委员会五个机构融合成立了统一的监管机构——通信管理局，彻底打破了信息领域中存在的各种壁垒，使技术和业务进一步融合。

其实，有关双方利益的协调问题，在2010年两会期间，就有人大代表提议要成立一个跨部委的监管机构。他们认为，从美国、韩国发展的过程来看，三网融合发展到一定程度以后都会成立相关的监管机构，这是一个必然的趋势。具体到中国的现实情况来看，监管机构的彻底融合仍需要一些时间。正如为加强能源战略决策和统筹协调，国务院成立国家能源委员会，国务院总理温家宝出任主任一样，这次国务院成立的三网融合工作协调小组旨在冲破各种壁垒、打破部门利益，推动三网融合各项工作的有序开展，并试图在工作开展的过程中逐步解决监管机构融合的复杂问题，充分体现了国家政府推进三网融合的决心和信心。

2010年年初，国务院下发的《推进三网融合的总体方案》（以下简称国发5号文），明确提出了国家级有线电视网络公司须在2012年年底之前完成组建。按照国发5号文的规划，推进各地分散运营的有线电视网络整合，将采取包括国家投入资金在内的多种扶持政策，充分利用市场手段，通过资产重组、股份制改造等方式，提出组建国家级有线电视网络公司方案。

作为一家国有文化企业，"中国广播电视网络公司"的组建是由中央财政出资45亿元，用于总公司平台的先期搭建，其中包括总公司基本框架的组建费用和播控平台、网间结算等业务总平台的搭建费用，待挂牌后再逐步进行各地资产的整合。目前全国有线网络的总体资产评估额约为1500亿元、净资产700多亿元，若加上上市公司资产的评估数值，其有线网络的总资产约为1800亿元。因此，如何整合如此庞大的资产是中国广电网络公司面临的主要难题。

自2010年国家层面启动三网融合试点以来，广电和电信博弈即被推向浪尖。围绕着三网融合这块新兴的市场，无论是广电还是电信，都不想错失这块价值不菲的蛋糕。有分析估算，如果三网融合在全国范围、实质意义上深度展开，将形成并带动高达1.6万亿元的产业市场规模，此间，谁掌握了主动权和话语权，即可在三网融合中占据龙头甚至垄断地位。由此，广电和电信都以各自的优势为"王牌"坚守阵地，限制对方越位开展业务。广电方面，主要是严控内容播控、服务方面的牌照，特别是针对电信开展的 IPTV 业务设立 IPTV 牌照和播控平台，所有的电信企业开展音视频业务，都需要通过上述平台实现。而电信方面，则借互联网传输通道，即宽带方面的压倒性优势，对广电展开的基于有线网络的宽带传输进行了出口限制。

简单来说，参与三网融合的企业的终极发展目标是"数据（传输）＋内容"的综合服务提供商。目前广电拥有内容，而缺少数据传输，三大电信运营商则恰恰相反。从这方面看，中国广播电视网络公司的挂牌成立，将与三大电信运营商一并，成为参与三网融合的市场主体，并成为融合电信业务和广播电视内容服务的第四大综合服务运营商。此外，公司成立的最大亮点在于公司在内容方面具有三大电信运营商不具有的"广电优势"，同时对于有线网络最为纠结的互联网出口也将因工信部的"介入"而互通互融。如此一来，既解决了双方的博弈纠葛，又解决了广电系介入互联网接入和宽带出口从而打破中国电信和中国联通两大电信运营商在上述方面的垄断局面。

按照组建方案的规划，中国广播电视网络公司将在全国有线电视网络"一张网"的基础上进行"统一规划、统一建设、统一运营和统一管理"，这将有益于基于探索建立适应三网融合业务发展的管理体制和工作机制。

三、技术层面的共享

三网融合主要指业务应用层面的融合，表现为技术上趋向一致，网络层上互联互通；物理资源上实现共享；业务应用层上互相渗透和交叉，趋向于全业务和采用统一的 IP 通信协议；最终将导致行业监管政策和监管架构上的融合。至于各自的基础网本身，由于历史的原因以及竞争的需要，将会长期共存、竞争和发展。而业务应用层的融合将不会受限于基础网而迅速发展，各类公司都会通过不同的途径向全业务方向演进。

然而，电信网、广电网和互联网在建设之初都是面向特定业务的，电信网、广电网、互联网分别针对话音业务、视频业务和数据业务设计网络架构。因此，在 20 世纪很长一段时间内，电信网、广电网和互联网三张网络独立发展，除了少量的电报、传真等数据业务外，电信网只能提供话音业务，广电网只提供电视业务，互联网只能提供数据业务。这个阶段的特征是电信网、广电网和互联网三张网络独立发展,不存在互相融合的因素。

自1996年以来,世界各国都先后开始推进三网融合的进程,很多发达国家已经实现了各种形式、不同程度的融合。三网融合对于促进信息和文化产业发展,提高国民经济和社会信息化水平,满足人民群众日益多样的生产、生活服务需求,拉动国内消费,形成新的经济增长点具有重要意义。三网融合被写入《十一五规划》、《电子信息产业调整振兴规划》等国家重大规划中。经过几年的发展,当前的电信网、广电网和互联网正处于业务领域互相渗透阶段。

长久以来,由于体制和历史的原因,中国的有线电视网的现实状况是分级建设、分级管理、分局部署、分区运营。网络的分散特性与话音业务和数据业务的跨越空间的属性相矛盾。因此,除了在体制层面的努力之外,中国的有线电视网还需要在技术层面通过大规模核心路由器的组网技术实现从分散到集中的演进,实现物理上、业务上的互联互通。网络整合可以分两步进行,第一步实现一省一网,第二步将各省的网络整合成一张网,进而实现全国一张网。与广播电视网相比,电信网和互联网的融合程度相对较深,而制约电信网和互联网开展电视业务的主要瓶颈在于接入网带宽。

综上所述,从技术角度来看,三个网络虽各有特点,但其技术特征却逐渐趋于一致。数字化、光纤化、分组交换化的迅速普及,使得以IP技术为支撑的业务承载式网络成为当前最突出的发展趋势。因此,随着三网融合技术的不断更新与发展,电信网、有线电视网、互联网三网之间的业务边界正日趋模糊,以业务渗透为标志的网络融合将彻底打破三个行业中历来按业务种类划分市场和行业的技术壁垒。

四、渠道层面的互通

《推进三网融合的总体方案》指出:符合条件的国有电信企业在有关部门的监管下,可从事除时政类节目之外的广播电视节目生产制作、互联网视听节目信号传输、转播时政类新闻视听节目服务,以及除广播电台电视台形态以外的公共互联网音视频节目服务和IPTV传输服务、手机电视分发服务。这表明,三网融合将打破过去广电行业对广播电视节目传播渠道的垄断。

所谓"渠道",即是信息传播的一个管道,一般由经过渠道拥有者把关后的传播者将把关后的信息传给阅听人。在"渠道为王"的时代,阅听人基本被传播者所把控,只能接受某信息获取的唯一路径。然而,随着三网融合不断推进,传统广电媒体的传播渠道和传播市场都将得以丰富和扩大。过去广电市场基本是单一市场单一渠道,而三网融合实现了终端的多样性,过去一次性线性传播,现在可能变成在多终端重复地、以不同方式与形态进行传播。这不仅会使节目内容规模最大化,还将大大扩大节目内容的传播渠道,包括扩大其受众规模。具体到广播电台与新媒体之间的渠道互通来看,大致可分为以下两种:

一种是台网互动。即传统广播电台与广播网络联合报道,既节省人力与物力,也提高了传播效率。在上海世博会报道期间,国际电台利用对外广播、海外落地广播、对内广播、网络音视频及图文直播等5种播出平台,61种语言广播及国际在线网站播出世博会开幕式相关节目,调动多项平台资源相互配合、互为补充,即时、全面地向海内外广播听众及广播网用户报道了世博会特色及进展情况。

另一种是各广播网之间的联动。网间联动使各广播网间资源互享、达到网络信息平台的互惠互融。2010年5月21日,安徽网络台作为我国首家省级网络电台正式开播,与中国广播网签署战略合作协议,安徽网络电台可借助中广网丰富的资源脉络和传播力度发展壮大,同时为中广网提供相应支持,以实现与中广网相关资源共享、互助合作。世博会期间,中国广播网等中央级广播网推广多语种资源的广播与报道,强化报道力度、优化传播效果,同时也为其他广播网站提供相应便利与服务。①

台网间的报道互融还体现在对节目资源的二次开发上。网络传播的显著特点之一是多媒体性,台网融合将传统广播的音频节目进行二次编排,既丰富了报道内容,也活化了报道方式。此外,网络信息可保存、可检索性作为网络传播的第二大显著特性很好地弥补了传统广播"稍纵即逝"的不足,受众如错过相关报道可以通过网络渠道轻松寻回,可以选择在线收听甚至下载至个人PC,同时还可以获得形式更为丰富、内容更为详尽的文字解说、图片

---

① 参见曹鉴、林如鹏:《台网融合:多维突破 深化进程》,《中国广播电视学刊》,2011年第2期。

甚至视频资源，辅助音频进行资源的二次整合、扩充。

当前，新兴的手机上网因用户群最大而成为三网融合的主驱动力。随着受众选择权的极大扩张，受众媒介使用行为的极大自由，受众的媒介视野和媒介素养都前所未有地提升开阔，如今再也不会是一个平台、一个终端、一种习惯的局面，对媒体而言多掌握一种新的终端，无疑会多一种生存的活力。行为被工具影响，工具也在适应行为。因此，面对来自新媒体的强大冲击，传统广播电视媒体纷纷寻求创新之路，以实现从内容提供商到聚合型媒介平台的互通式发展。

第四节 科技进步对广播电视业的推动

为了适应新型广播电视传播形态的出现，1999年4月，国际权威机构——国际电信联盟（International Telecommunication Union）下属的无线电通信部门（Radiocommunication Sector）（简称ITU-R）对广播的定义进行了修改：广播业务是指用于向公众提供的图像、声音、多媒体和数据业务，包括有条件接收和交互性业务；它充分利用"点对面"的传送手段，通过通用接收机向公众传送信息；使用典型非对称分配基础设施使信息大量地送到用户端，小容量信息反馈给业务提供者；这些业务可以使用演播室到传送节点的一次分配、到用户的二次分配和信息采集技术手段（如电子新闻采集与卫星新闻采集）[1]。不难看出，广播电视传播必须以技术手段来实现，只有依托于技术系统，广播电视才可能生存和发展。

一、科技是广播电视传播的基本保障

作为第一生产力，科学技术始终是广播电视事业发展的基本保障，特别是对于中国广播电视事业来说，从新中国成立前的艰苦环境下起步，直到如今成为世界上举足轻重的广播电视大国，技术系统的支撑作用不可磨灭：既有设备引进、消化吸收的技术实践，又有自力更生、因陋就简的技术改造，

---

[1] 参见许中明等著：《广播电影电视的技术奥秘》，山东画报出版社，2001年版，第41页。

还有理论研究、实用系统开发的技术创新。可以说，在中国广播电视事业发展进程的每一个历史阶段，都融入了广播电视技术工作者的努力和智慧。科技是广播电视传播的基本保障，离开了科技，广播电视的发展也将无法实现。

二、科技创新与广播电视发展

广播电视技术系统是一个复杂的系统，它不仅充分地利用了声音与图像的特性，还广泛地利用了数学、物理学、光学、化学、无线电电子学、电信技术、精密机械、计算机与信息技术以及空间技术等当代科学技术的最新成就，是先进科学技术的结晶。同时，广播电视技术系统也是一个庞大的系统，它涉及广播电视节目从采集、制作、播出、传输与发射直到接收、监测的各个环节，而每一个环节又都涉及多方面的技术及设备。任何一个环节因技术系统的问题，都可能影响到整个广播电视系统链路的畅通，并可能导致广播电视节目的停播、错播、劣播，而技术系统还可能受到境外非法广播电视信号的攻击或干扰。因此，如何保障这个复杂而庞大的技术系统的正常运行，以保证广播电视节目的安全播出，一直是广大广播电视技术工作者的重要职责。

事实上，由于中国的疆域辽阔、地势复杂、人口众多，为了保证将党的方针政策、国家的规章制度以及知识性、娱乐性的文化综艺节目传送到千家万户，也为了向全世界介绍中国，还为了抵制境外非法广播电视节目对我国的政治、思想、文化侵略，中国广播电视作出了巨大努力：第一，兴建了一座座不同性质、不同规模的广播电视中心台、发射台、差转台、监测台、微波中继站、卫星地球站，以最大限度地实现对整个中国疆域的广播电视信号覆盖，而面向人口稀疏地区、西部地区的广播电视"村村通"工程、"西新工程"的实施，则进一步通过卫星、地面无线及有线等有效技术手段来消除广播电视信号覆盖的"盲区、盲点"；第二，精心地维护广播电视设备以及传输链路的正常工作，并不断地对既有系统进行技术改造与扩建，提高图像及声音广播的质量，从而保证了整个广播电视技术系统的正常运行；第三，加大广播电视监测的力度，一方面保证了中央及省级广播电视信号的传输与覆盖效果，另一方面还可及时地监测并抵抗境外非法广播电视节目的攻击或干扰。

可见，正是由于广播电视技术工作者的上述努力，才保证了中国广播电视得以持续、蓬勃、健康地发展。特别是 1983 年中央 37 号文件下发以来，中国广播电视进入发展最快、变化最大的时期，其中取得的技术成就主要体现在以下几个方面[①]：

（一）传输覆盖网络和用户规模不断扩大

中国已建成了广播、电视、电影并重，中央、地方，城市、农村，对内、对外并举，无线、有线、卫星、互联网等多种技术手段并用，模拟与数字并存的多层次、现代化的广播电视综合覆盖网。特别是实施"村村通"工程和"西新工程"以来，中国西部地区广播电视覆盖发生了翻天覆地的变化，根本改变了"外强我弱"的局面，广播电视覆盖能力大大增强，少数民族语言节目译制能力显著提高。西部少数民族地区已能听到 10 套左右短波广播、每个地市能听到 2—3 套中波广播、每个县能听到 2—3 套调频广播。

此外，中国不仅通过卫星、中短波、调频、有线电视、互联网等多种手段，迅速扩大广播电视在海外的覆盖范围；还建成了保证传输覆盖网络安全性和有效性的全国卫星、有线、无线和海外广播电视监测网，结束了中国广播电视只管发射、不知效果的历史。

（二）服务方式和服务手段不断改进

自 2003 年起，广电技术工作者着手推动中国广播电视数字化进程，并初步探索出了符合中国实际的、以信息化带动数字化、以数字化促进信息化的有线数字电视整体转换模式，使千家万户的电视机成为了多媒体的综合信息终端，初步走出了一条有中国特色的有线广播电视数字化发展之路。该终端不仅能够看电视、听广播，还可以开展视频点播、付费电视、银行支付等业务和接收电子政务、生活资讯、文化教育、医疗保健、交通旅游、金融股市等各类信息服务。中国广播电视服务方式已从过去单一模拟的服务方式转变为模拟和数字、标清和高清、公益和付费等多种类型并存的服务方式。数字化正以前所未有地巨大力量改变着广播电视传统的服务方式和服务手段。

---

① 参见张海涛：《在 2007 年中国国际广播电视信息网络展览会（CCBN）主题报告会上的讲话》（摘录），《广播电视信息》，2007 年第 4 期。

(三) 科技创新能力明显提高

经过多年的共同努力,由国家发改委牵头制定的具有中国自主知识产权的地面数字电视国家标准已于 2006 年颁布并于 2007 年 8 月 1 日正式实施。至此,中国的卫星、有线、地面数字电视标准已全部颁布,中国的广播电视数字化进入了全面发展的新阶段。围绕着数字化发展,广电系统加大了投入创新力度,自主研制出了具有自主知识产权的移动多媒体广播、新一代卫星传输、数字电影流动放映等核心技术。基于此,国家广播电影电视总局制定并颁布了移动多媒体广播、新一代卫星传输、数字电影流动放映等三项技术标准和规范。这是新中国成立以来广电系统第一次自主研发的、具有自主知识产权的重要系统技术标准,是广电系统立足自主创新、立足民族工业,推动广电发展的具体实践,标志着中国广电科研工作已从过去单纯的跟踪研究向自主创新研究转变。

在中国广播电视数字化进程中,无论是最基础的数字音视频压缩编解码方法的研究,还是结合国情的广播电视技术系统的数字化改造以及新型实用系统的建设,自主创新成果层出不穷。随着数字音视频技术、计算机网络技术的不断发展,采用时代最新技术并具有中国人自主知识产权的广播电视设备及系统正越来越多地应用于广播电视技术系统中,而采用国外先进设备构建的广播电视技术系统在系统设计及技术改造过程中也越来越多地融入了中国人的智慧。

三、广播电视技术的发展趋势

在我国,经过三十多年发展,有线电视已经成为我国家庭入户率最高的信息工具,有线电视网和电信网、计算机网共同构成国家信息化三大基础网络。有线电视的发展离不开计算机通讯技术的发展,而有线电视网络的数字化也为数字通讯技术的应用和普及提供了良好的网络支持。有线电视和数字电视的发展这不仅对广播电视的制、传、播提出了新的要求,更对建立适合中国国情的业务管理模式技术框架提出了更高要求。

由于数字信号在存储与传输方面都比模拟信号有着明显的优势,因此,随着计算机及信号处理技术的不断发展,从 20 世纪 60 年代起,广播电视技术领域即开始了从模拟系统向数字系统转换的数字化进程。在广播电视节目的制作方面，越来越多的节目制作设备采用了数字处理技术，并实现了制作联网、制播联网，使节目制作效率大为提高，特技效果更加丰富；在广播电视节目及素材的存储方面，越来越多的存储设备也采用了数字存储技术（包括采用新型的存储介质），且由于数字压缩算法的不断优化，数字存储的效率、容量、容错性及可靠性等诸多技术指标也在不断地提高。

在节目播出方面，越来越多的广播电视台采用了由计算机控制的自动节目播出系统、硬盘播出系统，不仅大大节省了人力资源，更是使得"安全播出"有了充分的保证；在节目的传输方面，采用数字压缩编码技术，使得在传统的单一模拟频道带宽下即可传输多套数字压缩的广播电视节目，有效地节省了宝贵的频谱资源。这对于中国这样的地域辽阔、人口众多的国家来说尤为重要，因为它意味着用有限数量的卫星转发器或是有限带宽的有线电视网络系统就可以传送更多套数的广播电视节目，使数以亿计的中国广播电视受众有了更多的节目选择余地。

党的十八大要求，大力推动文化与科技的深度融合。借助政策给力和科技进步，2012年，作为三网融合的新探索，由多家有线运营商和互联网电视牌照商联合发起的OTT模式大有捷足先登之势。OTT是"Over The Top"的缩写，源于球类运动，是"过顶传球"之意。借喻到网络领域，指服务提供商越过（绕过）运营商经营的业务，直接向用户提供服务。其本质是强调服务与物理网络的无关性。OTT可以提供多样化、互动式、个性化服务，用户能够在电视、电脑、手机等终端自由切换，尽享前所未有的便利和体验。行业普遍认为，移动视频、个性化点播和视频广告这三项业务，将提振OTT运营商的收入。由于数字化应用的推广，越来越多的用户逐渐显现多样化潜在需求。在大数据支持下，通过对用户需求分析和预测，可以精准把控内容设计、产品类型和广告营销。同时，针对人们新形成的消费行为和习惯，可以用个性化点播服务满足其需要。

国内OTT市场从2011年起步，经过整顿，2012年进入健康、有序发展阶段，OTT-TV用户超过2000万。随着腾讯、联想、小米等IT巨头相继高调进入OTT市场，互联网电视市场备受瞩目。OTT能够提供高清视频点播＋应用，在内容和体验上具有市场优势。在这条新兴产业链中，互联网企业将向"终端+平台+应用"方向拓展,意在通过扩张电视机终端用户数,占据智能电视产业链的上位。[①] 伴随这股浪潮,一系列融合产品、服务,甚至是涵盖全产业链的收购、合并、重组将层出不穷。2012年10月底,百视通和华数传媒分别获批互联网电视机客户端编号及互联网电视机顶盒客户端序列号,有资格先行开展相关业务。这是国家广电总局首次在全国范围内发放互联网电视客户端牌照,标志着OTT产业进入合法商用的新阶段。

2013年8月17日,国务院发布《关于印发"宽带中国"战略及实施方案的通知》,不仅提出2020年前两个阶段性的发展目标,还明确加快宽带网络建设的技术路线、发展时间表、五项重点任务和七个方面的扶持措施。通知强调,要围绕加快转变经济发展方式和全面建成小康社会的总体要求,将宽带网络作为国家战略性公共基础设施,加强顶层设计和规划引导,统筹关键核心技术研发、标准制定、信息安全和应急通信保障体系建设,促进网络建设、应用普及、服务创新和产业支撑的协同,综合利用有线、无线技术推动电信网、广播电视网和互联网融合发展,加快构建宽带、融合、安全、泛在的下一代国家信息基础设施,全面支撑经济发展和服务社会民生。这意味着"宽带中国"计划从单一的部门行动正式上升为国家战略。

新一代数字技术、网络技术、信息技术的快速发展,为广播电视业带来了巨大而深刻的变革。加快推进电台电视台数字化、加快推进有线电视数字化、积极推进地面无线广播电视数字化、积极推进卫星广播电视数字化,已经成为推动广播电视在传媒新生态环境下发展壮大的不二选择。这将不仅仅使传统广播电视获得新生,还将大大提升有线电视网络的服务功能和承载能力,为持续推进三网融合提供有力支撑。

[①] 参见张君昌:《OTT来临:重新定义广电产业》,《声屏世界》,2013年第7期。

第四章　中国广播电视传播理念的嬗变

改革开放三十多年来,为适应国内外时代环境及媒介生态环境的新形势、新要求,中央围绕如何认识新闻报道,如何对待新闻报道,以及如何认识媒体,如何使用媒体,如何管理媒体进行了一系列的思维创新、观念创新和理论更新,从而使党、政府以及新闻媒体在新闻观、舆论观、媒体观、政媒观、民媒观和内外传播观上都发生了一系列可喜的变革与进步,进而使广电传播在许多方面都彰显了新理念、出现了新面貌,实现了新突破,创造了新经验,达到了新高度。

第一节　传播观念:从"宣传为主"到"传播为本"

长期以来,党领导的新闻工作的基本指导思想之一就是把广播电视单纯作为一种宣传工具,完成宣传任务成为新闻界的共识与传统。但在信息时代,在强调媒体宣传功能的同时,还必须加强信息传播功能,按新闻传播规律办事,推动构建舆论引导新格局。

一、正确区分、处理宣传与传播的关系

由于我们长期把新闻与宣传混为一谈,所以有必要进一步厘清二者的关系。宣传的初始意义是指通过信息传递的方式来传播哲学观点或见解,但现在一般被用于政治领域,特指通过采取信息劝服和导向的策略来支持政府或政治团体的舆论运作。在我国,做好宣传工作是广播电视党性和政治立场的必然选择。但在信息时代,还必须强化信息传播理念,还媒体以原本的属性,丰富信息传播内容。

(一) 正确处理舆论宣传与新闻传播的关系

舆论宣传与新闻传播有同有异，正确处理二者的关系，将两者有机结合，是在新的传播环境下更好地满足舆论宣传与信息传播的时代要求。

1. 新闻传播与宣传工作的共同性

新闻和宣传一直都是既有区别，又有联系。从共性来说，两者都是信息传播的方式，同样都承担着传播信息的目标与任务，因此，宣传与新闻同属于"传播范畴"。同时，作为一种信息传播的方式，宣传活动仍然要以新闻媒介作为载体和平台，来完成宣传的传达过程。因此，同样都属于信息传播范畴内的新闻信息传播与宣传工作是密切关联的，两者具有共同的前提和归宿，共同统一于新闻传播之中。

2. 新闻传播与宣传工作的差异性

新闻与宣传虽然具有一定的共同属性，但作为两种具有不同目标、内容、策略的信息传播方式，还是有着明显的区别和差异性。

第一，从传播的内容上看，新闻的主要传播内容是各种信息，而宣传则侧重于信息传播者的观念、意图和意识形态。新闻信息传播要求必须客观反映社会状况和事实，注重满足社会大众群体，即受众的信息需求。新闻传播是作为一种"信息提供者"的角色的活动，要求面向社会公开、透明地发布，是最为广泛的信息传播形式，其主要目的在于将信息作为一种主体内容通过媒体传达给受众，以促进社会发展的信息需要。而宣传工作的特征则强调信息的主观性，表现为明显的意识取向性、信息出现的反复性和传播范围扩散性。作为一种观念传播手段的宣传行为，注重满足信息提供者的意志需求，强调对宣传主体意志的传播，因此，宣传侧重于对信息传播的控制和内容渗透，试图在最大程度上将宣传者的观念和意图内化为信息内容，从而为宣传对象所接受，并试图改变社会大众的行为方式以符合宣传者的意识形态需求。

第二，从传播的时间性来看，新闻信息传播注重时效性，要求在第一时间内将信息准确传达到受众；宣传则更强调重时宜性，要求在适合的条件下进行信息传递，以使得宣传的意图和目的能够得到最大化的扩散和传播。

第三，从传播的信息策略来看，新闻是以大众传播媒介为信息载体和渠道，对社会生活形态作出真实客观反映；"真实是新闻的生命"，任何信息的报道与传播都要建立在真实性基础上，不能渗透信息提供者的主观意志和立场。新闻报道必须做到事实完全真实准确，通过事实本身来反映实际，在具体表现层面要求在报道中提供事实中有关的人、事、时、地、因果、意义等新闻要素。而宣传工作则恰恰相反，宣传的目的在于向受众说明宣传主体的立场、观点、意图，要求必须在信息之中明确宣传主体的意识形态，遵循的是宣传规律，以强化主体意志为基本目标，是对受众群体进行说明讲解，使其相信并认同传播者的观念并采取同一性行动，即宣传者会通过传播的重复性来强化讯息的传播力度，从不断突出自身主观愿望来同化信息的理解方式，进一步改变受众的行为或对于特定利益团体的期待。因此，新闻报道可以作为一种宣传手段和方式，但宣传活动不一定等同于新闻报道。

3. 必须处理好两者的关系

新闻与宣传既有重合点，又有不同点，因此，马克思主义新闻观要求必须处理好新闻和宣传的关系。首先，马克思主义新闻观要求正确对待对新闻传播规律，作为党和人们耳目喉舌的新闻媒介，必须兼顾宣传思想功能和新闻信息传播功能，在实际工作中既不能以思想宣传代替新闻传播，也不能以新闻传播代替和否定思想传播。从两者的交叉点来看，由于事实胜于雄辩，特别是典型的新闻事实具有强大的说服力和宣传价值，因此，生动有效的宣传常常与新闻同行，或者说成功、有效的宣传又常常与新闻同行。"关键是要提高质量和水平，把握好时、度、效，增强吸引力和感染力"。① 其次，作为统一在社会主义事业之中的新闻活动与宣传工作，具有完全一致的指导思想和理论基石，两者服从和服务的基本目标和最终目的是一致的，都是为了加强党的领导，促进社会的建设、发展和进步。从指导思想上来看，高举中国特色社会主义理论伟大旗帜，继续解放思想，改革开放，促进社会和谐，为全面建成小康社会而奋斗。这一时代发展的基本主题和共同理想，已经成为当前全党、全国人民在思想上、政治上、组织上及各方面工作的根本指针，既是我党宣传工作的指导思想，也是我国新闻传播的根本理念。因此，无论

---

① 《习近平在全国宣传思想工作会议上强调：胸怀大局把握大势着眼大事　努力把宣传思想工作做得更好》，《人民日报》，2013年8月21日，第1版。

是党的宣传工作，还是新闻信息传播活动，其终极目标都是指向一种鲜明的政治性，新闻活动是作为政治宣传的一个强有力的组成部分，新闻报道必须坚定不移地宣传好党的路线、方针、政策，用符合党的执政理念的新闻事实来引导社会各个阶层和群体共同团结于社会主义现代化建设之中，所以，鲜明的政治性是新闻与宣传工作的共同准则和基本要求。

（二）树立正确的舆论观，做好新媒体环境下的舆论引导

社会舆论，是指在一定范围内的多数人基于一定的需要与利益，针对特定的社会现实公开表达的态度、意见、要求和情绪，通过一定的传播途径而形成的整体知觉和共同意志的外化。而舆论引导，是指相关主体运用大众媒介以新闻舆论的形式倡导、涵化和培育主流价值及思想意识的方法、策略和效能。媒体在舆论引导上的取位有三种："站在生活的前沿拉动生活，站在生活之中推动生活，站在生活之后解释生活。"[①] 这三种取位都有意义，但最有价值的当然是第一种，就是站在实践前沿发挥舆论引导作用。

任何一个国家都会存在两个舆论场，即由执政党和政府主导的主流舆论场和由民间意志确定的民众舆论场。一般意义上的舆论引导，指的是由党和政府主导的主流传统媒体的舆论导向。但随着新媒体的迅猛发展，原有的舆论格局已发生了巨大变化。而这种变化已经高度引起党和国家领导人的重视。胡锦涛指出："互联网已成思想文化信息的集散地和社会舆论的放大器，我们要充分认识以互联网为代表的新兴媒体的社会影响力，高度重视互联网建设、运用和管理，努力使互联网成为传播社会主义先进文化的前沿阵地，提供公共文化服务的有效平台，促进人们精神生活健康发展的广阔空间"。"必须加强主流媒体建设和新兴媒体建设，形成舆论引导新格局"。[②] 这种在新传播环境下的社会舆论引导工作对主流媒体和新媒体两个舆论场实行两手抓，以期"形成舆论引导新格局"的方针不仅突显了党对舆论宣传的高度重视，而且体现了在新媒体环境下指导舆论宣传工作的新思路。

当前，以广播、电视、报纸为代表的传统媒体和以网络为代表的新兴媒

---

① 张振华：《社教类节目的哲学维度与品格》，载《求是与求不》，中国国际广播出版社2007年版，第150页。

② 参见胡锦涛：《在人民日报社考察工作时的讲话》，《人民日报》，2008年6月21日，第1版。

体共同构成了新的社会舆论格局。新兴媒介凭借全天候、全动态、全方位的信息传播优势对传统媒体造成了巨大冲击，这不仅改变了原有传统媒体的信息主体提供者的地位，打破其对信息的控制和传播的垄断，形成了新的信息源，同时也构建了全新的社会舆论场，从而对一直由传统媒体营造、引导的主流舆论提出了严峻挑战。以网络为例，其信息传播的匿名性、即时性、不可控性，成为舆论引导的新课题。网络已成为新闻舆论的独立源头，特别是在传统媒体因种种顾虑而缺席或反映迟钝的情况下，互联网已经成为网民的自发爆料和集结舆论的平台。因此，在现代媒介技术传播环境下，构建"舆论引导新格局"，已经成为我国新闻工作的重中之重，必须采取合理、科学的方式，形成系统化、制度化、科学化的舆论引导机制，促进和谐社会建设。

  构建"舆论引导新格局"，首先应当善于利用传统媒体，协调主流舆论和社会舆论。在事关国家政策和社会公共利益的重大事件、热点事件、敏感事件上，主流媒体必须发挥其权威性，争取做第一信息提供者；同时，利用新兴媒体平衡不同利益群体的声音，配合主流媒体共同引导正确舆论走向。其次，在舆论引导的方式上，可以采取不同的策略，主流媒体可以凭借自身的公信力，进行正面、严肃、全面的新闻宣传活动，同时可以利用新媒体进行积极主动地配合工作。在新闻报道中，主流媒体可以提供"少量而精确"的信息资源，新媒体则可以提供"丰富而通俗"的话语内容；再次，要坚决树立主流媒体舆论的"绝对权威"性，同时又处理好新媒体的"多样声音"。在当前利益多元化的情况下，舆论中出现"不同声音"是一种正常现象，一味地"封、堵、压"不但难以实现，而且不利于意见的沟通及和谐舆论的构建，因为不同的声音表达了不同社会利益群体的真实观念和想法，全面听取不同声音是党和国家听取民意的重要途径，有利于党进行科学决策和科学执政。因此，在现代传播环境下进行社会舆论构建，既要确立主流声音，也要关注"支流声音"，寻求两种声音的结合点和最大公约数。

  新媒体不仅已经成为与传统媒体相对应的新兴媒体，而且营造了一个新的信息渠道和舆论场、一个新的话语体系以及一个以年轻人为主体的受众群体。因此，如何打通新老两种媒体、打通两个舆论场、打通两个话语体系和打通两个受众群体，就成了包括广播电视在内的传统媒体实现有效舆论引导的一个时代课题。① 广播电视一方面要发挥传统媒体的优势,加强舆论引导,另一方面应加强新媒体建设,使之成为舆论引导的一种新手段;同时密切关注社会网络舆情,有的加以利用,有的加以回应和引导。

坚持正确的舆论导向并不意味着简单地抄文件、贴标签、喊口号。新闻报道既有政治取向,又有业务取向。前者主要体现在舆论导向上,后者主要体现在新闻规律和报道艺术上,既不能用前者否定后者,也不能用后者取代前者。二者的和谐统一才是新闻报道的最高境界,才会有最好的宣传效果。因此,越是强调舆论导向,越要讲究新闻规律和报道艺术,从而为正确的导向提供生动的载体和有效的实现形式。舆论引导能力包括从业人员的党性原则、政策水平、人文情怀、知识层野、业务素质、专业技能、沟通和引导艺术等多个方面。"提高舆论引导能力"是广播电视提升其引导力、影响力之必须,是党对新闻媒体提出的重要要求。

总之,在舆论问题上,由过去单纯重视和强调传统主流媒体营造的舆论场和舆论导向,向同时关注新兴媒体营造的社会舆论场及其导向的转变;以及从过去单纯强调舆论导向同时强调必须"提高舆论引导能力"的转变是新形势下党和政府对传统舆论观的一种丰富和发展,是适应时代变化的新的和更为全面的舆论观再造与重构。

二、"按新闻传播规律办事"的理念与实践

长期以来,包括广播电视媒体在内的传媒机构常常有意无意地忽略、模糊新闻与宣传的不同,常常不顾新闻传播规律,一味的按宣传规律,甚至是部门意志、长官意志管新闻、做新闻,结果往往既达不到宣传的目的,也达不到新闻传播的效果。尤其是在对外开放和全球化语境的背景下,中国的新闻报道是否按新闻传播规律办事,还会直接影响中国媒体乃至国家的国际形象、信誉和公信力。

(一)"按新闻传播规律办事"的理论维度

"按新闻传播规律办事"的基本内在要求表现在:按照新闻信息价值标准

---

① 参见张振华:《"四个打通"是传统媒体的时代课题》,《中国广播电视学刊》,2012年第10期。

进行信息内容筛选；按照新闻理念处理新闻；按照信息传播基本规律实现新闻传递。

1. 新闻传播规律的概念及意义阐释

规律是事物之间或者事物自身构成要素之间的关系，属于其属性本质关系或本质之间的关系，同时，作为事物本身固有的本质的、必然的联系，规律是事物运动变化的基本秩序和必然趋势。所谓本质的、内在的、必然的关系，就是事物运动变化的相对比较稳定的轨迹或者方式，主要是由该事物系统内部各要素的相互关系决定的。正是系统内部要素之间的相互作用，形成了事物运动变化的内在动力，也正是在系统构成要素的相互作用中，形成了事物的具体运动方式。事物运动变化的某种或某些稳定的关系决定着事物变化发展的基本秩序和趋势，因而也就是该事物的运动变化规律。因此，规律，并不是什么神秘的东西，它描述的、反映的不过是事物或者一个系统相对比较稳定的、常态的运动变化方式、变化趋势。

2. 新闻传播规律的涵义及内在要求

首先要以新闻观念处理新闻信息。按照新闻传播规律办事，需要用科学的新闻观念对待、处理和传播新闻。新闻是作为行为主体的人，通过关注社会、接受和传播信息以达到自我生存、自我发展的社会活动。如何通过信息传播实现自我生存与发展，对于传播主体而言，就需要根据科学、合理、有效的新闻理念、新闻观念来引导并控制信息传播活动的方式和策略，以满足不同受众群体的信息需求。第一，必须充分提供充足信息来满足目标受众的信息需求，使得新闻传播的主要目标得以实现。另外，必须在此基础上扩大受众群体范围，在最大限度上满足多样化和更大受众群体的信息需要。从而实现传播效果的最大化。

其次，要按照新闻信息价值标准进行内容筛选。新闻是一种信息，但并非所有的信息都是新闻，只有那些能够满足新闻信息价值标准，如时效性、接近性、突发性、变动性、重要性等的信息才能够被视为新闻而被传播。因此，按照新闻信息价值标准进行新闻内容的选择，也是实践"按新闻传播规律办事"的必然要求。需要指出的是，新闻内容选择不能采取实用主义标准，将新闻信息的选择标准随意化、庸俗化，如商业利益取向、长官意志取向甚至媒体或个人的私利取向，这些都有悖于新闻信息的价值标准，也是同"按新闻传播规律办事"的理念相背离的。

再次,应按照信息传播基本规律实现新闻信息传递。新闻信息传播的主要目的是满足广大社会公众的信息需求,科学合理地选择传播内容、传播方式、渠道、手段等是有效传递新闻信息的必然要求。首先要获取真实的信息,其次要选取合适的传播媒介,然后通过最为有效的传播方式完成传受之间的信息互动和意义沟通,从而构建起传受双方之间的有效连接机制,使信息传播活动成为社会群体之间生存和发展必要条件,满足社会不同群体的信息需求和话语表达,以促进社会的沟通与和谐。目前,我国正处于社会转型期,由于历史和现实的种种原因,各种重大、突发、公共事件几乎成了常态。因此,科学、系统地探索广播电视的信息传播功能和传播规律,做好社会环境的监测者,社会进步的推动者,已经成为广播电视的基本要求和必然选择。

(二)"按新闻传播规律办事"的现实举措

在新的传媒环境下,新闻规律在新闻活动实践和新闻业发展中分别从显性和隐性两个层面发生作用,并制约二者的价值取向。

1. 从思想上树立"按新闻传播规律办事"的科学理念

第一,从新闻实践层面来看,马克思主义新闻观认为,新闻活动的基本规律之一就是:事实决定新闻生产,信息报道主体可以发现事实,并通过各种技术手段来传播事实,以满足社会信息需求。按照新闻生产的流程,记者通过发现线索、接触事实、内容筛选、信息扩散、接受反馈等环节对新闻信息进行加工。在整个生产流程中,由新闻事实、信息提供者、受众、媒介等不同基本要素构成了一个信息流动的多维空间。从事实角度看,它处于新闻生产的核心地位,必须根据事实本身真实、完整、全面地将其展示出来。从信息提供者角度看,马克思主义新闻观认为,任何事实的发现与传播,其中心目的和最终归宿都是要以人的存在为基本依托,因此,必须在新闻生产活动中发挥人的主体意识功能,通过人的主动认知,来对事实信息进行科学的判断和综合,以达到真实、客观反映新闻事实的目标。马克思主义新闻观要求信息生产必须将人的自我主体性与新闻事实的规律性辩证统一于新闻生产过程之中。首先,要承认规律是独立于意识之外的客观存在,而人的主体能动性必须承认这些规律，并受其制约，从而使自身实践自觉遵循客观规律的要求。其次，要在承认规律的基础上，积极发挥主体意识的认识功能，从而达到影响和改造现实的目的。因此，承认并遵循新闻事物自身规律与进行积极的新闻实践两者是以一种辩证的关系共存于新闻活动之中。

第二，从新闻业发展层面来看，我国一直秉承马克思主义新闻观，认为新闻始终处于一个受政治、经济、文化等多重机制共同促进与制约的位置，所以，新闻实践活动也必将随着社会的发展而不断演化。从新闻组织和机构的社会身份看，无论是哪种社会制度下，新闻组织和机构都兼有多重的身份特征和功能定位。首先，在基本功能上，它属于以信息传播为手段，以满足社会各个阶层信息需求为目的的社会传播机构；同时，作为一种可以被利用的宣传工具，它可以被权力阶层作为一种政治权力实现与保障的手段，可以通过控制社会舆论的走向来实现政治目标，以成为一种国家意志力的体现机构，反映执政阶层的意识形态；当然也可以成为不同利益群体的政治宣传平台。另外，随着大众传媒的经济功能的不断发展和深化，新闻组织和机构自身也是市场经济活动的重要组成部分，可以通过提供信息服务、技术服务等实现自身的经济利益。因此，对于新闻业来说，其发展过程处于一种政治运行规律、经济运行规律、文化运行规律等多重社会发展规律共同作用之中。因此，这种多元的、复杂的规律体系会对新闻业的舆论引导、新闻宣传、经济活动等新闻实践产生巨大的影响和制约，而正是由于这种系统化的规律结构，要求我们在认识和把握新闻规律以及促进新闻业发展上，应坚持社会发展规律和新闻业自身规律的二元统一。

2. 坚持"三贴近"、"走转改"，在实践中践行"按新闻传播规律办事"

马克思说："民众的承认是报刊赖以生存的条件，没有这种条件，报刊就会无可挽救的陷入绝境"。[①] 为了真正实现新闻工作服务人民的根本要求，就必须坚持"三贴近"，通过"走转改"突出人民的主体性地位。

新闻工作作为社会实践的主要反映者和参与者，既要把人民群众作为信

---

① 《马克思恩格斯全集》，第1卷，人民出版社，1998年版，第381页。

息接收的主体，更应当做新闻报道的主体性。由于我国过去长时期将媒体的功能简化为宣传工具，只注重"自上而下"的信息传递，而忽略"自下而上"的声音表达，忽视受众在传播中的主体性地位。新闻传播实践是由传播主体、传播媒介、信息内容、受众四个部分所组成，任何一个部分的缺失都将导致传播活动失效。因此，必须客观的看待这四个维度的辩证关系，而在其中，只有受众接受传播主体提供的信息，并认同信息内容中所蕴含的观念和意义，传播的价值才能实现。特别是在当下信息渠道多元化。信息传播进入以"受众为中心"的时代，信息传播如果忽略受众、脱离社会基本群体，就不可避免的会导致传播的低效或者失败，不仅难于引导社会舆论，甚至连自己的生存、发展都会成为问题。因此，"三贴近"的本质和核心就是既要关注注重满足人民群众作为受众主体的信息需求和心理需求，又要关注并反映人民群众作为社会实践主体的创造与诉求。

"三贴近"原则，实际上是党和国家领导人提出的"以人为本"、"执政为民"执政理念在指导、改进和管理新闻宣传工作的具体体现，是新时期对马克思主义民本传媒观念的再强调、新表述和新要求。在新闻传播活动中，政府、媒体和公众是相互联系、相互作用的三个方面，而无论对于媒体而言还是对政府而言，始终处于检验地位、决定地位的是人民群众。"新闻与政治本质上都是代表人民大众意愿的，政治称之为群众，新闻称之为受众。因为有了这一点，两者有共性，可以联合。但具体运作中二者又都有自己的'私利'，在新闻中表现为'媒体利益'，会违规、违纪；在政治表现为'集团利益'，会谋私、腐败。当新闻违规时，政治就以人民的名义来监管它，发挥国家管理的作用；当政治腐败时，新闻就以人民的名义来监督他，发挥舆论监督的作用。从而起到一种体现民意、推动社会进步的合力"。"新闻和政治既按照自己的规律又尊重对方，在对立统一中壮大和发展"。而最终检验其成败的则都是"人民群众的实践"。[①]

继中央对新闻工作提出"三贴近"之后，又提出要"走基层、转作风、改文风"。"走转改"的实质是尊重人民群众的主体地位，充分尊重、反映他们的创造、追求与诉求。社会是新闻的底色，新闻是社会的镜像。中国的真

---

① 梁衡：《改革开放30年：中国的新闻与政治》，《新闻与写作》，2009年第1期。

实国情在基层，中国社会的真实表情、真实声音同样在基层。中国稳定的力量和主流价值观的践行主体在基层，中国的不少矛盾、纠结与落后也在基层。"媒体一方面要充分发现和展示基层社会中种种美丽的风景和温暖的故事，同时也要关注人民群众的种种困苦与诉求。前者是为了使群众感受到当今社会的光明与温暖，后者是为了使明天的社会更光明、更温暖。"① 因此，开展"走转改"，深入基层、深入群众不仅是改进新闻报道、践行媒体责任的必由之路，也是造就优秀新闻工作者的必由之路。

三、践行"三善论"，树立新的媒体观、新闻观

媒体是重要的执政资源，必须从提高党的执政能力的高度重新审视新形势下党和媒体的关系，包括该如何看待媒体、如何使用媒体、如何管理媒体，从而实现媒体作为执政资源的效能最大化。

2008年胡锦涛在全国宣传思想工作会议上、2009年习近平在中央党校春季开学典礼上，都提出各级党委、政府及各级领导干部要"提高与媒体打交道的能力。""三善论"（即善待媒体、善用媒体、善管媒体）的提出，是对中央要求"各级领导干部都要充分认识新闻舆论的重要作用，提高同媒体打交道的能力"以及新闻报道要"按新闻传播规律办事"等重要精神的诠释和积极回应。

以往中央关于新闻宣传工作的要求大都是针对媒体提出的，而"提高同媒体打交道的能力"以及对媒体要做到"三善"，则是对各级党委、政府和领导干部提出的，这是中国共产党内省思维和与时俱进理念在调适与媒体关系上的具体体现。也是在媒体观上由革命党思维向执政党思维的一种转变，由传统思维向现代思维的转变。中共十六届四中全会通过的《中共中央关于加强党的执政能力建设的决定》重申了"坚持党管媒体的原则"。但在新形势下，党管媒体的内涵、外延都发生了巨大变化，因此，坚持党管媒体的原则不能变，但党管媒体的思想观念和方式则必须改变。"三善论"的提出，适应了社会主义民主政治建设不断推进的需要；适应了对外开放、媒体在全球化

---

① 张振华：《回归常识 回归原点》，载中宣部编：《"走基层转作风改文风"活动优秀理论文章选集》，学习出版社，2012年版，第167页。

语境下有效传播，以增强国际舆论影响力的需要；适应了传播方式、传播格局发生了深刻变化的需要；适应了提高党的执政能力建设和国家的发展进步、长治久安的需要。

(一)"三善"的实现途径

"三善"之中，"善用"是目的、"善待"是关键、"善管"是基础。

1."善待媒体"是指要支持媒体的正常业务活动

"善待媒体"的前提是全面、正确地认识媒体的作用和地位，树立正确的媒体观，既领导媒体，又相信媒体；既管理媒体，又包容媒体；尊重媒体的主体地位，支持媒体开展正常的业务活动。

首先，要正确理解新闻与宣传之关系。各级党和政府应大力支持新闻报道工作，为新闻报道提供应有的服务。比如信息公开是政府的法定义务。为此，许多地方政府建立了新闻发言人制度，甚至推行或准备推行网络发言人制度，就是善待媒体、支持媒体工作的具体体现。

此外，舆论监督是媒体工作的应有之义。舆论监督是实现民主监督、群众监督和社会监督的有效途径，监督是动力、是支持、是爱护。作为公众决策的主导者、公共管理的行使者，必须适应在媒体关注、舆论监督下开展工作，支持媒体的舆论监督。

2."善用媒体"是指要充分发挥媒体的执政资用作用

"善用媒体"意味着党和政府对于媒体要从单纯的"管控者"向"善用者"转变，把媒体作为党和政府"凝聚力量、推动工作"的重要执政资源，就应充分发挥其在公共管理中的重要作用，比如要指导和鼓励媒体更好地发挥引导舆论的作用，使之成为弘扬社会正气的得力帮手；支持和鼓励媒体成为通达社情民意、反映人民心声、引导社会热点、疏导公众情绪的有力助手；支持和鼓励媒体成为通过舆论监督，改进政府工作，保障人民知情权、参与权、表达权、监督权的重要方式。既要善于协调统筹媒体共同做好一些重大主题性报道活动；又鼓励媒体发挥各自特点，创新新闻报道；同时为鼓励媒体传播优秀内容，要建立内容评价标准，建立健全科学化、经常化、制度化的长效评估机制。

3."善管媒体"是指要树立一种辩证的管理观

"善管媒体是指要适应时代变化，建立政府和媒体的一种新型关系"。"既要加强对媒体的管理，又要接受媒体的监督"；"既要通过媒体了解社情民意，又要牢牢掌握舆论的主导权"；"既要让媒体为我所用，又要为媒体提供服务"；"既要尊重媒体的新闻自由，又要防止媒体权力的异化"；"既要推动媒体产业发展，又要避免市场带来的低俗化倾向"；"既要开放境外媒体采访，又要抢占世界舆论的话语权"。① 从另外的角度说，"善管媒体"就是要改变过去把媒体单纯地看成下属、奴仆、工具甚至把媒体当成"麻烦制造者"，时时加以防范的陈旧观念和做法。变过去的人治、强制为现在的法治、善治；变过去的"我说你听"的命令式管理为现在的人性化、和谐化、科学化管理；由过去单一的上下级的线性关系，向既互相信任、相互协调，又相互监督、相互制衡的新型的双向互动关系转变。"善管媒体"还指要民主决策、科学决策，按照新闻事业发展与改革的内在规律指导和推动新闻媒体的体制机制改革和经营管理，以利于新闻事业的顺畅发展。

从管理层面看，善管媒体是指要区分不同的媒介，进行不同的管理；既要坚持党管媒体的原则，又要适应现代化传媒发展的客观实际和市场经济要求；既要尊重新闻传媒的既有体制，又要创新符合现代传媒发展规律的传媒体制和管理制度。主流媒体作为我国媒体的主导力量，必须发挥已有的成熟业务经验，完善管理体制，发挥舆论宣传的主导作用，提高舆论引导能力，体现出社会主义舆论的权威声音。随着我国政事企的分开，诞生了一大批具有国有性质，但进行商业化运作的公共媒体，已经成为我国新闻传播重要的一支力量。作为管理策略，应当充分考虑到公共媒体的特殊性与地位，参照其他社会体系下的公共媒介管理办法，建立合理的公共媒介管理制度，使之既符合党和国家的政策方针，又发挥其独特的优势，满足社会公共利益需求，做到多元共生，和谐发展。随着我国社会主义市场经济的不断发展，越来越多的商业媒体以各种形式开始进入信息传播行业，他们已经成为我国信息传播越来越重要的力量。于这部分商业媒体，一方面要加强指导，规范其传播行为，同时又要尊重现代市场经济规律和现代企业制度的要求，以利于其合理发展。因此，善管媒体就要区别不同地位、不同机制、不同种类的媒体，制定不同的管理机制和策略，用灵活、多元、有效的手段和方法来促进我国

---

① 叶皓：《试论当前政府和媒体关系的变化》，《南京大学学报》，2008年第1期。

传媒的合理、高效发展。

第二节 传播功能：从"教化为主"到"服务为本"

随着我国改革开放的不断深入，深化公民社会建设已成为一个战略目标，而构建"和谐的公共话语空间"则是实现这一宏伟目标不可或缺的组成部分。这需要广播电视媒体扭转单纯教化观念，树立全新服务理念，坚持以人为本，弘扬社会正气，整合社会资源，为社会提供公共的话语交流互动平台，积极推进以机会均等、平等参与、守法讨论为特征的社会民主进程。

一、大众传媒与"公民社会"

随着我国社会主义市场经济体制的确立，整体社会发生了深刻的变迁，国家、市场和社会相分离，由此催生了一个独立于国家和市场之外的公共领域，这个公共领域在现代政治学语汇里被称为公民社会。公民社会，是构建社会主义和谐社会的重要标志，是推动政府管理效能提高的重要因素，健全的公民社会的自治和自律是充分发挥社会对权力限定和制衡的前提条件。因此，增强公民意识，提高公众参与，培育现代公民社会，使公民有愿望、有能力进行政治参与和自我管理，是中国现代化进程的必然选择，也是我国社会更加和谐完善的必经之路。改革开放以来，随着社会自由度和自治程度不断加大，社会公众的自主能力不断增强，公民意识开始觉醒，越来越多的社会各阶层积极参与民生和社会发展问题的讨论和解决，公民不再仅仅意味着对自身权利的维护，也意味着责任与义务的履行和参与的精神，这种民众自身的主动性和自主性是我国公民社会发展持久的动力，对于构建社会主义和谐社会和改革政府治理效能都有积极的意义。

广播电视作为极为重要的大众传播媒介，对于促进培育和发展中国的公民社会有着不可替代的重要作用。现代意义上的公民社会，意味着民主、法治，意味着公民享有独立自主的权利，意味着社会平等，意味着社会诚信有序，意味着社会共同体的和谐，意味着社会自治。在中国特色社会主义制度环境下，我国的公民社会主要有以下几个特点，第一，公民社会以民众的平等权利为基础。第二，公民社会的内在联系是基于社会契约性关系并遵循法治原则。第三，公民社会通过公共传媒表达其意见和在公共空间交换意见。任何国家的现代化进程都是与公民社会是否成型联系在一起，而公民社会的建构有赖于个人、社会和国家三者之间的有机互动，每个成员部分都有各自在建构公民社会中的功能角色，而作为大众传播媒体的广播电视正是政治的对话者、信息的传播者与公民社会的重要组织者之一。

从媒体与社会关系来看，现代社会的媒体强调的民主是以社会大众为依归，媒体是民众的喉舌，负责传达舆情与监督政府，因此政府、媒体、社会大众三者之间的关系是一种信息平衡的政治参与行为。因此，构建公民社会，就要鼓励和支持大众传播媒体，特别是广播电视媒体贴近实际、贴近生活、贴近群众，创新观念、创新内容、创新形式、创新方法、创新手段，在通达社情民意、引导社会热点、疏导公众情绪等方面发挥重要作用。可以看出，广播电视媒体在我国公民、媒体、政府的良性互动中积极推进公民参与社会建设，推动政府民主决策过程中可以发挥巨大力量，广播、电视等大众媒介的积极推动下，我国政府不仅改变了传统的执政方式，更为重要的是对中国公民社会建设产生了深远的影响。可以说，在这个新媒体时代，公民的身份意识在很大程度上是被媒介唤醒的，越来越多的人通过大众传媒释放民意、推动民生、讨论民权、参与公共事务，促进了经济的包容性增长和社会的和谐发展。

二、大众传媒的"公共原则"及其现实表征

交流是民主的灵魂，这已经作为现代社会文明的共识被广泛接受。公民社会的重要外在表征在于，构建合理的、理想的公共领域，使得公民可以充分地享受民主自由的权力，平等地交流意见，开诚布公地讨论社会问题，使多元思想得以充分表达。

（一）大众传媒的公共原则

习近平在出席中央党校 2010 年秋季学期开学典礼时提出，"马克思主义权力观概括起来是两句话：权为民所赋，权为民所用。"[①] 因此，"放权、赋权

---

① 《习近平强调：领导干部要牢固树立正确世界观权力观事业观》，新华网，2010 年 9 月 1 日。

和授权"给社会,构建社会公共空间,是推动公民社会发展的重要课题。以广播电视为代表的大众传媒,是现代民主社会的信息交流平台,应当充分地维护社会公众利益,以客观、公正、平衡、全面、多样、开放、优质及保护弱势群体等专业理念运作媒体,帮助公民实现自治能力以及参与公共事务的能力,同时,对公权力进行合理约束,为公民社会的发育成长提供空间及权力保障,这就是大众传媒的公共原则。

广播电视等大众传媒的公共原则的实现,需要有理念和制度保证。首先,社会必须赋予大众传媒充分的言论自由,即依法传递新闻信息、满足公众的知情权、表达权,从而实现社会的沟通与交流。同时,要保证大众传媒舆论监督功能的实现,使大众传媒可以对人民群众关注的某些社会弊端进行揭露批评、对社会现象开展评论、对国家机关及其工作人员和公共事业部门及其工作人员实行舆论监督,使政府的权力规约化、制度化,权力持有者从政廉洁化、行为规范化,真正做到服务于公众,服务于社会。大众传媒通过舆论监督可以使公共话语资源转变成权力监督资源,因而有助于从监管层面实现公共空间的构建和公民社会的确立。其次,大众传媒要对公众就公民社会的基本理念进行积极引导。现代公民社会强调对个体的价值、理性、自由和权利的尊重,而我国传统文化恰恰重群体而忽视个体的价值和权利。广播电视传播要坚持"以人为本",既要关注公众个人自由空间的扩展和全面发展,保障公民的合法权利;同时也要强调公民对社会及他人应负的责任与义务。再次,要抵制市场法则对公共原则的侵蚀。随着我国广播电视产业经营的不断深入,出于利益驱动,市场法则开始不断向公共领域渗透。传媒往往基于经济动机,强行替代公众进行思考和判断,使受众成为传媒的控制对象,从而丧失独立思想,失去批判能力。市场法则如若不加以合理控制,就会严重伤害传媒公共原则中的自由与秩序、公平与效率的价值功能,会对公共原则的核心观念造成严重侵蚀,不利于公民社会的形成。

(二)大众传媒公共原则的现实表征

作为大众传媒的重要组成部分,广播电视的传播活动主要侧重于关注社会现象,反映社会公共需求,积极介入社会公共生活,加强社会各方面对公共事务的关注和了解。因此,在公共空间和公民社会的建构中,广播电视的社会职能"按其使命来说,是社会的捍卫者,是针对当权者的孜孜不倦的揭露者,是无处不在的耳目,是热情维护自己自由的人民精神的千呼万应的喉舌"。①

1. 关注核心公共事件,表达公共价值诉求

在现代民主社会,经济、政治、文化的快速发展促进了社会生活在物质和精神领域的空前活跃,同时伴随大众传媒的迅速发展,广播电视等众多媒体越来越成为大众获取信息,认识自己身边的真实世界,并以这样的认识来达成自己的判断,得出自己的想法,指导自己行为的工具。因此,广播电视发挥自身媒体特点,遵循公共良知,关注社会公共事件,形成沟通渠道,取得大众认可,建立和谐的社会发展环境,是促进我国公民社会发展,形成合理有序公共空间的迫切需要。广播电视应当从社会责任意识出发,进行公共话语和关注焦点的议程设置。这就要求媒体必须以社会公共群体为话语诉求点,积极回应社会公共需求,协调公共事务。媒体从业者在新闻传播活动中,应首先从社会价值对公共事件作出正确判定,进而决定新闻传播的可行性、必要性。广播电视在信息传播过程中具有主动选择权,其议程设置应建立在公众对自身经验以外事物无法直接体验的基础上,提供社会公众自身生活实践之外多样化、及时化的事实报道,从而满足公众认识世界和社会的精神需要。由于公众关于外部世界的图像基本上是由大众传媒的议程设置功能控制和实现的,因此,广播电视应当从社会公共利益出发,充分运用筛选与过滤功能,通过选择、排列,对社会中的公共问题进行轻重缓急排序和议程设置。需要指出的是,大众传媒的议程设置是基于强调对社会公众关注的回应和强调在"相对恒定"的时空条件下媒介议程设置对社会公共事务影响的总体效果,因此,广播电视传媒在议程设置时必须建立公共关怀和公共良知,充分平衡不同社会群体的多元声音表达,避免为追求轰动效应而形成负面效果,防止大众媒介的议程遮蔽社会公共和公众议程。否则将会使得媒介提供的信息与公众的直接体验形成偏差,削弱传播效果,甚至误导舆论。因此,广播电视要基于公众关注的热点来发现公共问题,进行议程设置,搭建社会公众的平等公共话语平台,同时,也需要对公共反映进行及时反馈,形成公共议

---

① 《马克思恩格斯全集》,第1卷,人民出版社,1998年版,第256页。

案，协调促进社会公共事务管理。

2. 进行公共监督，形成权力制衡

现代公民社会强调不同社会公共权力的相互制衡与协调，特别是涉及社会公众与政府之间的权力平衡问题。在公民社会中，社会公众监察、批评政府与行政事务和人员的最重要渠道是通过大众传播媒介，因此，新闻传播是社会的瞭望者，公共利益的守护者。大众传播媒介之能够成为舆论监督的"利器"，是因为媒体能够报道事实、传播甚至制造舆论，使得各种社会弊端引起广泛重视，各类社会公共问题得以解决。因此，在现代社会的文明进步中，大众传媒是制约权力的有效方式之一，是现代社会民主制度在话语领域的主要表现，对公共权力的监督和公共舆论的生成有着重要作用。党的十八大报告郑重指出："加强党内监督、民主监督、法律监督、舆论监督，让人民监督权力、让权力在阳光下运行。"在我国，广播电视由党和政府领导，由于其公信力和权威性，以及广播电视舆论监督具有手段现代化、监督形式公开化、传播快捷、覆盖面广等优势。因此，在舆论监督中一直发挥着重要作用。例如，一批焦点类、法治类栏目，在坚持正面宣传的同时，进行了适度的新闻舆论监督与批评，揭露与鞭挞了社会的不良现象，反映了社会公共利益和公众呼声，有力的协调了党和政府与社会、公众的联系，成为推动科学执政、民主执政、依法执政、深入开展廉政建设和反腐斗争的一个重要武器，促进了现代公民社会的进步和经济的发展。因此，进行权力制衡与监督是广播电视媒体的社会责任，而其又以维护社会利益为表征。在实践中，广电传媒舆论监督首先必须遵循社会公共利益，以持续的关注来促成社会利益的维护与实现。其次，在传播过程中要打破公共权力的垄断性和信息的不对称性，发表负责任的言论见解，引导协调公众意见，促进社会公众对报道议题反响的生成，形成强大舆论优势。第三，要尊重新闻舆论引导规律，在披露事实、传播意见的过程中，要做到持之有据、言之成理，其主要目的是唤起社会公众对问题的关注、发表意见和引导舆论，促使问题得以解决，防止引发新闻纠纷和公众误解。

3. 构建公共理性，确立公共意识

公共理性在公共领域中的有效实践，表现为公民个体与群体就相关公共事务展开有效的对话、交流与批判。多元社会是一个多元意见的集合体，公共理性则是解决冲突、走向和谐的价值诉求。在公共领域中，公民个体与群体首先应在权利与机会平等的基础上参与到对公共事务的讨论中去。因为作为平等的公民，都有权对事关全体的社会公共事务自由地表达意见，并用公共证明的方式论证其合理性。这是公民通过恰当的公共推理寻求共享的公共理性，以期获得政治共识，并解决政治合法性乃至社会正义的原则问题。

公民的责任与理性，并非与生俱来的天然品质，而是来源于从小到大有目的的培育，来源于公民对自身权利义务关联性的独立判断，来源于日常公共生活中主动寻求合作的心理体验。因此，从公共理性的确立的外部条件来说，与大众传媒的社会职能密切相关，传媒对于公共理性的型塑是公共理性培育的关键。大众传媒特别是广播电视，可以通过有效的信息传递，在承认、尊重公民的权利中唤醒公民的责任意识，在不断的相互合作中增强公民对于社会机构和机制的信任，同时提供更多的选择机会来提高公民的独立判断力。另外，广播电视可以通过对社会主义公共道德价值观念进行有效的宣扬和阐释，引导公众树立在公共理性中包含的互信、妥协、宽容、协商等观念，提倡社会公共的道德良知，张扬人性中的善良，关心他人，并且积极履行社会义务；同时，引导社会公众接受自立、竞争、效率的经济价值理性，拓展公共理性的多维向度，从过去单纯强调"冷静、稳定、理智、克制"的传统思维，过渡到加强完善党和政府主导的群众利益维护机制，培育和保护多元共赢的公共理性，构建和谐社会，以促进符合社会共同利益的公众的主体意识和公共精神的生成。

4. 传播公共新闻，培育民主观念

公共新闻是指积极地让社会公众参与所报道的重要公共事务的新闻实践，旨在提高社会公众在获得新闻信息的基础上的行动能力，组织和推动公共讨论和公共生活，告诉社会公众如何去应对社会问题，帮助人们积极地寻求解决问题的途径。其目的在于通过对公共领域进行监测和监督，影响并介入公共事务，形成和确立公共意见，促进社会民主制度形成，构建培育现代公民社会。公共新闻理念是我国新闻工作的一个重要观念，为新闻实践提供了新的天地。公共新闻的传播有助于促进政治生态环境、媒介生态环境与文化生态环境三者的共同改善，使其和谐发展，为公共空间的最终确立提供良好的发展环境，同时也为公民社会理念最终被接纳并全面付诸实践创造条件、酝酿机会，实现社会民主化。公共新闻还可以横跨国家理性、政党理性、利益集团理性和个人理性，帮助形成成熟自律的公民民主意识、责任意识，增强社会群体和公众的利益整合能力，成为沟通、协调和统一工具理性与价值理性、个人理性与国家理性、大众理性与精英理性的中介与桥梁。

我国广播电视是运用公共新闻传播，唤起公民意识，促进公共事务发展，构建公共领域的重要媒介力量。"民生新闻"是公共新闻的一种重要的表现形式。可以说，广播电视媒介通过公共新闻报道，对于唤醒公民意识和新闻参与意识，服务公众利益，满足不同社会公众的民主期待，传达各类群体的声音，倡导多元文化的并存与交流，推动我国公民社会的形成与发展具有重要作用。

三、积极利用传媒构建公共领域

现代传媒信息技术在强化公民与政府之间的联系、重构公共领域、提升社会资本方面有着不可替代的作用。

（一）积极利用传媒信息技术，重构公共领域

首先，作为现代传播媒体，广播电视以开放、及时、高速的传播特点成为有效的信息公开渠道和平台。政府的许多重大方针、政策、决定都是首先通过广播电视媒体进入社会公众视野的，先进的传播技术手段为社会公众全时空、全方位地接触社会公共管理决策，便捷地获取相关的信息资源创造了条件。随着广播电视与互联网技术的进一步融合，广播电视已经逐步形成终端个体化，使信息的交流与沟通更加便捷、迅速，更加有助于改变长期存在的社会公共信息不对称的状况，大大扩展了政府信息的扩散渠道和范围，形成了政府、社会、公众的信息沟通交流立体网络，有力地构建了以大众传媒为协调力量的社会公共事务多元化、平等化、及时化管理体系。

其次，广播电视同互联网、电信网的进一步结合，将使得公众的媒体使用成本大大降低，增强公众参与社会事务管理的机会。依照公共选择理论，影响社会公众对于社会公共事务参与度的主要有两个因素，第一是人的因素，通常被称为主观因素。第二则是物的因素，通常被称为客观因素，也即成本因素，识别和确定成本因素，对于公众参与公共事务有着重要影响。在传统

传播媒介环境下，由于公众缺乏成本低廉的媒介渠道，因此，参与成本过高往往是社会公民对公共事务介入度不高的主要因素。这就可能造成信息垄断，使得大多数中下层的公众群体由于处于信息劣势的不利地位，难以实现商议民主所强调的理性、平等、身份、教育等目标。而信息技术极大地降低了参与成本，并极大地提高了参与的便捷性，从而惠及普通公众。正是由于普通大众得以运用现代信息技术，取得对公共议题的信息，对公共议题进行讨论、辩论及投票，进而实践公民参与的理想，实现充分对话的沟通情境，从而促进民主共识的达成。

显而易见，社会公众借助现代传播技术，使用广播电视等重要媒体讨论公共事务、参与社会管理，对于公共领域的构建是何其重要。广播电视与网络、通讯等新技术的充分融合，改变了信息的权力分配机制，消解了信息垄断对民主社会的威胁，确立了社会公众真正参与社会公共事务管理的外部条件，并为公众的介入提供了物质基础。广播电视媒介的信息化，使得传播主体和传播方式呈现多元化，同时使利益表达和社会关切的多元化成为可能，社会公众的民主参与意识被唤醒并得以强化。

但值得注意的是，广播电视虽然在新的传播环境下凸显了公共领域在社会民主法治建设中的重要作用，但由于受到传统意识形态和商业化思潮的双重影响，构建公共领域不会一帆风顺、一蹴而就。只有在现代民主观念的提升和物质条件改善的过程中不断提高媒介自身公共道德素养，提高公共批判能力，才能有效构建现代化公共空间。

（二）提升全社会的媒介素养，创造公共领域主体基础

媒介素养指人们面对媒体多元信息时的选择能力、理解能力、质疑能力、评估能力、创造和生产能力以及思辨反应能力。媒介素养主要包含三个维度的内容，即公众的能力维度、知识维度和理解维度。

1. 媒介素养的基础涵义

从能力维度来看，是指公民所具有的获取、分析、评价和传输各种形式信息的能力，侧重的是对于信息的认知过程；从知识维度看，媒介素养是指关于媒介如何对社会产生功能的知识体系，其侧重点是信息如何传输。从理解维度看，媒介素养是指理解媒介信息在制造、生产和传递过程中受到来自

文化、经济、政治和技术诸力量的强制作用，侧重的是对于信息的判断和理解能力。媒介素养是公众对媒介及其提供的信息的独立判断能力，在当代高度发达的信息社会中事关社会公众生存和发展的重要素质和技能。

2. 提升公民媒介素养的现实意义

公民的媒介素养水平与其在现代民主社会的生存与发展息息相关。现代民主社会可以说是与现代传媒环境密切联系的，要想在民主社会活动中提高公共事务参与权力、管理权力，必须能够有效地利用现代信息传媒手段实现信息获取、使用和反馈。而媒介素养旨在帮助公民提高对大众媒体本质的认知和批判理解力，懂得大众媒体所运用的技术以及这些技术所产生的影响。同时，因大众媒体而引发的社会思潮思想、伦理道德、价值观念以及东西方文化与观念的差异所折射出的一些问题，也都需要整个公民群体积极关注。事实表明，新媒介的不断涌现正在使人类的生活环境发生着巨大的变化，传统社会环境下公民原有的存在与发展方式已经不能够应对现代民主化社会的要求，社会公众若不能尽快调整和适应这种变化，其生存和发展将会受到严重威胁。因此，积极提升公民的媒介素养，唤起媒介意识觉醒，帮助社会公众尽快在新的社会形态中"学会生存、适应环境、有序发展"已经成为媒介素养教育的重要现实目标，也是我国民主进程的必然要求。

从我国社会发展的现实情况来看，公民媒介素养的提升对于促进社会的可持续发展是不可或缺的。我国政府编制的《中国21世纪人口、资源、环境与发展白皮书》，首次把可持续发展战略纳入我国经济和社会发展的长远规划。由于可持续发展涉及自然、环境、社会、经济、科技、政治等诸多方面，其绝大多数议题本质上都是各国各地区、乃至整个世界的社会公共事务，要求社会群体对其进行高度关注，而大众传播媒体，特别是广播电视往往是这些公共议题的最好诠释者和传递者。现代社会的可持续发展问题，公众往往通过媒体来进行了解、认知、评价，公众对于各种信息的解读能力，接收和解码影视、广播、网络、报刊和广告等媒介信息的能力往往影响着他们对于可持续发展的社会公共议题的解决效果。因此，媒介素养的核心诉求在于使大众成为能够善用媒体、制造媒体产品、对无所不在的信息有主体意志和独立思考的现代公民，而它的最终目的则在于提高社会文化品质，健全与完善公民社会的发展。

3. 媒介素养与公共意识实现

随着数字技术的日新月异,以及信息流动的国际化、媒介多元化、市场化过程的加剧,大众传媒也随之发生了重大变化。如何提高人们在当代民主社会和信息社会的主体性批判意识,减少媒体信息的对社会公共社会的负面影响,加强大众传媒的社会责任,已经成为公民社会建设的重要课题之一。

(1) 公民社会对媒介素养的迫切需求

从公众的信息环境看,广播、电视、报纸和互联网、音像制品、图书杂志、电影和手机等多样化媒介提供了极其充分的信息源,公众生活在媒体世界提供的各种符号化的"加工过的现实"中。一方面作为"主体"的公民,可以通过各种方式满足自身的视听感官需要。可以说,大众传播媒体从根本上改变了人们的生活方式、思维方式、与周围世界打交道的方式,因为媒体的社会功能、语言、表现、价值观与意识形态都已经开始渗透到社会的公共社会之中;另一方面,人们也因此很难做到真正自发地、不受媒体文化影响地观察和认识社会。

需要清醒地看到,高度发达的大众传媒一方面带来了信息的充分性,但无法回避的是受各种因素的影响,也为公民社会的构建带来了某些负面作用。首先,大量的信息充斥着社会时空,信息的泛滥也会造成信息污染,形成了虚拟现实,因此,大众传播虽然提供了一种交流途径,放大了社会的精神交往世界,但却从另一方面限制了公众的实际接触空间和交流。其次,大众传媒往往追求感官刺激,消解精神意义,无疑会影响人们的思考、判断能力,破坏公共社会道德基础。再次,从社会管理层面看,大众传媒为不良意识形态提供传播空间,其传播的某些虚假信息无疑会导致真实政治信息缺乏,影响民众对政府的信任及社会的稳定,导致社会管理决策判断失误,甚至陷入局面失控。最后,我国的公民社会发展尚不完善,媒介素养教育层次较低,也严重制约了公民利用大众传媒进行公共生活的具体实践。基于以上原因,必须通过媒介素养教育,提升公民媒介素养,促进公民社会完善与发展。

(2) 媒介素养的教育对象与提升途径

从社会角色和地位角度来看,媒介素养教育的主要对象有三个,一是作为公民社会主体的公众,二是作为公共管理机构的政府工作人员,三是掌握公共媒体资源、行使传播功能的媒体从业人员。

第一，从公众角度看，具备媒介素养的社会公众，一方面可以增加对媒体的了解，正确地享用大众传媒传播的资源，以健康的批判意识接触媒体信息；另一方面，可以掌握与媒体交往的方式，懂得合理地利用媒体资源，运用媒体完善自我、服务自我和参与社会的发展。因此，应当在学校教育体系中积极引入媒介素养教育，使公民在接受学校教育过程中逐步树立媒介素养意识，为以后参与公共社会生活打好基础。另外，利用公共信息平台向公众普及和推广媒体知识，提供相互交流的平台，将是公众提高媒介素养的主要途径。

第二，从社会管理层面看，政府公职人员应当成为媒介素养的重要教育对象。我国社会治理面临着信息量庞大、传播速度迅速、舆论影响变动频繁等特征。一些地方不能善待、善用、善管媒体，忽视媒体、躲避媒体、害怕媒体、滥用媒体等现象时有发生，甚至有时对某些公共事件一味封堵，结果使政府的公信力受到严重质疑。随着公民意识的提升和"自媒体"的形成，靠"捂、瞒、压"已经不可能阻挡信息的传播，如果处理公共事件不当，不能很好地利用媒体进行舆论引导，就会造成社会信任危机，甚至被动卷入舆论漩涡。因此，国家公务人员必须提高自身的媒介素养，使之成为科学执政、民主执政、依法执政的重要执政资源。

提升国家公务人员的媒介素养，首先要建立正确的媒体意识。一是摆正位置，强化责任，如实地向社会公众公开政务工作信息，阐明情况，解释政策，积极引导。因此，必须自觉克服"民可使由之，不可使知之"、"防民之口，胜于防川"的封建意识和陈腐观念，不能对民众关切的信息打太极拳、搞"公开秀"。另外，要积极利用新闻发言人制度，进行专业化培训，不断提高政府新闻发言人的新闻素养和新闻舆论意识，积极探索和掌握新闻传播规律，力求取得媒体的信任和理解，提高同媒体打交道的能力和水平，充分发挥、协调媒体的力量，做好信息公开和舆论疏导。

第三，对广播电视等媒体从业人员来说，提升自身的媒介素养对于促进公民社会的发展也极为重要。大众传媒特别是广播电视具有强大的社会话语权利和舆论调控、导向功能。因此，广播电视从业人员必须从多方面提高自身的媒介素养。首先要充分认识广播电视的性质、功能、作用及影响等工作的严肃性、重要性和责任性，使广电传播永远向社会传达正能量，成为党和政府工作的有力助手，成为人民大众的话语平台，成为经济、政治、文化、社会及生态建设的鼓呼者、推进者，而不是相反。

第四，在广播电视新闻传播中，要善于从党和人民群众的关注点和社会的发展趋势出发，提高发现、筛选、审视新闻的能力；提高哲学思维，对新闻事实作出全面、理性的分析与判断，从而使新闻报道能够对经济、政治、文化、社会及生态等各个领域作出积极的干预和有效的调试。

总之，随着党的执政理念、对媒体作用的认识以及各阶层民众对国家发展及自身权利的关切程度上的发展变化，为促进社会横向、纵向的充分沟通，进而推动构建和谐社会，媒体已由过去单纯的党的宣传阵地，向同时是社会的公共空间、全社会的话语平台演变。与此相适应，党和政府及各级工作人员、社会大众，还有媒体工作者如何提升自身的媒介素养，从而使媒体成为构建良性公共空间的良性工具，也显得越来越重要。在以上两个方面、广播电视都负有重要责任。

第三节 传播环境：从"信息封闭"到"信息公开"

随着我国社会主义民主政治的推进，社会公众参与社会管理的意识不断加强，要求提高信息传播质量、实现信息公开、加强舆论监督的呼声越来越高。在新的传播环境下广播电视要恪守新闻专业性原则，积极促进社会信息公开，提高传播的公信力，使之成为完善创新社会管理、推动民主法制建设的重要力量。

一、从信息封闭到信息公开

随着经济全球化、信息化的不断发展，从消极方面讲，信息的封堵越来越困难，越来越有悖时代潮流；从积极方面讲，信息已经成为社会经济、政治、文化发展的动力，信息的公开、透明已经成为保障人民知情权、提升政府公信力及促进现代社会发展与提升的必然要求。

（一）社会信息公开的制度保障

在各类信息源中，政府被看做是最重要的角色。统计显示，在全球的信息流中，来自政府各级社会管理机构的信息占五分之四以上。这说明，政府掌握的信息是社会信息的主体资源。同时，由于政府行为与社会公众的利益直接相关，公众自然非常需要及时了解相关信息以维护和实现自身利益并对政府行为进行监督。因此，政府信息公开是社会管理和发展的必然要求。从法律层面看，政府信息公开是指国家行政机关和法律、法规以及规章授权和委托的组织，在行使国家行政管理职权的过程中，通过法定形式和程序，主动将政府信息向社会公众或依申请而向特定的个人或组织公开的制度。从内容上看，政府信息公开主要包括政务公开与信息公开，主要是指行政机关公开其行政事务，强调的是行政机关要公开其执法依据、执法程序和执法结果，属于办事制度层面的公开；同时，政府还应当公开其所掌握的有关社会管理活动和行为的其他信息。推进政府信息公开，建立阳光政府，是社会发展的必然趋势。当前，我国经济社会发展正处于转型发展的重要时期，随着经济社会的发展和改革开放的深入，人民群众的利益诉求更加迫切，了解政府工作的愿望即对政府信息公开的要求越来越强烈。推进政府信息公开，既是适应形势发展，满足群众需求的需要，也是降低行政管理成本，为企业和市场合理配置资源提供信息服务，促进经济社会又好又快发展的需要。

我国于2007年正式出台了社会信息公开的相关规定，当年1月17日，国务院第165次常务会议通过了《中华人民共和国政府信息公开条例》，自2008年5月1日起正式施行。《条例》从基本原则、公开的范围、公开的方式和程序、监督和保障等方面进行明确的规定。这是我国政府信息公开的基本法规，是一部政府加强自身建设，按照"公开为原则，不公开为例外"的基本要求，大力推行政务公开工作的重要法律制度。广播电视媒体是社会信息公开的重要载体，应当按照"统筹规划、资源共享、面向公众、保障安全"的要求，积极构建社会信息公开平台。

（二）社会信息公开的意义

1945年美国AP通讯社专务理事肯特·库勃提出了"知情权"这一概念，即公民对于国家的重要决策、政府的重要事务以及社会当前发生的与普通公民权利和利益密切相关的重大事件，有了解和知悉的权利。知情权实际上是一种"信息权"，1946年联合国第一次大会通过的第59号决议，宣称信息自由权是一项基本人权。我国《宪法》第 2 条第 1 款之"中华人民共和国的一切权利属于人民";第 27 条第 2 款"一切国家机关和国家工作人员必须依靠人民支持,经常保持同人民的密切联系,倾听人民的建议和意见,接受人民的监督,努力为人民服务";第 35 条"中华人民共和国公民有言论、出版、集会、游行、示威的自由",等等,均是保护公民知情权的重要体现。

1. 保障公民知情权

我国的社会主体是公民,作为社会活动的参与主体,公民有权利知悉并掌握作为社会管理部门的政府信息,这是法律赋予公民的基本权利,同时也是政府的责任和义务。个体公民由于资源分配、活动范围等限制,难于及时、全面的掌握了解政府信息,因此,政府信息公开应当成为其履行社会管理服务义务的内容之一。作为社会主要传播媒介的广播电视,应当积极同政府相互配合,充分利用自身传播优势,及时公开传播政府信息,使公民能够充分获取政府和社会的公共信息和生活资讯,这是媒体自身的职责所在,也是公众知情权对广播电视媒体提出的迫切要求。作为社会信息传播机构,广播电视既要保证公民及时获取党和政府的政策、方针和公务活动等信息,保障公民知情权,同时还要对政府进行监督,保障权力在阳光下运行。

2. 提升政府公信力,提高执政水平

利用广播电视媒体积极进行社会信息公开,可以有效提升政府公信力、促进政府与公众的沟通、互信与合作。政府公信力已经成为现代社会管理的一种潜在资源,主要体现在:建立政府与公众的相互信任机制,可以提高社会管理效率;建立政府与社会实体的相互信任机制可以提升经济、政治、文化、社会活动的影响力和效果,降低行政成本,节约社会资源。在过去的传媒环境及传统社会管理思想占支配地位的情况下,政府信息公开受制度性缺失与制度性迟钝的制约,公众难以及时接触到有效的社会信息,政府也难于建立公信力。随着广播电视特别是互联网等现代化传媒及信息传播方式的普及,公众获取信息的渠道日益丰富,信息传播更为自由,但这也会使谣言等不良信息的传播更加便当。在新媒体环境下,政府尤其需要加强通过媒体及时公开信息的能动性,特别是在危机处理中,政府更应充分利用广播电视的特殊优势,及时准确发布信息,使之成为危机处理的重要帮手。广播电视则要建立应急预案,及时传播相关信息,进行正确舆论引导,做好党和政府与社会公众的沟通桥梁作用,保证人民的知情权,维护政府的形象和人民的利益。

3. 促进民主政治,实现公民监督权利

我国是人民民主专政国家,国家的一切权力属于人民,人民有权依照宪法和法律规定,通过各种形式和途径,管理国家事务,管理经济和文化事业,管理社会事务,实现人民当家做主。但民众只有充分了解和掌握政府的信息资源,才能参与行政管理,实现对政府行为的监督。因此,广播电视媒体要勇于承担社会守望者的角色,代表公众监督政府有效行使行政权力,保障群众知情权、参与权、表达权、监督权的实现。这既是社会公众的期望与要求,更是广播电视新闻媒介的基本义务。

二、从"单一声音"到"多元话语"

1988年3月,党的十三届二中全会工作报告指出:"在社会主义制度下,人民内部仍然存在着不同利益集团的矛盾。"多元的利益集团必然形成多元的利益诉求和话语表达,这就对广播电视传播如何实现主流话语和多元话语的和谐统一形成了挑战。

(一)多元社会与多元话语

在现代复杂的社会结构下,出现了多样化的利益主体。所谓利益主体就是利益的创造者、追求者、消费者和支配者。由于错综复杂的利益主体掌握着不同的社会资源,在社会发展的进程中占有不同的优势和位置,如知识、管理、社会联系、信息、能力、机会等,因而必然有着不同的利益要求,产生不同的价值观。而要构建和谐社会,就必须统筹兼顾及平衡各方利益关系,通过大众传媒最大限度地消弭不同利益群体之间的矛盾,建立广泛认同的核心价值观,以促进社会的和谐与科学发展观。

(二)确立主流意识形态与协调社会民意表达

不同利益主体之间的调节可以采用经济的、法律的、行政的手段,但意识形态却有一种不可或缺的社会整合和规范的功能。马克思曾说,如果从观念上考察,那么一定的意识形式的解体足以使整个时代覆灭,[①] 足见意识形态

---

① 《马克思恩格斯全集》,第1卷,人民出版社,1998年版,第35页。

维系社会的重要性。利益冲突是社会冲突的根源。多元的利益主体为保证自身的合法利益而引发的冲突，一旦超出社会系统的承受力和容纳力，就会造成社会系统的分裂，破坏原有的平衡与稳定，导致某种程度的混乱和失序。作为一种社会控制和管理手段，意识形态可以引导社会群体合理处理利益冲突，协调利益主体关系，形成一个相对平衡、稳定和有序的社会系统。在这方面，广播电视可以发挥自己的作用。

1. 确立主流意识形态，形成主导价值观念

"理论在一个国家实现的程度，总是决定于理论满足这个国家的需要的程度。"[1] 随着社会主义市场经济的发展、改革开放的深入及世情、国情、党情的发展变化，一方面十分需要科学理论的指引与推动，另一方面又面临各种思想、文化和价值观念的冲击。广播电视作为主流媒体，处在意识形态领域的前沿，关系到党和国家工作的全局、改革发展的走向及国家的长治久安。作为重要新闻舆论机构、重要思想文化阵地的广播电视必须坚持不懈地推进马克思主义中国化、时代化、大众化，必须坚持传播主流意识形态，最大限度地引领各种社会思潮凝聚到推动中华民族伟大复兴的历史任务中来，这是党和国家对广播电视媒体提出的根本任务，是广播电视适应我国社会主义建设的时代要求和必然选择。广播电视应充分发挥自身的舆论导向作用，主导社会公众舆论，形成主流舆论的强势，更加自觉主动和有效地为人民服务、为社会主义服务、为党和国家工作大局服务。

2. 积极表达民意，形成社会共识

多元化社会的新闻传播和舆论宣传要在尊重利益主体差异的基础上，最大限度地构建整体社会的"思想共识"。社会要作为一个统一的整体存在下去，需要社会成员对社会事物及其相互关系持大体一致或接近的看法，只有在这个基础上，人们的判断和行动才会有共同的基础，社会生活才能实现协调。在新的历史条件下，大众传媒，特别是广播电视必须在推动构建"社会共识"的过程中贯彻"以人为本"的理念。积极表达民意，反映不同声音，既倡导"共识"，又尊重差异，统筹兼顾各方利益和民意表达，为社会的和谐发展创造和谐氛围，构建思想基础。

---

[1] 《马克思恩格斯全集》，第1卷，人民出版社，1998年版，第11页。

三、从重"量"到重"质"

现代媒体发展极为迅速,使得媒体的数量、传播的内容与形式都发生了巨大变化。但最后决定传播效果的是质量而非数量。要使受众规模和传播效果最大化,就必须提高传播内容的质量和水平。

(一)恪守新闻专业性原则,提高传播公信力

新闻报道的公信力是媒体的生命。要提高媒体的公信力就必须恪守真实性原则,克服片面性、主观性、虚假性。特别是在当前信息技术日益发达,信息传播的匿名性、交互性、随机性日益增强,以及在市场经济环境下部分新闻从业人员职业道德缺失的环境下,坚持新闻的真实性原则已经成为我国目前新闻工作的迫切课题。

作为一个基本共识,新闻媒体公信力的核心要素就是真实性。媒体要获得受众的信任,最基本的前提就是媒体提供的信息是真实可靠的。新闻工作的职责与使命首先在于对社会现实进行如实的再现。这就要求在报道中所涉及的人物、事件、地点、时间等新闻要素真实准确,这是新闻真实性的第一层面;同时,由于任何事件都不是独立存在的,因此新闻报道必须将具体的新闻事件置于微观、中观乃至宏观的大环境中加以考察,以便从整体上反映新闻事件与客观环境条件之间的真实关系,防止对复杂的事物做简单化报道。这是新闻真实性的另一个层面。

此外,根据新闻专业性原则,"客观性"也是保证新闻真实性,提高媒体公信力的另一个重要层面。从客观公正的角度出发,不带任何偏见地对待,进而平衡地报道新闻事件是新闻报道的基本立场,同样是确保新闻真实有效的重要策略。客观性表现在几个方面:第一,要平衡报道,提供对事实的不同观点,公正地表述对事实的多元态度;第二,要不带偏见地进行报道,防止报道主体的主观态度介入甚至扭曲新闻事实;第三,当事人态度和意见要使用直接引语方式;第四,报道要尽可能全面、详尽,做到重要的信息、细节不遗漏。做到以上四点,才有可能在新闻报道中坚守客观性原则,使得所报道的信息真实可信。因此,在新闻采访环节必须仔细搜集信息,全面了解情况,认真核实信息来源,公正对待采访对象,以免顾其一点,不及其余、偏听偏信、顾此失彼。在传媒日益开放、信息日益丰富、思想日益多元、受众的信息判断能力不断提高的现代传播环境中，新闻报道只有客观公正，才能获取受众和社会的信任，媒介的公信力才得以树立。

在新闻实践中，在坚持新闻真实性与客观性原则的同时，还必须努力提高新闻信息的可听性、可视性。这也是提高新闻质量的一个重要维度。可听性、可视性是指新闻具有广播电视特点，能够提高受众接受兴趣，便于理解和传播。在新的传媒环境下提高新闻可听性、可视性是扩大新闻传播受众群体，提高媒介社会影响力的重要策略。需要明确的是，提高新闻信息的可听性、可视性既要注重新闻报道方式和表现手段，但首先要有正确的价值观念。"古人讲'文以载道'，显然，广电传播创新之要在于对道的理解、把握与传播，而法是为道服务的。道不道，即便法再张……也不会是创新，而是谬种。当然，道有道，法亦有道，如果道实而法拙，也难以扬道，难以创新。道法俱张、和谐统一才是新闻传播的最高境界。"[1]

（二）拓展报道视野，关注多元信息

广播电视等新闻媒体既以客观世界作为工作对象，同时自身也是客观世界的一部分。不管是任何媒体，对新闻信息的观察、判断和处理能力不仅直接影响到媒体自身的权威性、公信力，而且关乎其能否推动社会的进步这一媒体社会功能的大小优劣。因此，在新闻报道中，媒体必须从社会发展的基本规律上关注并反映整体社会的变化，这样才能适应社会发展及现代传媒竞争的需要。

1. 关注社会整体发展趋势，报道人类共同文明成果

作为社会主体的人，其生活生产的基本社会环境与自身的发展息息相关。因此，整体社会发展的趋势往往是人类最为关注的信息之一。广播电视作为现代传媒，必须帮助人类自身去认识、理解、关怀自身赖以生存的基本环境，以促进人与自然、人与社会、人与人之间的和谐共处，获得可持续发展。因此，媒体必须关注社会发展整体趋势，帮助人类就自我发展作出正确的决策。另外，作为社会的存在，人类创造了现代文明，这些文明进步的成果往往可

---

[1] 张振华：《道法之问》，中国国际广播出版社，2011年版，第4页。

以成为激发人类改变自身生存现状的物质和精神动力，进一步促进提高自身文明程度，推动社会的发展与进步。因此，广播电视必须努力报道人类共同文明成果，展示人类的自身创造力，展示人类的物质和精神的能动性，为促进整个人类文明的共同发展提供不竭的动力。

2. 宣传党和国家的重大方针、政策、路线，协调社会关系

在我国，党和国家作为社会的主要管理机构，其社会管理理念往往通过重大方针、政策、路线的层级化传递从而得以表达和落实。重大决策对于社会的经济、政治、文化、社会、环境等的发展、变化具有重要影响，决定社会事务的走向，事关每一个社会群体的利益。而这些重大方针、政策、路线只有得到充分、准确、及时的解释与宣传，才能促进社会管理。因此，广播电视在新闻报道中既要积极主动地宣传党的方针政策，又要善于协调重大决策与社会公众自身切身利益的关系，推动化解政策落实中的种种问题与矛盾。从技术层面上看，就是要善于把宏观的、抽象的、整体的的方针、政策、路线转化为微观的、具体的、局部的表述，用社会公众便于理解和接受的新闻报道方式传递这些决策的理念和目标。

3. 监测社会环境，做好舆论监督

新闻媒体一个重要的社会职能就是监测社会环境，对有悖于社会正常健康运转，有害于社会公共安全，威胁社会公共利益的行为和举措进行监督和批评。邓小平提出"共产党要接受监督"，因为"失去监督的权力必然走向腐败"。新闻传媒具有较高公信力和较大影响力，主流媒体尤其如此；同时，新闻传媒处于社会舆论的中心位置，常能形成社会公众舆论和影响已有公众舆论，因而舆论监督在社会主义民主与法制建设进程中具有独特的重要作用。朱镕基曾给中央电视台《焦点访谈》题词："舆论监督，群众喉舌，政府镜鉴，改革尖兵。"这个题词是对新闻舆论监督作用的正确评价和充分肯定。

我国广播电视的舆论监督一般来说有三个内涵：第一，评价功能。即对事务的正误作出评判，通过提出问题、解析问题，化解矛盾、改进工作、增进和谐、维护稳定。舆论评判和舆论监督的主旨方向是社会中种种失范言行，从而净化社会环境。第二，"社会减压阀"的宣泄功能。在社会转型过程中，由于结构调整而带来群体之间利益的调整，不同利益群体的人，对同一社会现象往往会产生不同甚至相反的意见和情绪。新闻媒体抓住某些公众关注，

甚至容易引起不满的现象，反映不同的意见，可以缓解矛盾，避免不满情绪的积累和总爆发。第三，激励功能。在媒体上开展批评，是一种负责、坦诚和自信的表现，它可以使党和政府获得信任，使公众获得信心。正因为如此，正确的批评性报道可以凝聚人心，激发起社会公众同消极现象作斗争的信心和勇气。

4. 关注社会重大突发事件，提高报道话语权

社会重大突发事件，是指突然发生，造成或者可能造成严重社会危害，需要采取应急处置措施予以应对的自然灾害、事故灾难、公共卫生事件和社会安全事件。重大突发事件往往对社会生活产生突发性的巨大震荡力，影响正常的生活秩序，对社会的正常运行产生种种难以预测的冲击力甚至是破坏力。能否做好对重大突发事件的新闻报道，是对新闻工作者职业责任、职业素质的严峻考验。首先，广播电视的直播手段可以突破时空限制，在第一时间提供最快的信息，展现真实场景，报道最新动态，因此，对重大突发事件，广播电视应充分利用直播的方式满足受众的信息需求，扩大自身影响。其次，重大突发事件不仅牵涉面广，而且弄清原委及最后圆满解决都需要一个过程。因此，广播电视应当通过连续报道、深度报道的方式，提供全面、可靠信息，以厘清事实真相与全貌，从而树立自己的话语权。再次，要维护国家安全，以社会公共利益为第一选择。在重大突发事件中往往会有多种声音，牵涉多方利益，因此，在重大突发事件的报道中，广播电视媒体必须制订并实施有利于公共利益的报道策略，维护国家安全、人民利益，促进社会稳定、维护民族团结。

广播电视深度报道是运用解释、分析、预测的方法，从历史渊源、因果关系、矛盾演变、影响作用、发展趋势等方面进行深入报道的新闻形式。运用大量背景材料从多角度分析新闻事件发生的原因、意义、影响、矛盾演变及发展趋势，侧重于说明新闻事实的来龙去脉，阐述事实发生的原因、结果以及相关事物之间联系的一种深入报道某一新闻事件的报道方式。从类型上可以分为解释性报道、调查性报道、预测性报道等。深度报道适用的题材主要包括有政党和国家颁布的重要方针、政策及举措，政治、军事、经济及社会领域的重大事件、重要的科技成果、涉及公众切身利益的重大问题等。随着市场经济的深化及政治、文化、社会的深刻变革，新闻工作必须从思想意

识上引领多元复杂的社会思潮、最大限度地凝聚社会思想共识，以促进社会的和谐与稳定。因此，广播电视媒体必须加强深度报道能力，建立多维新闻价值理念，善于利用新闻背景材料，全面、深刻的解析新闻事件；运用声音、画面等方式展示新闻事件，使得新闻报道有理有力，便于接受。广播电视必须从加强责任意识、大局意识，建立多维的新闻价值理念，拓展并善于利用多元信息及多样化的表现手段等方面提升深入报道的水平。

（三）坚持"新闻立台"，追求"评论强台"

广播电视尽管有提供服务、娱乐等多种功能，但它首先是新闻媒体。因此必须坚持"新闻立台"的方针，使新闻成为一个台的灵魂和主干节目。新闻的形态有两种：一是描述事实，二是评论事实。新闻报道的任务自然也有两种：一是传播信息，二是传播观点。当今时代，媒体在增多，受众在分散；信息在泛滥，思想在缺失。在信息的易得性明显提高的当代，新闻竞争已由信息的流量、流速的竞争转入观点的竞争。你可以没有独家报道，但不能没有独家观点。因此，广播电视既要提供信息，更要提供观点，既要做信息媒体，更要做观点媒体、思想媒体。特别是新媒体使公民表达、公民评论进入了零门槛时代，在这种情况下，广播电视必须加强对新闻及时、准确的评论，追求"第一评论"、"第一话语"，建立话语权威，积极引导舆论。所以广播电视必须在坚持"新闻立台"的同时，还要追求"评论强台"，因为"没有评论的媒体必然走向平庸，而平庸的媒体必然被边缘化。"①

第四节 传播向度：从"单向流动"到"交互传播"

从单纯把广播电视视为上层建筑，到承认其具有产业性，从而将市场机制引入其中，这是我国对广播电视的属性认定上的重大变化。同时，以互联网为代表的传播技术的革新与进步，以及我国社会结构的变革又带来了传播手段和传播观念的变化，传统媒体时代的以传者为中心向以受者为中心转变、

---

① 张振华：《坚持新闻立台 追求评论强台》，载《道法之问》，中国国际广播出版社，2011年版，第17页。

信息单向流动向交互式传播转变已经成为广播电视的必然选择。

一、社会结构转化与广播电视功能变革

长期以来，包括广播电视在内的新闻事业一直是作为党的宣传工具而存在的，单一的自上而下的信息流动是广电传播的基本形态。随着社会主义改革的不断深化，我国的社会结构呈现多元化状态，不同阶层越来越关注自身利益，因而对信息的需求也出现了多元化状态。这就要求广播电视一方面要做好政治宣传，同时要拓宽信息传播的领域，做好信息服务。另外，随着我国社会主义市场经济体制的确立和不断发展以及广播电视产业属性的认定，使得广播电视从过去传统的单一宣传功能向多元的社会功能转变，广播电视形成了多类型、多层次并存的新结构，为广播电视在市场经济条件下的生存发展注入了新推动力，也为其提出了新的时代课题。

二、数字化、受众需求与传播理念重构

当今，我国广播电视无论从传播范围还是受众数量，都远远领先于其他媒体。随着与新媒体的融合，广播电视已经突破消解了原有不同传播媒体之间的界限，形成了多维立体传播体系，使信息传播方式实现了由单向流动向交互传播的历史性变革。

（一）广播电视媒体的数字化与受众需求

在数字化传播时代，如何整合尽量多的传播资源，通过多种传播方式，包括交互传播，达到传播效果的最大化，已经成为广播电视的重要课题。

从传受双方的地位和角色看，交互式信息传播的前提是传播者与受众之间关系的平等，受众具有主动性，"传播参与者"的身份逐渐明显。新的信息环境下，受众完全可以改变传统被动式获取新闻信息的方式，而通过互动式、体验式等手段调节信息传递。传播与反馈这一对应体在原有传播系统中的不平衡态势被打破，使传受双方做到自主、互动，实现了真正意义上的信息交流，突破了以往传统媒体那种在以"宣传本位"理念主导下的"我播你听、你看"的单向传播模式，使受众在信息选择、话语表达上提高了自主性。

从传播的过程看，交互性就是传播过程中信息传递的双向互动性。这种

传播方式的优势在于：首先，社会群体能动的信息发布和获取得以实现。其次，这种传播方式确立了传播主体与接受客体的共生关系，传播主体在传播和满足受众信息需求的同时，受众也为传播主体提供了丰富的信息反馈资源。

从受众信息消费方式看，数字化的交互式传播是我国广播电视是在新媒体环境下满足受众信息需求的根本走向。因为数字化信息介质已经在我国开始普及，数字化阅读、数字化消费已经成为受众特别是年轻受众获得信息的首选方式和必然趋势。因此，广播电视媒体必须加快电台、电视台的数字化建设，构建采、编、播、存、用一体化的数字技术新体系，构建面向多个播出平台、多种用户终端的综合制播系统，大幅度地提升广播电视播出质量和水平。要积极利用互联网等新兴媒体技术与广播电视技术的多方优势，抢占科学技术制高点，占领文化传播制高点，积极拓展网络广播电视、手机电视、移动多媒体等新兴领域和新兴传播阵地，使广播电视迅速发展成为覆盖广泛、影响巨大的大众传媒，成为宣传社会主义先进文化的新阵地、提供公共文化服务的新平台、人们健康精神文化生活的新空间。

（二）广播电视的传播理念重构

一直以来，我国传统广播电视传播方式都是建立在点对面的"单向线性"的信息传输的基础上。而数字化交互传播平台则使得广播电视可以借助多元化的网络载体，使传播方式从原来的"点对面"的传播向"点对点"传播转变、由单向传播向交互传播转变。从而使"受众本位"的传播理念得以充分实现。

1. 转换传播现象观察视角

广播电视的数字化交互式传播方式对信息提供者的观察视角提出了新要求，即必须同时从媒介使用者的立场来审视传播现象。这种观察视角的转变必然要求对传播现象认知思维的转化。

首先，要充分认识和尊重媒介使用者的主动权与选择权。交互式传播是突破传统观念的全新传播方式，受众不仅可以再在视、听、感方面进行积极主动的自我体验，而且可以将所需的信息进行有序的整合，根据自身需求进行信息选择与压缩，在有限空间与时间中实现信息的满足感。同时，数字化的交互传播平台还为受众打破信息发布者对信息传播的垄断与限制，受众可以对自己的信息与话语,迅速传播出去,广播电视从而同时成为人们进行信息传播和话语表达的平台。

其次,数字化交互式传播方式拓展了广播电视媒介使用功能,诸如发送和接收个性化信息、进行休闲娱乐、从事商务通讯活动等。例如,交互式广播电视点播系统,通过将互联网宽频技术同广播电视传播网络相结合,能够有效整合电视和电脑的传播功能,个人在数字电视提供的交互网络上不仅可以随时点播节目、下载录播电视节目、从事电视商务、参加互动游戏等。再比如,数字电视采用数据压缩技术信号,易于实现信号的存储,可以实现时分多路,合理充分地利用各种类型的频谱资源和信道容量,进行多种形式的高质量广播,具有开放性和兼容性。因此,数字化交互式平台下,广播电视受众不但拥有主动参与传播过程的能力,而且可以利用数字技术提供的媒体多样化服务功能,充分提高媒介和信息使用效率。

再次,交互式传播也为广播电视传播的监管带来了新的挑战。广播电视交互式传播平台一方面可以带来信息使用的便利性,同时也给我国广播电视的监管提出了新的要求。面对低俗炒作、虚假消息、淫秽色情、"网络水军"等,个别节目制作者突破法律底线、道德底线的不良倾向,如何趋利避害,建设积极向上的广播电视文化,营造健康文明进步的社会文化环境,是我国广播电视建设面临的新课题,也是新形势下加强和创新社会管理面临的新挑战。可以看出,交互传播的发展已使包括广播、电视、互联网在内的传播平台演变成一个极其重要的舆论战略阵地,对国家安全、经济发展、社会秩序、青少年的素质培养等影响巨大。因此,必须认真加以监管。毫无疑问,光靠市场的力量和媒体及公民的自律难以建立新的传播秩序,必须加强相关监管政策、法律法规的制定和实施。

2. 创新调整传播内容和传播方式

随着交互式传播方式的发展,当今广播电视以受众导向来主导协调内容生产和传播已经成为一个新的趋势。因此,广播电视内容的生产制作、播出、经营推广各个环节都必须进行全方位创新与调整,而这种创新与调整已经成为节目、栏目、频道、媒体提高视听率、扩大影响力、获得美誉度、提升竞争力的关键因素,其核心就在于对受众需求的把握和运筹。创新调整传播内容及传播方式,具体体现在两个维度上:第一,在内容生产上,加强市场调查、受众分析，以特色定位，既防止与主导思想价值体系相悖的内容，又保证传播内容的有的放矢，满足受众个性化需求。第二，在传播渠道选择上，要按照有利于传播目标的实现、有利于传播受众的接受、有利于广播电视内容的传播、有利于经济效益的四个原则，针对不同社会受众群体的需求意向，研究和制定相应的传播手段和内容。在具体操作层面，可以通过充分利用已有传播渠道，拓展新的传播渠道，发挥技术优势，创新信息表现形式，扩大信息来源、合理进行内容编排，主动进行推广营销等手段，争取以最少的资源投入取得最大的传播效果。

三、"交互传播"实现的现实基础与发展趋势

提高社会主义先进文化辐射力和影响力，必须加快构建技术先进、传输快捷、覆盖广泛的现代传播体系。

（一）三网融合是实现"交互传播"的现实基础

从技术层面看，随着现代信息科技技术的不断高速发展，传媒技术正呈现移动式、互动性、个性化的发展趋势。因此，广播电视必须加快发展与新兴媒体的对接与联合，不断创新传播业务形式，实现传统媒体与新兴媒体的融合发展。另外，从社会公共群体的需求看，随着网络广播电视、手持电视、车载电视、手机报等新业务的相继开通，新兴媒体已经成为传播社会主义先进文化的新阵地、提供公共文化服务的新平台、人们健康精神文化生活的新空间，因此，加快构建多元化现代广播电视传播平台，有利于弘扬和发展社会主义先进文化，满足社会精神需求。同时，从战略布局上看，我国广播电视提出要建立三个体系，即公共服务体系、市场服务体系和政府监管体系。三网融合是充分推进包括广播电视在内的各类信息网络设施的新发展，构建现代传播体系的关键基础性技术保障。

（二）积极推进三网融合，实现电视交互传播理念

我国有线电视网络资源分散、条块分割，不少地区网络技术水平落后。要适应三网融合要求，就必须加快广播电视传播网络由小网向大网、模拟向数字、单向向双向的转变。

1. 提升广播电视网络建设

应当坚持"统一领导、分级建网、统一规划、分步实施"的方针，将各级广播电视网络具体建设方案纳入全国统一的广电网络总体发展规划，按照技术先进可靠、施工统一规范的要求进行规范建设，实现各区域同一技术平台、同一收听、收视质量、同一管理保障体系的目标，建立健全全国立体化广播电视传输网络体系，提高人口综合覆盖率。同时，以有线数字电视、移动多媒体广播电视等网络为基础，以我国自主创新的核心技术为支撑，加快下一代广播电视网（NGB）建设，努力建设以视频服务为主、提供多种信息服务、可管可控、安全可靠的综合信息网络。

2. 改善传播内容和服务机制

我国广播电视发展要抓紧从过去的单纯的节目内容提供向综合业务服务转变，从过去的各自为战、分散粗放经营，向规模化、集约化、一体化迈进，实现广电行业的战略转型，这样才能适应三网融合的发展需求。按照基本功能划分，广播电视播出机构负责制定IPTV、手机电视集成播控平台等的建设方案，同时开发提供高清电视、视频点播、互动电视、政务信息、远程教育医疗、电子商务等数字广播电视网络多样化服务；通讯网络则负责制定在开展IPTV传输、手机电视分发、除广播电台电视台形态以外的公共互联网音视频节目服务等广电业务的实施方案，经营增值电信业务，以及比照增值电信业务管理的基础电信业务。此外，有线电视网络、互联网企业则负责制定并开展基于有线电视网络的互联网接入、互联网数据传送增值业务和国内IP电话业务的实施方案。而作为管理主体的政府部门需要对三网融合工作的具体目标任务、发展规划、扶持政策和组织保障措施等内容进行调控，行业主管部门则需要进行安全监管平台的建设方案和落实的监督和管理。

3. 维护国家文化和信息安全

三网融合要做到保障网络信息安全和文化安全。政府部门、研究机构、运营企业以及用户等要在行政监管、法律规范、技术支撑、行业自律等方面进行合理有效规划，切实保障三网融合下的网络和信息安全。必须成立统一的网络和信息安全管理机构，要加大对广电网络和信息安全工作的指导规划力度，加强基础性管理工作，推动行业自律；要制定国家级的网络和信息安全预案以及相应的标准和规范，协调相关部门、重点行业的网络和信息安全工作，做好基础性工作，积极推进监管平台建设，目的就是要确保播出内容安全和传输安全，切实维护人民群众的视听权益，促进健康有序发展。同时，从技术层面加大科研力度，做好技术保障，要针对三网融合中可能出现的网络和信息安全问题，提前部署，进行有针对性的研究，加大核心技术研发和攻关力度，努力实现重大设备的国产化，构建具有自主知识产权的网络和信息安全保障体系，同时要把人才队伍建设作为网络和信息安全管理工作的基础任务之一，加强人才队伍建设，努力锻造一支技术过硬的科技安全保障的人才队伍。

第五节　传播视阈：从"以内为主"到"内外并重"

长期以来，我国宣传工作的重点在国内，随着经济、信息的全球化，以及中国国际地位的提高，宣传工作如何从"重内轻外"向"内外并重"转变，从而打破"西强我弱"的国际舆论格局，提高中国在国际传播中的话语权和影响力，变得越来越迫切。

胡锦涛提出："随着我国对外开放的不断扩大和国际交往的日益频繁，切实做好对外宣传工作，对维护国家安全稳定、实现我国新世纪新阶段的发展战略和目标越来越重要。要实现全面建设小康社会的宏伟目标，不仅需要一个良好的国内舆论环境，也需要一个良好的国际舆论环境。"[①] 由于广播电视的巨大影响力，因此在国际传播上负有重大使命。

2003年12月，胡锦涛在全国宣传思想工作会议上再次强调，要紧紧围绕党和国家的工作大局，认真贯彻中央的对外工作方针，全面客观地向世界介绍我国社会主义物质文明、政治文明和精神文明不断发展的情况，及时准确地宣传我国对国际事务的主张，着力维护国家利益和形象，不断增进我国人民同各国人民的相互了解和友谊，逐步形成同我国国际地位相适应的对外宣传舆论力量。关心外宣，支持外宣，把外宣工作纳入决策、融入规划，化为机制、形成细节……各地各部门奋力开拓、勇于创新，把中央对外宣工作的

---

① 引自《中央领导同志关于宣传思想工作的讲话》，2009年版，第90页。

高度重视化作一项项坚实有力的行动。

2004年4月,中央对外宣传工作会议进一步明确了新世纪外宣工作的指导思想、方针原则和发展目标,其后中央又制定了2006年—2010年全国对外宣传工作规划,大外宣格局的领导体制和工作机制初步完善。在中央的重视和推动下,中国国际广播电台和中央电视台不断开办新的对外广播电视语种、建立多点的对外传播平台,成为中国广播电视对外传播的龙头。与此同时,全国各省区市设立外宣领导小组,制定了本地外宣工作发展规划,明确地方外宣工作的指导思想和目标任务。形成了包括对外新闻报道工作协调机制、中外媒体交流工作机制、文化外宣联席会议机制、互联网新闻宣传工作机制等十几个行之有效的外宣工作机制。截至2012年年底,中国国际广播电台每天使用61种语言,向世界累计播出节目三千多个小时,成为全球语种最多、媒体形态齐全、受众分布广泛的国际传媒机构;中央电视台6个语种、7个国际频道在全球171个国家和地区落地,海外用户超过3亿;中国电视长城北美、拉美、亚洲、欧洲、澳洲、非洲平台相继建成开播,成为全球最大的付费华语电视平台;许多地方广播电视台也纷纷与外国同行合作,使自己的节目在国外落地。与此同时,新媒体海外业务和技术服务日益扩大,民营影视企业产品与服务出口步伐加快,形成了中央台、地方台和民营影视企业多渠道并进、全媒体发展的新局面,开创了中国广播电视在传播视阈上内外并重的新格局。2013年8月,习近平在全国宣传思想工作会议上强调指出:"对世界形势发展变化,对世界上出现的新事物新情况,对各国出现的新思想新观点新知识,我们要加强宣传报道,以利于积极借鉴人类文明创造的有益成果。要精心做好对外宣传工作,创新对外宣传方式,着力打造融通中外的新概念新范畴新表述,讲好中国故事,传播好中国声音。"① 这为新时期新闻宣传工作进一步向"内外并重"转变,打破"西强我弱"舆论格局,指明了方向。

---

① 《习近平在全国宣传思想工作会议上强调:胸怀大局把握大势着眼大事 努力把宣传思想工作做得更好》,《人民日报》,2013年8月21日,第1版。

第五章　中国广播电视节目形态与生产

在广播电视传播中，节目用特指在一个时间段里的播出内容，即在广播电视媒体上呈现出来的，经过编排制作可以感知、可理解的视听材料。节目构成广播电视传播的主体内容，广播电视机构也正是通过节目实现信息传播以及教育、娱乐、服务等功能，服务于受众和社会。因而，节目可以视为广播电视媒体的核心部分。从生产角度而言，广播电视节目主要是指利用电子科技手段，综合视听表现手法制作出来供人欣赏、传播信息的电子符号系统。节目生产是指由策划、采集、制作、播出、反馈所构成的整个过程，是一项系统工作，最终以视听符号形态将其呈现为文本。节目形态在发展变化的同时，生产过程也面临着改变。广播电视节目既为大众提供各类有效信息，又在不同程度上引导广大受众的价值观念、思维方式和生活方式。中国广播电视节目作为一种社会主义精神文化产品，以为人民服务、为社会主义服务为总的指导方针，服务于国家经济、政治、文化、社会和生态文明建设发展的总任务和总目标，已经形成一系列具有中国特色的节目特征。

第一节　广播电视节目形态与发展

形态是事物存在的形状或表现，人们总是通过事物的形态来感知和认识事物。同样，人们对广播电视最直接最形象的接受方式就是收听收看其丰富多样的节目形态。简单而言，广播电视节目形态就是广播电视节目的存在样式和运动状态。从传统意义上讲，节目形态是指广播电视媒体组织传播活动的基本形式和播出方式。任何事物都是不断发展演进的，广播电视节目作为传播的具体形态其形成和发展是一个动态的过程，理念和形式互相渗透、相互依存、新陈代谢，繁衍不息。广播电视的发展主要受内外环境的影响。外在因素主要表现为时代环境的变化以及社会生活的发展，由此人们对广播电视的需求不断提高，客观上推进节目形态的改革和发展。内在机制主要对广播电视自身而言，同样是一个不断深化与提升的过程，突出表现为对广播电视自身理论的完善与深化，创作理念的继承与创新，从业人员队伍的成熟，以及技术革新与发展等都会对节目形态发展起到重要影响。

一、广播电视节目基本形态

广播电视节目形态充分体现了民族性和时代性的结合，中国广播电视节目在几十年的发展中逐步丰富成熟，逐渐形成广播电视界比较普遍认同的"四分法"，即将广播电视节目划分为新闻类、社教类、文娱类、服务类四大节目形态。这种节目形态的划分依据主要和广播电视所具有的社会功能紧密联系：分别与传播新闻资讯、提供文化娱乐、传承知识与社会教育以及信息服务的社会作用相对应。虽然这种对应不是严格吻合，不同种类的节目与节目的社会功能之间亦有交叉兼容的现象，但不同节目形态承担的社会功能大致是有所侧重的。

（一）广播电视新闻类节目

中国广播电视是党的宣传事业的重要组成部分，而新闻类节目一直是广播电视发展的先导，伴随着广播电视的产生而产生，发展而发展，是广播电视传播中最基本的节目形式。这也决定了中国广播电视新闻节目的地位与责任。广播电视最基本的功能是传播信息，一方面党和政府通过新闻发布政令，把重要的方针政策及时传达到群众当中；另一方面广大群众也通过广播电视新闻传递民生民意，表达基层人民的建议和呼声。我国广播事业诞生之初，传播新闻，为党的各项政策宣传服务就成为一项重要任务。

广播电视新闻节目具有自身的特征。从媒体属性看具有传播速度快、范围广、易于接收、互动性强等特点；从新闻本体而言，提供重要信息、发布政令、宣传与激励，引导舆论等职能标志着新闻的重要作用。因而新闻节目成为广播电视的核心节目形式，相对于其他节目形式而言具有更大的影响力。

广播电视新闻节目根据对事实的不同表述形式和处理方法可以分为消息

类新闻节目、专题类新闻节目、评论类新闻节目三大类。

消息类新闻节目是对新近发现、发生或正在发生的新闻事实所作的简明报道，一般是将数十条新闻消息集中组合，进行播出。消息类新闻节目的最突出的特点就是时效性，另外由于其集中报道的形式，使其具有信息量大的特点，能够及时满足受众的需求。

评论类节目是就一个新闻事实或数个新闻事实集中归纳，进行分析评说，阐明观点的节目。新闻评论对于社会舆论具有强烈的引导性，被认为是新闻类节目的旗帜和灵魂。新闻评论节目的好坏，往往代表着广播电视机构的舆论引导水平的高低。

专题类新闻节目是对新闻事实作详尽有深度的报道节目，在形态上多以系列报道或连续报道形式出现。专题报道既具有一定的时效性又是对消息类新闻这种简要报道的延伸和扩充，是较为详尽全面报道新闻事实的节目形式。

在现有社会语境与媒介环境下，广播电视等传统主流媒体的新闻报道与评论备受网络媒体生存与发展空间的挤压，传统广播电视新闻正处于挑战与机遇并存的发展时期。面对来自媒体竞争以及受众需求上升压力之下的广播电视新闻主动求新求变，积极寻求突破，需要深入开掘广播电视自身的优势，努力开拓广电新闻独有的媒体空间。

（二）广播电视社教类节目

社会教育类节目是指以传播政治、思想、伦理和科学文化知识为主要内容，以推动精神文明建设为目的的节目。社会教育类节目通过丰富多彩的形式，向人们传授经济、政治、科技、文化、法律等多方面的知识，宣传某种思想，提倡某种价值观。在我国，社教类节目在教育人民、引导舆论方面具有特殊作用，所以很受重视。

社会教育类节目的主要特点有：传播对象专一性与广泛性的统一，知识性与新闻性的统一，教育规律与广电传播规律的统一。根据传播工具的特性、社会环境的实际以及各广播电台、电视台自身的不同情况，我国社教类节目的主要功能和任务：一是政治思想教育，主要是对受众进行思想教育，理论教育和党的路线、方针、政策教育等；二是文化知识教育，如一些常规的文化知识、文学艺术方面的知识、历史地理知识和业余生活方面的知识等；

三是科学技术教育,介绍一些最近的科技成果,和大众生活关系密切的科普知识等;四是职业技能教育。社教类节目表现手段相对于新闻类节目而言要更加丰富,注重与受众的交流与互动。

对象性节目是根据传播对象进行节目分类的一种方式,属于社教类节目下位的节目族群。它指以特定接受群体为传播对象而开设的节目,目标是为特定受众群体服务,并力求通过节目来培养、塑造一定层次的社会群体,使之扮演好自己的角色,有能力担负相应的社会责任。根据节目宗旨和对象群体的需求,对象性节目把知识介绍、提供服务,娱乐欣赏以及与对象有关的新闻等结合起来,构成节目板块。使该类节目呈现"社教目的,综合题材"的特征。[①] 根据受众不同,对象性节目可以分为青少年节目、老年节目、女性节目、对农节目、少数民族节目、残疾人节目、对港澳台节目、对外节目等。

公众性节目是相对于对象性节目的一个概念,特指那些受众层次多样、内容共用、取向公益的节目。与对象性节目一样,公众性节目不属于形式分类范畴,属于社教类节目下位的另一节目族群。形式上可以是专题,可以是板块,也可以是各类杂糅类型,内容大致包含经济、政治、科技、军事、法治、社会、文化、环保、生活、体育、健康等各个方面。公众性节目以全社会各阶层受众为服务对象,考量主流传播价值,并不为某一类特定受众群体专门制作,因而不像对象性节目那样刻意营造对象感。[②]

由于社教类节目更多表现为教育性质,因而以往的节目往往显得严肃有余、活泼不足。随着节目观念的不断演进,社教类节目中的情感化色彩越发浓厚。更加注重与受众的平等交流,更加亲切自然,传统的"教化"色彩明显减弱。情感是人类最突出的特征,重视人类的情感状态,体现节目制作人文观念的进步。当然,要注意情感表现的"分寸"和"度",做到不煽情、不矫情、不滥情。

社教类节目近年来还逐渐重视娱乐元素的运用。其中法治类节目以其故事性和悬疑性,吸引不少受众的注意力。故事不仅成为节目的内容,更是节目的结构方式,甚至成为根植其中的节目理念。但是其中存在的问题也应引

---

① 参见《中国电视专题节目界定·分类条目(续二)》,《电视研究》,1994年第11期。
② 参见张君昌:《超媒体时代》,新华出版社,2003年版,第249页。

起注意：一些节目单纯为了追求事件的故事性和悬念性，故意选择一些离奇事件作为讲述内容，刻意设置悬念，放大事件的新奇元素，却忽视故事背后的意义和价值，过多呈现出娱乐化倾向，以至于受众对事件的真实性产生怀疑。节目中如果由于过多注重叙事技巧而影响节目意义的传达，则是舍本逐末，应当予以纠正。

（三）广播电视文娱类节目

广播电视文娱类节目可以看做文艺类和娱乐类的合称，是满足人们对艺术审美和文化娱乐需求的节目种类。文娱类节目具有综合性的突出特点，几乎所有的文艺形式都可以通过广播电视传达给受众；此外，它还有群众性特点。广播电视为广大群众提供丰富多彩的文艺节目，是群众方便快捷体验先进文化的重要途径。

广播电视文娱类节目不仅可以为群众提供文化娱乐享受，而且还具有一定的社会教育功能。通过普及先进文化，促进文艺繁荣，满足人民文化生活需要，在传播文化艺术的同时，也对文化艺术内容进行选择，引领新型文化走向，构成繁花似锦、百花齐放的生动局面。

按照艺术的种类，广播文艺节目可以划分为六种类型。一是音乐节目。主要播出中外各类声乐、器乐作品、音乐知识、音乐家与专题、歌剧舞剧的音乐录音专辑、选曲及音乐故事等。二是戏曲节目。主要播出京剧、昆曲以及各种地方剧中的传统戏和现代戏，介绍戏曲知识、评价剧目、音乐唱腔和演艺等。三是曲艺节目，主要有打鼓、弹词、琴书、评书、相声等。四是文学节目，主要播出文学作品的朗读、播讲和评介。五是电影和话剧的录音剪辑。六是广播剧。

电视文艺节目可分为：电视文学节目、电视戏剧节目、电视音乐节目、电视舞蹈节目、电视杂项类（曲艺、杂剧、杂耍）文艺节目等类别。电视文学节目一般包括电视小说、电视散文、电视诗、电视报告文学以及综合性电视文学节目等。电视戏剧节目按其"戏剧化"特征，包括了电视剧、电视电影等现已成为独立电视艺术样式的戏剧性作品，也涵盖了电视戏曲等传统戏剧性节目，电视戏曲还可细分为电视戏曲剧目、电视戏曲晚会、电视戏曲集萃、电视专题戏曲。电视音乐节目是以音乐为主体的电视文艺节目，包括对各种音乐风格、音乐表演（声乐、器乐）或录像、歌剧、演唱会，电视音乐片，音乐MTV等围绕音乐元素而展开的电视节目类型。电视舞蹈节目是指以舞蹈的艺术形式为主体的电视文艺节目形式，此类节目以各类舞蹈演出为基本素材，运用电视技术的二次创作，通过电视屏幕播出的电视舞蹈形态。按舞蹈风格可细分为电视民族舞蹈节目、电视芭蕾舞蹈节目、电视社交舞蹈节目、电视现代舞蹈节目、电视新潮舞蹈节目等。电视杂项文艺节目主要是以曲艺、杂剧、杂耍、魔术等文艺形式为素材，运用电视技术进行大众化、通俗化、娱乐化传播的电视文艺样式。在文艺界，曲艺、杂技往往并称，细分的子类别包括电视曲艺节目、电视杂技节目、电视魔术节目等。

随着社会的发展时代的进步，人民群众的审美娱乐要求日益多样化，文娱类节目的内容和形式都发生了相应变化，不断有新的娱乐元素和文艺样式出现在电视屏幕上，丰富着文艺节目的内涵和外延。例如通过各类游戏、益智节目以及近年来异军突起的"真人秀"等都反映出节目理念的变化和演进。从节目主体内容和对观众不同的诉求来看，电视娱乐节目可以包含艺术审美和游戏竞赛两大要素。艺术审美是各类综艺节目和文艺片为观众提供的核心内容，也是此类节目基本的价值体现，一个电视文艺节目成功与否，关键在于它是不是在思想性与艺术性高度统一的基础上为观众提供了优质的艺术享受。

（四）广播电视服务类节目

为人民群众提供信息服务一直是我国广播电视的一大重要职能，因而服务类节目是广播电视节目重要的组成部分。它以广播电视媒介为载体，为广大受众的生活、工作和学习提供各种信息，以及各种直接具体提供服务的节目。其宗旨是通过传播信息，解决受众的各种实际问题，满足社会生活中各种服务需求。

广播电视服务类节目随着经济发展和社会需求的不断增加，其内容和形式也是不断丰富的。我国开办广播电视节目伊始，就已经有了服务类节目，当时的《节目预告》、《实用知识》、《气象预报》等栏目深受欢迎。改革开放以来，伴随着经济发展以及生活水平的不断提高，人们对信息服务的需求也不断提升，相应的服务类节目也在不断发展，不仅品种更加齐全，而且在节目样式的创新性、内容的丰富性以及服务的专业性上都取得了长足的进步，使其逐渐成为受众的良师益友。

服务类节目的核心无疑就是"服务"二字，这是广播电视服务社会、服务群众功能的集中体现，因而节目的设置与编排势必紧密围绕"服务"宗旨进行。这种服务意识必须牢固建立在深入群众，了解社会发展具体情况之上，如果节目的服务性不强，受众就无法受益。服务类节目的突出优势就是其即时性与互动性。在与众多媒体的竞争中，广播电视媒体充分发挥其服务属性，在贴近性、伴随性特征的基础上，始终将为人民服务作为办好节目的宗旨。

依据内容的不同，服务节目可以分为实用信息服务与生活服务两种基本类型。实用信息服务节目是把受众需要的、不断变化的某一领域的信息及时、快捷地进行传播，典型的节目如气象预报、股市行情信息、交通状况信息等，其特点为信息更新迅速、实用、形式简洁明晰；生活服务节目则立足于为观众日常生活排忧解难，教授其各种技巧。常见的生活服务节目包括烹调美食节目、家居生活服务节目、健康与心理咨询节目、法律服务节目等，其特点为贴近观众生活，形式生动活泼，着重各种技能技巧的展示和讲解。

二、广播电视节目形态的发展与创新

广播电视节目形态不是一成不变的，它在广播电视发展过程中逐渐形成，也会随着广播电视的不断进步而进一步丰富和发展。在几十年的发展过程中，在原有的节目基础上不断发展和衍生出诸多新的形式和样态。

（一）影响广播电视节目发展创新的因素

概括地说，一般事物的发展变化总是会受到来自内部和外部两个方面的影响。正确认识和把握影响广播电视节目形态发展变化的内外部因素，对于我们科学准确地研究节目形态，并进一步推动其健康持续发展具有重要意义。广播电视节目的发展主要与社会的发展、时代的变化、人们的需求、技术的推动、广播电视自身发展等诸多因素有关。正是这些内外因素的共同驱使，节目作为广播电视最具体、最形象的表现形式，得以呈现出不断变化和革新的历程。

广播电视节目发展既受到技术、设备、广电工作者以及受众的制约，同时也深受经济、政治、文化、社会发展水平的影响。广电技术和设备是节目制作必备的物质条件，也是节目生产发展的直接影响要素；广电工作者作为节目生产的主体，扮演着重要角色，他们的知识、专业素质以及才能，直接决定了节目的形式和风格甚至品质；受众作为节目的接受主体，对节目形态的发展也具有重要的影响力，受众的接受心理、审美趣味、文化素养等决定了节目的表现方式，而受众对节目的反馈亦是节目进一步发展和完善的必要参考标准。一个社会的经济政治文化发展水平是影响广播电视节目形态发展的基本因素，国家的改革开放从根本上推动了广播电视节目的丰富和发展，同时也为广播电视节目创新指明了方向。

广播电视节目形态还深受文化传统与其他艺术发展的影响。在广播电视节目中受文学、音乐、电影的影响可谓甚深。广播节目中的电影录音剪辑、广播小说、广播剧以及电视节目中的电视散文、音乐电视等形态都表现出与这些艺术形式的交叉和融合。尤其是在文艺节目中，表现出对文学的借鉴和吸收，通过广播电视化的创造性加工，使传统的文化形式焕发出新的生机。

由于广播电视节目内容的亲近性、题材的丰富性都是围绕当下社会生活呈现出来的，故而在一定程度上具有鲜明的民族性特征。其中，电视专题片就是具有鲜明的中国特色的电视节目形态。随着全球化进程的不断深化，不同国家不同文化背景的广播电视节目形态彼此间的影响日益明显，也推动了我国广播电视节目形态的不断发展和演变。谈话节目（TALKSHOW）、音乐电视（MTV）、真人秀这些节目形态，就是积极向国外节目学习并与本土文化结合而逐渐流行起来的。

因此，广播电视节目形态的发展是一个综合立体式的复杂进程，既要立足于广播电视自身并随着自身发展而不断完善和创新，又要广泛吸收、反映社会发展和时代进步所形成的精神和物质成果；既要积极借鉴和学习外来的先进经验和理念，又要脚踏实地立足于本国国情，不断完善和创新节目形态来满足受众日益增长的需求。

（二）广播电视节目创作理念的嬗变

进入21世纪，伴随着社会转型的进一步加剧，改革开放的深入发展以及社会文化建设的大力推进，特别是面临新媒体的强势发展，我国广播电视呈现新的发展特色和显著变化，但是节目创作理念并未呈现颠覆性的激变状态，而是表现为平稳发展的态势，其中新的尝试亦多是在原有基础上进行的。变化并不完全意味着颠覆和创新，如若把握不慎极有可能导致创作活动的混乱，阻碍广播电视节目健康发展。因此科学的变化应当是以遵循客观规律和节目生产规律为前提，符合节目创作的基本要求和原则，在原有基础上呈现出的具有创新价值的探索。广播电视节目制作人员应正确对待"变"与"不变"的辩证统一关系——变并不意味着创新，有时甚至可能是反复和倒退，而不变也并不意味着保守落后，反而有时体现出某些具有稳定性的价值。凡属核心价值的不变，就需要深刻理解并牢牢把握，并依此来指导和审视新现象和新问题，这样才能保证节目演进的科学性和稳定性。

1. 注重时代性与弘扬主旋律

时代性是广播电视节目创作中非常关键的理念，正是因为时代性的要求，才使得广播电视节目在不同历史时期焕发出不同的光彩。新时期节目创作的时代性主要体现在对节目样式调整和创新上。节目内容设计更加注重时下流行元素，如 DJ 文化、说唱音乐等在音乐节目中的广泛运用就吸引了大批青少年的关注。另外，节目积极融合时下的新兴话题与社会热点，进行时尚化包装，彰显时代特色。

时代性暗含了发展的要求，作为与时俱进的广播电视节目始终应体现对思想观念的引领。我国逐步进入经济稳步发展时期，同时也经历着社会结构的深入转型，人们的思想观念面临多元文化思潮的冲击，甚至某些核心价值理念也频频遭受挑战。广播电视作为大众传媒，所承担的社会功能就在于通过具体形象的节目形式传播具有时代精神的先进文化理念，进而激浊扬清，塑造核心价值体系，这亦是"变"与"不变"辩证关系的集中体现。"贴近时代脉搏，聆听百姓心声"，成为时代性和大众性体现在广播电视节目创作中的最好注脚。

2. 坚持大众化与探索分众化、类型化

广播电视节目的突出特征就是通俗易懂，在群众中具有广泛的影响力。大众化理念主要体现为节目创作理念以及内容、形式能够彰显大众的审美需要、符合大众审美习惯及欣赏水平。这一创作理念是节目创作中需要一直重视并加以坚持的理念，从"双百"方针到"二为"方向，再到新时期的"三贴近"，都是这一理念在我国不同历史时期的集中体现。进入新时期，大众化的创作理念主要体现为对受众互动观念和参与意识的重视。

互动节目在早期广播电视节目中更多体现为一种简单的交流，例如广播点歌节目。这类节目初期主要由受众通过来电、来信的方式点歌，随着移动电话的普及和网络的兴盛，其互动观念进一步强化。广播节目常常邀请听众参与到其中，由此出现了一批电话连线的情感倾诉节目。这类节目将视线对准底层群众的情感生活和心理状态，采用短信和网络平台进行互动，自此广播节目逐渐走出"我播你听"的传统呆板的传播方式，转向积极发动广大群众参与到节目中来。另外，互动观念和参与意识还集中体现在节目策划层面上，创作人员可以直接到群众中搜集选题，集中提炼观众的意见作为策划参考，进而创作出诸多群众喜闻乐见的节目样式，来满足最直接的精神文化需求。

随着社会的进步和时代的发展，中国的社会阶层产生了明显的变化，人们也形成了不同的精神需求，因而按照原来千人一律的创作理念已经远远不能满足广大人民的需要，原本给广播电视发展带来优势的大众化创作反而成为其进一步发展的掣肘。在这种背景下，分众化理念成为广播电视节目创作的现实选择，而如何处理好大众化与分众化的关系也成为当下节目创作的重要课题。围绕受众进行节目的策划和编排，既彰显了为大众服务的本色，同时也有利于规避市场竞争中的风险。

3. 坚守民族化、本土化创作理念与开拓国际化视野

随着全球化浪潮的加剧，中国广播电视开始面临激烈的国际竞争。为了应对这种压力，谋求自身发展的空间，一批具有本土化特色的节目脱颖而出，不仅取得不错的社会效益，还创造了一定的经济效益。民族文化是进行节目创作，尤其是文艺节目创作的不竭源泉和艺术宝库。这种民族化意识不仅体现在节目内容上，还在节目的编排意识、包装环节都有所体现。

本土化创作具有亲近性、生动性的表达特点而且富有表现力，合理利用可以增进与受众之间的亲近感，消除心理距离，有利于加强节目的感染力和传播效果，使其呈现出别样的魅力。如果将民族化、本土化创作视为应对全球化竞争的防守策略，那么国际化创作视野则可以视为是广播电视节目创作的主动出击。一方面吸收国际先进的创作理念，另一方面积极探索国际传播

的有效路径,从而增强国际影响力,提升文化软实力。

4. 媒介融合与立足自身特性

媒介融合无疑是当下广播电视发展过程中的一次挑战和机遇。面对新媒体的挑战冲击,广播电视需要积极探寻一条适合自己的发展道路。积极吸收新媒体的优势,扬长避短,如建设网络广播电视台、开设手机广播电视等,利用新媒体的便捷性和及时性进行传播,提升节目的互动性和参与性。广播电视节目创作还呈现出跨媒体、跨领域合作的创作理念。新媒体的出现为广播电视搭建了更广阔的传播平台,克服了传统节目一次性消费的弊端,实现下载播放的存储功能,有利于扩大影响力。这在一定程度上实现了节目形态的变革,提升了品牌价值和媒介影响力。

5. 内容为王与品牌运作理念

内容是节目的核心要素,它是创作理念的直接体现,同时也是受众是否选择接受的决定性因素,因而我国的广播电视历来都十分注重节目的内容创作。如何在激烈的媒介竞争中获得生存空间,如何继续发挥广电节目自身特色和优势,成为摆在创作者面前的一道难题。具体到节目内容创作这一层面,树立精品意识,打造品牌成为有益的探索。如前所述,在媒介竞争中,左右受众选择的决定性因素还是节目内容,因此创作和打造精品节目、精品栏目成为节目创作的共识。精品并不只是停留在外部形式的精致包装上,更反映在内容和品质的精良上。在精品节目基础上进行品牌包装和运作,形成一系列品牌,最终可以衍生出广阔的社会效益和利润空间。品牌意味着品质和信誉,是属于高品质的代言词,只有立足内容,将其做扎实,才能够形成良好的经济效益。品牌打造可以从品牌频道、品牌栏目、品牌主持人等方面考量。

三、新媒体语境下广播电视节目生产趋势

新媒体语境下广播电视节目面临着调整与改革,但我们并不能忽视传统广播电视在节目资源中占有的绝对优势。无论科学技术如何发展、新媒体的功能多么强大,都要以丰富的节目内容作为支撑。即使在新媒体语境中,节目仍然是以内容为王。广播电视作为大众传媒最为重要的传播阵地,其节目资源十分丰富,其节目质量也是网络视频所无法比拟的。广播电视还拥有经

验丰富的节目生产团队，正是因为拥有这样一支专业高效的制作团队，广播电视节目才能在激烈的媒体竞争中占有一席之地。可以说，广播电视节目代表着社会上主流文化的发展方向，其真实性、权威性已经为大众所认可。此外，广播电视媒体还拥有相对完善的规章制度，对互联网等节目的生产传播起到积极示范作用。因此，广播电视节目在新媒体冲击下，务必要面向广阔的节目市场，以自身优势的调整来争取占据竞争中的主导地位。

（一）节目内容形式的优化

在新媒体广泛运用的今天，广播电视节目生产者务必明确一个事实，即广播电视节目被制作出来并非单纯供广电媒体播放，其节目市场要比原来广阔许多。这就使得广播电视节目生产者不能不进行深入的市场调查，了解不同网络、不同渠道的节目受众对于节目的特殊要求。只有满足了各类不同受众的需求，广播电视节目才能在竞争中站稳脚跟。不仅是内容，其形式也必须满足受众的要求，如制作通过互联网播出的节目，就应考虑到节目的主题和时长问题，可将节目按照需要分割为几个专题并进行打包。有时电视节目在播放以前可以前期通过互联网播放宣传短片，扩大知晓度。针对手机电视的用户，节目制作者要考虑到观众收看节目时屏幕大小的限制，在节目制作时适当增加中景、近景、特写等画面。其实这也说明无论移动电视、手机电视、IPTV等如何发展，其移动性和互动式是如何的优越，仍然无法代替传统广播电视的传播方式。

（二）现场直播日常化

新媒体相较于传统广播电视节目最大的优势在于其互动性强。从这一角度考虑，如果广播电视能够突破封闭生产状态的限制，将节目以直播方式进行播出，即以现在进行时的姿态进行大量的、日常化的现场直播，可以极大地调动观众的收看热情和参与度，以声像文字全息的优势充分张扬直播的魅力。如在对突发事件的报道中，广播电视已经开始尝试使用全天候直播形式来传播信息。许多重大赛事、重大活动的直播效应也是如此。即使是社教类、服务类等节目，也可通过直播来拉近节目与受众的距离，从而强化互动关系。广播电视节目要想在新媒体环境中有所突破，需要打破原有的节目生产传播模式，以互动为诉求设计出新的节目形态，在借鉴新媒体优势方面迈出实质性步伐，就有可能延续传统广播电视的优势。

(三) 策划高端大制作

内容为王的法则仍然适用于传媒新生代。在激烈的竞争中，广播电视要想继续做大做强，必须充分发挥其优势资源，根据受众要求，集中优势团队，实施大片战略，进行优质节目的高端大制作，创立自己的内容品牌。新媒体的节目质量和品质远低于传统媒体，广播电视节目应保持自身的文化品格，找准先进文化的体现方式，着眼于国际前沿，以思想性及艺术性俱佳的高端大制作打造精品节目，让新媒体望洋兴叹。这也是广播电视在新媒体语境下实现生存发展与自我突破的重要途径。

第二节 广播电视节目的生产流程

广播电视节目生产具有重要意义，体现在正是通过节目生产才最终使节目以声音图像的方式呈现在受众面前，并表现出丰富多彩的节目形态。广播节目主要由语言、音乐、音响等声音要素构成，电视节目由图像和声音两大系统组成。广播电视节目的生产依赖于一定的技术条件，它既是一个技术过程，更体现为一种艺术创作过程。节目的生产不但要求对节目生产前期、后期制作流程及相关技术环节有充分的了解，而且要对创作的思维方式有一定的把握。节目的生产流程就是按照各种节目形态的要求和具体节目的创作需要，采集制作各种节目要素，进行组合加工的过程。

一、广播电视节目的策划

策划是以调查和反馈为基础，根据受众的需求和播出机构的编辑方针，确定节目的经营策略，制定节目采编制作的最佳方案并付诸实施的过程。节目策划对节目进行的具有前瞻性、科学性的专门化谋划，包括节目统筹策划，如宏观的中长期策划、栏目策划等，以及节目选题策划、节目制作策划等方面。

(一) 节目策划的特征

策划理论在广播电视节目方面的应用，与在其他领域的应用有很多共同之处，这些共性构成了广播电视节目策划的一般特征。首先策划表现为明确的目的性。策划一般都是为了达成某一目的而展开的前期行为，通过策划，围绕特定目标这个中心，使各要素、各环节从无序转化为有序，使目标得以顺利实现。其次策划表现为创新性。之所以要强调策划的重要性就在于其突出的创新性特征，通过周密的策划来发现新问题，突破既有模式，达到标新立异、与众不同的效果。另外，策划还具有预见性。策划的目的是为了更好地使工作达成预期目标，因而必须进行预测分析与前瞻研究，全面细致地考察工作进程中可能会出现的问题和状况，以便于在实际的操作过程中进行规避和控制。由于具体的应用对象不同，广播电视节目策划还有其自身的特征。

1. 政策性

广播电视既具有一般行业的属性，又有意识形态的特殊性，既是大众传媒，又是党的宣传阵地，事关国家安全和政治稳定，负有重大的社会责任。广播电视的社会属性、技术特点以及所承担的职能，都决定了广播电视节目策划具有很强的政策性。

2. 时代性

广播电视作为大众传媒，突出的特征就是其与时代的紧密关系，鲜活地反映社会的发展与人们生活的变迁。策划的时代性特征具有时效性的要求，尤其作为新闻类节目，新闻事实与新闻发布的时间差越小，传播效果越好，该新闻就越具有价值。因此在策划中要能够在宏观上把握事实发展规律，提前做好应对，敏锐地捕捉当下社会的热点和涌现出来的新现象。另外，策划的时代性特征也包含了创新发展的要求。在这样一个高速发展的时代，人们的思想观念更新很快，对节目的创新要求也不断提高，对节目策划而言面临着巨大挑战。策划者需要不断了解受众的需求以及变化，创造出令观众满意的节目。

3. 综合性

策划组织节目，涉及的面较广，要牵扯到许多部门和环节，尤其是一些大型的节目策划，更是系统工程。策划的综合性就是在分析、平衡、协调诸因素以保障实现目标的过程中显现出来的。比如工作系统中节目部门、后勤部门的综合，系统内部编辑、记者、主持人的综合，节目内容中文稿与音响、音乐与语言的综合，技术手段上直播与录播的综合等。在节目的运行过程中，任何一个环节出了问题，都将直接影响到整体效果，这就需要在策划的过程中对各方面的因素作出妥善处置。

（二）节目策划的原则和策略

策划在某种角度上可以理解为一种程序，表现为综合依据有关信息，对事物的发展变化趋势进行预设和判断，以确定可能实现的目标，并围绕这一目标设计和选择出能够产生最佳效果的资源配置和行动方式，形成正确的决策和可行的实施方案。因而，策划不仅是目标、主题、策略、计划、评价和反馈等要素的综合统一，其"最佳效果"这一质量标准还将把人的思考引入策略范畴，进入创造性思维的领域。

1. 创新性原则

创新是广播电视节目策划的灵魂，是广播电视发展的不竭动力。节目的策划，作为一种创造性的实践活动，它的内核就是创新。新思维、新方法、新形式、新理念应该贯穿于策划的各个环节、各个方面。一方面，要在节目形式、运作模式上下工夫，把当今社会科学和自然科学的最新成果运用到策划中来；另一方面，要在原有的节目基础上，更上新台阶，辩证地扬弃，做到有所突破，有所建树；再一方面，节目对受众的视听感官和观念要有强烈的冲击作用，使人耳目一新。

2. 效益性原则

在进行广播电视节目策划时，必须注重现实性和可行性，要讲求效果和效益，否则，再好的策划，没有现实的条件，也只是一纸空文。讲求实效，一是要注重社会效益，二是要考虑经济效益。社会效益是指所策划的节目，对人们能起到启迪思想和教育熏陶的作用。经济效益是指所策划的节目，能够获得经济上的回报，从而创造经济财富。当然，在节目策划中，当社会效益与经济效益发生冲突的时候，要自觉地让经济效益服务社会效益，这也是中国广播电视的性质和任务所决定的。

3. 目标性原则

广播电视节目的策划，必须有一个明确的目标，这是策划的出发点和归宿，所有的策划理念和操作步骤都要围绕着目标来进行。目标的确定要注意上情和下情两方面的统一，切不可迎合某种权势或只关照个别人的需求，而应顺应时代的潮流，以大众的利益为第一需要。目标要实事求是，切合实际，切不可搞假大空，做表面文章，要有一定的现实性和可预见性。

4. 最优化原则

策划本身就是为了追求最好最优。广播电视节目策划要体现竞争意识，面对不同各媒体间以及媒体内部的竞争，在节目创意、方案选择、具体操作、传播效果等环节上都应充分考虑适者生存、不进则退的严峻性，要打造精品节目，推举高端人才。在危机意识中发挥潜能，在竞争环境下设计节目，才能最终实现节目的优化。

在遵循以上原则的前提上，研究、确定相应的策略，也是策划的核心问题和重要环节。概括而言，对策略的研究和确定可以从功利性和对抗性两个方向进行推进。从功利性出发，主要是指以节目为对象，研究提高其质量和水平的策略，以获取节目的成功；从对抗性出发，主要是指以传媒市场为对象，研究在传媒竞争中对应的策略，以形成独自的风格和社会影响。

二、广播电视节目的采编制作

广播电视节目的采编制作是将节目策划中所涉及的目标方案付诸实践的过程，它依赖于一定的技术手段，但也表现出艺术性的方面。一般可以分为两个阶段，一是围绕一定的选题进行相关素材的采集阶段，二是将这些素材进行整理组合的编辑合成阶段。一个节目从选题的发端到最终播出，涉及采编录各个环节密切配合的结果，是集体智慧的结晶。

（一）广播节目的采制

广播节目最突出的表现形式就是声音，要先声夺人，以声传情，这也是广播媒体最明显的特征。在声音采制中，音响、人物谈话、记者口述是三个非常关键的要素，直接影响着节目效果。因此，要把握好采制原则和采制方法。

1. 广播节目的采制原则

广播节目采制工作既要考虑广播的技术因素，注重声音的保真性和还原度，同时也要充分兼顾节目的结构、形式、主题等因素，力求达到最优的传播效果，因此在采制中需要把握以下几个原则。

（1）采访的一次性原则

广播节目除了文字采访，更重要的是音响采访。文字采访可以反复多次，但是音响采访却大不相同，现场实况音响一旦消失便不可复得，因此，音响采录要一次性完成。只有非新闻现场实况音响采录可以不受一次性原则的约束。

（2）录音的真实性原则

音响报道能够增强报道的可信性和感染力，如果音响不真实，报道就失去了存在的价值，所以音响的真实性是音响报道的生命。音响的真实性要求：报道中所运用的录音，必须是与本报道有关的事物或人物那里自然录下来的；报道中每一段录音的运用，都符合事物发展的本来面目；报道中所运用的录音必须符合生活的情理。

（3）少而精原则

在音响报道中，并不是录音越多越好，而是要在"精"上下工夫。少而精地运用音响，是为了使音响在报道中更好地发挥独特作用。遵循这一原则必须做到：有识别音响的聪耳慧眼，有不辞辛劳、不畏艰险的思想作风，有熟练的录音技术。

（4）提问的简明性原则

在广播节目报道中，运用最多的声音往往是人物的访谈，即完全或主要由采访对象回答记者的提问所组成。能否搞好人物的访谈录音，事关节目质量，事关报道成功与否。因此搞好人物的访谈录音，首先要创造一个友好、和谐、融洽的交谈气氛，其次要消除录音机给对方造成的畏惧心理。在此基础上，记者的提问一定要简要、具体、明确，要提对方所熟悉的问题，要用对方明白易懂的语言提问。

（5）语言的通俗化原则

广播的一个重要的特点就是广泛收听，广播的语言必须通俗化，要让那些文化水平不高的听众能够理解和接受。尽量使用常用词汇，如果不得不使用一般听众不熟悉的词，就必须加以解释；要符合口语习惯，避免使用书面语言；要平易近人，不要华而不实。

2. 广播节目的采制方法

声音作为广播节目的外在形式以及表现手法,其感染力如何直接影响着一档节目的演播效果,因而在对声音的采制中就需要针对不同的声音要素以及节目性质等来选用相对应的采制方法。

(1) 录音的基本方法

单点录音法。就是用一个话筒在一个点上拾音的录音法。大多数音响报道采用的都是这种方法,一般用于声源比较完善的录音场合。

主辅路录音法。就是用多个话筒在同一现场同时录音,其中一个为主话筒,其余的为辅助话筒。主话筒担任主录任务,负责录制主要的音响;辅助话筒则用于弥补声源个别部分电频的不平衡,或是同时采录环绕音响。

多路录音法。就是用多个话筒在现场多点录音,可以采录到较大现场各处的声音,如大型的集会和座谈会等。多路录音能将在各个方向上发言人的声音很清晰、平衡地录下来。

(2) 人物谈话的采录

在广播节目中,除了考虑节目的线索外,还要考虑如何在现场环境中获得典型且清晰的音响。一是要消除对方紧张的心理,创造一个友好融洽的交谈气氛。采访人员要以诚恳谦虚、热情友好的态度,主动向对方说明采访意图,取得对方的信任,自然坦诚地交谈。二是要选择合适的录音地点。一般情况下,人的讲话需要找一个不受干扰、较为安静的环境,免得周围的人和杂声影响对方的情绪和录音效果,有时则需要安排在与谈话内容有联系的特定环境里进行。典型环境有利于表现人物的特点,讲话人处在他所熟悉的工作、生活环境里一般不会感到紧张,讲话时能发挥好,还能触景生情,使讲话更具现场感和立体感。三是掌握适当的录音时机。记者要具备快速反应的能力,有一些人物的讲话精彩处往往一瞬即逝,在采访过程中就要有识别精华的聪耳慧眼,把好的东西抢录下来;同时,记者还应选择讲话人情绪较好、愿意和记者交谈的时候录音。四是尽量摆脱讲话稿的束缚。有的记者在采录人物讲话时,事先写好稿子,然后让其念稿录音。这样做虽然谈话内容会比较集中,整理剪接也比较方便。但是,念稿在表达上容易束缚人的思想感情,而且念出来的声音往往比较生硬,所以,应该尽量甩开稿子,边谈边录,即兴发挥,恰到好处。

(3) 实况音响的采录

实况音响是指自然时空中，新闻事件、新闻事物以及报道中人物活动所产生的声音。它来源于真人真事真物，不是人工模拟的音响效果。这种声音是客观存在的，经记者选择、采录后，即成为实况录音素材。它是音响报道的基本材料和表现手段。

实况音响大致有以下几种类型：

按其在报道中的表现形式以及采录的时间地点来划分有两类：一是新闻现场的实况音响。这是在发生新闻事件的当时当地所出现的音响，它的特点是不以记者的活动为转移，具有绝对的客观性；二是非新闻现场的实况音响。它完全是由于记者的采访报道才发生的，它们并非作为新闻事件的组成部分出现，但它却并非人工制造的效果，具有相对的客观性。分清这两种不同实况音响的重要意义在于一方面可以避免理论上的错误。如果笼统地把由于记者的采访报道而发生的音响也叫做新闻现场实况音响的话，就会引出一个错误的结论，即新闻现场情况如何，是可以由记者的活动决定的。另一方面，可以正确地指导实践。新闻现场的实况音响必须一次采录成功，而非新闻现场的实况音响可以重录。

按它在报道中所发挥的作用来划分主要有以下几种：一是典型音响。就是在报道中能够直接体现主题，直接展示一种事物本质个性的音响，也可以称之为新闻主体音响。通常它是和新闻报道的主体事实共存，也往往是记者决定把哪个新闻题材搞成音响报道的依据。这种音响在报道中一出现就会强烈地吸引听众，它或展现一个典型的场面，或标志一个重要的时刻、一个事物的典型特征，强化听众对报道的印象。二是背景音响。就是在报道中用来说明新闻人物或事物背景的音响。这些多为实况录音资料、非新闻现场音响。这种音响的出现多数是新闻事件周围的实况音响。一种是现场本来就有的音响，另一种是伴随新闻事件而产生的音响。

按声音的性质来划分有以下几种：一是人物谈话和人物活动的声音，如人的欢笑声、脚步声等。二是物体运动的声音，如钟声、汽笛声等。三是自然天界的声音，如风雨雷电、动物的鸣叫声等。

实况音响的类型较多，运用的方式和范围也不同，要想作出高质量的音响报道，一定要深入生活，亲临现场，下工夫去采录典型的音响。在采录音

响时,要注意以下几个方面的问题:

一是对声音要有独到的判断力。任何事物都有其独特的声音形象,这些独特的声音在特定的环境、特定的时刻、特定的背景下,又有着特定的内容。有的可以揭示报道主题,有的可以现实现场气氛,有的可以传递事物感情等等。因此,记者必须反应灵敏,具备准确。迅速地鉴别、判断各种音响的能力,不仅要用眼睛观察,还要用耳朵聆听,注意声音独特的表现力和细微的变化,能抓住形象丰满、表现力突出的声音,具有对听觉形象的独到的判断力。

二是善于捕捉典型独特的音响。首先要弄清楚现场音响与表现主题之间的关系,找出新闻事物区别于同类事物的特点来,能从复杂的现场录到最有特点的实况音响。其次要勇于实践,勇于探索,不能满足于眼前的、表面的人们听惯了的音响。要具备艰苦细致的工作作风,眼观六路,耳听八方,寻找辨认,从大量声音中听出有新意的音响来。

三是在采录音响时要有音响的美学观。不能把采录音响看成一个简单的技术工作,它与记者的审美情趣和价值取向关系密切。音响可表真,使人如临其境;音响可表情,使人如察其心。流动的音响不仅可以表现时空,而且可以蕴含丰富的寓意,令人回味无穷。所以,在采录音响的过程中,不能"就音论音",要具有专业意识和审美思维,将音响世界和审美特性紧密结合起来,带给听众美的享受。

(二)电视节目的采编制作

相对于广播节目主要侧重对声音素材的采集和制作,电视节目制作过程则要更加复杂一些。电视节目的制作过程就是按照各种节目形态的要求和具体节目的创作需要,采集制作图像、有声语言、音乐、音响等各种节目要素,进行组合加工的过程。可以大致分为前期摄制和后期加工两个阶段。前期摄制是指充分策划、认真采访、精心撰写解说词和脚本,将表演内容拍摄成各种镜头素材;后期加工则把这些素材按照最后成品的要求进行加工、再创造的过程,包括剪辑、配音、合成等,从而形成完整的作品。

1. 电视采访

电视采访是电视制作环节十分重要的环节。基于真实反映客观事物的新闻类节目、社教类节目与服务类节目的制作，电视采访的重要性自不待言。就是在可以虚构的文娱类节目的制作中，电视采访也往往是不可或缺的重要程序。电视采访可以获取基本的创作素材，激发创作灵感。

多年来，传统的文字记者采访手段非常简单，带上一支笔和一个笔记本就可以走出去采访。广播记者携带一个小型的录音机或录音笔就可以进行录音报道。电视记者离开现代电子化采集手段就无法将活动的图像素材"记录"、"再现"。电视转播、同步报道更要配备一套系统的采集传送设备。作为电视从业人员，必须掌握现代化的电子采集技术手段，并熟知与之配套的各个技术环节。

由于电视的视听元素的表现方式，不仅能够传达信息，而且能够传达印象和气氛。电视采访要能够捕捉"感觉"并能够在现场环境氛围中引出信息。观众可以从画面中获得更多的从属信息。电视采访过程中尽量呈现自然的状态，设法营造一种和谐的氛围，提问简洁、通俗、易于理解，在与采访对象的交流中获取信息。同时要注意采访的态度、举止乃至服饰，进入到电视传播领域的记者已经具有媒体形象的角色，观众通过记者的表现进而了解其主张、能力甚至思想，并以此来判断一家电视媒体的好坏。

电视节目要用连续画面的线性思维方式来呈现，也就是蒙太奇思维。因而在前期的采录过程中要强化屏幕意识。屏幕意识是节目制作者具有的符合电视表现特点的感觉、认知、思维体现的总和。电视镜头要学会用"画面说话"，用"画面叙事"。采访过程中，记者要迅速判断哪些东西要用画面表现，哪些东西要用文字补充说明。画面包含现场环境、背景画面、人物活动及静止图像、图表等，声音包括解说、旁白、音乐、自然同期声、人物采访同期声等，文字包含片头字幕、标题、内容提示、人物身份、时间地点说明、重要引语、评述、翻译等。记者在采访阶段就要对这些表现元素通盘考虑，否则在后期编辑阶段就会无从下手。

2. 电视写作

图像是电视的标志和优势，但是电视写作的重要性也是不容忽视的。写作是电视创作过程中十分重要的一环。电视节目并不是简单地对生活镜子似的反映，而是一种创造性的活动。电视写作广义而言就是对整个节目的构思和流程的设计，既包括前期的节目策划，也包括节目中具体的文案。电视写作的根基从纯文字写作中来，但与之有明显的区别。主要应把握电视的表现特征，从电视语言的整体结构出发，充分考虑节目的流程、主题、风格、定位等诸多要素，同时要涉及与其他手段如音乐、灯光等的协调配合，精心设计布局。

电视写作典型表现为解说词的撰写。解说词不能只是画面的简单说明和解释，除了强化画面已有的信息之外，解说词应该根据创作需要，挖掘画面内的含义。它应该为画面服务，应是画面因素的补充、延伸、深化与概括。解说词应当与画面组合成为具有内在逻辑的有机整体，相互呼应和配合。

电视写作要有明确的"电视化"特征，也就是在创作过程中充分考虑电视的表现特征。与印刷媒体和广播相比，电视与观众之间最能展开直接的交流，其声画并茂的传播特点，最能营造强烈的现场感，能表现丰富的气氛。因此，电视写作应当把握这种交流性，多用谈话语体，避免用语的生硬造作。

另外，不同节目形态的写作有不同的要求。叙述性节目与抒情性节目的写法不一样，文娱类节目的串联词与新闻的解说词写法又不一样。串联词写作要把握好节奏，渲染气氛，衬托主题，调动观众的视听情绪，传达情感，注意起承转合。新闻类节目不仅在文字上要体现出纪实特点，而且要求一定的时效性。

3. 电视摄像

电视图像是电视节目最显著的构成要素，而电视图像的主体是通过电视摄像机的工作而获得的电视画面。电视摄像是电视节目制作中的一个核心环节。前期工作的目的是将编剧的构思，美工的设计和演员的表演拍成图像，记录到存储介质上。图像又是后期工作的源头，剪辑、配音、合成要以它为基础。

电视图像是一种连续运动的图像。它既是空间的又是时间的。由于其具有时间因素，摄像师就可以利用空间在时间中的延续与变化，直接表现运动，因而电视摄像师不仅可以利用静态造型的全部技巧特别是用光技巧，而且可以利用运动造型技巧，如推、拉、摇、移、升、降等表现运动形象。电视图像上的各个造型元素不仅要发生空间关系，而且要与上下画面、上下镜头发生时间关系。一个画面不是封闭的，它必须与上下画面相联系才具有完整意义。电视图像由于受时间限制，一个画面、一个镜头在极短时间内就会从屏幕消失，因此在摄像时要求画面中心内容和主题形象必须突出和醒目，画面结构必须简洁和明确，以便观众能在极短的时间内看清形象、看懂内容。电视摄像时不仅要掌握各种空间造型的手段和技巧，还要掌握各种运动造型的手段和技巧，同时必须懂得分镜头拍摄规律。

4. 电视编导

编导是电视节目的计划、选题、编改、制作、审定、编排、播发等工作的指导者和组织者。电视编导的工作，具有较强的政治性、政策性、思想性和业务性。电视编导涉及电视的节目方针、宗旨、各类节目的设置、报道计划的制订和实施、播出的社会效果和经济效益等。因此，编导工作常常被比作电视节目生产与传播过程中的"心脏"和"大脑"。

电视导播是电视播出的引导者，这是与导演联系紧密的概念，可分为日常性播出导播和临时性现场播出导播两大类。在电视节目，尤其是现场直播时，需要图像切换导演，这就属于导播性质。为保证按计划、有秩序、高质量的播出，导播是电视必不可少的环节。其任务是组织并指导日常节目播出，及时做好节目调度工作。电视现场直播，具有制作和播出同步进行的特点，导播工作更为重要。电视导播应负责编写分镜头台本，调动摄像机位置，调整景别或做特技设想，指导音响工作人员调节音响效果，播放音乐，选择图像进行切换，根据需要采用各种技巧，如叠化、淡入、淡出，等等。

三、广播电视节目的编辑合成

合成是广播电视节目生产过程中的最后一个环节。节目最终是以完整的可感知和接受的具体的形态呈现给受众，合成的任务就是将广播电视节目采编制作环节的各种要素，按照一定的规律，有机地结合为一个整体，最终体现策划的目的、编导的意图以及节目的主题表达的成品。通过合成才能完成整个节目的制作。复制合成的顺利与否，直接决定着节目的质量。

电视节目的合成方式基本上可以分成二类：一类是编辑合成方式，另一类是演播室一次合成方式。所谓编辑合成方式，就是将各种素材，包括演播室收录的素材，均作为信号源，通过编辑合成，再加上相应的电视音响、电视音乐及配音、配乐等制成成品。演播室一次合成则是将各种素材、资料、图表、卡片、字符、模型、道具等，加上演员的表演、解说员的旁白、音乐等信号，一次性地在演播室收录合成制成节目带。

电视编辑方式有线性编辑和非线性编辑等。线性编辑是指传统的磁带录像编辑。由于是利用磁带作为记录介质，音频、视频信号是按照拍摄时间的先后顺序记录在磁带上，素材的重放必须按照节目内容的先后顺序（线性）进行，不能跳过其中的某一段。随着电脑及网络技术的飞速发展，线性编辑逐渐被非线性编辑方式所取代。非线性编辑主要是以硬盘为记录载体，在编辑过程中可以对节目素材进行随机存取，不需要按照时间顺序记录或重放编辑，可随意完成 A/B 卷或多通道特技、动画制作、字幕叠加、配音、配乐等功能。因此非线性编辑就是利用计算机、视音处理卡、视音频编辑软件所构成的系统对电视节目进行后期编辑和处理的过程。非线性编辑系统提供节目制作人员的不仅仅是提高工作效率，同时它还为制作人员提供了广阔的创作空间，能将编导人员的创意发挥得更加淋漓尽致。

广播电视节目生产是技术性、集体性的生产。时代的发展为广播电视节目创作和生产提供了越来越宽广的空间，我们应该自觉坚持专业意识，为人民服务的受众意识，民族复兴时期的文化责任意识，全球化时代的创新意识，与时俱进，创作出更加丰富多彩的精品节目。

第三节　视听新媒体内容的生产传播

新媒体的诞生促使传统的信息生产传播方式发生戏剧化变革，由原先以一对多的发散放射性传播转变为多对多的交错互动式传播。在新媒体浪潮冲击下，大众传播及接受信息的方式发生了改变，大众传媒格局也面临着巨大变化，这些也都标志着广播电视必将面临崭新的传播时代的到来，其自身也将发生巨大改变。

一、视听新媒体的诞生

广播电视的发展一直是与技术的发展密切相关的，随着电子技术的高速发展，其成果也越来越广泛的应用到广播电视领域，在提升传播效率以及优化传播效果的同时，也悄然影响着广播电视新媒体形态。

（一）新媒体与视听新媒体

自 20 世纪 90 年代中期全球逐渐掀起信息技术传输手段融合的浪潮，随之通信业、传媒业以及信息服务业之间的壁垒逐渐被打破，使得内容可以跨媒体流通。一些新的传播技术引入广播电视，如卫星广播、数字广播、手机电视等，产生了新的传播形态。

1. 新媒体概念

新媒体就其内涵而言，是指 20 世纪后期在世界科学技术发生巨大进步背景下，在社会信息传播领域出现的建立在数字技术基础上的能使传播信息大大扩展、传播速度大大加快、传播方式大大丰富的、与传统媒体迥然相异的新兴媒体。就其外延而言，主要包括光缆通信网、双向传播有线电视网、图文电视、电子计算机通讯网、大型电脑数据库通信系统、通信卫星和卫星直播技术以及利用数字技术播放的广电网。

2. 视听新媒体概念

品种繁多的新媒体因其功能差异而运用于各个领域，其中有部分种类的新媒体具备广播电视功能，在新世纪之初便产生"广播电视新媒体"[1] 概念，但当时并未对其进行明确界定。由于新媒体概念五花八门，后来人们将与广播电视有关的新媒体服务内容统称为"视听新媒体"。2004 年 10 月国家广播电影电视总局实施的《互联网等信息网络传播视听节目管理办法》（总局令第 39 号）对视听新媒体的范围作了界定，其中第二条规定："本办法适用于互联网协议（IP）作为主要技术形态，以计算机、电视机、手机等各类电子设备为接收终端，通过移动通信网、固定通信网、微波通信网、有线电视网、卫星或其他城域网、广域网、局域网等信息网络，从事开办、播放（含点播、转播、直播）、集成传、输、下载视听节目服务等活动"。可以发现，此处新媒体的范畴仅指存在以互联网为基础而存在的广播电视新媒体，而有线数字电视、卫星电视等并未包含其中。

综合对新媒体及广播电视的考察，视听新媒体是以数字技术、网络技术、

---

[1] 陈晓宁主编：《广播电视新媒体政策法规研究》，中国法制出版社，2001 年版，序言第 1 页。

卫星技术等技术手段为基础、具有大众传媒特质及功能的互动型新媒体。如通常所说的卫星广播电视、有线数字广播电视、手机电视、IP 电视、楼宇电视等都属于视听新媒体范畴。

第一，视听新媒体运用数字信号来代替传统广播电视节目信号来进行节目的生产、传播、接收及储存，这是它区别于传统媒体的最根本特征。1997 年 8 月，国务院颁布的《广播电视管理条例》（国务院令第 228 号）中对广播电台、电视台的要求是（即第九条的规定）："设立广播电台、电视台，应当具备以下条件：（一）有符合国家规定的广播电视专业人员；（二）有符合国家规定的广播电视技术设备；（三）有必要的基本建设资金和稳定的资金保障；（四）有必要的场所。……还应当符合国家的广播电视建设规划和技术发展规划。"广播电影电视总局令第 39 号第八条规定：申请《信息网络传播视听节目许可证》，应当具备下列条件：（一）符合广电总局确定的信息网络传播视听节目的总体规划和布局；（二）符合国家规定的行业规范和技术标准；（三）有与业务规模相适应的自有资金、设备、场所及必要的专业人员；（四）拥有与业务规模相适应并符合国家规定的视听节目资源；（五）拥有与业务规模相适应的服务信誉、技术能力和网络资源；（六）有健全的节目内容审查制度、播出管理制度；（七）有可行的节目监控方案；（八）其他法律、行政法规规定的条件。由此可见，视听新媒体是以科技技术为保障的一种传播方式。通过视听新媒体的传播，广播电视节目可以实现真正意义上的跨时空传播。

第二，视听新媒体具备大众传媒的一般特质。同传统广播电视一样，视听新媒体节目的生产与传播也需要一个系统的、有组织的、大规模的生产机构，且其节目生产与运营也同样不是单纯依靠个体就可以发展成熟的。通过视听新媒体播出的节目虽说因其与受众的互动性增强，而使得受众的选择度大大提升，但是其本质是同传统广播电视一样，都是"从事信息的大量生产和传播的信息产业，由于它的内容与社会观念、价值和行为规范具有直接关系，由于传播领域的特殊性赋予它的巨大社会影响力，无论在哪个国家，都会把它纳入社会制度的轨道"[①]。换句话说，视听新媒体节目的"新"主要是

---

① 郭庆光：《传播学教程》，中国人民大学出版社，1999 年版，第 112 页。

体现在其生产、传播、储存等方式上,但是其节目内容仍然要符合社会的发展及主流意识形态的构建,要符合国家政策法规的要求。从这个角度上来说,视听新媒体语境下广播电视节目的创作其实从本质上并没有发生改变,而只是在形式上突破了以往传统媒体的局限,使其更加具有互动的特性。从某种意义上看,视听新媒体是传统媒体的延伸。

3. 视听新媒体类型

新媒体品种繁多,功能复杂,其本身又具有较强的融合性特点,比如"电子报刊＝报刊＋网络＋广播＋电视",我们很难将其具体归为某一类之中,因此此处所述分类也只是根据其传播内容进行综合分析。本书将视听新媒体分为五个部分:数字广播电视、宽带网络新媒体、手机电视、楼宇电视以及移动电视。

数字广播电视可分为数字广播、数字电视、直播卫星等。数字广播是相对于使用模拟技术的调幅广播、调频广播以及在调频广播基础上形成的立体声广播而言,被称为第三代广播,是20世纪90年代中期由欧洲广播联盟推广的一项广播系统,通常称为"尤里卡—147"系统,主要有地面数字音频广播、卫星数字音频广播及有线数字音频广播三种传输形式,三种形式相互补充。数字广播节目比起传统的广播具有突出的优势,不仅节目声音质量大大提高,听众能够进行节目的移动接收,极大地扩展了广播节目的传播。数字电视是相对模拟电视而言的一种全新的电视形态,是指从广播电视节目采集、制作、传输到用户终端——家庭电视机全部采用数字技术的新一代电视系统总称。通过数字电视生产传播的电视节目画质清晰,虽在实际生活中有免费和付费数字电视的区分,却使得数字电视节目在个性化、小众化上具有较大发展。电视节目的制作更倾向于满足受众的需求。

宽带网络新媒体是利用宽带网络,运用IP协议来提供包括电视节目在内的多种数字媒体服务及其增值服务的业务。网络广播电视就是通过网络建立特定的网络广播电视服务器,通过此服务器运行广播电视节目传播软件,将节目传递给受众。受众可以直接通过计算机上的接收软件来收听收看音频、视频,从而大大降低节目的传播成本。

IP电视的界定尚存异议。一方面受众可以通过互联网收看网站上的视听节目或网站转播的电视节目;另一方面,受众可以通过电视机收看宽带局域网开办的"网络电视"。而根据电视节目接收终端设备的区别,又分为以下两种情况,即通过电视机和机顶盒来收看电视节目以及通过计算机互联网收看电视节目。网络电视节目类型繁多,新闻、社教、电影、电视剧、综艺类节目等都有所涉及。需要特别指出的是部分网络电视节目的专业性很强,即其节目生产是针对某一特殊领域(如影视、科技、体育等)进行专门制作,收看群体一般比较固定。网络电视的节目制作者可以是个人,网民自己制作节目并将其通过互联网上的特定网站、BBS、论坛等上传至网络供大家收看。此种类型的网络电视节目通常要凭借网民的二次传播甚至是多次传播才有可能实现广泛收看,其节目通常具有较强的个性化色彩,表达个人的观点和情感。除此之外,正规的广播电视节目制作机构也会向网络电视提供节目。通常专门用于网络播出的视听节目主要来源于非公资本制作机构,新闻类节目和转播广播电视节目主要来源于传统广播电视台等主流媒体。网络电视节目与传统电视节目最大的区别就在于其强大的互动性。最常见的网络电视节目的互动指的是受众可根据自身需求选择时间和地点观看电视节目,但是电视节目本身的内容并不存在互动性,换句话说,节目的内容不会因为受众的个人原因而发生改变。其实网络电视还可以实现让受众决定电视节目的内容,即受众决定节目情节的发展;此外,受众还能同网站及其他受众进行互动。网络电视打破了传统的固定单向的电视节目传播方式,观众可以实现对电视节目的直接控制。如观众可以根据自身情况选择电视节目,并在收看的过程中实现对节目进行保存、慢放、快放、回放、暂停等功能。甚至受众可以按照自身及家人的喜好自己制定节目播放菜单,创立适合自身的节目播放平台。

手机电视是以手机为接收终端,在由移动通讯网络或数字广播网(含地面和卫星)构成的封闭式无线网络内传播。其最大的特点就是移动性和便携性,也因此手机电视节目如今已拥有海量的收视观众,成为覆盖人群最广的电视节目载体之一。利用手机电视传播的电视节目画面质量优良,具有较强的时效性,利于整套节目的播出。但因其载体本身的限制,手机电视节目与观众之间无法实现较好的互动。

楼宇电视主要是在公共场所(商场、酒店、办公楼、餐厅等)及住宅小区中设置的电视播放设备,通常放置于人群较为密集之地,播放新闻、广告等类型的电视节目。楼宇电视具有较为明确的节目设置理念,即让短暂的空间和时间也具备被消费的可能性。因此楼宇电视的节目通常以简短的广告为主，间有新闻、娱乐资讯、生活指南、公益宣传片等类型。

移动电视指专门针对移动人群播放的电视节目，并在公共汽车、火车、轮船、车站站牌等交通工具或公共场所安装电视接收装置进行收看的业务行为。移动电视通常有三种节目传播模式。一是采用地面数字电视技术，通过无线覆盖方式将数字节目由播出前端传送到移动式交通工具上的接收装置进行收看。二是采用计算机无线联网技术，将数字节目由播出前端无线下载到移动交通工具上的硬盘上，再通过装置的电视机进行收看。三是将已编排成频道形式的数字节目存储在便携式硬盘中，再通过电视机进行收看，通常节目每天一换。移动电视节目的编排与传统的电视节目相类似，有特定的采编制作人员、记者、主持人等等，其节目可能是自己的制作团队生产，也可能是购买现成的节目进行播放，在播放时也是将节目编辑为诸多频道进行播出。但是在节目的传送方式上与传统的广播电视节目差异较大，是通过人工传送硬板来完成节目传送。

（二）新媒体语境下节目生产与传播的变化

由于受众需求发生重大变化，传统单一大众化的节目越来越难以满足受众的要求，个性化、多样化、互动性、参与性等成为当下节目制作的趋势，这使得广播电视不得不对其自身的资源进行优化整合。广播电视想要具备竞争力，就要凭借其具有优势的庞大的资源体系以及节目制作能力制作出符合当下受众需求的视听新媒体节目。

1. 节目生产的变化

数字技术无疑是广播电视发展的必然选择。视听新媒体通过虚拟频道、时移节目等实现了非线性传播，不仅在节目播出上呈现非线性，在节目过程中也可通过观众听众的互动参与而形成非线性结构，由此彻底改变了传统广播电视节目之间连续播出以及节目内容线性的叙述模式。另外，经由数字技术处理的广播电视节目所呈现的图像及声音都更加真切，信息传播的质量得到提升，艺术感染力也随之增强。同时，传统广播电视节目保存性较差，如今随着数字技术的进步，广播电视节目可以得到长期保存，传播效果也随之增强，受众也随之产生分流，节目生产理念发生潜在变化，互动型节目成为发展主流之一。

互动性节目由于其具有较高的参与性、自由度及娱乐性而使得其点击率明显呈上升趋势，让受众参与到节目之中是我国广播电视节目发展的方向。与此同时，数字化技术还催生了诸多新生事物的诞生，如虚拟主持人、虚拟演播室等，这些都给传统广播电视节目注入新的生产元素。在节目中生成虚拟节目主持人，或是让节目参与者充分掌握场景元素的控制权，增强虚拟节目的真实性、互动性和游戏性，通过虚拟演播室进行节目制作，已逐渐推广到各种类型的节目中去。特别是虚拟演播室成为大势所趋并逐渐成为主流，其场景的随意变换性和节目内容的无限想象力成为节目制作和节目效果的最大亮点。从国内外虚拟演播室应用来看，虚拟互动控制系统已经逐渐成为了一个创新性应用设计理念，它突破了传统应用思维的限制，将虚拟演播室的应用提升到了一个新的水平，虚拟技术的创新应用开创了电视科技应用的全新的合作模式和节目制作工作流程。

新媒体打破了传统的传受关系，大力发扬"分众化"、"小众化"的节目，使得广播电视节目在新媒体语境中亦能适应受众市场的细分化及受众需求的多样化。比如受众通过传统广播电视只能接收到固定的广播电视节目，而通过视听新媒体则可以收看收听广播电视节目，还可上网、游戏等等，此方式亦实现了信息娱乐与通信的和谐融合。

数字化技术的运用使得广播电视节目突破了以往局限的频道限制，为各类具有不同需求的受众提供了可供选择的大量的频道资源。通常有线电视的分配网络只能承载 40 至 50 套电视节目，频道资源非常有限，受众的选择自由度也受到了限制。视听新媒体的运用极大地丰富了频道资源，可同时提供 500 套左右的频道，从根本上解决了传统的广播电视节目传播频道资源紧张的矛盾。因此广播电视节目不仅仅可以沿袭传统的内容，还可利用多出的频道资源进行多样化的探索，对不同层次、不同背景的受众提供专项的服务。正是广播电视内容生产个性化、多样化的转变，使得受众真正成为节目的主体。

2. 节目传播的变化

新媒体的介入不但改变了广播电视传统的生产方式，同时也使节目传播手段、传播方式发生很大的变化，它在提升节目传播质量的同时，其多媒体、数字化、网络化、交互性等新媒体特点也拓展和丰富了广播电视节目传播方式。

  数字化在广播电视中的广泛运用很大程度体现在节目信号的传播过程中。传统的广播电视节目信号采用整体处理方式，即在信号传播过程中，电路中的杂波会随同节目信号被一并传出，由此大众接收到的节目图像的质量就会降低。而数字技术的运用使得原先的整体传播被分化为独立的小单元，每个部分都进行单独的处理，去除杂波且减少损耗，大大提高了大众接收到的节目图像的质量。在信号的传输方式上，数字技术改变了传统的信号实时传输的方式。传统的信号传输只能支持一个频道对应一套节目，一个电路通道只能传出一路信号。数字技术的运用增加了复用环节，可以实现将多套节目压缩混合放入一个通道之中，节目的传输效率显著提高。

  传统广播电视内部资源以频道为基本单位，所谓的电视资源通常是按照频道进行划分而分划到各个节目中，形成以节目为单元、频道资源为实体的设备、人力、内容和制作资源的配置结构，因此广播电视资源一直处于被分割的状态，难以整合。各广播电视台形成了诸多分散的以节目为单位的小型生产团队，节目通常也是采取自产自销的制播合一模式。这种繁杂且分散的小型化生产方式无法实现优化的资源配置整合。在新媒体浪潮冲击下，广播电视节目制作不得不放弃原有的小作坊式的生产方式，实现资源共享的转化。从另一个角度来说，正是因为传统广播电视采用垄断的节目制作传播方式，传统传媒对受众的信息接收具有绝对的控制权，而数字技术的进步正一步步打破原有的信息控制体系。在节目中，因为视听新媒体的介入，信息的复制与传播变得轻而易举；受众与节目、节目与节目、受众与受众之间的互动得到加强，这一切，迫使广播电视加快与新媒体融合的步伐。

二、广播电视节目生产传播与新媒体的融合

  视听新媒体从根本上改变了传统广播电视节目的生产方式及发展模式，数字化技术使广播电视节目的生产传播具备了开放性、共享性、多样性、兼容性、通用性等显著特征，促使广播电视音频视频的生产、传播、交换、消费方式发生相应改变。

（一）节目内容制作方式的变革

  在新媒体语境中，国家广播电影电视总局对广播电视的产业模式进行了

优化调整。根据现代企业制度和现代产权制度的要求，大力扶植数字节目供应商、集成运营商、网络传输商和接入服务商，极大地丰富了广播电视节目市场的服务主体。逐步培育在全国范围内具备一定实力的、面向多种终端、提供不同节目形态和海量内容服务的若干个节目内容提供商，探索建立良性互动、多元化经营、集约化发展的产业运营模式。在节目播出的问题上，广播电影电视总局批准开办数字化付费广播电视节目，并将其的生产引入竞争模式，在批准中央电视台组建数字付费节目集成运营公司后，又批复北京集团、上海文广集团、中影集团、中广影视网络公司可以组建面向全国的数字付费节目集成运营机构。这些政策的变革直接影响着视听新媒体节目内容生产方式的变革和创新。

1. 针对渠道特色的碎片化组织方式

视听新媒体节目更多的还是电视台播出的新闻、综艺、体育赛事或从节目制作公司直接购买的电影、电视剧等。但从节目的形式及采编制作上来看，视听新媒体与传统广播电视还是存在较大差异。以上所提到的广播电视节目类型在新媒体平台上进行播放，如若按照传统广播电视的组织模式则会失去应有价值。视听新媒体须根据网络用户的收视习惯来对节目内容进行重新拆分组合，使其符合网络视听快速浏览、定向检索的特点。视听新媒体节目的编排者应对原有广播电视节目进行碎片化处理，将碎片化节目重新整理、筛选、编排。如手机电视受众因其受到手机小屏幕的限制，决定了手机电视短片或新闻时间通常短于正常的广播电视节目，目前普遍为30秒钟以内。网络用户因具有极大的选择自由性，几乎70%的用户在线观看视频的时间为10分钟以内，而这70%中有更大部分人观看视频持续度在3分钟以下。因此，通过互联网进行播放的广播电视节目通常会被拆分为10分钟以内的片段。过去的网络电视直播通常无法点开，甚至受众也无法观看其他频道的节目。如今点播节目已经过传播者的碎片化处理，已被拆分为诸多相互关联的条目，节目的结构已经被改为零散的、简短的、前后关联的部分。

2. 互动性与按需观看

视听新媒体节目与传统媒体最大的差异就在于其增加了节目与受众的互动性，可以让受众按需选择所要收看的节目，这也改变了传统节目单向传播的特点。视听新媒体节目要按照受众要求进行节目制作与传播，受众可根据自身情况对节目进行点播,同时,在这种互动传播中,受众并不仅仅是节目观看者,还可成为节目的生产者或传播者。如网络电视受众可以通过互联网就了解节目收看的人数等情况,并通过留言等形式来参与节目创作,可与其他受众形成互动,这种方式能够极大地调动受众的观看情绪,也能使关注度较大的媒介事件得到更广泛的传播。利用新媒体节目的互动性特征,传统广播电视与新媒体之间也可产生互动,进行优势互补,相互促进发展。CNTV就利用相关专题活动,通过短信、视频上传、网络投票等方式,不遗余力地增强电视媒体与网络平台的互动,以扩大电视与网络节目的收视覆盖面,推动其商业广告的吸引力。

3. 专业制作与大众参与

因为视听新媒体平台的内容快速采集、多格式生成、多介质发布、集约化经营,分众化、精准化、专业化切入的节目内容制作特点,诸多的网络媒体开始培养自己专业的节目制作团队,着力打造富有全媒体能力的记者及节目采编队伍,集采、写、摄、录、编、网络技能运用及现代设备操作等多种能力于一身的全媒体节目制作人员正在成为新闻现场采访、活动报道、事件采集等节目内容创作的中坚力量。与此同时,视听新媒体节目的制作不再只是局限于有专业素养的专业人士,网友可组团甚至个人也参与到节目制作当中。

(二)视听新媒体节目采编要求的变革

视听新媒体节目除了在内容、播出方式等与传统媒体存在差异,其节目的制作采编也与传统的广播电视节目非线性编辑有所不同。

1. 支持多帧率、多画幅混合编辑

为了使节目能够在手机电视、网络电视等多种终端上进行播放,节目剪辑软件需要自动适应不同的帧率和分辨率。节目制作者在对节目进行编辑时有时会将不同帧率、不同分辨率的节目素材放在同一个时间线上进行编辑合成。

2. 编辑功能以简单剪辑为主

视听新媒体大多还是沿用广播电视台、影视公司等机构生产的节目进行播放,但其会根据自身情况对节目进行二度加工,只是此过程不需要编导进行节目内容的构思与策划,也无需运用复杂的特效动画等。视听新媒体节目编导最常用的编辑功能就是简单的剪切和复制拼贴,将原先节目中不合时宜的东西(如广告等)去除,将时间较长的节目分割为独立且相互关联的部分,以便于移动设备用户对节目进行下载和收听收看。

3. 节目编辑快且条目化

视听新媒体节目为了方便受众通过手机、网络观看,需要制作者通过帧精确定位迅速拆分节目内容。如一则新闻节目播出后,需要马上按照条目进行拆分,在线进行拆分的同时就可以生成条目以供受众点击播放,且进行快速的剪辑标注。

4. 后台提供自动化处理功能

视听新媒体节目在后台需要进行诸多的自动化处理过程,例如编目信息的提取,场景的标注、人物的标注、提供更精确的关键词搜索。在节目制作过程中标注添加,让节目更容易被看到找到,而且还可提供各种的聚合方法。

5. 字幕、特技直接使用模板操作

视听新媒体的节目制作从时间及运营成本上考虑非常适合模板化的简单操作。新媒体制作软件加字幕、台标、广告甚至特技都是标准化、模板化的操作方式。如贴片广告,可事先规定好商标位置及大小,制作者只需进行部分的文字改动即可。片段间的转场可以使用默认的方式直接添加固定秒数的淡入淡出特技,就能够满足90%以上的转场特技要求。

三、超媒体时代视听新媒体节目的发展与创新

"超媒体时代是建立在诸多媒体相互叠加并且高度融合基础之上的多维传播时代。"① 如同当年广播电视媒体的盛行极大地影响纸质媒体的生产与传播一样,超媒体的发展也给广播电视节目的制作传播带来了前所未有的冲击和挑战。尼葛洛庞帝说,超媒体"必须能从一种媒介流动到另一种媒介;它必须能以不同的方式述说同一件事情;它必须能触动各种不同的人类感官经验。如果我第一次说的时候,你没听明白,那么就让我(机器)换个方式,用卡

---

① 张君昌:《超媒体时代》,新华出版社,2003年版,第3页。

通或三维立体图解演给你看。这种媒介的流动可以无所不包,从附加文字说明的电影,到能柔声读给你听的书籍,应有尽有。这种书甚至还会在你打瞌睡时,把音量放大。"[①] 因此,在超媒体时代,视听新媒体节目有着更高层次的要求。

(一) 超媒体是媒介融合发展的必然结果

超媒体是媒介融合发展的必然结果,也是当下媒介融合趋势下所产生的一种具有旺盛生命力的融合媒介。超媒体建立在传统媒体与新兴媒体的有机融合基础之上,将产生一种全新的媒介生产管理经营方式。随着互联网与移动通信的发展,微博、微信、即时通讯等新兴媒体被广泛运用,超媒体不断开拓新的疆域,从原先单一地指向网络媒体延伸为指向方兴未艾的手机媒体以及与传统媒体融合后的各种结合体。"超级连路让用户从一个信息区域迅速跳跃到另一个信息区域……无数次地从一个话题跳到另一个话题,在全世界范围内搜集视频、音频和文本信息。"[②] 目前,对超媒体最简单、最直观的描述就是三网融合、四屏合一。

尽管如此,超媒体作为信息传播媒介的属性并未发生改变,只是其节目的生产传播方式发生了变化。但是,超媒体并不是一个具有实质性载体的概念,而是对于传统的、较为单一的媒体而言的一个集成、总装和超越的概念,是基于有线或无线移动互联为基础的网络化媒体。全新的视听感受将提升人的自主性,使得未来的传播更加自由、开放、互动和个性化,呈现更为人本化的发展趋势。首先,超媒体的信息传播媒介几乎囊括了所有媒体形式,如报刊、广播、电视、互联网、手机、电脑、平板电脑等,涵盖了视觉、听觉、触觉及形象等人们接受资讯的全部感官载体和终端。其次,超媒体的节目生产可以借用音频、视频、文字、图表、相片等各种手段来进行,并在其基础上进行不同媒体的融合、转换,从而产生出全新的传播形态。最终在媒体的管理运行模式上,超媒体是对跨媒体经营、移动媒体等多个概念的集成与综合。

---

① 【美】尼葛洛庞帝:《数字化生存》,海南出版社,1997年版,第91页。
② 【美】比尔·盖茨:《未来之路》,北京大学出版社,1996年版,第108页。

(二) 超媒体时代视听新媒体节目发展创新之道

随着超媒体发展的趋势,广播电视节目在其媒介形态上与各种媒介进行融合和组合,呈现全媒体倾向。在媒介融合趋势促使下,广播电视进行了多重创新尝试,在融合之初,传统广播电视节目生产传播方式仍然在占主导地位,其占据了绝对的优势资源。然而随着视听新媒体发展迅猛,广播电视节目能够通过新媒体渠道获得海量受众群,并对受众产生极大影响。随着三网融合的推进,各级广电媒体纷纷加快向传统媒体与新媒体融合发展的步伐。视听新媒体不断发展壮大、融合重组,创造出诸多新业态,构建出超媒体发展的新景观。

1. 数字技术

数字技术的发展直接推动了互联网的广泛运用,传统广播电视也要融入数字化的其他媒介之中才能在超媒体时代焕发生机。当下互联网上已经充斥着各类广播电视节目,广播电视与互联网的融合即可看做是媒介融合进程中的一个阶段性成果,今后还将催生出新的传播形态。如某一单独类型的媒介上传至网络后,其内容和形式都会发生极大改变,音频、视频、文字、图表等都可对其内容形式进行丰富。任何个人只要上网或使用即时通讯软件,就将接受网络推送的超媒体功能与服务。同时,任何个人参与全球化竞争,也都将成为一个独特的个性化品牌,即成为一个具有超越传统媒体功能的"超媒体"。面对此趋势,传统广播电视必须打破行业壁垒,有效整合优势资源,加快推进广播电视节目向超媒体的新要求转变。

数字视频业务是未来传媒业发展的必然趋势。传统媒体要想向超媒体发展,开展网络视频、手机电视、数字电视、户外显示屏在内的各种视频媒体是必不可少的手段。因此,数字视频业务将成为未来传媒业发展的一个新亮点。数字机顶盒可以提供包括电视投票、C2C 的互动节目点播、多人参与交互式游戏、电视抓取搜索等多项服务,这些服务都强调了使用者的参与性和交互性。可以预见,视听新媒体节目的发展在未来会催生更多的内容提供方式和信息服务形式的出现,并且带动整个传媒业的发展进程。

2. 媒介融合

媒介融合是指各种媒介呈现出多功能一体化的发展趋势。从本质上讲,媒介融合首先是指两种或多种技术融合后形成某种新的传播技术，但其意义并非只局限于此。随着媒体界限的淡化，节目内容和形式将呈现更多的发展空间。越来越多的迹象表明，从媒体整合中寻求新的竞争优势已经成为广播电视的关注焦点。不同类型的媒体间争相渗透融合，不仅弥补了单一媒体表现力的不足，还大大满足了不同受众的不同需求。网络、手机等新兴媒体具有信息发布及时、互动性强等优越性，但其缺陷也有目共睹，例如互联网上原创内容匮乏、过多冗余、真假难辨等问题尚待解决。传统广播电视在传播时效和传播广度上虽然不如新媒体，但因其公信度高、权威性强和专业性好等优势，又使新媒体短时期内无法取而代之。在媒介融合过程中，要处理好各种媒体的不同角色和地位，特别是在广播电视节目制作与研发和过程中需要综合考虑不同媒介的传播特性和表现特征，唯有如此，才能不会在媒介融合的浪潮中迷失方向，才能在激烈的媒介竞争中求得有利地位。

媒介融合趋势必然使广播电视节目生产和传播受到全面的影响。广播电视新闻节目将更加注重超媒体发布手段，发展多种媒体有机结合的融合型新闻；全能型记者将同专业记者分工合作，共同完成报道任务。在新的市场格局中，广播电视将找到自身新的定位和业务模式，构建适应超媒体发展需要的节目体系和传播平台。

3. 互动与参与

超媒体时代，受众和传媒的关系发生了巨大变化。受众的互动和参与将更加明显，受众本身将成为传播者之一。过去，广播电视受众对信息的接收都是单向的，信息传递无法实现交互。现在以互联网为代表的新媒体把读者和观众变成了信息的传播者，传统的听众、观众等群体正从信息的被动接受者转变为信息的制作者和发布者，互动交流不断增多。

在这种背景下，互动与参与是节目的生存之道。长久以来由于技术的限制，广播电视一直以"点对面"的传播方式走进千家万户，形成绝对化的单向传播关系。随着数字技术的兴起，受众参与与互动成为可能。传与受的强制关系被打破，受众不再只被动接受，而转为积极参与。

数字化还带来理论上无限量的频道资源，只有通过节目的社会化生产才能满足多媒体对节目的需求。内容供应商的出现，将使内容生产的功能从"台"里分离出来，不仅降低了制作成本，还提高了产量。在当代媒体竞争中，没有互动就意味着失去受众。

增加言论节目的开放性也是途径之一。节目制作的观念之一是内容为王，而内容的核心则是以人为本。所以，充分利用技术条件，在受众关注的基础上增加参与性，使之更深入和广泛地参与到社会生活中，是超媒体时代节目制作的一个方向。

（三）超媒体时代视听新媒体节目的发展趋势

如何在超媒体时代继续保持节目竞争力，适应市场竞争和受众的多元需求，是广播电视节目制作需要重点考虑的问题。制作人员需要熟悉新媒体技术的发展，研究其在节目制作过程中的应用技巧，了解新媒体传播特性以及受众的接受特点。传统的新闻价值包括及时性、显要性、接近性、冲突性和有趣性等五方面要素。"在以融合、互动、个性为特征的超媒体时代，过去一元化的传播价值观发生畸变和重构，呈现既相互独立又互为补充的二元复合新特质。"[①] 具体体现在五个方面：（1）及时性与全时性的复合；（2）显要性与显微性的复合；（3）接近性与贴近性的复合；（4）冲突性与冲击性的复合；（5）有趣性与有用性的复合。

"随着信息高速公路的先期介入以及卫星技术与电视、电脑和电话的结合，一种替代模式将很有可能促成一种集制作者、销售者、消费者于一体的系统的产生。该系统将是对交往传播关系的一种全新构型，其中制作者、销售者和消费者这三个概念之间的界限将不再泾渭分明。"[②] 在超媒体时代，新闻节目采制面临深刻变革。首先是对时效性的重视。相对于网络、手机媒体而言，传统广播电视的新闻发布具有一定的滞后性，这时通过采编系统获取的新闻可以选择通过网络广播电视台进行发布，而传统广播电视再进一步跟进，形成立体式报道格局，既保证了新闻的时效性，同时这种复合式报道又有助于受众深度解读。其次是对权威性的重视。在信息爆炸时代，人们对信息的需求呈几何式增长，由于过分强调信息的数量和速度，大量虚假信息乘虚而入，使得人们对信息来源的可靠性以及真实性产生怀疑。这时，广播电视新闻在长期发展过程中形成的权威性和可靠性优势得以显现。当生活中遭

---

① 张君昌、曾文莉：《超媒体时代的传播创新与人才升级》，《现代传播》，2012年第4期。
② 马克·波斯特：《第二媒介时代》，南京大学出版社，2000年版，第3—4页。

遇新闻真实认知模糊的问题时,人们更倾向于选择传统广播电视新闻来进行确认。再次是对新闻专业性的重视。超媒体在带来丰富海量新闻资讯的同时,对新闻选择和把关人也是不小的考验。这就需要采编人员熟悉掌握多种媒体传播特性,在选择新闻时充分考虑新闻价值以及可能会产生的社会影响,进而确定新闻的发布平台,通过超媒体联动效果可以形成对某一新闻事件的深入报道。

21世纪以来,电视剧生产呈现较快发展态势,创作呈出多元化格局,艺术水准不俗的精品不断涌现。在政策导向和市场驱动下,电视剧生产还将继续增加。晚会类节目则逐渐呈现主题化倾向,区域文化、慈善及特定节庆日纪念等主题受到关注和青睐。如何使这类节目既保持内容与形式的集中统一,又能突破相对封闭的创作框架,是值得探讨的问题。在超媒体时代,广播电视将充分调动社会资源和大数据分析系统,对电视剧剧情和晚会主题进行评测和修正,加强与受众的交流,以受众的意见、反馈作为创作考虑,是赢得市场的重要手段。

在超媒体背景下,广播电视将面临更大的挑战和冲击,在与新媒体的激荡中不断深化对广播电视自身以及节目的认识,广播电视节目形态和理念也在不断发生着变化,这既是应对外界竞争的需要,也是自身发展创新的积极探索。其中突出表现为服务意识强化,平等交流观念增强,情感化表现突出,既重视娱乐性也坚持维护长期形成的权威性形象。超媒体时代的来临是广播电视发展历程中的重大转折,既要积极适应媒介融合的挑战,同时立足于媒介属性,深刻把握时代发展以及人们需求变化的现实,积极创作出更加丰富多彩的视听节目。

第六章　中国广播电视的产业经营

广播电视产业经营要求广播电视生产管理方式必须与之相适应。广播电视媒体必须在追求社会效益的同时注重经济效益，两者的结合构成了当代中国广播电视产业发展的重要标志。要改变粗放的管理方式，借鉴引进现代企业管理方式，实施企业化管理。通过资本运营、技术创新、引进竞争机制和市场化运作，提高资源配置的科学化程度；通过体制创新，提高广播电视部门运作效率和生产能力。实施集约管理，进行一系列管理改革，建立一整套与之相适应的管理体系：以绩效考核为目标的节目质量、经营效果的量化反馈评估体系；以控制成本提高效益为目标的成本核算、投入产出和收入分配管理体系；以扩大市场占有份额为目标的产业策划和开发管理体系。

第一节　广播电视产业内涵特征

中国广播电视长期以来一直是以意识形态宣传为主要功能的事业单位，随着经济逐步向社会主义市场经济体制转变，广播电视的产业功能得到充分释放，特别是党的十七届六中全会提出大力发展文化产业，为广播电视产业发展提供了强大思想动力。

一、中国广播电视产业内涵及特征

产业是指由利益相互联系的、具有不同分工的、由各个相关行业所组成的业态总称，尽管它们的经营方式、经营形态、企业模式和流通环节有所不同，但是，它们的经营对象和经营范围是围绕着共同产品而展开的，并且可以在构成业态的各个行业内部完成各自的循环。产业是社会的支柱,按照联合国教科文组织对文化产业的定义,文化产业是"按照工业标准生产、再生产、储存以及分配文化产品和服务的一系列活动"。[①] 据此,广播电视产业可以理解为按照现代化市场经济标准,以工业化生产模式,进行生产、流通以及分配广播电视产品和服务的市场化行为,即指从事广播电视产品与服务的生产经营活动以及为这种生产和经营提供相关服务的行业。

我国广播电视传媒既是党和人民的喉舌,又属于文化经济产业,因此具有政治、经济双重属性,兼具新闻宣传和产业经营的双重功能。1978年年末,《人民日报》等首都7家报纸为试行企业化管理给财政部的报告中提出"事业单位性质、企业化管理"的思想,随后,这一政策开始在广播电视行业推行。"双重属性"就是指在市场经济条件下的我国广播电视业同时具有经济属性和政治属性,也即广播电视业首先是指新闻媒体作为社会意识形态之一部分不仅具有事业性,而且具有特定的产业属性,也即能够成为"制造或供应货物、劳务或收入来源的生产性企业或组织"。因此,广播电视产业的产品可以参与社会生产流通,进入市场进行交换,参与市场竞争,促进社会生产力和经济总体的发展和扩充。1987年,上海市广播电视局提出,"只有发展产业,才能建设事业"的口号。可以看出,我国广播电视业由于集具备政治属性和经济的双重属性,因此具有西方国家不尽相同的行业特殊性,具体表现在以下两个方面。

(一)追求社会和经济效益的辩证统一

市场化运作,是以经济效益作为首要目标和终极追求的,因此,社会经济产业中诸如商业、建筑、运输等产业是以追求经济效益为唯一目标,以实现经济效益量的多少作为衡量企业发展水平的标准。而我国广播电视产业市场化运作的过程中,所追求的目标是社会效益和经济效益的和谐统一,统一的基础就是把社会效益放在首位。喉舌功能以社会效益最大化为最高标准,产业功能以经济效益最大化为最高标准,不能以经济效益牺牲社会效益。广播电视的经济效益的实现最终目的是为实现社会效益,而绝不意味着其经营

---

① 转引自《文化产业的解释》,概念知识元库(CNKI),2013年8月1日。

管理活动要以放弃社会效益为代价。两者是辩证关系，首先，以市场为经济导向，通过在媒介市场上的竞争和拼搏，逐步掌握市场经济规律，完成媒介组织产业化，集约化，规模化的过程是应对现代传媒竞争的需要，以解放和激发广播电视本身潜在的发展活力，迅速增强竞争实力；另外，随着产业经济实力的提升，广播电视事业可以提高广播电视节目的制作质量和传输质量，提高覆盖率和视听率，就可以使党和政府的路线、方针、政策等社会管理信息得到及时有效的传播，在更大程度上发挥新闻传播和舆论宣传功能，确保我国广播电视政治喉舌功能和社会效益的实现，为我国创造长治久安的经济和社会发展环境。因此，广电产业发展，是以社会效益和经济效益的共生共存关系为基础的，而坚持社会效益与经济效益的双效统一，是我国广电事业自身本质属性所决定的。

广播电视产业的特殊性使得其行业参与资格的标准不同于其他行业。在市场化过程中，广播电视作为具有明确政治宣传功能的重要产业，事关国家社会的意识形态基础建设问题，是社会和谐稳定的重要舆论宣传工具，因此必须执行严格行业准入认证制度，国家必须对生产制作、放映播出、营销发行等主要市场环节实行严格的行业监管，以保证意识形态阵地的稳固和社会的稳定运行。

（二）有选择地进行市场化运作

一般来说，以单纯经济利益为追求的行业部门在进行市场化运营的过程中，出于竞争和发展的需要，采取的是各个生产运营环节全部按照市场运营机制设置和运作方式，即完全以市场为导向，整个经济体系都是完全建立在市场规律的基础之上的。而对于我国广播电视产业来说，虽然需要面对激烈的市场化竞争，要符合市场化运作规律，但由于其特殊的产品性质，所生产的内容和提供的服务仍然首先必须要服从服务于社会公共利益，要有利于社会主义精神文明建设和公共道德的建立，保障公共群体利益。因此，广播电视产业在市场化运营中要对产品和服务的生产和流通进行有选择、有计划的安排和调整，要区别新闻宣传与文化娱乐之间的差异，要合理处理市场化运作与思想舆论保障的关系。对于事关国家安全、社会稳定、党的执政基础、社会舆论导向等功能的内容，不能进行市场化产业运作。因此对广播电视产品的价值衡量就不能单靠经济效益来评判，而应当既重视从量化层面对其的经济效益进行评估，同时又要对新闻、宣传、社教类节目从质性层面进行评价，既获取充足的经济效益，又满足良好的社会效益。这样，才能科学合理的对广播电视产品进行定位。

二、中国广播电视产业发展基本进程

十一届三中全会以后，党和国家开始以经济建设工作为中心，确立社会主义市场经济体系，我国广播电视业随之也开始了逐步向产业经营过渡，这一过渡是以进行广告运营为切入点的。上海电视台1979年1月开始广告经营。1979年2月，《商业信息》节目在中央电视台开办，批量播发国内外商业广告。1980年1月1日，中央人民广播电台开始进行广告运营。随后各级广播电台、电视台都纷纷开始介入商业广告经营业务，我国广播电视产业运营开始进入市场化运作。据统计，1983年全国广播电视广告营业额达到3400万元。1986年12月，珠江经济广播电台率先建立，随后包括上海、北京、武汉等在内的一大批省市广播电视台相继建立了专门的经济频率、经济频道、经济栏目。从此，我国广播电视的经济属性和产业功能逐步开始为人们所认识。

进入20世纪90年代后半期，广播电视产业获得进一步调整和提高，开始逐步形成增量化、市场化、完善化的发展趋势。1992年，我国确立了"建立社会主义市场经济体制"的改革方向。从此，广播电视的生产机制得以更为灵活，市场运行机制更为宽松，产业运行的步伐和节奏迅速加快。从经营收入看，以中央电视台的广告收入为例，1991年达到10亿元，2000年达到53亿元，2001年达到60亿元，10年内经营收入增长了6倍。从广播电视业的资本运营来看，上世纪80年代后期上海东方明珠股份公司上市，到2000年年初，我国已有4家广播影视行业的公司上市。

进入21世纪后，随着社会经济与科技的飞速发展，广播电视产业开始进行以现代传播技术为依托，以高度的国际化、市场化竞争为动力的全方位技术变革、运行机制改革和产业结构调整。2004年2月，广电总局发布《关于促进广播影视产业发展的意见》（以下简称《意见》）。要求广播电视要把允许经营的资产、资源和业务从目前的事业体制中分离出来，面向市场进行企业转制和重组，与事业部分分别管理、分别运营。允许各类所有制机构作为经营主体进入除新闻宣传外的广播电视节目制作业，在确保控股的前提下，可吸收国内社会资本探索进行股份制改造，条件成熟的广播电视节目生产营销企业经批准可以上市融资。《意见》从市场和法规政策的调整两个方面，为广播电视产业的发展打开了新的政策空间，并明确地将2004年作为"产业发展年"。2004年1月，以广东电台、广东电视台、南方电视台等5家单位为主体的南方广播影视传媒集团宣布成立。2004年6月，作为全国文化体制改革试点单位，以厦门电视台和厦门人民广播电台为主体组建的厦门广播电视集团挂牌成立。同年，国家统计局正式印发《文化及相关产业分类》，从统计学意义上对文化产业的概念和范围作了权威界定。依据这个文件，国家广电总局和新闻出版总署等随后相继出台《广播影视行业统计管理办法》、《新闻出版统计管理办法》等法规性文件。由此，文化产业发展无据可查、无据可依、描述模糊的状况得以改变，开始有了权威的数据支持，广播电视产业发展开始呈现出新格局。

2008年，国办发1号文件提出"鼓励广播电视机构利用国家公用通信网和广播电视网等信息网络，提供数字电视服务和增值业务"，从此，三网融合开始在实践中逐步推进。三网融合的实施突出表现了国家政策对广电业发展的巨大推动作用，进一步加深了媒介融合。2008年1月，国家广播电影电视总局联合信息产业部制定发布的《互联网视听节目服务管理规定》正式生效，保障了网络视听节目服务业的健康有序发展。同年8月，国家广播电影电视总局设立"网络视听节目管理司"，视听新媒体行业管理得到加强。2009年国家行政管理部门多次出台相关文件，提出推进三网融合。2010年年初，国务院常务会议通过了实施三网融合具体方案，准许电信和广电两大行业互相进入。在未来几年，三网融合将实现三网互联互通、资源共享，为用户提供话音、数据和广播电视等多种服务。由此带来广电行业在内容资产方面被调整为几大产业方向：媒体业务、演艺业务、技术服务、研发及投资业务。其中媒体业务无疑是广电行业的主营业务，它除了传统媒体事业和产业之外，现在还包括了IPTV、数字电视、移动电视、手机电视等新兴产业群。新技术的出现和媒介融合的发展，使得电视产业的新兴业态发展迅速。随着三网融合的推进和媒介竞争的加剧，电视媒体对内容产品的生产和传播的垄断局面将被打破,电视产业应在巩固和增强核心竞争力的同时,加快转变发展方式,大力培育新的产业增长点。2012年6月,国家广播电影电视总局出台《关于IPTV集成播控平台建设有关问题的通知》,规范IPTV市场秩序。截至2012年年底,全国广播电视广告收入已达到1270.25亿元,占广电总收入的38.86%,网络经营收入达660.98亿元,占广电总收入的20.22%,广播电视收入结构发生重大改变。[①] 2013年1月,国家广播电影电视总局又发布《关于促进主流媒体发展网络广播电视台的意见》,鼓励电台电视台利用宽带互联网、移动互联网发展视听新业态,把网络广播电视台提升到与电台电视台发展同等重要地位,发出促进视听新媒体建设的明确信号。

三、广播电视产业经营形成的社会条件

广播电视产业经营的形成必须依托一定的社会资源条件才能实现,多种类的社会条件为广播电视产业经营提供了包括技术、资金、市场等必需的运营要素。

(一) 高新信息科技发展提供技术支撑

高技术信息产业是国民经济的战略性先导产业,对产业结构调整和经济发展方式转变发挥着重要作用,已成为当今世界综合国力竞争的制高点。科技创新呈加速趋势,技术升级周期不断缩短,新产品、新应用层出不穷,不断催生新兴产业,全球信息传播的高技术产业正进入更加依靠创新的发展时期。信息技术进一步向数字化、智能化、网络化方向演进,软件、集成电路等核心技术面临跃升,数字电视、新一代移动通信、下一代互联网产业发展进程明显加快,全球信息产业快速增长动力强劲。高新技术的运用要求广播电视行业必须进行产业化调整,必须紧跟媒体技术的发展潮流,增强产业化竞争能力,加强新技术、新媒体的规划、开发研究和平台建设,为市场而生产制作,发展成为面向全国甚至全球市场的内容供应商、发行商和服务商,

---

① 参见《2012年全国广播电视总收入分类构成情况》,载《中国广播电影电视发展报告(2013)》,社会科学文献出版社,2013年版,第349页。

而且要着力打造媒体产业群体，遵循技术发展和市场变化规律，适应受众变化的收视模式和喜好，多元媒介格局中开拓新的发展空间。

（二）满足社会精神文化产品需求提供内在动力

通过深入发展市场经济，我国经济实力、综合国力大大增强。国家经济的发展和广大群众物质生活的逐步富裕，推动了社会公众在文化方面和精神方面的需求，社会公共文化需求和消费正进入一个空前旺盛的时期。满足社会精神文化产品需求为广播电视提供了产业化内在动力，要求广播电视产业在发展中高度重视精神文化的内容生产，高度重视文化产品的人文内涵和人文导向，高度重视文化环境建设，不仅要从量的方面满足社会的多元文化需求，而且要从质的方面提升社会公众的精神境界，促进健全人格的培养，引导社会公众从事更高的精神追求。另外，广播电视产业不能脱离文化精神，通过产业自身和产品内容的人文内涵与文化导向来引导、渗透健康积极的精神趣味、文化格调、道德价值观以至政治倾向。

（三）经济全球化提供国际空间

随着经济全球化的加快及科学和信息技术的不断进步和发展，国际传媒集团之间的竞争与交流大大增加，我国的传媒产业将面临着更加复杂的竞争和管理方面的挑战。通过参与经济全球化，传媒可以取得持续的竞争优势，不断进行管理的改善和创新，将产业运行的经营与管理上升到传媒产业发展的战略高度，使之贯穿于战略的管理思想理论和管理的实践原则等各个层面。同时，可以充分利用国际规则的"安全阀"来保护我国的广播电视文化产业。例如，以世界贸易组织的例外条款、区域贸易保护条款、非歧视原则以及WTO争端解决机制为"安全阀"，用以保护那些具有自主知识产权的传媒产业和产品，保护那些能够代表我国先进生产力和先进经济文化以及竞争优势的广播电视产品。另外，经济全球化可以促进我国传媒产业与国际传媒企业之间的经济关系协调。在全球化中，我国传媒产业可以通过对其他国家和企业管理方面互动型的战略学习，取人之长，补己之短，了解和学习国际规则，扫除"恐外"心理，积极稳妥地参与和推进国际间经济关系的协调，维护中国传媒产业在全球经济竞争与发展中的权益，争取获得更加巨大的市场竞争力。

四、社会主义市场经济与广播电视产业

党的十一届三中全会以后,社会主义市场经济体制逐步成为我国基本的经济运行机制。社会主义市场经济的确立,使得文化产业获得了极大的发展,对于广播电视产业来说,具有重大意义。首先是促进广播电视行业通过进入现代市场体系,获得更大的发展资源和机遇,实现根本的实质化发展;同时,高度的市场化介入,也积极推动了广播电视充分开放自身媒体资源,发挥行业优势,整合多方力量、形成强大的传媒产业链,使行业向产业集聚,实现广播电视媒体对整个社会主义市场经济的强大反哺作用。可以说,我国社会主义市场经济发展和现代产业体系的建立,是广播电视产业构建的根本前提和条件,同时,我国广播电视体制机制深化改革和发展,也能够积极完善和推进社会主义市场经济的发展。

(一)必须以市场经济作为配置资源手段

市场经济的最主要特征就是以市场为主导,调节生产和流通、消费的基本需求,因此,在市场经济中,市场配置资源主要是通过市场上价格、供求、竞争等因素的相互作用进行的。生产经营者是以盈利为目的的经济主体,而价格是灵敏的市场信号,反映供求关系。通过观察价格,生产经营者了解市场供求行情,合理安排生产活动,使劳动力和生产活动由供过于求的行业流入供不应求的行业,实现不同行业间的合理配置。事实证明,社会生产所需的稀缺资源必然在平等竞争规律作用下,按照价值规律的原则在全社会自由流动。从广播电视业自身看,由于行业的特殊性,其发展需要大量优质的人力、物力、财力资源,要得到所需资源。而只有通过合理经营、产生优质效益之后,才能使优质的资金、技术劳动力等资源通过市场竞争机制流向自身。所以,广播电视产业实现市场对资源配置最重要原则是运用竞争规律、价值规律,引导资源合理流动,实现供求双方相互选择,优化组合。具体地说,就是要确立广播电视产业成为市场化主体,发挥市场主体的能动作用,生产经营活动必须遵循价值规律、平等竞争规律,市场经济规律办事,打破行业封闭意识,积极进行现代产业经营,用强大的竞争优势来吸引社会优质资源,否则就会导致难以获取资源甚至自身资源流失。

(二) 必须坚持政府宏观调控

市场经济理论认为，自由竞争的市场经济，是现代经济社会进步的主要力量，但是不能放任市场力量自由运作，国家有责任干预经济活动，以便为市场机制积极作用的发挥创造有利条件、弥补市场机制的缺陷并且修正市场竞争的不良后果。市场经济是将经济组织的主动精神同社会平等的原则相结合、将市场的自由原则同社会均衡原则相结合、将市场盈利的个体性目标同社会目标相结合的社会经济体制。因此，政府对经济社会活动的干预可以通过采取弥补市场经济的缺陷或纠正其弊端的各类有效措施，建立和维护竞争的市场秩序，稳定经济。对于我国广播电视产业来说，经济增长是由多方面因素决定的一个客观过程，在自身经济和社会发展的一定阶段，存在着一个合理的或潜在的经济增长速度，因此，国家对广播电视产业宏观经济调控就是要实现在结构优化、效益提高的基础上保持经济持续、快速、稳定的增长，既要努力提高速度，又要防止增长过快，更要避免大幅度波动。一般来说，我国广电产业的宏观调控包括基本原则：宏观间接调控原则、计划指导原则、集中和重点性原则、以经济手段为主的综合配套调控原则，具体表现在三个层面：第一，政府依据和价值规律，运用经济手段进行调控，主要包括价格、税收、信贷、工资等方式；第二，政府通过经济立法和司法，运用经济法规来调节经济关系和经济活动，调节和维护所有制经济、保障经济组织和社会成员的合法权益；第三，政府通过采取强制性的政策、命令、规定等行政方式来调节经济活动，以对广电产业发展进行规制、引导和监管。

(三) 必须引入合理的市场竞争机制

我国已经逐步由计划经济体制转向并建立完善了市场经济体制，基本建立了完整、统一、开放的市场体系，形成了多元化的市场竞争主体和多种形式的市场竞争方式，市场竞争秩序不断规范，市场在资源配置中的基础性作用得到有效发挥。广播电视产业是市场经济的产物，而市场经济的主要特征就是通过公开、公平、公正的竞争，达到供需双方等价交换的目的。因此，合理的市场竞争是我国广播电视产业得以生存和发展的活力所在。广播电视产业的竞争经济要求重视完善市场主体制度，健全市场交易规则，大力推进信用体系建设，积极引导行业自律，切实规范市场竞争秩序，为市场竞争机制有效发挥作用,提供有力保障。同时,要逐步放开垄断行业和服务业领域的准入管制,在不影响我国政治、经济主体安全的前提下,使社会资本进入的领域和范围日益扩大。广电产业的经营重点要从以内容生产为主的简单化经营方式向产业价值链经营方式转型,逐步形成集群化、集约化、可持续发展,具有国际竞争力的传媒经济组织。同时,也要求传媒竞争形势必须公平、公正,在合理竞争的前提下,形成多元化的资源互补、价值链接、市场共享的各类竞争与合作方式。

第二节　广播电视产业经营原则

在文化产业深化改革的大背景下,广播电视产业经营的实施必须在正确原则指导下保持可持续发展,这是广播电视产业经营的核心问题之一。根据我国广播电视产业的特点和发展规律,要使广播电视产业适应社会效益和市场经济双重标准的要求,广播电视产业经营应当遵循以下四个方面的原则:广播电视产业经营的"双效原则"、"差异化原则"、"主业凸显原则"和"专业化原则"。

一、广播电视产业经营的"双效原则"

由于广播电视具有明显的政治和经济的双重产业特性,因此,广播电视产业经营必须在把社会效益放在首位的前提下,追求实现经济效益,即遵守"双效原则"。改革开放以来,随着市场意识的确立,实现经济效益与社会效益的共赢原则是我国广播电视事业遵循的基本原则。正确认识广播电视的两种属性、两个效益的关系,始终把社会效益放在首位,努力做到社会效益与经济效益有机统一,是我国关于"精神文明和物质文明"建设并重的社会主义社会建设理念在广电产业经营中的体现。

1981年党的十一届六中全会通过的《关于建国以来若干历史问题的决议》明确提出,在大力发展生产力的同时,要逐步建设高度民主的社会主义政治制度和高度的精神文明。1987年党的十三大第一次把"两个文明"纳入了党的基本路线的范畴。1992年党的十四大概括了建设中国特色社会主义理论的主要内容,强调必须把"两个文明"建设纳入中国特色社会主义理论范畴。1997年党的十五大提出要把"两个文明"视为社会主义整体建设的基础来进行部署。我国广电业的双重属性特点决定了在产业经营时必须首先遵循"社会效益和经济效益统一"的"双效原则",并且要以社会效益为最高目标。广电事业必须坚持把社会效益放在第一位的原则,切忌盲目发展、丧失精神品格,各类节目都要首先坚持社会效益优先的原则。

另外,社会效益与经济效益辩证统一,可以实现同步增长。坚持社会效益作为前提选择,通过提高社会效益来促进经济效益提升;同时,经济效益作为实现社会效益的物质保障可以增强广播电视的整体实力,获得更多的资源来进行更大规模上产业的调整升级,发展广播电视业的整体实力,从而有利于进一步提高社会效益。广播电视产业在发展中既不能完全以市场为导向,忽视其文化属性,也不能只强调社会效益而不讲求经济效益。因此,必须充分认识广播电视经营的双效原则,正确处理两个效益的关系,实现相辅相成、相互促进的有机统一。

二、广播电视产业经营的"差异化原则"

差异化战略是现代企业进行市场合作与竞争的重要手段,是指企业凭借自身的技术、管理、经营、开发等优势,开发和生产出在价格、功能和质量上明显区别于市场上其他竞争产品的创新产品,并使创新产品与消费者的不同需求相吻合。差异化战略追求的最高目标是"构建自身特有核心竞争力",即企业为顾客所提供的产品在功能、质量、服务、营销等方面具有"不完全替代性"。

差异化战略的方法多种多样,如产品的差异化、服务差异化和形象差异化等。实现差异化战略,可以培养用户对品牌的忠诚。差异化战略是使企业获得高于同行业平均水平利润的一种有效的竞争战略。

根据现代营销理论,市场消费者对可能选择的产品或服务价值的定位有核心价值、实际价值和心理价值三个维度,而这三个维度构成了差异化竞争战略的实施基础。核心价值主要由产品的基本功能构成,是产品自身基本功能的载体和表现,也是最重要的产品价值所在;实际价值包括与产品质量、性能、服务有关的规格品牌、包装样式等，是消费者可以直接接触的产品标准。附加价值则包括与产品间接相关的消费感受和增值服务，如产品保修、安装调试等售后服务。

广播电视产业运行的差异化战略，其实施目的是要在广播电视行业领域建立起明显区别于同类媒体、同类产品的排他性优势，但这种优势性并非主观臆造，而是建立在科学、全面、专业的市场细分和调查统计的基础上，而市场细分和调查统计又是完全依托于受众需求的差异上。

（一）针对受众需求和竞争实际

差异化战略的实施，并不是完全标新立异的概念式纯粹运作，其核心诉求和基本逻辑出发点是受众的需求。应当真正把产品的特殊之处与受众关注结合起来，必须能为受众创造价值差异，因此，这就要求广播电视产业运营者能够洞察市场的竞争态势，找到市场的空白点，产品的空缺点，力求形成与竞争对手的区别优势，实施差异化战略。

（二）要基于成本效益原则

差异化战略的实施必须注重成本效益原则，在市场经济环境下，经济效益始终应该是广播电视产业和企业管理追求的重要目标，在日常成本管理工作中应该树立成本效益观念，实现由传统的"节约、节省"观念向现代效益观念转变。特别是在我国市场经济体制逐步完善的今天，广播电视产业管理应以市场需求为导向，通过向市场提供质量尽可能高、功能尽可能完善的产品和服务，力求获取尽可能多的利润。同时，与产业管理的这一基本要求相适应，成本管理也就应与广播电视的整体经济效益直接联系起来，以一种新的认识观——成本效益观念看待成本及其控制问题。需要注意的是，差异化原则有可能带来产品成本、运营成本等内容的增加，但同时也能增加溢价收益，当溢价收益大于成本上升幅度时，企业效益就会增加；差异化也可以使相对成本更低。所以，广播电视产业在实际运营中应当充分论证决策备选方案的可行性及先进合理性，保证决策的正确性，使企业获取最大的效益或避免可能发生的损失。

（三）差异化必须体现出系统性

广播电视产业运营的差异化策略，核心理念是"细分市场，针对目标受众群进行定位,导入品牌,树立形象"。因此,差异化策略不是某个营销层面、某种营销手段的创新,而是产品、概念、价值、形象、推广手段、促销方法等多方位、系统性的营销创新,并在创新的基础上实现品牌在细分市场上的目标聚焦,取得战略性的领先优势。系统性要求广播电视产业为使产品在市场上具有强大竞争力,运营管理就不能再局限于节目、内容等产品的生产过程,而是应该将视野向前延伸到产品的市场需求分析、相关技术的发展态势分析,以及产品的设计;向后延伸到受众的接受行为。按照全程管理的要求,广电产业的差异化策略必然涉及产品的信息来源、技术、后勤、生产、销售以及对受众的维护、公关等具体的业务范畴。对所有这些运行内容都应以严格、细致的科学手段进行管理,以增强产品在市场中的竞争力,使广播电视产业主体在激烈的市场竞争中立于不败之地。系统性是在市场细分的基础上,针对目标市场的个性化需求,通过品牌定位与传播,赋予品牌独特的价值,树立鲜明的形象,建立品牌的差异化和个性化核心竞争优势。其关键依据是传媒市场消费需求的多样化特性,必须全面、合理、科学的计划整合整体运行策略,以发挥自身优势,取得市场和受众认可。

三、广播电视产业经营的"主业凸显原则"

根据现代营销理论,核心业务是指作为市场运营主体的企业,其核心竞争能力要得到市场承认,必须通过企业的产品反映出来。企业是一种或几种核心能力的组合,通过它企业虽然可以衍生出许多的业务单元,也可以跨越传统的市场界限和产品界限,但企业的核心能力最终仍需通过核心产品及其组合,也就是企业的核心业务表现出来。

对于广播电视产业来说,核心业务有两个层面的表现,第一是指电台、电视台的传播业务,即信息内容的传播业务;第二包括广告经营、节目经营,如广播文艺节目、纪录片、电视剧、娱乐节目等的内容的制作营销、传媒网络的经营、音像制品的出版等相关业务,以上两类内容构成了广播电视产业的核心业务部分。我国广播电视产业要保持核心竞争力,取得市场中的优势地位,最根本原因就在于培育核心业务的能力,突出自己的主业优势,合理科学的进行业务发展和扩张,因此,广电产业在经营战略和运营领域的选择上，应当以核心业务为切入点，凸显主营业务，确定自己的市场定位，并逐步培养自身的核心竞争力，形成竞争优势。

一般来讲，一个企业至少有一个或若干个关键技能和技术，这是整个核心竞争力系统中的主导和中枢，是企业独具的超越竞争对手的绝对优势。广播电视产业的核心竞争力主要体现在、技术开发和创新能力、管理和生产经营能力、创造品牌和运用品牌能力等方面。对于广电产业来说，任何单个要素都不会成为企业的核心竞争力，在核心竞争力构建中，要形成以一个或若干关键环节为主导、能对各种要素不断进行有机整合的机制。随着传媒行业的科技含量越来越高，价值链的组合越来越复杂，只有通过持续的内部组织变革，调整资源配置，明确核心竞争力的内容，积累相关必要的技能与知识，才能最终形成与实施核心竞争力战略所需要的技术、市场、组织等相适应的基础结构。因此，我国广播电视产业必须采取提高核心竞争力的战略。

首先，要通过做好市场细分和受众定位，形成广播电视产业在传播主营业务的创新能力，形成竞争优势。其次，通过提升传播技术能力，扩大广播电视传媒的传播优势地位，形成传播强势。可以通过对传播专有技术和关键技术的研究开发，而形成的自身传媒能力独有的核心技术和核心产品。例如，通过特色化的传播渠道和平台，形成具有自身特点的新闻，或者生产出具有鲜明特色的文化节目产品，以体现出自身独特价值定位，在众多的传媒中脱颖而出，树立广电媒体的公信力和权威性，形成市场优势。第三，通过打造商业运营能力，提升自身经济实力。这包括广播电视传媒的投融资能力，与受众市场的关系维护能力，社会资源的整合运作能力，市场化的营销推广能力等一系列的商业能力，这种能力对企业来说，也是相当重要的。现在我国多数传媒机构的问题不是生产不出产品而是难以应对市场需求，也就是说缺乏商业运作能力，因此，通过创造品牌，树立精品，提高广播电视产业的传媒知名度，注重无形资产的开发与管理，加强商业运作能力，是核心竞争力策略的重要组成部分。第四，必须提升广播电视产业的管理能力，管理能力是指企业充分发挥资源和个人能力的能力，各部门之间的协调能力以及形成企业的品牌商誉，它是其他能力形成的前提，是企业生存的基础。广播电视传媒必须有形成良好的人才管理机制、培训机制、组织文化等，应在传播业务流程、组织内部运行、人才引进、培训管理等方面不断根据新的传播环境和媒介发展态势变化进行改革创新,形成灵活、有效的现代化管理机制,以满足激烈的市场竞争需要。

四、广播电视产业经营的"专业化原则"

所谓专业化,是指要在运营中工作范围明确,高度运用智性技术和理性思维进行运行决策;同时,必须进行长期的专业教育,使作为运行主体的组织、个人均具有广泛自律性,并能够在专业自律性范围内,直接负有作出判断、采取行为的责任;再者,运行时的主观动机是非营利性,而以服务为根本动力,形成服务于社会、服务于公众的运作伦理理念。

对于广播电视产业经营来说,运用专业化原则,可以通过数据采集、定性分析、现场作业研究,制定出既简便可行,又节省时间、费用标准化的作业程序。同时,通过严格的管理,保证标准化的实施,大大提高产业的营业效率,保证专业分工优势的发挥,而且可以有效地保持广播电视传媒的经营特色,以标准化的作业为受众群团体提供品质稳定的产品与服务,确立自身在市场竞争中的优势。

(一) 生产专业化

广播电视产业的生产专业化是现代传媒市场经济推动下的产物,是一种先进生产组织管理形式,具有较好的经济效果。广播电视产业通过生产专业化集中同类新闻信息、文化娱乐、网络技术等产品,组织大批量生产,能采用先进的专用传媒技术和设备以及传播手段,充分发挥自身的新闻传播人员、工程技术人员和运行管理人员的专业技术,有利于提高传媒劳动生产率和传媒管理水平,有利于更快地发展新的传媒文化产品,提高传播的质量和降低生产运营成本。

(二) 管理专业化

管理专业化就是要在广播电视传媒产业运用中要真正的落实包括职业经理人制度、制片人制度等现代传媒管理措施,提升传媒管理的现代化水平。广播电视产业实施管理专业化,首先要求依据明确依靠法治管理的理念,即传媒产业内部是法治组织而非人治组织,不能按照传统的官办媒体色彩,采取长官意志,不能一味地用行政命令来约束职业化的传媒运营,传媒产业要真正形成职业化的管理,只有将行政管理部门和产业运营部门都纳入到法治体系中,按照市场规律规则办事,才能建立产业机构的信任基础,职业化的管理才能建立起来。其次,广播电视产业的职业化的管理要靠程序和规则来管理,而非主观的个人兴趣或者感情。经营管理的最重要的日常事务应该标准化、程序化、规则化,形成科学合理的统一性管理体系。第三,管理专业化,还要建立公正、公开的评价体系,通过对能力、对效益的贡献来评价各类传媒人才的考核,建立有效的人才激励制度。

(三) 产业专业化

产业专业化是指广播电视传媒经营运行,要以主营业务为基础,在自身行业领域内做到明显的专业化,体现出自身优势,获得市场和受众群体的接受和认可。产业专业化要求着眼于长远发展,依据广播电视传媒经营的组织结构模式和管理模式,形成运营内部的专业分工,并通过总体与局部的职能划分,实现决策和作业、决策与管理的分工。具体体现在必须在以信息传播、节目生产、技术服务等产品上专业实施;通过职业经理人的方式,组建高效管理的团队;在投融资和资本运营方面充分从本身的发展现状出发,合理利用资金、人才等资本,集中有限的技术优势、管理优势和资本优势,专攻某一产品的特定区域市场,通过实现专业化从而步入精细化发展。

(四) 区域专业化

区域专业化是当今广播电视传媒产业进行专业化运行的新要求。在市场经济高度发达的条件下,传媒受众和市场越来越受自身地域条件的影响,同时伴随商品经济的发展,广电传媒的产品越来越依赖于社会化,不同地域的产品生产过程离开市场均无法进行。广播电视传媒在经营中,应当在其传播范围内充分挖掘区域资源,制作具有鲜明地域特色、适合区域受众消费需求的产品,依靠发挥区域自然条件、社会经济条件以及地理位置的优势,达到提高劳动生产率和促进全区域经济迅速发展的目的。在具体经营竞争中,不同地域的广电传媒产业可以凭借区域性自然资源、劳动资源或社会经济基础的优势,形成不可复制的特色产品和内容以及专业化生产部门,从而针对某一特定区域进行高效、互动的传播,满足区域的传媒产品心理需求和实际需要。

第三节 广播电视产业模式内容

在我国大力开展文化产业体制改革的过程中,广播电视产业的经营体制和机制必须进行深度调整与改革,要在具体经营活动中,突破和解决原有的运行制度效益低下、制约产业发展,影响产业生存状况的问题,需要在内部推行新的管理制度,寻求新的利益增长点,代替旧有的体制和机制,实施进行经营管理的变革。广播电视经营管理模式必须适应现代传媒信息科学技术的发展和社会生产力的变化,采取科学化、系统化、完善化、市场化的媒介经营管理模式,要通过对宏观经营管理模式、产品经营管理模式、机构管理模式、投资战略模式等方面对其进行改革。

一、广播电视产业经营管理模式

在我国传统的传媒组织管理体制下,我国广播电视产业发展意识、产业结构,资源配置、运行效率、管理绩效、竞争能力等各个方面远远不适应建立现代化的传媒经营体系的需要。因此,我国广播电视产业要想获得市场竞争力,必须坚持社会效益的前提下,积极社会发展市场化运作,建立现代企业化运营管理模式。首先,形成开放式管理体系,促进信息渠道的畅通。管理决策需要积极采纳和应用各种信息,建立起通畅有效的传递和交流途径,为广播电视产业的开放式管理正确、科学的决策提供充分依据。同时,开放式管理要以服务社会为目的,强化主动服务沟通意识,强化管理运营多个层级之间的主动联系与交流,增强信息的流动性,获取充分的信息资源,形成管理合力。其次,必须坚持"科学化、全过程、综合性"的管理理念,拓展产业主要经营业务的外延,丰富现有的监理管理模式,形成市场化、企业化的现代管理模式,创造市场准入创造条件,为产业的做大做强奠定基础。

新时期,国家广播电影电视总局确定了广播电视产业发展的基本思路,开始向形成产业体系相对完整、结构布局日趋合理、整体技术水平先进、市场主导作用明显、国有为主、多种经济成分共同发展的广播电视产业格局迈进,同时,逐步形成了广电行业发展的几大战略模式。

(一)产品开发战略

产品开发战略是广播电视产业重构产业运营模式的首要策略,它是指建立在市场观念和社会观念的基础上,媒体向现有市场提供新的媒介产品,以满足受众和社会需要,促进销售的一种战略。这种战略的核心内容是激发受众和市场的新的需求,以高质量的新媒介产品引导信息消费潮流。广播电视的产品开发战略的实施是产业对市场机遇与挑战、内部资源能力的优势和劣势所进行的全面的、前瞻性的思考和认识,也是作出的深思熟虑的选择和决定。产品开发战略能避免广播电视产业临时地、随意地、盲目地开发和进入一些没有市场价值的产品,而忽视了那些真正能够提升市场竞争力的产品机会。当前,对于很多广播电视媒体来说,产品开发尚不能应对市场需求,大量的重要产品内容靠转播、引进和购买,甚至一些市、县、乡等基层台网,从事播放翻录、盗版的电视节目。即使是国家一级的、制作实力较强的中央电视台、中央人民广播电台等机构,平均进行的自主内容产品生产也只能达到60%左右,省级台自办节目总体量不到30%。因此,广播电视产业的产品开发战略,必须依托技术、管理优势,不断进行持续性的研究与开发,注意速度时效问题;同时要以受众和市场需求为导向,充分进行开发的组织协调工作,定期追踪市场信息变化,并快速、机动地作出决策。产品质量务求完美;另外,还需要在生产开发中有效降低成本,以价格优势竞逐市场。

(二)品牌经营战略

广播电视的品牌战略,首先,要分析产业行业环境,寻找区隔概念和市场差异点。其次,品牌战略必须要依托卓越的产品品质支持,必须以质量为根本树立形象,立足根本,通过改进产品和服务,进一步树立和增强品牌的优势。第三,要积极整合、持续的品牌传播与应用,广电传媒产业要靠传播才能将品牌植入受众群体日常观念之中,并在应用中建立自己的品牌效应,要在每一方面的传播活动中,都尽力体现出品牌的概念。同时,要充分挖掘品牌资源,开拓新的栏目、节目,树立新的品牌,顺应科技发展潮流,适时调整经营理念,有步骤地开发新的频道资源,准确定位受众群,拓展高端受众市场份额。

另外,广播电视产业的品牌经营战略还要注重品牌的延伸问题。品牌作为无形资产是产业的战略性资源，通过品牌的延伸，充分发挥品牌资源潜能并延续其寿命周期，成为广播电视产业运行的一项重大战略决策。广播电视产业的品牌延伸可以使新的媒介产品尽快进入受众消费市场，缩小其导入期的成本。同时，通过品牌延伸，可以形成统一媒介下的产品品牌组合，为受众和市场提供更多的选择和需求满足，进一步强化了传媒自身与受众之间的关联度，有利于集中资源，提高投资效益，增强产品和服务的整体竞争力。

（三）跨区域发展战略

跨区域发展战略是指广播电视产业在发展中要结合实施"中心带动、组团发展、整体推进"的战略，找准产业自身定位，打破区域行政、市场区划界限，遵循产业合作化的经济规律，加快区域内社会资源整合，建立市场一体化机制，实现传媒产业经济区域内生产要素的自由流动进一步完善，与相关区域形成联动态势，提出切实可行实施方案，确保广播电视产业合作发展。广播电视产业的国际化发展趋势，要求我国的媒体市场不断开放和完善，实现媒体生产、传播、营销、市场跨区域。因此，必须打破传统的条块分割式的经营模式，创新合作发展，通过跨区域合作和国际经营来取得竞争优势。

广播电视产业的跨区域发展，必须发挥比较优势，集中力量发展壮大优势产业，实施跨越式发展战略，加强中央与地方媒体的交流与合作，省、市各级广电媒体之间的交流与合作，建立区域广播电视共同体，提高全国广电媒体的竞争力。同时，必须立足行业的区位优势，消解条块式管理模式的弊端，融入并依托相关的产业、区域和资源，促进广电行业的生产经营与金融投资、科技研发、文化创意、工业设计等产业的联动，特别是要把现代信息技术同产品的研发和生产有机结合起来，实现互动发展。另外，必须充分发挥不同区域传媒的独特区位优势，加快传统运营方式的转型，不同区域之间的广电产业在相互之间往往具有战略上的适应性，它们在信息产品生产技术工艺、销售渠道、市场管理技巧、产品等方面具有共同或者相近的特点。因此，传媒可以运用相关相同的管理理念和措施，来选择行业组合或者行业的核心业务，遵循共同的战略导向，形成合力。

（四）人力资源管理战略

人才资源管理战略是广播电视产业为实现经济和持续发展目标，把人才作为一种战略资源,对人才培养、吸引和使用作出的全局性构想与安排。它可以帮助传媒识别发展需求,培养继任者,及保留关键人才。现代传播竞争态势下,随着广播电视产业运营内外环境的变化和发展,单纯地节约劳动力成本已不能带来额外的收益,相反,这种做法还会制约产业的快速发展。因此,我国广播电视产业发展正处于关键的转型期,做好人力资源管理与开发,对将来的产业发展非常必要。

二、广播电视产业经营内容

从事节目制作、发行和交易经营活动,一方面可以满足社会公众的精神文化需求,有助于促进社会主义精神文明建设。同时,广播电视节目属于高附加值产业,可以大力提高广播电视媒体的经济效益,有助于积累资金,促进产业整体实力的发展。因此,节目生产经营是广播电视产业的主营业务,是综合实力的最重要体现,对产业的发展起着举足轻重地作用。

(一)广播电视节目经营

广告作为广播电视节目经营的重要收入来源,其市场份额日益被其他新兴媒体所分化。因此,广播电视节目经营必须拓展发展空间,开拓新的市场生存空间。广播电视的市场竞争核心点在于传播力竞争,即通过内容来占领市场,获取受众关注,取得竞争优势地位。随着媒介多元化、丰富化、受众的选择自由度越来越大,面对众多媒体通道、信息,受众的最终选择只能是在一定范围内的。对于广播电视节目来说,倘若失去受众,则节目就无法吸纳广告投放,也就丧失了媒体生存和发展的必要条件。

广播电视产业经营必须提高节目生产的专业化和社会化水平,这是提高竞争力,取得市场优势的决定性因素。必须对传统的多、散、小、全的节目生产方式进行彻底改造,合理使用广播电视资源,促进我国广播电视生产力发展,积极参与国际竞争。

1. 形成社会化节目生产链条

广播电视节目生产的社会化,是产业集约化、规模化的助推器。当前我国广播电视节目生产数量多、规模小、实力弱,是造成市场集中度低、产品和服务供给能力严重不足的主要原因。广播电视节目产业发展路径取决于节目生产方式，过去那种手工业或作坊式的小生产方式，显然已经同集中式、大规模的节目消费需求越来越不相适应，因此，节目生产的集中化、社会化已成为解放和发展广播电视生产力的必由之路。

实施广播电视产业的规模生产、集约经营，充分发挥广播电视生产要素的最佳配置和最佳效益，从简单协作到专业合作，从单一生产到工业化批量发展，是节目整体生产社会化不断发展的必然过程。首先，随着节目生产社会化程度提高，媒体间的重组、并购将越来越频繁，推动资本和资源向优势传媒适度集中，形成一批优势传媒和战略投资体，加快广播电视产业转型升级，提高产业集中度。其次，将从根本上提高广播电视节目生产效益，整体行业进入高水平、高效率、高收益的运行状态，使广播电视节目社会化生产逐步走向专业化、规模化发展，更有利于打造强势产业媒体，形成我国节目交易市场生产、销售的核心主体，为广播电视产业经营打下基础。第三，节目生产社会化，还可以拓展辐射广播电视媒体的经营范围。如可以与文化娱乐业、音像、网络，以及传统的戏剧、电影电视等文化产业形成业务关联，拓展这些产品生存和发展的市场化，而广播电视节目自身也可以从这些产业中吸收资源，提高自身生产制作水平，提高节目质量。

2. 实现节目资源合理化配置

节目资源合理配置是指为了达到一定的广播电视产业经济目标，根据节目生产的经济系统结构，利用科学技术管理手段，对有关节目生产的资源系统进行改造、设计、组合、布局的活动。它是确立节目产业化发展的合理方向、有效布置节目生产要素的关键，也是解决产业化环境下节目生产的增长无限性与现实资源供给有限性矛盾的重要措施。广播电视节目资源合理配置的基本任务是，在时间、空间上最优地利用和分配节目生产所需资源，合理布局媒介生产力，以达到节目生产的持续发展和社会资源的合理利用，取得良好的经济效益和社会效益的目的。

具体来说，广播电视节目资源配置主要涉及两个方面，一是资源在空间或不同部门间的最优配置，具体表现在广播电视传媒应当把主要力量放在新闻及强势节目上，并将可以实现社会化生产的部门脱离，组建节目制作公司，实现部分节目的制播分离，例如，可以将娱乐性、服务性节目进行完全市场化运作；二是资源的时间配置，根据资源在不同时段上的最优分布特征，实现资源开发利用最佳时段的控制与决策。即要合理配置频道、节目播出时间资源，实现在节目生产、播出上合理有序、科学有效，并通过优胜劣汰和兼并重组，形成一批符合社会化生产需要的广播电视节目生产和市场经营主体。

3. 建立渠道化节目销售模式

节目渠道化销售是广播电视产业发展整体战略的重要支撑，广播电视节目的销售渠道是指节目产品从节目生产者向消费者，即受众群体转移所经过的通道或途径，它是由一系列相互依赖的专业性、市场化组织机构组成的商业机构，也是节目产品由生产者到信息产品消费用户的流通过程中所经历的各个环节连接起来形成的通道，涉及节目市场推广策略、盈利模式、营销渠道建立、客户群研究、市场推广等方面。节目销售渠道的起点是生产者，终点是受众，中间环节包括各种节目批发商、零售商、商业服务机构（如经纪人、交易市场等）。

由于节目产品销售渠道的建立涉及相关的销售支持、技术支持、市场支持、商务服务等方面，因此直接关系到节目产业生产和发展的整体方向和策略，也关系到不同类别的节目生产合作机构的共同发展。我国广播电视节目销售的渠道化建设，必须根据行业特点、市场特点、消费特点，充分考虑组织成本、人力成本、管理成本等综合运营成本因素，合理协调广播电视网络经营、节目制作、节目销售等，增量目标和盈利目标与上述成本的适合度，做到目标与预算先行，遵循成本配置原则。另外，在节目商业化运作模式方面，通过政策体系、价格体系、盈利模式的设计，使经销商、分销商、零售商遵循交易原则自由交易。同时，可以利用已形成的传媒或者节目的品牌运营商，通过其市场资源的分配和操控，对各级市场进行刺激、调控和推动，以品牌影响力和市场资源进行节目的渠道控制与管理。总体来说，就是要充分形成节目销售渠道的拓展模式、运营模式、管理模式，构成一个闭环系统，集合成渠道分销与控制模式，确保节目销售渠道拓展的有效性和持续性。

（二）广播电视的广告经营

我国广播电视产业的广告经营管理模式主要有单一经营管理制、分散经营制、混合经营制、广告经营公司制等四类，形成了多元化的产业经营管理模式。

1. 单一经营管理制

单一经营管理制是指由广播电视台的广告经营中心或广告中心集中经营广告资源的运营模式，即在整合所有频率、频道的广告资源后，进行统一经营管理。这种模式具有传统事业体制的稳定性特点，旨在避免内部各频率频道之间以价格为主要手段的竞争，提高广告销售单价，提升整体竞争力。该模式在运营中首先表现为工作规划统一、行政管理统一，如人事任命、人才招聘等。其次是销售统一，包括各频道各栏目的定价、广告代理公司的管理、举行广告推广会等。第三是财务统一，包括对广告创收、成本核算、利益分配、员工工资等方面的统一管理。

单一经营管理制优点在于可以统一经营，避免内部频道之间的恶性竞争，整合各频道广告资源，实行套播方式，将强势频道和弱势频道打包经营，树立总体品牌。在实际中可以便于策划大型活动、举行整体性的广告推广活动，便于分类进行全方位的客户服务，在广告监督方面也可以减少一些环节。其不足之处在于，首先，将属于不同频率、频道广告部之间矛盾，变为不同业务部门之间矛盾，若协调不好，不易达成统一的效果。其次，运行灵活性不足，对不同频道一刀切，不能针对频道的特色进行灵活经营，容易损失部分频道及员工的积极性。第三，广告部门权责过大，必须要有配套的监督机制，以保障权力、责任的均衡。最后，所有频道通过行政命令强制组合，若相关制度方案没有跟上，会有悖于市场规律。目前，我国大部分广播电视台采取的都是统一管理、统一经营的模式。

2. 分散经营制

分散经营制是指将广告经营权分散到部分或全部频率频道，由频率、频道设立自己的广告部，广告中心只具有管理权和审核监督权。分散经营制源于 20 世纪 90 年代，随着我国广播电视台的频率、频道增多，管理部门必须兼顾每一个频率频道，因此，由单一管理部门负责整体频道运营的模式不能再满足广告经营需要，难免顾此失彼，导致了频率、频道广告经营多数处于各自为政、无序竞争、增长乏力的状态。在这种情况下，产生了一种新的广告经营模式，即由广告中心统一管理，各频率频道分散经营，体现在由广播电视台对全台宏观层面的广告经营进行统一管理和监督，部分或全面频率频道具体负责微观层面内部的广告运营，这使电台、电视台广告经营能享受统一有序的管理，又可拥有独立经营的空间。

分散经营制的优势在于，统一管理有利于广播电视台制定宏观的广告发展战略，增强广告的整体效益。同时可以减少广告违章现象，加强对于广告财务的控制，从而达到宏观调控上的统一，实现广播电视台统一财务收支、统一制定广告价格、统一经营方式及统一管理制度。分散经营则有利于发挥频道的积极性，有利于加强对频道的考核。但这种模式如果统一管理不力，频率频道之间可能出现互相压价的恶性竞争局面，增加了广告监督的难度；同时背离统一管理的框架，经营者将面临营业资格方面的法律问题。在统一管理和分散经营之间，必须限定电台、电视台和频率、频道广告部门的责权利及从属关系。统一管理过于严格，则势必导致分散经营名存实亡，变成管理部门全权负责频率、频道广告的管理和业务经营。倘若统一管理过松，强调分散经营，管理部门的调控能力下降，甚至失去监控和制约，频率、频道成了一盘散沙，致使电台、电视台的各个频道，在广告经营上会产生不必要的竞争，形成内耗，同时容易导致组织架空，冗员增多，人员成本和管理成本都将增加。

3. 混合经营制

统一管理、混合经营的广告经营模式是伴随着文化体制改革，加快发展广电产业的政策要求而出现的，是前面两种模式的综合。广播电视媒体对部分频率频道进行企业化改造，成立频率频道公司，这些频率频道的广告资源相应地由公司经营，原有体制中频道的广告依然由广告中心进行统一经营。如上海广播电视台对东方卫视、第一财经、生活时尚频道分别成立了公司，具有相对的自主权，在台广告中心进行统一管理基础上，广告的经营权下放到这3个频道，进行分频道广告经营的试点。

混合经营制的优势在于能够区别对待，形式灵活，在具体操作中可以做到统而不死，活而不乱。它既能给弱势频道以一定的扶持，促进其发展，又能调动强势频道的积极性和员工创造性，促使频道在保证规范操作的基础上进行大胆尝试和创新；公司化运行的频道可以起到改革试点的作用，通过公司化频道的运作，能够在内部各频道间形成相互影响、相互促进的鲶鱼效应，促使各频道充分发挥其市场潜力。可以吸收社会资本参与放开频道的经营，建立以法人治理结构为核心的全新内部管理体系，通过放开频道的带动，使其他频道逐步建立市场化业务体系。但另一方面，频道公司化运营尽管发展动力很大，有充分的自主权，但是行政框架限制其不能走得太远，因此广告自主经营实质上还要受到行政命令的干预，所以广告体制改革不彻底还会使公司化运行频道的发展受到严重束缚。分散经营的频道和统一经营的频道没有直接联系，如果处理不好它们之间的关系，会倒放资源、利益分配不均，容易造成矛盾对立。同时，公司化运营的频道具有相对独立的自主权，尤其是其拥有广告主招商和购买节目的权利，有可能使其他频道产生不平衡的想法，在公司化运营频道与其他频道之间形成了沟通障碍，导致很高的协调成本。

4. 公司化经营

公司化经营，即由广播电视台引入外部资金成立广告业务公司，广告中心由传统事业体制改制成为广告经营公司，与广播电视台保持相对独立性，全权负责广告经营，具有法人地位，是独立的经济实体。目前公司制作为一种新兴的广告经营模式，尚在探索之中，公司制的架构也只是形成初步的模型，因此统一管理、公司化经营目前有两种模式：一种是相对公司化，一种是完全公司化。相对公司化是在广播电视台的广告中心名下成立广告公司，采取公司制的形式来运营，但其上层单位仍然是广播电视台。广告公司在电台、电视台的监控之下，享有较大范围的经营自主权，一般由电台、电视台台长兼任公司法人，广告经营部门负责人一般同时兼任公司总经理。完全公司化是指把广告业务剥离出来，设立广告公司，作为独资子公司或控股子公司，全面负责广告经营。广播电视台通过资本控制广告公司的经营，相互之间以资本为纽带发生联系，不存在行政隶属关系。广告公司拥有独立法人资格，独立账户，单独核算，享有独立的经营权和人事权。董事会是公司的最高领导机构，行使对广告公司的管理监督权力，业务管理模式从行政管理变为资本管理。

公司化运营可以以市场为主导，按照现代产权制度、现代企业制度进行企业化运作。通过吸收资金获得经验与活力，有效利用社会资源，降低经营风险。其不足之处在于，广告公司收入与上交收入差额部分无法继续享受国家对广播电视事业单位免征广告收入"企业所得税"的优惠政策，改制后按企业上税，税率将会提高。但实际上，广播电视机构通过大力拓展广告业务，已经突破了税收影响,并且不乏成功范例。

(三) 广播电视网络产业经营

随着信息技术的不断发展,数字化时代的到来,广播电视网络频道资源极大丰富,业务种类日益繁多,再加上新媒体业务的开展。赢利模式也正在突破传统,创新求变,在三网融合时代到来时更具竞争活力。有线电视网络、卫星电视服务是广电领域内独享的垄断性资源,这也是广电传媒机构安身立命的基础。随着网络化作为产业资源进入广播电视产业的整体运营,集提供音视频、语音、数据等多种服务的综合平台的有线广播电视网络和卫星广播电视用户,将成为广电传媒集团由广告收入发展到收视费、定制点播费等多元赢利点。

广电和电信实施双向准入,具备条件的广电企业被允许经营电信增值业务和部分基础电信业务,这就意味着广电企业可以经营包括语音、图像、数据、视频等在内的多媒体综合业务,突破多年来的发展制约瓶颈。

广电网络产业发展政策扶持力度不断加大;投融资领域成为广电网络产业发展的重要支撑;广电网络运营商在产业内的横向控制能力逐步加强;语音、数据、图像等综合多媒体业务平台将进一步开放融合等等。这一系列含金量极高的变化,对广电网络产业来说,称得上是久旱逢甘露,标志着广电网络运营商正在向产业化回归。

广电网络产业管理模式应坚持资源整合和组织管理高效率两项原则。在战略思维的层面上,资源整合是系统论的思维方式,是通过组织协调,把企业内部彼此相关但却彼此分离的职能,把企业外部既参与共同的使命又拥有独立经济利益的合作伙伴整合成一个为客户服务的系统。在战术选择的层面上,资源整合是优化配置的决策,是根据企业的发展战略和市场需求对有关的资源进行重新配置,以凸显企业的核心竞争力,并寻求资源配置与客户需求的最佳结合点,目的是要通过组织制度安排和管理运作协调来增强企业的竞争优势,提高客户服务水平。

第四节 广播电视产业集团化运营

从长远角度讲,集团化运营是广播电视产业发展过程中的必然趋势。它可以合理配置广播电视的人才资源、信息资源、节目资源、频道资源、品牌资源，从而降低生产成本，提高生产效率，形成新的传播优势。易于形成规模效应，促进产业发展，开辟融资渠道，提高经营能力，有利于广播电视生产要素进行优化配置，建立统一市场。但是，组建广电集团主要是把可经营性业务、资产进行产业化运作，而不是、也不应将整个广电产业化。其次，组建广电集团也应按市场规律和企业规制去做。

一、产业经营集团化运营的政策演进

1999年6月，全国首家广电集团、无锡广播电视集团正式挂牌成立。2000年1月，在北京召开的全国宣传部长会议提出了通过"股份制改革、多媒体兼并、跨地区经营"组建传媒集团的战略性决策。同年8月，在兰州召开的全国广电厅局长会议上，对广播电视体制改革进行了战略部署。2000年11月，广播电影电视总局下发《关于广播电影电视集团化发展试行工作的原则意见》，明确规定广播电视在以宣传为中心的前提下，"可经营其他相关产业，逐步发展成为多媒体、多渠道、多品种、多层次、多功能的综合性传媒集团"。同年11月27日，我国第一家省级广播电视集团——湖南广播影视集团宣布成立。

2001年8月，中办、国办转发《中央宣传部、国家广电总局、新闻出版总署〈关于深化新闻出版广播影视业改革的若干意见〉》，文件下达后，组建广电集团出现了高潮，山东、上海、江苏、北京、浙江等地广电集团或总台相继成立。同年12月6日，中国广播影视集团挂牌成立。随后，杭州、天津、南京、长沙、福建、四川、重庆等地广电集团也先后成立。

由于组建的广电集团或总台有的性质不清，有的有名无实，2004年12月在海南召开的全国广播影视工作会议明确表示，今后不再批准组建事业性质的广电集团，此前已经成立的事业性质的广电集团，可以改为总台，而把经营性资产剥离，组建新的产业经营公司或集团公司。2005年5月，国家广播电影电视总局决定，中国广播影视集团"保留牌子、划转职能、分流人员"，此前的3月份，北京市委办公厅、市府办公厅下发了《关于调整广播电视管理体制有关事项的通知》，决定北京电台、电视台"作为市广播电视局所属事业单位"从北京广播影视集团划出,"北京广播影视集团转制为企业集团,名称为'北京北广传媒集团有限公司'"。就此,广电业走上台与集团分开的"事企分离"道路。

二、广电产业集团运营发展模式

我国广播产业集团运营是在规模经济、范围经济、速度经济和网络经济等方面提升企业的整体竞争力的,目前,我国广电产业的集团运营主要的发展模式是采取了一种混合式经营的运行机制,但在现实运行中,根据不同的资源、地域等条件,不同集团发展各有侧重。江苏广电的混合化运营侧重于增强节目的生产能力,着力打造高质量的栏目和影视剧;上海混合运营化则注重增强关联产业的拓展和资本的融资能力,而湖南广电混合化模式则更倾向于多元化产业集群发展。

首先,从发展模式的产业内容结构看,随着广播电视事业和产业的分离,混合式经营体制为业务发展拓展了巨大空间。广电集团内容产业链包括图书、音像制品、商品授权、节目经营、大型奖项、旅游等文化、娱乐业等,甚至还可以涉及网络、文艺院团、演出场所、体育俱乐部等多个相关产业。因此,广播电视产业的可以依托这种混合式的经营体系,对于处于不同产业链的不同部位,进行经营结构的整体整合,构建设置新的运营渠道,可以使不同内容产品可以顺畅地进入共同或者关联市场,增强整个产业链的竞争优势和议价能力,形成节目内容的生产的群体优势,实现共赢价值,例如,北京光线传媒有限公司利用整合资源优势,提高产品生产的规模和水准,通过与合作媒体共享播出平台,使自身生产的节目和信息产品可以进入多个受众市场,极大地拓展了产品的市场影响力。因此,混合式经营模式适应市场经济发展要求,为广播电视传媒的产业化经营,特别是纵向一体化模式打开了缺口,也为发展提供了机遇。

其次,从发展模式的产业的发展走向看,混合式经营体制是进行国际化竞争的必然选择。随着经济全球化来临,我国广播电视传媒参与国际市场竞争已经开始,因此,必须通过混合制经营的模式,增强传媒集团在科技、经济、文化等方面的创新力量,在充分发挥和运用市场机制前提下,注重培育大型广播电视传媒集团，加速运营规模的大型化和集团化，以便实现规模经济效益，增强国际竞争力；另一方面，要善于积极利用混合式经营带来的资源优势和规模经济，积极进行技术创新，不断保持竞争活力，从品牌、劳动生产率、技术水平等各方面提升国际竞争力。

三、广电产业集团化运营优势与风险

从我国已经基本形成的主要的广播电视产业集团看，主要的共同特征首先是具有规模优势，单体经济实力较强，一般都拥有广播电视平台资源及产业，加之其相关的上下游产业链条的成员单位，拥有资产价值总量规模都在几十亿甚至上百亿元。其次，一般都采取多元化经营，业务涉及面广泛，往往采取以广播电视内容产业为主，同时涉足新媒介、数据增值、广告、旅游、体育、有线网络、电子商务、报刊、音像出版等相关产业。第三，集团都采取产业部门和事业部分相分离的运作模式，相互独立，统一管理，各司其职。

（一）现行集团模式的优点

因为长期以来对我国广播电视产业战略基本定位在我国文化产业中的基础地位缺乏清醒的认识，引起广电产业长期政企不分，管理机构分分合合，政策、体系体例与机构的频繁变动，使行业总体发展战略与管理机制缺乏必要的长期性与稳定性，产业规模跟着社会经济发展的现实需求变化被动调整，很多影响行业健康发展的重大题目得不到有效解决。另外，传统的广电产业管理是一种初级别的分散治理模式，缺乏相对同一及明确的广播电视产业发展主导方向为指导，部分间缺乏有效的协调机制。统筹协调机制不健全及部分本位主义的存在使不同部分出台的各项治理举措不能协调同一，甚至相互矛盾与抵消。党政企一体化的管理模式还造成管理职能显著弱化，形成多头管理，产业机构难以有效地进行协调与整合。面临供求矛盾凸显、资源配置无序、过度竞争与区域垄断并存等一系列问题。

1. 形成有效管理体制

集团化产业运营的优势可以提升效率，增强创新和活力。破解广播电视管理上的条块分割，降低管理上的难度，避免人、财、物的分散浪费，还可以形成有序竞争，产生规模效益。随着我国成为WTO一员，经济全球化给我国各个产业均带来挑战和机遇,集团化运营可以突破行业垄断和行政保护壁垒,进行高度市场化运作,形成自负盈亏、自给自足的发展模式。

2. 创新以质量为核心的现代经营机制

集团化经营有助于建立以质量为中心的企业经营管理机制,突出强调质量观念、机制、行为在经营过程中的地位与作用,注重质量效益,在新形势下适应传媒市场的需要。

广播电视产业的质量核心经营机制要求秉承现代企业经营的核心能力的两大特征,即内部资源组合的耐久性和不可模仿性;承认企业个性化的质量是传媒生存和发展最有效的途径。在广播电视产业的经营管理过程中,通过突出质量直接参与经营的作用,将以质量求生存,以质量求发展,以质量求效益的战略行为贯通于日常的广播电视产业管理之中。正因为质量在经营过程中不可替代的作用,因而集团化运营通过强调质量是产业核心竞争力的主体构成,深化了现代企业质量经营的理念内涵。在这种新的质量核心管理运行观念的指导下,广播电视集团产业可以坚持以市场为导向,以受众需求为目标,不断提高满足受众需求产品的实物质量的方针;并把满足受众需求作为产业制订产品质量计划、检验质量控制效果和评价质量优劣的唯一依据。因此,有集团化运行带来的把质量工作从企业做到顾客,从生产领域做到流通和使用领域,完善包括售后服务在内的质量管理体系,不仅是企业增强市场竞争力,促进销售的需要,也是企业质量工作本身深化发展的重要标志。

3. 促进标准化管理体系形成

广播电视产业的集团化运营,可以通过科学的内外部管理手段,促进标准化的管理体系的形成。市场经济条件下,企业对市场的竞争,归根到底是人的行为结果的竞争。产业集团化运营,必须要求管理标准化,才能提高管理效率,因此,集团化运营可以促进标准化管理体系形成。目前,大多数广播电视产业集团已经开始采纳标准化管理,通过对产业运行的标准化活动进行科学的分工和协调,合理地分配与使用标准化投资,正确处理标准化部门、标准化人员的相互关系,其目的是将标准化活动的各要素、各部门、各环节合理地组织起来,形成一个有机整体,建立起标准化工作的正常秩序。

通过实施标准化管理,加强了对标准化系统内部各级和各类人员的领导或指导,保证了广播电视产业链条上的各个环节的标准化活动,按照市场的统一计划要求，相互配合、步调一致，和谐发展。另外，标准化管理也促进了广播电视产业运行决策时的全面考虑，综合平衡和统筹安排，把宏观标准化工作和微观标准化工作结合起来，有助于正确地把握未来，使标准化事业能在变化的环境中持续稳定地发展，动员全体标准化人员及有关人员为实现标准化的发展目标而努力。再者，我国广播电视产业通过集团化运营，使得日常经营活动室可以按照既定的目标和标准，对标准化活动进行监督、检查，发现偏差，及时采取纠正措施，目的是保证标准化工作按计划顺利进行，最终达到预期目标，使其成果同预期的目标相一致，使标准化的计划任务和目标转化为现实，有助于协调标准化系统内部各单位、各环节的工作和各项标准化活动，使它们之间建立起良好的配合关系，有效地实现产业总体的标准化的计划与目标。

4. 有效发挥规模化经营效应

经济学中的规模效应是根据边际成本递减推导出来的，就是说企业的成本包括固定成本和变动成本，混合成本则可以分解为这两种成本，在生产规模扩大后，变动成本同比例增加而固定成本不增加，所以单位产品成本就会下降，企业的销售利润率就会上升。规模效应因此又称规模经济，即因规模增大带来的经济效益提高，规模经济可以促进信息传递速度，形成管理体系化、全面化，有助于打造强势产业集群。

我国广播电视传媒产业的集团运行，首先，有助于利用连锁、全球化、产业组合、平台搭建、产业链链主、控制标准等多种手法来追求规模效应，通过协同创造价值方式、业务行为的共享，分摊包括价值链上的设计、生产、销售、送货及服务等职能业务成本，获得协同效应。其次，有助于实现传媒社会和内部资源的共享，包括对有形资源的共享和对无形资源的共享。对有形资源的共享主要是对基础设施及配套的生产服务设施的共享等。对无形资源的共享则主要是对知识、信息、技术和技能等的共享。这是广播电视传媒产业企业集团保持创新和竞争活力的源泉。这两种资源的共享，不仅使集团内部企业间可以更有效地利用自身占有的资源，还能利用更多的非自有资源，从而产生一种结构竞争力。再次，有助于产业整体形象的共享，即在广播电视产业集团内部，任何一个部门在产品质量和企业形象等方面的优势信誉，都可以对其他的成员企业及集团企业产生影响。如果每个下属企业在质量方面都始终优于竞争对手,那么集团整体业务表现就比较高。集团内整体形象的共享产生的协同效益,可以有效促进不同部门和产业集团总体的社会影响力,有助于树立良好的公共形象,获得社会多元支持。

(二) 现行产业集团化运行模式的劣势

现行的集团化运作模式在协调发展中进行的真正意义上优化结构、合理配置资源的手段不多。不能充分的做到信息资源、频率资源、频道资源、技术资源、服务资源等的共享利用,尚未形成资源合理配置、结构优化的最佳模式。

1. 产业内部调整整合缓慢

我国广播电视产业集团在政策导引下,迅速形成了基本体系化、规模化的发展态势,但由于历史原因,成立集团化内部人事任命、机构建制、协调统一等调整工作进展缓慢,导致整而不和,不能满足集团化运行要求的有效、高速的发展,产生了计划与实施的整合脱节,构成成员和组织之间不能够及时交流,无法充分实施现代企业经营管理的信息透明化、分散决策和知识管理的方法来优化设计与施工的管理。同时,在相关产业项目立项阶段,无法明确地通过计划控制体系来减少不确定性和复杂性。

2. 集团化品牌运作滞后,缺乏核心竞争力

第一,品牌管理缺乏制度保证,品牌的构建与经营力度不够。多数广播电视产业集团内部企业尚未完全形成合力,品牌运作缺乏一定的市场机制和组织架构保证,缺乏有效地品牌体制和机制的创新,难以实现扁平化管理,不能较好的为集团品牌运营搭建平台。

第二,品牌运营缺乏共享基础。由于一些集团组建时间较短,集团品牌运作缺乏共享基础。因而不能形成以资本为纽带,面向市场,实行旨在促进品牌成长的跨企业、跨地域运营的发展战略。

第三,品牌运营缺乏良好的人力资源结构。人力资源是品牌战略的基础。目前,大多数广播电视产业集团的组织机构设置往往不太合理,没有专门的品牌运营机构,从事此类工作的人员数量也很少,诸如专业从事品牌运营的事务部门还没有得以充分建立。广播电视产业集团化品牌运营策略,必须不限于形式、手段,关键在于利用集团优势将品牌推广、成熟的营销、系统的市场拓展统一起来,只有在品牌运营过程中不断运用更为有效的策略,才能加快集团化运营的步伐,逐步解决集团化运营所带来的新问题。

3. 仍然维持以广告为主的单一经营模式

近年来,全国广播电视媒体广告经营创收整体呈缓慢增长,甚至有些传媒出现了负增长。制约广播电视产业广告业务发展的因素,除了国家宏观调控政策的影响和印刷广告、户外广告等传统媒体的激烈竞争因素外,互联网广告一路高歌猛进,新的高新科技媒体广告的高速增长也是其中的重要原因。而当前受众对媒体信息的需求已突破单一媒体、单一方位,向多媒体、多纬度方向发展。但我国目前的大多数广播电视媒体仍然以广告收入为主,发达国家的传媒集团广告创收约占到整个营业收入的 60%,目前我国的广电集团广告收入约占整个营业收入的 95%,这种单一经营方式在集团化后并没有多少改变。

四、广播电视产业集团运营趋势

国家广播电影电视总局对广播电视产业的集团运营提出的要求是:在宏观层面,要大力推进广播电视传媒结构调整,科学规划和实施传统媒体与视听新媒体融合发展战略,逐步构建与中国国情相适应、符合现代传媒发展规律和具有综合传播功能的中国广播电视传媒新体制,全面增强中国广播电视的对内对外传播能力和影响力。①

(一)产业集团运营主导思想

从运营主导思想在宏观运营管理层面看,要调整频道布局,整合频道资源,加强新闻节目和制播发布机制创新,强化新闻传播功能和公共服务功能,增强广播电视传媒的公信力和舆论引导力;要积极推进制播分离改革,培育节目市场主体,最大限度地提高节目制作能力、节目质量和投入的效益,着力推进内容产业发展。从具体运营执行层面看,要大力推进广播电视传媒内部的人事、劳动、分配制度改革,调动从业人员的积极性和创造性;进一步完善培训制度,加大培训力度,促进从业人员整体素质和专业水平的提高,

---

① 转引自黄勇:《中国电视的历史性跨越》,《中国广播电视学刊》,2009 年第 10 期。

为广播电视大发展提供人才保障。因此,我国广播电视产业的集团化运营将按照这个总体思路进行发展。

(二) 具体运营策略

作为现代化的经营实体,广播电视产业在运营时必须要采取符合适合市场经济体制的策略来运作发展,一般来说,具体的运营策略包括以下几类:

1. 产业集群化

随着全球化经济和网络信息时代的到来,广播电视产业的竞争方式正在发生重大变化。产业由单纯追求成本领先,逐步转变为品种差异化和地域集中化战略。从世界范围看,经济全球化和贸易自由化是今后经济发展的必然趋势,而经济全球化和自由化并没有使生产经营活动在空间分布上趋于平衡,而且全球具有竞争优势的产业仍有明显的集群现象,即同一产业及相关产业的企业及其支撑机构在地理上集中形成产业群。广播电视产业集群化发展是产业发展的一种内在规律,和经济开放程度有很大关系,是市场配置资源,合理运用产业要素的客观要求。产业集群作为由产业、人口、城镇、信息、基础设施等要素构成的非平衡态、非线形相互作用的开放系统,通过内部要素的相互融合以及与外部系统物质、能量、信息的频繁交换维系着自身的存在。产业集群在横向和纵向的联系中,不断体现出对区域经济系统的影响和作用,即不断体现内部各要素的整合功能,并实现自身结构的自组织。

我国广播电视产业目前的集团化模式,需要进行集群化改造,以提升广电产业的核心竞争力。产业集群化重要之处在于能够使广播电视产业发展具有以下几个方面的优势:(1) 互惠共生性。现代传媒竞争态势下,单个媒介越来越难以依靠自身生产所有有关知识和拥有各种相关资源,去完成信息产品的经济化过程。为了减小风险、缩短进入市场的时间,创新集群中的每个组织部门都只能从事创新增值链条上的某一环节性工作,实现专业化分工。另外,通过产业政策的有效规制,可以形成广播电视产业组织的多元共生、规模与竞争均衡发展的产业格局,改变垄断性媒体与民营制作平台间的严重失衡局面。(2) 竞争协同性。既专业化分工又相互协作是创新集群的一种主要创新方式。竞争使得企业群落中的企业个体始终保持足够的动力以及高度的警觉和灵敏性,并依靠协作伙伴关系在竞争中发展壮大,通过产业集群自身的力量市场，促进媒介资源聚合与媒介集体创新能力成长，推动具有创新活力的竞争市场的形成。（3）根植性。集群合作创新有很强的产业关联性、共同的创新文化、地理位置的接近性，这是创新集群竞争优势的关键来源，对集群内中小企业技术创新有极为重要的意义。（4）资源共享性。众多相关联的企业聚集，可以实现资源信息共享，克服单个企业创新资源的不足，并互为创新成果的传播者和使用者。

2. 经营多元化

多元化经营也称多样化经营，是企业在多个相关或不相关的产业领域同时经营多项不同业务的战略。与单一化经营相比，多元化经营能充分利用企业内部优势，有效分散并降低企业经营风险，快速扩张企业规模，实现范围经济，因此它已成为当今世界大型跨国企业集团普遍采用的战略。广播电视媒体产业的多元化经营，就是适应传媒发展要求，通过资产重组以及人、财、物等资源的整合，生产和提供多种广播电视产品和技术、信息服务，达到依托核心业务，同时跨行业、跨产业经营，以降低经营风险，实现利润多元化。我国广播电视产业近年来开始重视多元化经营，许多广电媒体已经开始经营互联网业务、有线网络、音像出版、电影电视剧制作发行等业务，国内许多大型广播电视集团、组织还开始进行会展、演出、经贸、旅游等行业的经营发展。广播电视产业的多元发展，可以有效地均衡市场风险，赢得更多市场机遇，不断培育新的经济增长点，形成集团化产业经营链条。

开发广播电视相关产业，形成科学的多元产业格局，首先是要积极开发和利用对广播电视资源。广播电视的频道资源、信息资源、节目资源、广告资源、人才资源、技术网络资源以及社会公信力资源都可以在服务社会的同时，转化为经济效益。同时，要注重同关联产业的联合，形成系统化的产业结构，可以通过建立节目制作和营销市场机构，开发信息类、技术类、服务类等产品的生产能力和市场运作能力，利用广播电视传播网络积极介入移动电视、宽带互动电视、网络游戏等业务，开展各类现代化信息数据通讯业务。还可以利用频率、频道的副讯道开发图文电视、图文广播，利用网络开展远程通讯、远程教育、远程医疗、电视会议等等。总体上看，就是要充分开发利用已有广播电视的自身和社会丰富资源拓展经营领域，形成多元化、多主体、多层次的支柱性产业结构。最后，应当认识到，多元化并不是不分主次，而是应当紧紧围绕广播电视的核心主体经营业务，形成关联产业链，对于自身不熟悉的房地产、金融等资金要求高，竞争激烈的产业进行投资开发时应当慎重对待。

3. 市场开放化

随着市场经济的进一步确立，国际国内传媒竞争的进一步加剧，要求广播电视产业必须实施市场开放化策略。市场开放化把我国广播电视产业组织逐渐推向国际国内的广阔市场，要求相应地调整我国的市场结构。市场开放化为广电传媒组织和机构实现规模经济提供了巨大的潜力。

传统的广播电视产业运营往往只针对区域化、封闭式市场，会面对以下几个发展阻力，一是受到市场资源可供量的限制。因为一个区域的资源往往存在相当程度的稀缺性，传媒扩大生产规模有可能因获取资源的代价太高反而使产品的边际成本上升，甚至有可能根本无法获得所需的大量资源。而进入开放性市场后，就能以较低的价格得到所需的资源，以扩大生产规模，实现规模经济。第二，受到区域市场需求量的限制。在特定时期内，某个特定区域的市场对任何传媒产品的需求都是有限的，若一味追求扩大生产规模，往往会造成信息产品严重供过于求，迫使传媒生产又不得不缩小其生产规模。而在广阔的开放性市场上，产品的需求量就会大幅度增加，从而为广播电视产业组织实现规模经济突破了产品需求的制约。第三，受到区域性技术水平的限制。广电传媒的生产能力的扩大通常是以科技信息技术进步为推动力的，在扩大生产规模时总是要采用效率更高的新技术。而一个区域性的技术水平不可能在每个方面都处于领先地位，在那些技术水平较低的产业中，广电传媒组织追求规模经济就会受到生产技术的限制。这对技术总体水平较低的发展地区来说更为突出，因此，广电传媒产业组织和机构通过开放性市场引进高效率的新技术，提高生产能力，就能较充分地发挥规模经济效益。

2013年，基于互联网和移动互联网技术的OTT业务风生水起，颠覆了传媒产业原有生态。"大部制"环境，促使广电产业进一步走向开放市场，广电产业面临重新战略布局。与新兴媒体的对手关系转向伙伴关系，强化捆绑式营销、联盟式销售、智能化转型，成为广电产业重振旗鼓的转折点。由于移动互联网已成为信息通信领域的创新重点，其产生的"应用经济"涵盖一个完整的应用创新生态系统，包括大众喜闻乐见的各式应用下载、移动电子商务、应用数字内容下载和虚拟商品交易等,还有应用运行平台、应用销售商店、应用开发工具、应用部署终端等软硬件配套开发工具,正在成为各国拉动经济增长和促进就业的驱动力量。未来移动互联网将通过大数据了解用户的喜好和兴趣点,根据用户行为进行内容个性化定制和智能推荐,构建能够产生良好广告体验、提升品牌美誉度的广告服务平台,让广告投放呈现更佳效果。将多终端视频数据打通,实现用户多屏互动不仅可以提升用户的使用深度,同时可以根据数据的深度挖掘优化广告投放效果,提升视频媒体的营销价值。[1] 随着OTT平台成熟化、应用多样化、产品个性化,国内的智能电视市场必将释放巨大商机。

第五节 广播电视产业资本运营

资本市场是现代市场经济的核心,具有体制培育、资金融通和资产重组三大功能,广播电视资本运营,是一种经营手段的新尝试。从宏观的角度讲,经济体所拥有的各种社会资源、各种生产要素,都可视为有经营价值的资本,通过流动租赁、兼并重组、参股控股、交易转让等途径,进行优化配置,实现最大限度的增值。但由于我国广播电视产业化进程起步晚,体制落后、资金缺乏和资源配置不合理,因而还存在着体制政策、观念、区域、利益和人才等诸多方面的障碍,借助资本市场,通过资本运营,可以在资金、人才和管理模式等方面为广播电视传媒产业运营提供支持。

一、广播电视产业资本运营概况

所谓广播电视产业资本运营,就是将广播电视行业所拥有的可经营性资产,包括和广电业有关的广告、传输网络、信息、视音频制作、广播电视报等产业,也包括广电集团所经营的其他产业部分,视为可经营的价值资本,通过价值资本的流动、兼并、重组、参股、控股、交易、转让、租赁等途径进行运作,优化资源配置,扩展资本规模,进行有效经营,以实现最大限度

---

[1] 参见张君昌:《OTT来临:重新定义广电产业》,《声屏世界》,2013年第7期。

增值目标的一种经营管理方式。

(一) 我国广电产业资本运营的特殊性

由于广播电视行业政策壁垒严密,往往由国家经营,不得吸收外资和私人资本,广电集团产权结构比较单一,这使得广电产业在进行资本运营方面遇到了相当大困难。同时,为了保证正确的舆论导向,广播电视业的产业资本经营管理改革比其他行业单纯的资本管理改革更为复杂。另外,由于我国现在对传媒资本运营尚处于起步阶段,国家现有相关政策及其未来走向还呈现相对不稳定性,政策通常对广播电视的资源结构与资本运作之间的关系没有明确的界定,可能出现政策反复或在执行过程中政策的理解和解释有所不同,因此,广播电视产业政策的缺乏连贯性与贯彻性,也是目前行业的一个特殊情况。

(二) 资本运营的进程与政策规制

我国广播电视业的资本运营开始随着市场经济体制的发展而逐渐确立,从媒体财政来源和管理体制的变化来看,国家对广播电视媒体的投入经历了从20世纪50年代到1978年改革之前的全额拨款,至1979年到20世纪90年代中期的差额拨款,再至90年代中期开始的自收自支的过程。这一过程也揭示了从把广播电视视为上层建筑和意识形态,到将市场机制引入广播电视运营领域的进程。

自2003年开始,国家广播电影电视总局调整有关政策,引入竞争,适度开放,加大了广播电视资本产业开发的政策支持力度。为了培养良性竞争环境,广泛吸引社会资本进入产业运营,2004年6月,国家广播电影电视总局下发《关于推进广播电视有线数字付费频道运营产业化的意见》和《关于申办全国性广播电视有线数字付费频道集成运营机构的通知》,规定"全国性付费频道集成运营机构,按照'集中受理,择优选择'的方式产生。中央、省级的广播影视播出机构、广播影视集团(总台)以及中国广播影视集团的直属机构可以单独或联合申请开办全国性付费频道集成运营机构",既允许通过光缆干线传输,也可以通过卫星传输。

由于广播电视产业的特殊性,对外资准入把关比较严格。2005年3月,国家广播电影电视总局发出《关于实施〈中外合资、合作广播电视节目制作经营企业管理暂行规定〉有关事宜的通知》指出，"鉴于合营企业刚刚起步，为避免出现资源浪费，推动合营企业迅速形成品牌，根据 44 号令第六条第一款的规定，经批准已经设立了合营企业中的境外合作方和国家广电总局已批准设立的合营企业，原则上不得再申请设立第二家合营企业"，并强调"合营企业不得参与境内电台、电视台的频率、频道经营业务"。2005 年 7 月国家广播电影电视总局印发《广播影视系统地方外事工作管理规定》再次重申，"广播电台、电视台不得向境外机构出租频道（率），不得与境外机构合资、合作经营频道（率），不得与境外机构合资、合作开办固定栏目和直播节目"。2005 年 8 月，文化部、国家广播电影电视总局等五部委联合印发的《关于文化领域引进外资的若干意见》中，明确规定"禁止外商投资设立和经营广播电台（站）、电视台（站）、广播电视传输覆盖网、广播电视节目制作及播放公司、电影制作公司、电影进口和发行及录像放映公司"，"禁止外商投资利用信息网络开展视听节目服务，外商不得通过出版物分销、印刷、广告、文化设施改造等经营活动，变相进入频道、频率、版面、编辑和出版等宣传业务领域"。

相对于外资准入限制，民营资本准入则宽松得多。民营资本准入获得了与广电系统内资本同等的待遇。2005 年 8 月，国务院发布了《关于非公有资本进入文化产业的若干决定》，鼓励和支持"非公有资本可以投资参股广播电台和电视台的音乐、科技、体育、娱乐方面的节目制作公司，上述文化企业国有资本必须控股 51% 以上"。2012 年 5 月，国家广播电影电视总局出台《关于鼓励和引导民间资本投资广播影视产业的实施意见》，明确鼓励和允许民间资本投资的领域，为其进入广电产业保驾护航。

二、广播电视产业投融资运营探讨

近年来，我国大力推进文化体制改革、制播分离改革，《文化产业振兴规划》、《关于金融支持文化产业振兴和发展繁荣的指导意见》等重要文件不断出台，给广播电视业带了前所未有的发展机遇，也为与资本市场的结合指明了发展方向。在此情况下，我国广播电视产业资本运营积极通过流动收购、兼并战略、股份回购、企业分立、资产剥离、资产重组、破产重组、债转股、

租赁经营、托管经营、参股、控股、交易、转让等各种途径优化配置,提高资本运营效率和效益,集中表现在以下几种方式:

(一) 兼并收购

我国广播电视媒体的跨行业合作和兼并,也就是媒体扩张战略,通过媒体合作、联合、收购、兼并,实现多元化经营。主要方式有以下三种:

1. 承担债务式并购

即在被并购方的债务大于或等于其所有资产时,广播电视产业集团以并购方的身份承担被并购方的债务,作为接受被并购方的所有资产,或成为被并购方股东的对价的并购方式。如果是广播电视产业集团采取以承担被并购方的债务来接受被并购方的所有资产的方式进行并购,即为一种特殊的购买式并购。如果是广播电视产业集团采取以承担被并购方的债务而成为被并购方股东的方式进行并购,即为债转股并购方式。这种并购方式的特点是交易不以价格为准,而是以任务和整体产权价值比而定,缺点是存在较多的行政干预,会出现不等价的交换。20世纪90年代以来,中国的许多媒体通过承担债务式并购,实现了集团化的改革,组建了一些大型的媒体集团,重新整合各种资源,形成了一定的规模优势,促进了媒体对于融资市场的介入。

2. 购买式并购

即广播电视产业集团通过出资购买被并购方的所有或绝大部分的资产的方式实现的并购。资产的范围包括设备、渠道等有形资产,也包括企业名称、品牌、生产经营权等无形资产。这种并购的特点是一般以现金为购买条件,将目标企业的整体产权一次买断,这就要求广播电视产业集团事先要经过充分的技术经济论证和可行性研究,这种方式适合于大型产业集团对小规模产业组织,以及对濒临破产的企业的并购。

3. 控股式并购

即通过购买目标公司的股份达到控股,同时,将目标公司的净资产作为股金投入广播电视产业集团,目标公司成为并购方的一个股东的方式来进行并购。例如,中国最大的独立电视节目制作和发行商的光线传媒与移动增值服务及软件技术提供商华友控股就以换股方式进行合并,合并后双方组建成了一家新的公司,其目标是建成中国最大的娱乐内容提供商和最有影响力的传媒娱乐集团。

（二）上市交易

培育广电传媒产业企业上市，对于破解企业融资难，加快建立现代企业制度，做大做强优势产业，推动产业结构优化调整和经济发展方式的转变，具有十分重要的意义。我国目前已经具有了几十家广电媒体性质的上市公司，主要通过两种资本运作模式：一是通过发行股票，直接上市；二是通过非流通股股权有偿转让、间接控股、吸收合并等方式，借壳上市。

（三）对外投资

对外投资是现代企业进行资本扩张发展的重要手段，也是积累资金，扩大产业链条的重要途径之一。对于广播电视产业来说，通过自身发展达到一定的资金、资源、人力、物力的积累程度，为了获得更多的产业利润和高额回报，扩大市场份额，往往需要通过对外投资来实现。随着社会主义金融、债券等资本市场的进一步开放，运作更加灵活，广播电视产业进行对外投资的方式非常多样，投资对象可以集中于媒体产业或相关领域，同时，也可以投资于债券、金融、旅游、商业等非媒体产业领域，这主要决定于广电产业自身的多元化发展战略和媒体扩张战略。

在产业投资规划层面，广播电视产业进行对外投资，应合理决策、科学规划、根据自身人、财、物的实际实力制订投资目标，应当有步骤、有计划的按照预期投资回报率积极稳妥的选择投资项目，规范化运营和实施，避免投资风险，实现合理的投资回报。在组织层面，广播电视产业对外投资，尤其是成立具有产业投资性的企业设立，必须完善投资主体的企业治理，通过公司内部组织机构、股东大会、董事会、监事会的设立，充分发挥监督机制、决策机制、激励机制的作用，必须将投资行为纳入完全市场化、专业化、规范化的现代产业投资体系中，通过实施对投资组织机构的资产所有者、经营者行为规制，达到权力制衡，实现投资的经营目标或战略目标正常实现，尽可能避免由于主观原因导致的投资风险。

特别要注意的是，我国的广播电视产业已经逐步开始进行向境外以合资合作的方式输出资本的运营尝试，应该说，这是我国传媒产业实施跨国界、跨地区、跨产业进行资本运作的重要步骤和发展方向。但是，广电产业直接进行境外投资，虽然可以独享收益但是要独自承担风险，而且这种风险比较大，因此，进行境外输出资本往往要充分考虑可能存在的诸多风险，比如说政策风险、文化风险、市场壁垒的风险，等等。参照国际传媒资本的运作经验，我国广播电视产业在进行境外资本输出时，可以采取与境外媒体合资合作的方式，注重本土化，与被投资方的本土媒体合作，既节约成本，又降低风险。同时，通过境外资本输出，可以获取国际媒体市场份额，提高我国广播电视传媒的国际影响力，获得良好经济回报。

三、广播电视产业资本运营的风险防范

由于我国广播电视产业的行业特殊性质、金融资本市场尚不完善、现代资本运作经验不足等缺点，使得广播电视产业资本运营存在明显的制度性、功能性缺陷，具体表现为政策体制原因带来的风险，资本运营战略设计失误风险和资产重组或购并中的风险等几个方面，这些风险使得产业资本运营功能弱化、异化、缺位甚至错位，从而严重影响了我国广播电视产业资本运营的实施与发展。因此，为有效地防范和规避风险，广播电视产业集团必须建立一套科学完整的风险管理机制。

（一）政策性风险与规避

政策性风险是指因宏观经济政策、产业政策以及监管政策等政策环境的变化而给广播电视产业资本运营带来的风险。政策环境变化对整个资本运营都会产生影响，因而政策性风险具有较强的系统性，这种风险不能通过分散投资加以消除，因此又被称为不可分散风险。例如，2002年上半年，中信国安增发7000万股新股，募集8亿元资金的计划受阻，在中信国安此次欲募集的资金中，70％以上将用于有线电视的宽带接入网建设，而增发股票受阻极有可能影响中信国安的扩张计划，使公司的收益受损。

政策性风险的规避首先要求政策制定者应密切跟踪国际经济金融市场变化，特别是国际金融监管规则的变化，未雨绸缪提出相关预案，力保宏观经济政策的连续性、稳定性和可预见性，减少政策变动带来的冲击。其次，投资主体要提高预防意识，在进行投资之前，投资者应通过各种渠道了解和掌握各种信息。必须从宏观方面准确分析各种经济、政治、社会因素的变动情

况；了解经济运行的周期性特点、各种宏观经济政策特别是财政政策和货币政策的变动趋势。再次，要积极促进宏观法律法规建立，从立法上看，目前我国广播电视产业资本运营主要问题就是产业投资活动时遇到的法律障碍。很多现行法律规定滞后于实践活动，同时在不少相关领域立法又呈现出大量空白，很大程度上制约了我国广播电视产业投资的快速发展。要保障投资主体在项目选择、知识产权维护和所有者权益转让等方面的利益，就要尽快建立与产业投资发展相适应的中小企业法、风险投资基本法、风险投资基金管理办法、合伙企业法、知识产权保护法、公司法、税法、企业收购与兼并法、破产法，等等。

（二）经营性风险与规避

所谓经营性风险，是指广播电视产业在资本业务运营和管理中的不确定性对企业最终经营目标的负面影响。经营性风险不是纯粹性风险，而是一种选择性风险，即广播电视产业在选择盈利机会的同时面临的风险。因此，经营性风险管理不是简单地回避和控制风险，而是将风险管理当成一项传媒组织盈利的工具，使得广电传媒能够理性地权衡收益和风险，将经营性风险控制在一个合理的范围内。

根据我国广播电视产业资本现实经营管理状况研究，主要经营性风险有以下三个方面：第一，业务风险，主要指产业组织在业务运行和决策过程中的不确定性，即决策失误，包括市场分析预测、产品定位、营销战略、核心业务流程、业务决策的不当产生的损失。第二，管理风险，主要指广播电视传媒由于管理机制或制度的不合理引起的不确定性，即管理失误，包括管控方式、权责分工、核心业务管理授权机制、风险控制机制、考核与激励机制等。第三，信用风险，主要指产业主体在对外交易的活动中由于交易对象没有履行合约所引起的不确定性，即交易决策失误，包括客户信用风险、采购决策风险、赊销决策风险、应收账款回收风险等。

经营性风险规避设计内容较多，执行相对比较复杂，对于我国广播电视产业来说，经营性风险是当前对企业整体经营绩效和最终经营目标构成严重威胁的不确定性因素。因此，传媒管理层应当始终关注对重大的经营性风险因素的管控问题，广电传媒组织应当根据自身特点和行业特点，制定基本的经营性风险管理目标和战略。

规避经营性风险主要可以采取以下几类措施：

1. 制定经营性风险管理制度

我国广电传媒资本运营的当务之急是建立一套能够系统地控制整个业务运营和管理决策风险的有效管理机制和制度，其主要目标是使产业的各部门和各岗位都有责任防范经营中的各类潜在风险，减少业务运行中的不确定性造成的不良影响；合理控制高风险业务的决策过程，强化企业的准确经营决策能力；全面减少重大经营风险损失，提高产业业务运营绩效，保障资产的安全性和经营的效益性。例如，在跨地区资本联营中，包括来自地域特征适应性和异地媒体准入市场壁垒的风险，往往导致异地媒体市场准入壁垒过高，可能使得跨地区产业投资受到极大危险，因此，投资主体需要建立通过细致的经营规划，作出科学周密的经营体系，以合理地突破地理上存在的障碍。

2. 制定财务预警管理制度

资本运营的风险来源可能是多方面的，但是各种风险给传媒产业带来的损失将最终体现在企业的财务指标上面。因此，将关键财务指标当做一种风险预警的工具并以此建立一套针对业务运营系统的风险管理规范，已经成为国际传媒产业集团的一项成功管理经验。该项管理制度的目标在于以财务指标预警的方式，及时发现潜在的业务运营风险和财务风险；监测影响广播电视产业经营绩效的不确定性因素，防范业务风险的发生和扩大；预先采取风险管控措施，规避重大经营风险，全面提高产业发展的抗风险能力。广电传媒在进行经营投资多元化、资产重组等资本运作时，就必须建立严格的财务预警系统，通过对产业资本流动的监测，可以对资本运营管理活动中的潜在风险进行实时监控，并向经营者预先示警，当有可能危害企业财务状况的关键因素出现时，能够预先发出警告，提醒企业经营者预先采取措施减少财务损失。同时，当有广播电视传媒在有财务危机征兆出现时，预警系统可以预知、预告，还能及时寻找导致财务状况恶化的原因，并通过制定有效的措施，阻止财务状况进一步恶化，避免发生严重的财务危机。再者，通过对广播电视产业组织财务危机的监测、控制和处理，系统的数据库中储存有类似财务危机的发生、恶化、改善的全过程，当再次发生类似财务危机的征兆时，经营者可以利用财务预警系统历史数据作出相应的决策来完善管理。

3. 制定、实施基本信用管理制度

广播电视产业组织,特别是大型广播电视传媒产业集团进行资本运作时,必须制定基本信用管理制度。实施信用管理制度的目的在于强化企业的信用管理,防范经营中的信用风险,提高企业在市场竞争中的营销能力,实施内部控制,改善客户关系,保障广电传媒的资产安全性和经营效益性。该项制度涉及各广电传媒在销售和采购管理工作中,从售前、售中到售后全过程信用管理的主要内容、原则及职责。主要内容包括基本原则、信用管理职责与考核、客户资信管理、销售业务风险管理、货款回收的管理等内容。同时,还可以根据需要设立专门的信用管理部门,便于增强广电传媒产业在资本运营的业务授权上的科学性,提高信用管理业务操作的专业化程度。根据大量国际传媒集团资本运作的成功经验,广播电视产业集团设立独立的信用管理部门,可以从根本上对于改变传统上单纯以单体部门的业务承包制方式管理业务所产生的巨大风险失控状况,有效解决现实中市场营销与风险控制的两难问题。

4. 成立经营风险管理专业组织

经营风险管理委员会是现代市场主体为强化企业对经营性风险管理目标的掌控能力,以及防范由于权力失控所带来重大业务决策风险而成立专门的经营风险管理机构。作为产业投资的风险管理的最高决策机构,风险管理委员会可以统一指挥、协调,承担广播电视产业资本运营的风险管理方针制定、重大风险业务决策、风险评估的组织管理以及风险处置等工作,建立、健全内部控制制度、制定产业资本运营的业务风险管理政策,主持重大投融资的可行性风险论证,定期对各业务部门进行绩效评估,审阅产业部门有关业务风险与内控状况的评价报告,针对产业日常经营识别出的风险即风险隐患,并向管理层提出建议,协调处理突发性重大风险即危机事件。因此,成立专业的经营风险管理专业组织可以有效避免广播电视产业在资本运营中的经营性风险,特别是科学系统地应对突发性重大风险。

第七章　中国广播电视的体制管理

所谓体制，按照规范释义，"是国家机关、企业和事业单位的组织制度，即机构设置和管理权限划分的制度"①，即对国家机关、企业、事业单位在机构设置，领导隶属关系和管理权限划分等方面的体系、制度和形式的总称。广播电视体制是广播电视制度的具体实现形式，是指由经济制度决定的，在一定历史条件下，由广播电视所有权、基本性质、基本目标等方面所构成的规范体系。代表的是在一定制度范围内，广播电视系统内部所属单位责权利的具体配置和划分以及根据这种划分所设置的机构和形成的组织和规范。广播电视在不同的国家表现出不同的结构特征，形成了不同的管理和经营体制。具体来说，包括广播电视机构的设置、经营方式、经费来源等内容。经过六十多年的发展，我国广播电视业从内容到形式不断革新，为适应新形势的变化，广播电视体制也与时俱进，为广播电视发展提供更为广阔的空间。

第一节　广播电视事业体制建设

我国传统的广播电视管理体制是在计划经济条件下建立的、以宣传管理为核心的事业单位管理体制。电台电视台由政府开办，国家广播电影电视总局负责全国广播电视业的发展规划和政策法规的制定，审批广播电视机构的建立，履行行业管理职能。电台电视台依照中央、省、地市、县四级行政级别和行政区划，分级建设、分级服务，按照"条块结合，以块为主"进行管理。各地广播电视机构受本地党委政府和上级广播电视管理部门的双重领导，

---

① 社科院语言所词典编辑室编：《现代汉语词典》，商务印书馆，1996年第3版，第1241页。

以本地党委政府的领导为主。

从总体上来看，这一管理体制是与我国一定历史时期的行政管理体制、生产力与科学技术发展水平、人民群众对精神文化产品的需求以及公众获取信息的手段、渠道和舆论宣传工作的方针等主客观因素相适应的。为坚持正确舆论导向，确保政令畅通，宣传各级党委政府的中心工作发挥了巨大作用；同时，各级党委政府的高度重视，在人、财、物等多方面给予了大力支持，为促进和繁荣我国的广播电视事业起到了积极的推动作用，也为以后的发展奠定了良好的基础。随着时代的发展，广播电视发展日益迅速，国内外竞争日趋激烈，广播电视体制的改革也在不断地进行中。

一、中国广播电视事业体制建设的意义

中国广播电视坚持正确舆论导向，坚持发挥公益性社会文化事业的社会功能和作用。同时，按照中央的有关部署，大力推行文化体制改革，发展广播电视产业，积极探索精神文明建设的客观规律，大力满足人民群众的精神需求。广播电视管理体制是广播电视业最主要的社会表现形式，为广播电视发展提供了制度上的框架，是整个广电业建立、运行和管理的组织基础。具体来看，广播电视事业体制建设有以下几个方面意义。

（一）为国家制度建设发挥不可或缺的补充作用

国家制度是宪法规定的国家根本的政治经济文化制度。由于广播电视资源、主体的特殊性质，广播电视体制与国家制度之间有着更为直接的特殊关联。广播电视体制作为国家制度的一部分，主要体现在国家的意识形态制度和文化制度中。这从根本上要求广电体制建设方向要与国家制度的发展趋势保持一致，与国家制度下的具体体制建设保持同步，并在实践中形成对国家制度的完善和补充。

首先，单一制的国家结构形式与条块结合、分级管理的广电体制相对应。从中央到地方的以行政级别划分的广电政府和传播机构根本上是由单一制的国家结构形式及其行政体制派生的，实际上也起到维护国家统一、促进国家和区域进步发展的作用。

其次，以公有制为主体的经济制度和以国家主体为主干的广电体制具有

主体上的一致性。在现实中,以国家主体为特点的广电事业产业是公有制经济的重要组成部分。此外,以保证传播先进文化为己任的广电体制与以为人民服务、为社会主义服务为宗旨的社会主义文化制度具有功能和目标的一致性。国家制度中对公民权利和义务的保障和要求与广电体制对广电传递信息、舆论监督、开展教育等功能的保障具有一致性。

总之,国家制度的性质决定广电体制的性质,国家制度的调整改革决定广电体制的调整改革的方向。广播电视体制是国家制度建设的重要组成部分,为国家制度的建设发挥了不可或缺的补充作用。

(二)对广播电视资源发展有重要促进作用

从一个国家和地区整体来看,广电体制建设和发展,直接关系到这个国家或地区广播电视资源的科学配置和有效开发,并最终决定着广播电视业整体效能的发挥。

新中国广播电视诞生之初形成了单一的国有体制,当时广播电视业由国有的、高度行政化的广播电视部门垄断运作。四级办、分管的模式促使广电能够比较有效地完成党和政府的宣传工作,实现广电媒体作为党、政府和人民喉舌的功能,保障意识形态的安全,保障人们享受公益型信息服务的权利。换言之,这一阶段的广播电视体制的最大优势是能够最大限度地实现广电媒体作为事业机关和宣传机构的功能。强有力的具有高度行政依附性的广播电视体制,在实施大的事业项目时有利于统一认识、集中精力、快速有效的推行和完成计划。

20世纪90年代以来,随着我国经济体制改革的成熟,广播电视体制固有的格局逐渐被打破。人们逐渐认识到,广播电视传媒除了作为思想舆论工作部门存在之外,还是占据社会生产很大份额的支柱产业。而行政壁垒不利于广播电视节目的流通、体制内部的更新;高度行政化的管理体制不再适应市场经济和广播电视业的发展。广播电视体制的建设开始作出合理促进广播电视生产力发展的改变,为广播电视业的进一步发展拓展了空间,最大限度地满足人民群众精神文化需求,为实现广播电视行业做大做强奠定了坚实的基础。

(三)是增强综合国力的必然要求

文化产业是一个国民经济的重要组成部分,文化软实力是一个国家综合实力的重要方面。广播电视是文化产业中的重要门类,广播电视体制的优化发展也是增强综合国力的必然要求。正因为如此,一系列政策的颁布,为大力发展文化产业,保证经济、政治、文化的协调发展铺平了道路,也为广播电视体制的不断完善提供了重要的保障。2002年,党的十六大明确提出深化文化体制改革,加快文化产业发展,并且将文化产业分为两类:一类为公益性的文化事业;一类为经营性文化产业。这一认识,是市场经济条件下和对外开放环境下发展广播电视业的必然要求。

2003年年末,国家广播电影电视总局发布的《关于促进广播影视产业发展的意见》被认为是广播电视业面向市场改革的重要转折点。2006年7月,根据中共中央、国务院《关于深化文化体制改革的若干意见》的要求和全国文化体制改革工作会议的部署,国家广播电影电视总局结合广播影视发展改革的实际,专门制定了《广播影视改革工作实施方案》,经党中央、国务院批准后付诸实施。该方案提出广播电视改革的总体要求和目标任务,要求始终坚持一手抓公益性事业,一手抓经营性产业,促进公益性事业和经营性产业共同发展,充分体现了分类指导、分类改革的思路,指导广电系统的体制机制改革创新稳步向前推进。

二、中国广播电视事业体制建设的发展

中国广播电视管理体制的演变和发展,呈现出两条明显的轨迹:一是逐渐建立完善的分级管理体制;二是实行"条块结合"、双重领导的管理体制。

新中国成立之初,国家就成立了中央广播事业局,负责全国的广播工作。1956年,各省、自治区、直辖市分别成立广播事业局。当1958年中国电视诞生时,全国已经初步形成包括电视在内的分级管理的广电事业管理体制。从1980年开始,全国地、县两级政府也分别建立了广播事业局,从而为完善分级管理的广播电视事业管理体制创造了条件。1982年,中央广播事业局升格为广播电视部。其后,各省级政府分别设立了广播电视厅(局),地、县两级也都设立了广播电视局,各级广播电视管理部门直接管理所属的电台、电视台及本行政区域内的广播电视事业。全国最终形成了统一的、分级管理的广播电视事业管理体系。1998年,原广播电视部改组为国家广播电影电视总局。

2013年，国家广播电影电视总局与新闻出版总署合并，成立国家新闻出版广电总局。经过数次机构改革和职能转变，广播电视管理体系更为科学合理。

几十年来，我国广播电视的管理方式虽然作出一些调整变化，但基本上实行的仍然是"条块结合"、双重领导的管理体制。"条块结合"是指既有"条条领导"，也有"块块领导"。"条条管理"，是指中央到省，再到省以下广电机构间直接的纵向对口领导，"块块管理"是指各省（自治区、直辖市）政府以及省以下各级政府对同级所属的广电机构的直接领导。20世纪50年代以来的相当一段时间以"条条"管理为主，以后，则以"块块"管理为主。

如果按照时间来划分，新中国的广播电视管理体制大致经历了以下几个阶段：

（一）初创期（1949年—1956年）

新中国刚刚成立，我党开始领导全国各族人民有步骤地实现从新民主主义到社会主义的转变。为了适应大规模经济建设的需要，自1952年开始，我国进行了首次政府机构改革。广播行政管理体制的初创，就是在这样的大背景下，在解放区人民广播事业的基础上，适应新中国广播事业发展需要的情况下完成的。这一时期的广播体制建设主要有以下几个方面：

第一，中央政府成立了专门的广播事业管理机构，即中央广播事业局。

第二，确立了广播管理机构肩负的双重职能：既是新闻宣传机关，又是事业管理机关。管办合一，所以又有"三位（宣传、技术、行政）一体"之说。地方广播事业实行中央广播事业局和地方政府双重领导，以中央广播事业局领导为主，即"条块结合，以条为主"。

第三，中央广播事业局管理全国广播事业的方式，主要是通过行政手段进行直接管理，即"局台合一"体制。广播电视管理部门与电台电视台之间的关系不只是直接的上下级领导和被领导关系，而且是整体和部分的关系。即电台电视台是广播电视管理部门的一个组成部分，广电厅（局）长或副厅（局）长往往兼任台长。

（二）健全期（1957年—1966年）

为适应新的建设需要，这个时期广播电视行政管理体制在初创的基础上，从三个方面进行了健全。

首先，完成了省级政府专门广播管理机构的建立。1965年，西藏自治区广播事业局的成立标志着全国专门的省级广播事业管理机构普遍建立。

其次，将地方广播事业由中央广播事业局领导为主，改为以地方政府领导为主。即从"条块结合，以条为主"变为"条块结合，以块为主"。

再次，形成了指导广播电视宣传的系统意见《宣传业务整改提纲（草案）》。它的制定和实行，有助于扭转长期以来对广播电视工作的错误认识，减轻"左倾"思想对广播电视宣传的影响，并为广播电视走出困境、不断发展指明方向。但因为"文化大革命"的开始，这份提纲并没有得到全面、深入的贯彻执行。

（三）停滞期（1966年—1976年）

"文化大革命"十年，是我党、我国和全国人民遭受挫折和损失最严重的时期，趋于健全的广播电视行政管理体制，在这个时期也受到严重打击，几乎处于停滞状态。广播管理机构不能正常地发挥作用，是广播电视管理工作的一系列指导方针和原则也遭到破坏。

不过，由于广播电视科研技术人员作出不懈努力，广播电视技术事业在十年内乱期间仍取得一定进展。需要提到的是，1970年全国第一次电视专业会议决定将原来的"中央为主，地方为辅"的方针调整为中央和省（包括自治区、直辖市）"两级办电视、两级覆盖"。

（四）变革期（1977年—1991年）

1978年党的十一届三中全会召开，开始调整"文化大革命"中被扰乱的各种社会关系，广播电视行政管理体制也在调整中恢复了生气。1980年2月召开的全国广播事业规划会议，10月召开的第十次全国广播工作会议以及国务院5月转批的中央广播事业局《关于加强地方广播事业管理工作的请示报告》这两次会议一个文件，都对"文化大革命"前已经形成但没有作出明文规定，现在又需要加以沿用和发展的行政管理体制，做出了明确的规定，例如中央和地方各级广播事业局的双重职能；地方各级广播事业局的双重领导，等等。为广播电视事业下一步发展铺平了道路。

我国先后于1982年和1988年进行了两次行政管理体制和政府机构改革，以适应开创社会主义现代化建设新局面的需要。这个阶段我党召开了十二大和十三大,改革开放全面展开;广播电视行政管理体制在这个时期也发生了重大变革。

1. 广播电视部取代中央广播事业局

改革开放后第一轮机构改革,决定设立广播电视部,撤销中央广播事业局。广播电视部是真正意义上的行政管理机关,打破了原中央广播事业局行政和事业界限不清的局面。

2. 广播电视发展史上的里程碑

1983年3月在北京召开第十一次全国广播电视工作会议,对广播电视体制进行了较大调整和变动,在管理广播电视方面上有诸多建树,对之后十多年的广播电视发展具有深远影响,被称作是广播电视发展史上的里程碑。

首先,确立了中央、省、市、县"四级办广播,四级办电视,四级混合覆盖"的方针。即除了省市可以经营广播电视之外,具备一定条件的市、县也可以办广播电台、电视台,其主要功能是转播中央和省的广播电视节目,有条件的还可以插播自己的节目。

其次,重申了1980年明确的中央广电主管部门和各级地方政府"条块结合,以块为主"双重领导的管理体制。在实际运作上,省、自治区、直辖市广播电视厅(局)的事业建设,受该省、自治区、市人民政府和广播电视部双重领导,以同级政府领导为主;同时,省、自治区、直辖市广播电视厅(局)的宣传工作,受该省、区、市党委领导和广播电视部指导。这样的"块块领导"的关系可以继续向下一级政府推衍,一直推到最下一层,并且强调了县级广播电视管理机构的重要地位。

3. 广播电影电视部的成立

1986年1月20日,六届全国人大常委会第十四次会议,审议通过了关于将广播电视部改为广播电影电视部的决议。自此,原设在文化部的电影局成建制地划归广播电影电视部。这对电影、电视的协调发展,无疑是有积极意义的。

(五)探索期(1992年—2012年)

经济全球化及中国加入世界贸易组织形成改革开放之后又一个重大历史转折点。中国的广电体制进入探索发展阶段。

其一，从 1996 年开始，中共中央和广电主管部门颁布了一系列的通知，对当时的广播电视制度分阶段进行整顿与调整。

1998 年开始的国务院机构改革中，广播电影电视部改组为国家广播电影电视总局，定性"为国务院主管广播电视宣传和广播电影电视事业的直属机构"，标志着中央广播电视管理机构延续了几十年的政事不分，终于在机构定性上得到解决。

中央广播电视行政部门先由县级开始推动结构调整工作，主要包括"三台合一"（或四台合一）及"局台合一"的管理制度。"三台合一"（或四台合一）及"局台合一"的做法是：将广播电台、电视台及有线电视台（甚至加上教育电视台）合并为一个实体，统一机构建制、统一人事管理、统一宣传规划、统一事业建设、统一经营创收；更进一步，由县（市）广播电视局实行统一领导和管理，达成"局台合一"。

经过整顿，电台电视台的数量大幅减少，从 1997 年的 1363 座及 923 座降到 1999 年的 299 座及 352 座。然而，电台电视台数目的减少并不意味中国广播电视事业的倒退。我们仍可以看到中国广播电视的进展，广播、电视的覆盖率从 1997 年的 86.02% 及 87.6% 升到 2000 年的 91.5% 及 92.5%，直至 2012 年年底的 97.51% 及 98.20%。

其二，1999 年 11 月国务院办公厅转发信息产业部和国家广播电影电视总局《关于加强广播电视有线网络建设管理的意见》（国办 82 号文件，又简称 82 号文件），主要内容是：一、网台分离；二、电视与广播、有线与无线合并；三、停止四级办广播电视台的制度；四、避免网络重复建设，保持广播电视网的相对完整性和专用性；五、在有关规定出台前，广播电视网络传输公司暂不上市，广播电视业务（包括广告经营）和经营单位不得上市；六、保持电信和广电部门的分工，彼此业务不得交叉。总之，82 号文件勾画了广电未来发展的基本原则。

其三，国家广播电影电视总局在 2000 年推出《2001 年至 2010 年广播影视事业发展计划纲要》，其中提到建设若干在国际上有竞争力、影响力的跨地区、跨行业的广播影视传媒集团。广播电影电视总局领导讲话也强调，集团化发展已成为一种大趋势，尤其是将来与国外著名的大型传媒集团竞争，并指出未来的发展蓝图是，先着手组建中央一级和省一级的广播影视集团。这些集团要做到广播、电影、电视三位一体，有线、无线、教育三台联合，省、市、县三级贯通，资源共享。

在具体作法方面，广电集团成立之初，集团与广播电影电视总局实行"两块牌子，两种性质，一套班子"的管理体制，局作为国家行政机关行使政府对广播电视的管理职能，集团为"国有独资，事业性质"的实体，两者兼备一套班子。

其四，2004年2月，广播电影电视总局发布《关于促进广播影视产业发展的意见》。广播电视要把允许经营的资产、资源和业务从目前的事业体制中分离出来，面向市场进行企业转制和重组，与事业部分分别管理、分别运营。允许各类所有制机构作为经营主体进入除新闻宣传外的广播电视节目制作业，在确保控股的前提下，可吸收国内社会资本探索进行股份制改造，条件成熟的广播电视节目（包括电视剧）生产营销企业经批准可以上市融资。

这一阶段，文化建设的重要性，被提高到增强国家软实力的战略高度来强调。广播电视行政管理体制的创新，主要是按照党中央、国务院《关于深化文化体制改革的若干意见》的要求，着力理顺广播电视行政部门与所属企事业单位的关系，推进政企分开、政资分开、政事分开、政府与市场中介组织分开。

从具体措施来看，这一阶段深化广播电视事业单位改革，努力把公益性事业单位和经营性企业单位分别打造成具有独立法人资格的事业单位和企业实体。果断停止事业性质的广播影视集团审批，鼓励已有的广播影视集团理顺关系，即把广播影视集团承担的行政管理职责归还广播影视管理机构。放宽市场准入，允许非公有资本和外资进入政策允许进入的广播电视领域，增加广播电视事业和产业的社会成分。

（六）转型期（2013年— ）

2013年3月10日，第十二届全国人大一次会议通过并公布的《国务院机构改革和职能转变方案》，决定将新闻出版总署与广播电影电视总局合并，组建国家新闻出版广电总局。这是1982年以来我国新闻传媒行政管理部门调整力度最大的一次改革，开启"大部制"改革新阶段。

署、局合并的目的可以概括为八个字：简政放权，加快发展。通过归并、转变政府职能，减少审批项目，整合行业资源，提高管理效率，达到释放传媒生产力，激发多元主体创新，加快构建集文字、图片、音视频于一体的超级传媒平台，提升传媒整体实力的目的。署、局合并的意义是，促进新闻出版影视业繁荣发展，增强整体实力和竞争力；统筹新闻出版广播影视资源，统筹规划新闻出版广播影视事业产业发展，统筹监督管理新闻出版广播影视机构和业务以及出版物、广播影视节目内容和质量，负责著作权管理；有利于减少职责交叉、提高管理效率，落实管理责任，有利于统筹推动报刊、出版社、通讯社、电台电视台和互联网等新媒体发展，加快构建现代传播体系，提高文化传播能力，有利于新闻出版广播影视业做大做强，增强文化整体实力和竞争力，有利于整合新闻出版和广播影视领域公共服务资源，提高公共文化服务的质量和水平。署、局合并产生的整体合力，将加快推进构建技术先进、传输快捷、覆盖广泛的现代传播体系，加快产业创新发展，形成与我国经济社会水平和国际地位相称的传播能力，将自身打造成中华文明的传播者，成为国际文化格局中极具竞争力的市场主体。①

从整体上看，中国广播电视业正在从以小而全的格局、数量增长为特征的粗放式发展阶段转向以外部资源重组、内部结构调整结合的集约式整合阶段，以"大部制"改革为特点的转型期将持续相当长的阶段，其间仍有与文化部门进行融合的进一步深化体制改革的空间。

三、中国广播电视事业体制建设的特征

我国现行的广播电视事业体制是在过去几十年间逐步形成的，并得到党和国家的确认。1983年中共中央发出《关于批转广播电视部党组〈关于广播电视工作的汇报提纲〉的通知》（中发［1983］37号），批准了实行四级办广播、四级办电视、四级混合覆盖的方针，确立了四级办台、四级管理的新体制。1997年国务院令颁布施行的《广播电视管理条例》，授予广电行政部门设立和管理广播电台、电视台的职责和权限，确立了现行广电行政管理体制的

---

① 参见张君昌：《大部制 大融合 大棋局——署、局合并后广电传媒的战略抉择》，《电视研究》，2013年第9期。

法律地位。1998年国务院办公厅印发的《国家广播电影电视总局职能配置内设机构和人员编制规定》（国办发［1998］92号），确认国家广播电影电视总局为国务院主管广播电视宣传和广播电影电视事业的直属机构，赋予指导宣传工作、规划事业发展、审批播出机构、监管视听节目、管理科技外事、领导中央三台等八项主要职责。上述文件和法规，从根本上确立和规定了现行广播电视行政管理体制的合法地位。

现行广播电视体制主要有以下四个特点：

(一) 国家所有、政府主办

在我国，广播电视传媒属于国家的公有财产，不允许私人占有。根据我国《广播电视管理条例》第十条的规定：广播电台、电视台由县、不设区的市以上人民政府广播电视行政部门设立，其中教育电视台可以由设区的市、自治州以上人民政府教育行政部门设立。其他任何单位和个人不得设立广播电台、电视台。第四条：国家禁止设立外资经营、中外合资经营和中外合作经营的广播电台、电视台。以上条款明确了我国广电传媒是国家所有的。

根据《广播电视管理条例》第三条、第四条、第五条、第八条、第十一条等的规定。广播电视事业应当坚持为人民服务、为社会主义服务的方向，坚持正确的舆论导向。国务院广播电视行政部门负责全国的广播电视管理工作。县级以上地方人民政府负责广播电视行政管理工作的部门或者机构（统称广播电视行政部门）负责本行政区域内的广播电视管理工作。国务院广播电视行政部门负责制定全国广播电台、电视台的设立规划，确定广播电台、电视台的总量、布局和结构。

中央的广播电台、电视台由国务院广播电视行政部门设立。地方设立广播电台、电视台的，由县、不设区的市以上地方人民政府广播电视行政部门提出申请，本级人民政府审查同意后，逐级上报，经国务院广播电视行政部门审查批准后，方可筹建。国务院广播电视行政部门负责制定全国广播电台、电视台的设立规划，确定广播电台、电视台的总量、布局和结构。

中国教育电视台由国务院教育行政部门设立，报国务院广播电视行政部门审查批准。地方设立教育电视台的，由设区的市、自治州以上地方人民政府教育行政部门提出申请，征得同级广播电视行政部门同意并经本级人民政府审查同意后，逐级上报，经国务院教育行政部门审核，由国务院广播电视行政部门审查批准后，方可筹建。

（二）管办结合、三位一体

各级政府广播电视行政主管部门承担着"办"广播电台、电视台的职能，又是广播电台、电视台的监管者，承担着"管"的职能，对本级广播电台、电视台直接主办、主管，对下级广播电台、电视台实行行业管理。

长期以来，宣传管理是广播电视管理工作的核心内容，其目的是为了保证广播电视宣传的正确方向，使宣传取得最佳的社会效益，而这是通过建立必要的宣传管理制度来实现的。广播电视宣传部门内部实行以技术宣传为中心，宣传管理、技术管理、经营管理"三位一体"的管理制度。技术管理是保证技术系统安全运行，使之为广播电视宣传提供可靠的物质保障；经营管理则是为了发展广播电视媒介的产业经营优势，在广播电视宣传取得一定的社会效益的前提下，争取获得最佳的经营收益。宣传管理除了贯彻党的宣传意图和宣传工作部署，做好宣传内容规划之外，在长期的广播电视宣传实践中，还实行一些成文或不成文的节目制作和审查制度，形成了多年来恪守的编播工作规律，对新闻宣传信息的生产、加工和传播活动进行调节控制、把关定向，从而确保宣传管理工作的落实。

（三）四级办、分级管

实行中央、省（自治区、直辖市）、市（地、州）、县（市）"四级办广播、四级办电视、四级混合覆盖"。管理上实行"条块结合，以块为主"，即省本级及省级以下广播电视行政管理部门接受上级政府广播电视行政主管部门与本级党委政府的双重领导，以地方领导为主。四级办、分管的模式促使广电能够比较有效地完成党和政府的宣传工作，实现广电媒体作为党、政府和人民喉舌的功能，保障意识形态的安全，保障人们享受公益型信息服务的权利。

"四级办"方针对推动中国广播电视事业发展曾经起过关键性的历史作用，有利于把握舆论导向。尤其是重大宣传报道活动，可以形成四级联动、全国联播的格局，达到最为广泛的传播效果，形成强大的社会舆论。但在带来广播电视事业繁荣的同时,也带来了一些问题,例如结构松散,发展秩序混乱。进入21世纪,如果要使中国的广播电视事业有更大的发展空间,我们在发展过程中就必须正视这些问题,并采取有效措施予以切实的解决。

(四)公益性

在我国,各级各类电台电视台均是以实现社会效益为首要目标的事业单位,不是营利性组织。广播电视公益性主要是指以各级政府为主导的新闻宣传、舆论监督和面向社会大众、体现公众整体利益的非盈利性业务和服务,是我国广播电视媒体政治、公共属性的具体体现和实现方式。

2011年11月,国家广播电影电视总局下发《关于贯彻执行〈《广播电视广告播出管理办法》的补充规定〉的通知》,文件指出,党的十七届六中全会强调要大力发展公益性文化事业,完善覆盖城乡、结构合理、功能健全、实用高效的公共文化服务体系。广播电视作为党和人民的喉舌、重要的宣传思想文化阵地,在公共文化服务体系建设中担负着重要责任,必须充分发挥优势,切实履行好自己的职责。

这一文件的下发表明,广播电视媒体必须坚持把公益性放在首位,更好地为社会主义物质文明和精神文明建设提供服务。换言之,中国广播电视体制的优势在于能够最大限度地实现广播电视媒体作为事业机关和宣传机构的功能。强有力的具有高度行政依附性的广播电视体制,在实施大的事业项目时有利于统一认识、集中精力、快速有效的推行和完成计划。

第二节 广播电视体制管理创新

广播电视管理体制的每一次创新,都为这一时期广播电视业增添了活力,带来广播电视生产力的解放和事业的繁荣,推动了整个广播电视业向更高阶段发展。广播电视管理体制创新的目的在于通过科学化的管理,使广播电视的信息传播和产业经营等各项功能得到最大限度的发挥,从而获取最佳的社会效益和经济效益。在不断创新的过程中,许多地方还进行了一些积极的探索和实践,取得了不少有益的成果和经验,大大增强了广播电视的整体实力。

一、"四级办":加快广电事业的发展

党的十一届三中全会之后,我国进入社会主义建设新时期。广播电视业经历了拨乱反正、改革开放的历史进程,完成了恢复、起步的历史性任务,为今后的飞速发展奠定了基础。

(一)"四级办"的具体内容

随着国内外形势的发展变化和改革开放的需要,20世纪80年代初,微波建设加快,调频广播、无线电视在城乡逐渐普及,广播电视事业不断壮大,管理体制也相应进行改革,催生广播电视快速发展。为加强对广播电视工作的领导和管理,1982年中央决定撤销中央广播事业局,成立广播电视部,为国务院组成部门。

1983年3月在北京召开的第十一次全国广播电视工作会议,对广播电视体制进行了较大调整和变动。1983年中共中央批转广播电视部党组《关于广播电视工作的汇报提纲》(中发〔1983〕37号),提出改革广播电视宣传工作,加快广播电视事业的建设的任务和目标。文件针对过去着重强调中央、省两级覆盖,对市县办电视限制很严的情况,根据形势发展的需要,改为四级办广播、四级办电视、四级混合覆盖的方针,成为一个时期以来指导广播电视事业发展的纲领性文件。

由"二级办"到"四级办"表明,我国广播电视事业的"一体多元体制"形成。尽管广播电视由党和政府主办这一根本立场没有变,但却将广播电视的开办权下放到了县级,从而调整了我国广播电视机构的整体布局。

从1984年开始,新设立的电视台如雨后春笋般地涌现,特别是地市级和县级电视台的成长更加快速。各地根据本地情况形成了不同的管理体制。根据调查,各地广播电视体制分成九种:(1)局台合一制;(2)局台分设制;(3)电视台相对独立制;(4)局台同级制;(5)台为局级制;(6)市委直属单位制;(7)两台合一制;(8)广播电视一体制;(9)局属科室制。此外,中央广电主管部门和各级地方政府"条块结合,以条为主"双重领导的管理体制也随即转变成为"条块结合,以块为主"的管理体制(这种方式一直沿用至今)。

这次改革实现了广播电视发展的第一次历史性突破。以第十一次全国广

播电视工作会议和中央 37 号文件为标志,以"四级办"、"新闻改革"为主要内容,极大调动了地方各级党委政府和广电部门办广播电视的积极性,解放了广播电视生产力,全面推进了广播电视的发展与覆盖,拓展了广播电视的规模。

(二)"四级办"的积极作用

"四级办、四级管"的管理体制是与中国当时行政管理体制、计划经济管理模式、生产力与科学技术发展水平、人民群众对精神文化产品的需求以及公众获取信息的手段、渠道和舆论宣传工作的方针等主客观因素相适应的。其最大特点是,充分调动了地方各级党委政府办广播电视的积极性和主动性,形成了在统一政策、统一计划、统一技术标准的前提下,中央和地方分级负责、分级建设、分级管理的格局。

这种体制为坚持正确舆论导向,确保政令畅通,结合当地实际,宣传各级党委政府的中心工作发挥了巨大的作用。农村实行家庭联产承包责任制以后,促进了农村生产力的发展,但也出现党委、政府施政渠道堵塞的问题,于是,蓬勃发展起来的广播电视事业成为当地党委、政府的重要喉舌。

同时,各级党委政府的高度重视,在人、财、物等多方面给予大力支持,为促进和繁荣中国广播电视事业起到积极的推动、促进作用,也为今后的发展奠定了基础。农村有限广播网在这一政策下恢复整顿和稳步回升,发展成以有线广播为主的,包括调频广播、微波站和卫星地面接收站等多种手段共同组成的农村广播电视覆盖网,并且这一政策也推动了有线电视的迅速发展,扩大了中央和省两级电视节目的覆盖面,使观众接收到更多的电视频道,同时在宣传党的方针政策、稳定局势,促进经济发展普及教育和丰富群众文化生活方面,发挥了积极的作用。这一激励性的政策,也是形成中国广电事业多层次结构的重要因素。

总之,"四级办广播电视"调动了各地的积极性,促成这一时期广电行业大幅度的成长和繁荣,中国广播电视事业以前所未有的速度和规模迅猛地发展起来。到 1988 年年底,全国广播电台已经由 1982 年的 118 座增加到 461 座,电视台也由 1982 年的 47 座增加到 422 座,全国广播和电视人口覆盖率分别从 1982 年的 64.1％和 57.3％提高到 70.6％和 75.4％。

(三) 对"四级办"的调整

针对"四级办"逐渐显露出的资源分散、重复建设、人员素质跟不上、效益下降等问题，20世纪90年代后期国务院及时提出"控制总量、调整结构"的方针，从数量上、结构上对广电事业总体规模进行调整。

1996年，中共中央办公厅、国务院办公厅发出《关于加强新闻出版广播电视业管理的通知》（厅字［1996］37号）就"广播电视业的治理"提出"重点解决擅自建台、重复设台和乱播滥放的问题"，对"现有县广播电视、电视台、有线电视台要合并为一个播出实体，主要转播中央和省的广播电视节目，可以自办少量当地新闻和专题节目"。

2001年，《中共中央办公厅、国务院办公厅转发〈中共中央宣传部、国家广电总局、新闻出版总署关于深化新闻出版、广播影视业改革的若干意见〉的通知》（中办发［2001］17号）提出，"推动市（地）、县（市）广播电视播出机构的职能转变"。

2003年，《中共中央办公厅、国务院办公厅转发〈中共中央宣传部、文化部、国家广电总局、新闻出版总署关于文化体制改革试点工作的意见〉的通知》（中办发［2003］21号）提出，"发展文化产业要充分发挥市场在国家宏观调控下对文化资源配置的基础性作用，提高集约化经营水平和产业集中度。以资本为纽带，运用市场机制，推动兼并、联合、重组，实行多媒体经营和跨地区发展"，"进一步整合广播电视资源，着力解决重复建设、结构失衡、忽略效益等问题，""以省级电视台为龙头，整合市（地）、县两级电视台。"

现有广播电视条块分割、以块块管理为主的体制是建立在按行政区划设立广播电视播出机构基础之上的，打破依行政区划设立广播电视播出机构的模式，能从根本上瓦解这种管理体制的基础，从而使建立广播电视新的管理体制成为可能。因此，要改变以行政区划设立广播电视播出机构的方式，加强中央和省级广播电视节目的覆盖。

所以，县（市）一级广电机构开始完成观念、职能和工作重点的转移，将工作任务转移到转播中央和省级广播电视节目上来，将工作重心转移到扩大广播电视覆盖和提高广播电视服务水平上来，将工作精力转移到改造、完善广播电视网络，发展广播电视用户，拓展广播电视业务上来。

二、"事业单位,企业管理":激发广电业活力

广播电视传媒作为我国事业单位的重要组成部分,在实现政府公共服务职能方面承担着极为重要的职责和义务,其本身也是个非常复杂的系统。推行"事业单位,企业管理"为广电媒体的发展提供了必要的发展空间和良好的制度环境,激发了广电事业的活力。

(一)"事业单位、企业管理"的涵义

1998年国务院颁布《事业单位登记管理暂行条例》指出:事业单位是以社会公益为目的,由国家机关举办或其他组织利用国有资产举办,从事科教文卫等活动的社会服务组织。较权威地界定了"事业单位"。事业单位的社会角色定位是社会服务组织,具有公益性、国有性、服务性三个主要特征,是相互联系的整体。事业单位是保障国家经济政治文化生活正常进行的社会服务支持系统,主要为社会提供公共物品和公共服务,满足公民的公共利益和需要。在保证社会公益的前提下,为健康持续发展和社会服务系统的良性循环,允许其按规定向服务对象收取费用。可见,事业单位既包括社会效益,也包括一定的经济效益;既提供无偿服务,也提供有偿服务。企业化管理,指媒体发展以市场为导向,以经济效益为中心,自主经营、自负盈亏、自我发展、自我约束,在以市场机制为基础配置资源的过程中,优胜劣汰。

1998年国家工商行政管理局《关于事业单位企业化经营含义问题的答复》(工商字〔1998〕第158号)对事业单位企业化管理的含义作出界定:"凡国家不再核拨经费,实行自收自支、自主经营、独立核算、自负盈亏的事业组织",根据财政部《关于事业单位财务管理的若干规定》(1989年财政部令第2号)第五条第(五)项的规定,企业化经营的事业单位,应执行企业的财务制度和税收制度。"对有条件向企业管理过渡的自收自支管理单位,主管部门和财政部门应规定期限,促其实行企业管理。实行企业管理后,执行国家对企业的有关规定。"企业化经营的事业单位可以依照《企业法人登记管理条例》(1988年国务院令第1号)等规定申请企业法人登记。而且,我国法律法规为包括广播电视在内的特殊行业进行公司化改制都留有余地,如《公司法》规定:国务院确定的生产特殊产品的公司或属于特定行业的公司应当采取国

有独资公司形式。《企业法人登记管理条例实施细则》规定实行企业经营的事业单位（包括广播电视），具备企业法人条件的，按照所属行业申请企业法人登记。

20世纪80年代以来，随着中国社会的改革开放，过去的计划经济体制开始逐步转向社会主义市场经济，1978年，财政部批准人民日报社等8家在京新闻单位要求试行"事业单位企业化管理"的报告。1979年，财政部颁发《关于报社试行企业基金的管理办法》，再次明确报社是党的宣传事业单位，在财务管理上实行企业管理的方法。此后，"事业单位，企业化管理"的经济管理体制在全国报业迅速推广，成为媒体从计划经济走向市场运作的重要转折。社会形态的变化和广播电视业自身发展的需要，促进中国广播电视也逐渐从单纯的事业单位走上"事业单位、企业管理"的改革之路。

（二）对"事业单位、企业管理"的评价

在特定时期，对媒体实行"事业单位、企业管理"顺应了客观条件的要求，在一定程度上解放了媒体生产力，对推动媒体走向市场起到了积极作用。从媒体进入市场的那天起，其政治和经济双重属性就日益凸显，媒体既是国家垄断的事业单位又需要到市场中去寻求利润。在经营实践中，媒体逐渐成为市场主体，自觉或不自觉地采用现代企业管理的一些做法，企业化模式日趋明显。大部分媒体不仅不再享受财政拨款，还同其他企业一样照章纳税，不少媒体还为中央、地方财政作出贡献。

然而，随着中国经济与世界经济的接轨，媒体发展到一定程度后，这种"事业单位、企业管理"的体制已经不能适应市场经济的要求，大大制约了媒体进一步做大做强的进程。一方面，随着市场经济体制的不断完善，传统的事业管理体制与市场经济的矛盾日益突出，体制改革刻不容缓。事业体制造成了媒体无法正常使用企业的市场政策，影响了运营模式的进一步创新和内部灵活调整，加大了传媒行政化磨合的内耗。纵使媒体锐意改革、积极进取，但囿于政策限制、观念限制，改革也是举步维艰。例如，企业化管理面临着人才的竞争，要求切实做到能者上，庸者下，通过人才提高核心竞争力。而事业性质使媒体在人员任用基本沿用传统体制，将员工按照原计划体制下所谓正式编制或者聘任的级别分为台聘、中心聘或者栏目聘等，实行标签化身份管理,并未真正实现按劳分配,岗位人才流动困难,不利于传媒集团整体员工素质、创新能力的提高。另一方面,企业化经营使得作为经济实体的媒体要考虑投入与产出问题,在竞争的压力下,部分媒体置社会利益、国家利益于不顾,采取一些短期行为,迎合受众的猎奇心理,使得媚俗、浅薄的内容有所扩大。

由此,我国进一步加大文化体制改革力度,强化法治建设,推动媒体进入市场,用市场机制解决产业问题。传统的"事业单位、企业管理"媒体管理体制逐渐向"企业化经营"转变,媒体将形成无数个市场主体主动适应和参与市场竞争,由市场决定其发展的走向。

三、制播分离:挖掘广电业潜力

国家出台"深化文化体制改革"、"大力发展文化产业"等相关政策后,广电领域的制播分离改革成为业界关注的热点。

(一)制播分离的涵义

制播分离(Commission)概念最早起源于英国,从字面翻译,应该是"委托制作",原意是指广播电视播出机构将部分节目委托给独立制片人或独立制片公司来制作。后来又指广播电台、电视台通过某种交换机制从外部的制作机构获得广播电视节目的运作体制,广播电台、电视台和节目制作结构之间是一种契约或合作关系。

在中国广播电视原有体制下,节目制作和播出都是由各级广播电台、电视台负责,他们既是节目的生产者,也是播出者。这造成广播电视节目长时间在较低水平上重复运转,精品节目少,整体水平也越来越不能满足受众日益提高的节目需求。所以拓宽节目生产平台,提高节目质量,就成为广播电视媒体迫切的发展需要。因此,在现有国情下,制播分离是指国家广播电视播出机构在保证掌握宣传权的前提下,将部分非新闻类和非社会访谈类节目的生产制作交由广播电视制作机构制作的管理体制。社会制作公司根据市场的需求,可以生产出具有一定水平的节目,运用开放、协同、各广播电视媒体参与、进行再包装等经营手段,并在短时间内扩大和完成随片广告的征集,这是广播电视行业媒体营销观念的一次革命。

(二) 制播分离对中国广播电视发展的意义

制播分离深化广播电视改革的重要内容，对改变电台电视台单纯的自制自播模式，降低节目制作成本，提高节目质量，丰富节目内容，转换运营机制、增强发展活力，对于充分调动社会力量，发展壮大节目内容生产能力，提高规模化、集约化生产水平，具有十分重要的意义。

1. 制播分离模式符合广播电视节目制作的特点

从广播电视节目制作特点上看，它不是机械式的工作，不能用一个固定的模板大批量生产，而是一种智慧创造的成果，每一天的每一个节目，都需要不断地创造。在这种情况下，广播电视台本身不可能拥有如此庞大的创造力量和管理力量，而必须借助社会制作公司，按照制播分离的模式从事节目运作。否则，必然造成节目内容的贫乏和单一。

从产业链条的角度看，现代产业分工越来越细。而过分的集中将会造成垄断，使社会失去效率，造成资源的浪费。制播分离以后，部分节目的制作由专门的公司完成，而电台电视台则可集中精力加强舆论引导。这样的专业化分工，既可以弘扬社会主旋律，提高电台电视台的综合竞争力的发展后劲，又能为制作公司开辟广阔的发展空间，激发其制作的积极性，提高了整个系统的效率。

2. 制播分离模式有利于电台电视台的科学化管理

根据经济体制和社会环境的变化特点，我国广播电视产业必须建立起与市场经济体制相适应的运行机制，这既是广播电视产业寻求自身发展的内在动力，也是传媒规范管理的迫切需要。在制播合一的体制下，电台电视台在采制节目时对成本控制相对宽松，且制作出的节目基本只在本台播出，存在大量的资源的浪费和重复的现象。在实行制播分离以后，由民营制作公司制作出的节目同时卖给多家电台电视台播放，充分调动了社会力量，有利于对有限的资源进行科学的配置。

另外，在电台电视台内部，旧有的人事制度、激励机制已经从根本上无法适应市场经济的要求，极大地阻碍了广播电视生产力的发展。将不具备电视从业人员素质的人剥离出去，以高效、奖惩分明的激励模式吸引真正有能力的节目出品人，这样才能制作出适合受众需要的，具有竞争力的精品节目。

3. 制播分离有助于培养受众对媒体的认同感和忠诚度

在制播分离前，电台电视台找定位、找目标受众、了解受众需求的目的是为了节目制作有准确的方向。国内广播电视节目交易市场体系尚未形成，价格约定、产权归属等众多问题悬而未决，无法实现广播电视节目的合理流通和资源共享，整体上造成节目形态变化迟缓、节目资源匮缺，更导致频道之间恶性竞争，节目重播率高。随着市场的不断扩大，电台电视台无法用自己的人力、物力满足广大受众的文化消费需求。

为了适应受众审美趣味和消费需求的变化，广播电视传媒应根据自身特点，不断研制适合受众口味的节目内容和节目形态，积极为社会提供丰富而优质的节目。这既是广播电视传媒的社会责任，也是培养受众对频道的认同感、忠诚度的必然要求。制播分离后，广播电视媒体在定制节目的时候更加有的放矢。而迫于销售的压力，节目制作公司必须进一步确定用什么样的节目去满足目标受众群的需求。从市场的角度说，就是给自己一个更为准确的角色定位，并且将这一定位传递给受众，带给受众最实在的情感归依。

制播分离改革是一个复杂的系统工程，涉及宏观、中观、微观各个层次。制播分离最终将逐步剥离、转制，培育出富有竞争力的节目制作市场主体，从而推动广播电视产业链的形成和完善，建立起统一、开放、融合、有序的市场格局。

四、三网融合：创新广电体制的契机

当前，数字技术、网络技术迅猛发展，使广播电视媒体产生革命性进步，也促使新媒体茁壮成长。在这形势下，党中央、国务院作出三网融合的重大战略部署。《中华人民共和国国民经济和社会发展第十二个五年规划纲要》提出："以广电和电信业务双向进入为重点，建立健全法律法规和标准，实现电信网、广电网、互联网三网融合，促进网络互联互通和业务融合。"

三网融合发展定局的形成，是党中央和国务院从国家利益出发所作出的长远战略决策。广电业、电信业和互联网业的相互开放与彼此进入，不但具有与其自身利益紧密相关的行业意义，同时也具有与整个国民经济建设模式转型和产业结构调整密切相关的国际战略竞争意义。我国的信息产业在长期发展中奉行着规模型增长的建设模式，整个国民经济结构自改革开放以来，也一直沿用着低创新、高复制增长模式。对于国民经济建设而言，所面临的最重要任务不再是迅猛扩大总量，而是在保持总量平稳增长的前提下，致力于向提升工业化的整体质量和创新水平过渡。立足于下一代网络技术基础上的三网融合，就是解决这一问题的重大举措。通过三网融合及其技术演进，促进战略性新兴产业的孕育和发展，拉动国内消费，形成新的经济增长点。

（一）三网融合对广电媒体的挑战

传统的广电网络具有覆盖广、内容丰富、信号稳定清晰、性价比高等诸多优势。但随着互联网的发展，网络视听业务、手机视听业务蓬勃兴起，传统广播电视受众逐步流失，尤其是年轻观众和高端观众纷纷流向互联网。导致这一结果的原因主要在于随着信息技术和互联网技术的日益普及，人民群众对文化信息消费的需求越来越多样化、个性化。而传统广电业务形态单一，不能满足受众交流、互动及多元化的需求。广电由于长期按照事业体制来推动产业发展，缺乏现代产业观念和市场理念，缺乏改善服务、创新业态以吸引、留住受众的动力和压力。

广电与相关行业在竞争能力和实力方面还存在相当差距。推进三网融合的总体方案明确提出推动广电、电信业务双向进入，这意味着原来相对独立的广电领域引入电信企业的竞争。电信企业是独立的市场主体，形成了全国垂直管理的统一运行机制并有多年市场运营经验，形成了稳定的商业模式，资金实力雄厚，创新能力强，具备了开展全业务融合的技术能力和经济实力。

相比之下，广电在技术水平、经营能力、运营体制等方面都存在很大差距。广电网络运营机构绝大部分都不是合格的市场主体，缺乏市场运行经验，难以直接参与市场竞争。尚未建立起市场主体的法人治理机构，事企不分的情况仍然相当严重，尚未建立起适应市场竞争的运行机制，缺乏市场运营经验及相关人才。广电系统收入单一，主要靠广告和网络基本收视费收入，增值业务收入占比很小；有线电视用户增速远远低于基础电信企业互联网宽带接入用户净增量。广电必须尽快完善网络基础设施，创新业务形态，尽快改变双向准入带来的被动局面。

（二）三网融合为广电体制创新带来的契机

三网融合为我国原本相对独立的广播电视业务外延提供了依据，也为广播电视行业的产业发展提供了机遇。但我们必须清醒地认识到：随着广播电视业务与技术的开放，三网融合战略将给广播电视行业带来新的局面和新的特点。在给广电传播带来业务拓展机遇的同时，也对广电传播相沿成习的运作模式、组织架构、监管模式等提出了挑战。广播电视行业管理者必须寻找新的管理依据、内容和手段，增强广播电视管理新职能，创新广播电视管理机制，以满足新形势下管理广播电视发展的特殊要求。

1. 建设新型的广电传输节目网络

目前的广电传输网络无论在传输能力，还是在有线覆盖率上都无法满足开展新生业务种类的需要。2008年12月，国家广播电影电视总局在"部局合作"机制下，与科技部签订了《国家高性能宽带信息网暨中国下一代广播电视网自主创新合作协议书》。以创新技术为核心支撑的新型广电节目传输网络（NGB），是以自主知识产权（国家高性能宽带信息网3TNet技术）为技术元点，以融合、交互式传播和全媒体性为主要表现特征，兼容了模拟信号和数字信号的双重传输需求，可以同时提供双向交互、组播、推送播存及广播四种工作模式的并发服务。

NGB的建设不但进一步加大带宽流量，而且可管可控，安全性和保密性大大提高。NGB一旦建设完成，作为全程全网的新一代宽带交互式网络，将完全扭转现有广电传输网络单向、单一的难题，帮助广电业顺利实现新业务形态的布局转换，进而从根本上改变三网融合初期电视机只是信息接收窗口的局面。

2. 整合重构有线电视网络

三网融合是国家战略，其核心是从全局出发，用长远的战略眼光分析问题和筹划未来，这对于习惯了以封闭式行业运作为基本特征的广电业来说，不但需要有认识理念上的转变，也需要有政策引导上的规范和约束。

在三网融合语境下建设NGB，对于广电业来说还意味着必须对全国各省市分散管理、零乱布局、坐地运营的有线电视网络进行整合重构。这一工作在2009年就已经开始在全国部分省市展开，随着三网融合进程的推进，全国大部分省市已经完成本辖区内"一省一网"的资源再配置工作。这一进程的顺利推进，也同时意味着困扰中国广电业多年的"四级管办"体制，在有线网领域率先突破了一个缺口。这对于进而消除广电业的条块分割运管体制，实现网内资源的联通和共享，打破相互隔膜、画地为牢的传统广电组织程式，无疑具有重要的先导作用和示范意义。

3. 调整"网台分离"概念

在推进 NGB 建设的过程中，广电行业原来所提的网台分离概念也需要作出调整。在三网融合语境下，再坚持网台分离的原有思路，就有可能丧失掉广电系统原有的内容优势与资源优势，进而影响到广电新业态的健康运行与产业链打造。为此，将有线网络公司与广播电视台重新联合起来实现一体化运作，把广电产业链上游的节目产制与下游的内容播放、销售生产联通起来，就成为优化整合的必然选择。

除此之外，在政策监管方面，还要根据三网融合后新广电业态的多样化与互动性特征，对现有的统一的"公共产品管制"模式及"有线电视特许经营"模式，作出相应调整和改变。新的管理政策与运行机制，应该适合转型后的广播电视产业是内容制作业、广播电视业、通信和信息服务业和电子电器制造业协同的大媒体产业的特点，打破部门与行业界限，组构起统一的跨行业的监管服务机构。

总之，在三网融合这一新的形势下，广电需要大力提升基础网络的技术水平和服务能力，推动网络互联互通；同时还需要大力开发各类增值业务，发掘新的用户和市场；更为重要的是以此为契机，促进广播电视体制的进一步发展和创新。

第三节 广播电视体制改革目标

广播电视行政管理体制改革的目标是：依照中央关于行政管理体制改革和文化体制改革的基本精神和总体部署，把握市场经济发展和广播电视发展的客观规律，选择正确的改革途径和举措，适时地实行政企分开、政事分开、管办分开，转变政府管理职能，实行依法行政、依法管理，逐步构建比较完备的公共服务体系、市场运营体系、政府监管体系和中介社会服务体系，为增强广播电视的核心竞争力和综合实力、推进广播电视事业和产业共同发展、实现最大限度满足广大人民群众对广播电视产品的需求提供坚实的体制保障。

一、建立公共服务体系

中国广播电视公共服务以农村地区为突破,以重点工程为保证,至今已经走过了十余年发展历程。各地按照中央部署和国家广播电影电视总局要求,积极实施重点工程建设。与此同时,各地也扩大范围、拓宽渠道,不断提高农村广播电视公共服务水平。

(一)广播电视公共服务体系的内涵

"公共服务,就是提供公共产品和服务,包括加强城乡公共设施建设,发展社会就业、社会保障服务和教育、科技、文化、卫生、体育等公共事业,公布公共信息等,为社会公众生活和参与社会、经济、政治、文化提供保障而创造条件,努力建设服务型政府。"[①] 按照这一定义,中国的广播电视公共服务就是面向全体人民提供广播电视公共产品和服务。广播电视公共服务体系就是以全体人民为服务对象,以政府提供服务为主导方式,以广播电视公共服务机制、设施、组织机构为核心的覆盖全社会的公共服务体系。

基于广播电视公共服务的内涵和特点,支撑广播电视公共服务长期有效供给的支撑系统包括:财源保障系统、机构队伍系统、政策法规系统、基础设施系统、内容供给系统、监督评估系统等六个系统。按照广播电视公共服务供给的流程和逻辑关系,可将这六个系统分列在四个层级上,构成一个根据供给流程依次递进的结构。其中,财源保障、机构队伍保障、政策法规保障为广播电视公共服务供给的基本条件,属于第一层级的内容;基础设施保障(即广播电视传输覆盖网络和发射台站)为广播电视公共服务的"硬件"条件,属于第二层级的内容;内容产品供给保障(即广播电视频率频道送达、相关节目播出)为广播电视公共服务的"软件"条件,属于第三层级的内容;监督评估保障(即广播电视公共服务标准、评估指标体系及监督评估机制)为提高、改善广播电视公共服务的水平和质量提供评价与监督依据,属于第四层级的内容。这四个层级的内容结合在一起,共同构筑成完整的广播电视

---

① 温家宝:《在省部级主要领导干部专题研究班结业式上讲话》,新华网,2004年2月21日。

公共服务体系。[①]

党的十七届六中全会提出"要以公共财政为支撑,以公益性文化单位为骨干,以全体人民为服务对象,以保障人民群众看电视、听广播、读书看报、进行公共文化鉴赏、参与公共文化活动等基本文化权益为主要内容,完善覆盖城乡、结构合理、功能健全、实用高效的公共文化服务体系"。建设广播电视公共服务体系是大力发展公益性文化事业,保障人民基本文化权益的重要内容,是社会主义文化建设的基本任务之一。对于繁荣先进文化、构建和谐社会、建设社会主义新农村、提高全民族的思想道德和科学文化素质,有着十分重要的意义。

(二)广播电视公共服务体系的建设目标

广播电视公共服务体系的发展目标是:健全广播电视公共服务组织体制和运行机制,充分发挥广播电视公共服务职能,坚持公益性、均等性、基本性、便捷性原则,努力提升公共服务能力。进一步广播电视公共服务设施,继续实施广播电视村村通工程、农村电影放映工程,探索建立长效服务机制,逐步完善覆盖城乡的广播电视公共服务体系。

1. 完善广播电视基础设施建设

统筹多种技术手段,进一步加强广播电视基础设施建设。不断完善广播电视传输覆盖基础设施,不断增强传输覆盖能力。加快广播电视无线发射台站更新改造步伐,巩固扩大无线信号覆盖范围。加快有线广播电视网络建设,完成全省性有线电视网络整合,增加有线入户率。推广直播卫星接收,增强卫星广播电视传输能力,进一步完善直播卫星村村通服务平台和全国统一用户管理系统。进一步加快广播电视数字化步伐。全国各级电台电视台加快推进台内数字化、网络化改造。大规模发展高清电视,推进有线电视和无线广播电视数字化进程,加速建设下一代广播电视网络。

2. 提升广播电视内容服务能力

我国广播电视公共服务的内容建设要重点做好以下几点:第一,办好中央和省级新闻综合及新闻频道频率,扩大覆盖范围,使之成为公众获取信息

[①] 参见杨明品、李江玲:《建立健全中国广播电视公共服务体系》,《中国广播电视学刊》,2011年第6期。

最重要、最及时的渠道；第二，加强农业频道频率建设，做好中央"三农"宏观政策的发布和解读，深入了解和调查农民受众的需求，传播实用性的技术，实施农业科技培训，及时发布农业市场信息，满足农民对知识和信息的需求；第三，加强为残疾人、儿童、老年人、农民工等弱势群体和少数民族服务的公益性的节目制作；第四，进一步强化广播电视公共服务在应对突发公共危机和国家安全战略中的作用，在遭遇重大紧急或突发事件如地震、台风、恐怖袭击时，通过启动广播电视应急系统，引导社会及时处置。

3. 推进广播电视重点工程建设

(1) 推进广播电视"村村通"工程

按照"巩固成果、扩大范围、提高质量、改善服务"的要求，因地制宜、分类指导，完善农村地区广播电视基础设施建设，依托国家广播电视直播卫星"村村通"技术平台，全面提高农村广播电视入户率；20户以上通电自然村实现村村通，村村通加快向户户通转变；改善收听收视质量，进一步提高"村村通"覆盖能力和管理水平。

(2) 推进西新工程建设

切实提高少数民族语言译制能力、传播能力和覆盖水平。加强藏区和新疆地市、县两级广播电视播出新闻和专题节目的译制能力，实现少数民族语言节目在藏区和新疆部分地区的覆盖，使西藏、新疆等民族地区广播电视发展条件得到根本性改观；进一步加强广西、云南等边境地区广播电视覆盖能力建设。

4. 建立广播电视公共服务长效机制

努力缩小广播电视公共服务中存在的城乡差别，推进广播电视公共服务资源向偏远农村地区倾斜，逐步实现城乡广播电视公共服务均等化。探索建立以业务和项目为纽带，以县为中心、乡镇为基础、面向农户的基层广播影视公共服务长效机制。充分发挥市场机制调节作用，采取政府购买、项目补贴、特许经营、政策优惠等方式，鼓励引导社会力量参与广播电视公共服务。建立包括内容指标、覆盖指标、建设指标、运行保障指标在内的广播电视公共服务考评体系，推动广播电视公共服务规范化、制度化、长效化。

(三) 健全广播电视公共服务体系的基本思路

健全与社会主义市场经济体制相适应的广播电视公共服务体系，主要应从以下几个方面着力。

1. 健全公共服务的管理机制

要建立把政府责任落在实处的公共服务管理体制，建立政府规划、社会监督，以各级广播电视播出机构和各级广播电视传输覆盖机构为提供主体，以城乡居民为服务对象的管理体制。在职能配置方面，明确赋予广播电视播出机构提供公共服务频率频道和相应节目的职能，赋予广播电视传输覆盖机构普遍服务和基本服务的职能，并按照履行职能的要求，配置相应的资源。为保证提供主体履责，要制订具体、科学、可行的评估标准，完善评估机制，引入社会力量，形成内在动力和外在促力。

同时，要充分发挥城市广播电视公共服务资源相对丰富的优势，合理利用、优化配置城乡广播电视公共服务资源，通过城市辐射、资源调剂等方式促进城乡一体化建设，使城乡广播电视公共服务得到均衡发展。与此同时，要针对城乡居民对广播电视节目基本需求的共性与差异性，基于农村居民的特殊需要与普遍需要，提供相应的频率频道和节目。

2. 实施公共服务领域的多元统筹

一方面，要强化政府在公共服务中的主导地位；另一方面，改变计划经济体制下政府包揽的做法，把单一主体转变为多元主体，采取政府购买或有偿公益服务的方式，通过市场机制和政策调控，引导社会力量参与到公共服务类节目制作中来，丰富广播电视公共服务内容，提高广播电视公共服务效率。

财源支撑是广播电视公共服务体系建设的基础和保障。要充分发挥财政政策的杠杆作用，利用补贴、奖励、优惠、免税等各种财政手段引导社会资本进入广播电视公共服务领域，形成社会化多元统筹的公共服务资金渠道，避免过度依赖财政投入。

3. 完善广播电视公共服务法规制度

要根据公共服务长效、常态、高效运行的需要，逐步探索建立完善广播电视公共服务法规体系，通过立法的形式，明确规定广播电视公共服务的目标、方向、范围、内容、标准、主体客体、权利义务、社会监督、奖惩措施等相关内容，运用更强有力的法律手段保障广播电视公共服务的运行与提供，使之不因决策部门注意力的转移而变化，不因政府机构调整而削弱。健全评估指标体系，完善监督评估机制，切实保障公民的基本文化权利得以实现。

二、建立市场运营体系

市场运营是指企业通过市场营销、产品开发、品牌管理等市场开发行为以取得利润或提高市场占有率。其主要特点是企业着重以提高自身竞争力来实现企业利益最大化。在社会经济领域中，广播电视行业同其他社会系统一样，从投资、建设到运营、管理均处在经济政策的制约之下。随着市场经济体制的建立和完善，建立广播电视市场运营体系就是彻底打破原有计划经济的管理模式，实现广播电视事业的市场化运营、规范化管理、规模化发展的目标。

（一）建立多主体公平竞争，开放有序的市场环境

建立广播电视市场运营体系，就是要调整产业结构布局，培育和发展广播电视市场主体，充分吸纳和利用社会资源，逐步形成多主体公平竞争、开放有序的市场环境，逐步形成产业体系比较完整、结构布局比较合理、整体技术水平先进、市场导向作用明显、多种经济成分共同发展的格局。

市场主体是产业发展核心，培育合格市场主体是文化体制改革的中心环节。逐步加大广播影视市场的开放力度，逐步放宽市场准入，吸引、鼓励国内外各类资本广泛参与广播影视产业发展，不断提高广播影视产业的社会化程度。允许各类所有制机构作为经营主体进入除新闻宣传外的广播电视节目制作业，允许境外有实力有影响的影视制作机构、境内国有电视节目制作单位合资组建由中方控股的节目制作公司。

电台电视台和广电集团（总台）内重组或转制为企业的单位，在确保控股的前提下，可吸收国内社会资本探索进行股份制改造，条件成熟的广播电视节目（包括电视剧）生产营销企业经批准可以上市融资。付费电视的开办以中央、省和省会市、计划单列市广播影视播出机构为主体，允许符合条件的广播影视机构、拥有节目内容资源独占优势的国有机构及其他符合条件的机构参与，组建公司，进行市场化运作。广播电视传输网络公司在广播影视系统拥有优先投资权、保证控股和拥有经营管理的实际控制权的前提下，可吸收国内社会资本。

(二) 开发新业务，铸造产业链，增强核心竞争力

以内容生产、数字新业务和网络服务为重点，盘活存量，优化增量，开发新业务，铸造产业链，增强核心竞争力，推动广播电视产业快速、持续、健康发展。

2010年，国务院关于推进三网融合的总体方案和三网融合试点方案相继发布，明确指出：大力发展新兴产业，推动移动多媒体广播电视、IP电视、手机电视等三网融合相关业务的应用。中宣部、中国人民银行等9部委联合发布了《关于金融支持文化产业振兴和发展繁荣的指导意见》，从多方面对文化产业发展提供金融支持，特别提出通过开发分期付款等消费信贷品种，对扩大对付费广播电视、移动多媒体广播电视、电影产品等综合消费信贷投放。这一系列政策的推出，为视听新媒体发展创造了良好环境，提供了历史性的发展契机。

在此背景下，各类视听新媒体业务取得重要进展。网络广播电视在互联网应用中的地位日益稳固，用户规模和市场规模扩大较快，IP电视稳步推进，手机电视业务发展迅速，互联网电视步入正规化运营轨道，移动多媒体商业化运营取得一定成效，公共视听载体覆盖人群和终端数量保持快速增长。

(三) 培育大型集团，整合资源，壮大规模

积极培育大型广播电视企业和企业集团，以资本为纽带，通过联合、重组等方式，整合资源，壮大规模，增强实力，使之成为广播电视市场的主导力量和文化产业的战略投资者。按照现代企业制度和现代产权制度的要求，加快推进国有广播电视生产经营企业的公司制、股份制改造，建立和完善公司法人治理结构，实现整体转型。

三、建立政府监管体系

在我国，国家广播电影电视总局主要负责监管广播、电视、电影业务，广告业务由国家工商总局进行监管。党的十八大报告提出：加快行政管理体制改革，深化行政审批制度改革，继续简政放权，建设人民满意的服务型政府。要求推动政府职能向创造良好发展环境、提供优质公共服务、维护社会公平正义转变。要求稳步推进大部门制改革，健全部门职责体系。要求创新

行政管理方式，提高政府公信力和执行力。这为广播电视政府监管职能的进一步明晰、广播电视政府监管体系的建立提供了明确依据。加强和改进广播电视领域宏观管理，就是要建立职责明确、反应灵敏、运转有序、统一高效的政府宏观管理和调控体系。这需要加快政府职能转变，强化广播电视行政部门的政策调节、市场监管、社会管理和公共服务职能，实现由办广播电视为主向管广播电视为主转变。

(一) 改进政策调节手段

在制定和执行监管政策前，相关部门应首先采取科学的监管评估机制，通过对监管机构的绩效进行审计，判断监管政策的可行性和效果，保证有限的资源得到正确、高效的利用，从而使监管政策都能达到预期的效果。例如，为保证广播电视的安全播出，需要进一步加强制度建设，建立健全广播影视安全管理各项规章制度，完善广播电视安全防范和安全预警机制，制定完善应急处置预案，逐步实现安全播出管理从被动处置向主动防范的转变，从分散监管向集成监管的转变，从粗放式管理向精细化管理的转变，全面提高安全播出和安全保障能力。

(二) 强化市场监管手段

政府是资源的宏观调控者，而市场管理的是微观方面。市场监管手段是将部分政府职能分配给市场经营，坚持市场化改革，进一步去行政化，逐步推进广播电视媒体政企分开、政资分开、政事分开。进行广播电视媒体公司化改革，引入竞争机制，实行市场化运作。在此基础上，政府宏观调控、全局管理，明确市场主体在参与中的责任，增强市场化后各媒体和政府各自的责任意识。

(三) 完善社会管理手段

社会管理手段也是政府监管的重要力量之一，他们间接影响政府的监管效果。我国的广电社团大多从学术团体转变而来，在行政主管部门指导下，目前正处于职能转变初期，自律维权作用还没能充分体现。因此，政府要向市场放权，向社团组织放权，引导社会力量积极投入到广播电视运营监管中来，加强各社团间的相互联系，积极吸收行业内企业入会，完善社会管理手段，使社团组织成为行业管理者的得力助手。

为引导和规范网络剧、微电影等网络视听节目健康发展，2012年7月，国家广播电影电视总局和国家互联网信息办公室联合印发《关于进一步加强网络剧、微电影等网络视听节目管理的通知》。随后，中国网络视听节目服务协会制定发布《中国网络视听节目服务自律公约》，分批举办审核员培训班，倡导加强行业自律，促进行业良性发展。遇到重大问题，政府部门主动向行业协会问计，做到民主决策、科学决策、协同管理，是广电政府管理部门职能转变的重要方向。

（四）提升监测手段

为适应新技术、新业务发展，需要不断提升现有广播电视监测网的监测能力。科学指导、协调和监管广电产业发展的机制和措施将在探索中不断完善。2011年，国家统一的广播电视监管平台投入使用，监管手段得到进一步完善和拓展。下一步，还要进一步丰富、完善针对手机电视、IPTV、网络视听节目等新兴服务形态的技术监控监管手段，针对不同播出形态的广播电视节目，在内容传播、机构运营、传输效果等各个环节实现全面有效监测监管。局、台、网各主体之间的职能界定与业务划分将更趋清晰，省市县三级广电行政部门的管理职能将进一步巩固。

（五）健全法律管理手段

加快广播电视法制建设，推进立法进程，逐步健全广播电视法律法规体系。推进依法行政，改进管理方式，创新管理手段，实现以行政手段为主管理向综合运用法律、经济、行政等手段管理的转变。政府应当从原来的直接强制干预转变为通过制度供给和明确规范来引导服务对象按照法律实施行为，即由权力行政转向行政法治，这种转变，是市场经济发展的需要，是经济全球化的需要，也是管理科学和民主化的需要。

四、建立行业协会服务体系

随着《行政许可法》的实施，社会中介组织、行业协会发挥了越来越重要的作用，政府的管理职能也愈加清晰。"十一五"规划建议指出，要"深化文化体制改革，建立党委领导、政府管理、行业自律、企事业单位依法运营的文化管理体制和富有活力的文化产品生产经营机制。"时任国务院总理温家宝也提出，要"坚决把不该管的事交给企业、中介组织和市场"。[①] 在这一背景下，2004年，国家广播电影电视总局和民政部批准中国广播电视学会更名为中国广播电视协会。其前身是1986年10月成立的中国广播电视学会。更名后的中国广播电视协会在原有学术研究职能基础上增加了自律维权、制订行业标准、开展行业评估等新职能，成为协助政府与政府管理职能相衔接的服务型、自律型和咨询型的社会组织。

党的十八大强调，要"要求按照建立中国特色行政体制目标，深入推进政企分开、政资分开、政事分开、政社分开。"2013年3月，当选总理李克强在十二届全国人大一次会议闭幕后答记者问时表示：要"把错装在政府身上的手换成市场的手。"[②] 5月13日，国务院召开全国电视电话会议，动员部署国务院机构职能转变工作。要求大幅削减行政审批事项，把该放的权力放到位，激发各类市场主体发展活力和创造力；改革社会组织管理制度，加快形成政社分开、权责明确、依法自治的现代社会组织体制。6月19日，国务院召开常务会议通过国家新闻出版广电总局"三定"方案。根据此方案，总局内设22个机构，编制达508人，有20项审批职责被取消，7项审批职责下放到省级管理部门。

为适应新一轮政府职能转变的要求，对政府委托移交的部分职能"接得住、管得好"，广电行业应整顿现有中介组织和行业协会，理顺中介组织、行业协会与政府之间的关系，完善法人治理结构，提高其依法管理、协调管理的效能。为此，要在广电行业协会中大力扶持、培育枢纽型组织，以委托管理职能、购买服务等方式，增强其聚合力。使其在政治上发挥引领作用，业务上处于龙头地位，管理上能够承担主管部门授权或委托的事项。同时，制定和完善行业协会规章和监事制度，增强行业自律能力，充分发挥行业协会在协调、监督、服务、维权等方面的作用，使广电行业呈现"放得开、搞得活、控得住"的良好运行态势。[③]

广播电视体制改革是一个系统工程，不仅涉及广播电视本身所具有的特

---

① 温家宝：《关于制定第十一个五年规划建议的说明》，新华网，2005年10月19日。
② 李克强：《把错装在政府身上的手换成市场的手》，新华网，2013年3月17日。
③ 参见张君昌：《广播影视行业协会管理改革趋向探析》，《中国广播电视学刊》，2013年第11期。

殊性，而且涉及经济体制、政治体制、文化体制改革的诸多方面，涉及执政党和政府对新闻媒体和广播电视管理方式的改革，具有相当的复杂性和艰巨性。推进广播电视体制改革，建立新型广播电视体制，应当创造和提供必要的保障条件，包括提供政策、法律、财税、人才等方面的机制和保障，并且加强决策研究，注重改革方案的科学性、正确性和可行性，确保改革措施的可行性、稳定性和实效性；坚持从实际出发，区别不同地区的经济社会发展水平，实行分类指导、分步实施，有计划、有目标、有步骤地向前推进。

第四节　广播电视体制改革前瞻

现行广播电视行政管理体制的基本特征表明，它与其他意识形态部门和相关产业主管部门，既有相同相似的一面，更有独到特殊的一面。广电部门所具有的政治、经济、文化属性，宣传、管理、事业建设职能，构成了一个相当复杂而庞大的系统。其体制改革涉及经济体制、政治体制、文化体制改革的诸多方面，涉及党对意识形态、对新闻媒体、对广电文化的领导、执政和管理方式的改革。这一切决定了广播电视行政管理体制改革具有相当的复杂性和艰巨性。

一、媒体的分类管理

广播电视媒体根据意识形态相关性和产业相关性的程度，将相关频率频道分别纳入公共服务体系和市场运营体系，加强资源整合，实行分类管理。

中央人民广播电台以"经济之声"为代表，形成了"经济之声＋公司"、"节目生产＋市场营销"的紧密型全新运行模式，建立起事业、产业双轨运行的新机制，推行"业务首席制、编委会制、栏目执行主编负责制"，建立人力资源管理行政业务双通道双规运行新机制。中国国际广播电台全面调整才、编、播、技术部门的机构设置和职能定位，在中心以上机构实现由办节目向办媒体、管媒体、经营媒体转变，整合全台资源。

2009年，国家广播电影电视总局正式批复上海广播电视制播分离改革方案，撤销上海文广新闻传媒集团，成立上海广播电视台，并由台出资组建上海东方传媒集团有限公司。同年10月21日，上海广播电视台、上海东方传媒集团有限公司正式揭牌。这是上海广播电视体制改革的重大举措，也是中国广播电视改革发展历史上具有重大意义的标志性事件。由此产生的"上海模式"的核心和实质，是建立一个广播电视事业产业统筹协调、分开运行、分类管理、整体发展的科学运行机制。

"上海模式"的操作之一是事业和产业分开。电台电视台等公益性部分必须坚持事业性质，由政府来主导，按照"增加投入、转换机制、增强活力、改善服务"的方针，牢牢把握正确舆论导向，坚持"新闻立台"的办台理念，不断提高舆论引导水平和能力，不断提高广电媒体的公信力、传播力和影响力。政策允许可分离的内容制作业务和其他可经营性资产从事业体制中剥离出来，转制为企业，以市场为导向，坚持"创新体制、转换机制、面向市场、壮大实力"的方针，加快培育市场新主体，完全按照市场经济规律运作，鼓励社会化、多样化发展，不断增强内部活力、整体实力和市场竞争力。不同部分，不同政策，不同方针，这是事业产业分开、分类管理、分别运营的方针政策与以往广播电视管理的最大区别。

不仅如此，在此轮改革中还撤销了上海电视台、上海人民广播电台、上海东方电视台、上海东方广播电台，合并组建上海广播电视台；同时对原上海文广新闻传媒集团所属公司的业务进行调整，将负责IPTV的"百视通"与互联网业务的"东方宽频"、手机电视的16家公司进行整合，组建了集广播电视节目制作经营、新媒体运营服务以及传媒相关业务于一体的上海东方传媒集团公司，实现资源共享，拓展了现代传媒产业的发展空间。

受"上海模式"的影响，湖北广播总台整合资源，建立新闻、广告运营和节目购销三大中心，进一步深化完善扁平化管理和频道制改革。四川广播电视台将所属机构划分为"事业平台"和"产业平台"两大板块分开运营。山西省广电局确立了"局设台、局管台、台控企"的体制构架，积极推进资源重组和机制创新工作。安徽、广西、黑龙江、江西等广电系统也围绕内部扁平化管理、人事制度、人才机制、收入分配机制、竞争机制和激励约束机制等进行了改革创新探索。

二、核心资源的两种配置方式

资源是指社会经济活动中人力、物力和财力的总和,是社会经济发展的基本物质条件。资源配置即在一定的范围内,社会对其所拥有的各种资源在其不同用途之间分配。其实质就是社会总劳动时间在各个部门之间的分配。资源配置合理与否,对一个国家经济发展的成败有着极其重要的影响。一般来说,资源如果能够得到相对合理的配置,经济效益就显著提高,经济就能充满活力;否则,经济效益就明显低下,经济发展就会受到阻碍。

一般来说,广播电视资源包括信息资源、时间资源、栏目资源、网络资源、频道频率资源、技术资源、节目资源、服务性资源等等。广播电视产业拥有的资源非常丰富,需要采取合理的方式进行资源配置与分配。在媒介融合时代,对产业链上内容生产、传输、分发平台以及消费终端等各相关环节的资源的整合能力,决定着传媒的竞争力。因此,广播电视系统体制改革的趋向之一就是:在政府的主导下,实行行政与市场两种配置方式,并建立核心资源经营许可制度。

以行政的方式来配置广播电视资源,主要依靠行政命令来统管资源和分配资源。这种方式曾经是广播电视系统资源配置的主要方式。这种方式可以从整体利益上协调经济发展,集中力量完成重点工程项目。但是,配额排斥选择,统管取代竞争,市场处于消极被动的地位,从而易于出现资源闲置或浪费的现象。

采用市场的方式来配置广播电视资源,进入市场的广电产品的种类和数量都会越来越多。由市场根据平等性、竞争性、法制性和开放性的一般规律,由市场机制通过自动调节对资源实现的配置,即市场通过实行自由竞争和"理性经济人"的自由选择,由价值规律来自动调节供给和需求双方的资源分布,用"看不见的手"进行优胜劣汰,从而自动地实现对广电资源的优化配置。但由于市场机制作用的盲目性和滞后性,有可能产生供需失衡,产业结构不合理,以及市场秩序混乱等现象。因此,综合行政和市场两种配置方式,发挥其各自的优势,才能够使广播电视资源合理流动,平衡各方利益,促进广播电视行业的协调发展。

广播电视媒体借鉴跨国传媒集团产业链整合经验,将广播电视台(集团、总台)的经营性资产、业务,通过重组、并购、参股、控股、租赁等方式途径优化资源配置,整合上下游和周围产业,拓宽和延长产业链条。这一举措就是利用了市场和政策双重杠杆,打破条块、行业分割和体制限制,以资本、业务、市场为纽带,按照优势互补、自愿结合的原则,跨地区、跨行业、跨媒体组建具有较强竞争力和较大资产规模的广播电视产业集团。同时,打造全媒体产业链,让一些领先的广电机构相继进入网络视频、手机电视、电视购物、网络游戏等,以达到媒介资源的优化配置,带来更为丰厚的经济效益。

三、产业主体的多元化

2003年12月,国务院颁发《文化体制改革试点中支持文化产业发展的规定》和《文化体制改革试点中经营性文化事业单位转制为企业的规定》两个重要文件,文件规定:党报、党刊、电台、电视台等重要新闻媒体经营部分剥离转制为企业,在确保国家绝对控股的前提下,允许吸收社会资本;国有发行集团、转制为企业的科技类报刊和出版单位,在原国有投资主体控股的前提下,允许吸收国内其他社会资本投资;鼓励、支持、引导社会资本以股份制、民营等形式,兴办影视制作、放映、演艺、娱乐、发行、会展、中介服务等文化企业,并享受同国有文化企业同等待遇。

2005年8月国务院颁布《关于非公有资本进入文化产业的若干决定》,规定了在国有资本必须控股51%以上的前提下,非公有资本可以投资参股下列领域国有文化企业:出版物印刷、发行,新闻出版单位的广告、发行,广播电台和电视台的音乐、科技、体育、娱乐方面的节目制作,电影制作发行放映。2006年10月文化部下发的《关于鼓励、支持和引导非公有制经济发展文化产业的意见》,在投资融资、发展多元文化产业方面又迈进了一大步。一方面明确了鼓励、允许和禁止非公有资本进入文化产业的领域,把放开投资准入门槛与规范监管结合起来;一方面明确了非公有资本进入文化产业的具体途径,既可以采取增量投资的方式,也可以对国有文化单位进行参股改造。也就是说,把增量改革与存量改革紧密地结合起来。

文化传媒产业走多元化、市场化道路不仅在政策许可的范围内,更是政策积极鼓励,大力推动的方向;降低社会资金进入文化产业的门槛,允许非公有制经济进入法律法规未禁止进入的文化产业,创造了传媒业资本运营、资产并购重组的外部条件。正因为如此,广播电视的产业经营将打破独家垄断格局,逐步形成以公有制为主体、多种所有制共同发展、社会力量参与兴办广播电视产业的新格局。形成一个能使多元文化主体、多元投资主体、多种所有制形式、多种文化样式共存互补、公平竞争,开放流动、宽松有序的制度环境和市场环境,不但可以激活广播电视系统大量的存量资源潜力,还将开发出电台电视台资本运营的市场运作能力,扩大电台电视台的增量空间。放低进入门槛,开放包容,向所有符合条件、有能力进入市场的文化主体和投资主体敞开大门,还能够使广播电视产业中形成一个中外文化资源汇聚、竞争、整合的大平台,以此提升文化创新的势能。除国家规定的新闻政策、舆论工具、战略产业、核心技术、事关国家内政外交重大问题等敏感区域外,开放电台和电视台的商业频道,开放电视剧和娱乐节目制作、演出、软件、设计、发行、文化经纪等经营性较强的文化领域,并对这些领域的文化机构实行企业化改制,以确立广播电视产业根据市场来自由配置资源的主体地位。

在这一过程中,还应让一些民营企业和有意进入广播电视产业的资金和人才,享受与国有广播电视媒体同等的待遇。在国家资本总体占优势的状况下,民营文化企业在获取市场信息、融资筹资、税收补贴、广告经营、人才引进、国家奖励、知识产权保护等各个方面,要与体制内文化企事业单位享有同等的政策优惠。政府对广播电视产业创新生态环境的培育,更多的应是以强化服务、维护公正的方式来实现,即通过积极改善投资政策,降低进入成本,提供后续服务,建立公平、公正、透明的管理制度,使各类文化主体真正体验到外部的软环境支持。

四、建立国有出资人制度

根据我国《企业国有资产法》,企业国有资产是指"国家对企业各种形式的出资所形成的权益。"企业国有资产是国有资产的下位概念。我国《企业国有资产法》第三条规定:"国有资产属于国家所有即全民所有。国务院代表国家行使国有资产所有权。"国有资产的监督管理是指国有资产的监督管理机构以所有者或者所有者代表的身份，以产权为基础而对国有资产经营者的监督管理活动；以及国家机构根据法律对行使国有资产所有者权利的国有资产监督管理机构的监督管理。

党的十六大作出改革国有资产管理体制的重大决策，提出"继续调整国有经济的布局和结构，改革国有资产管理体制，是深化经济体制改革的重大任务。在坚持国家所有的前提下，充分发挥中央和地方两个积极性。国家要制定法律、法规，建立中央政府和地方政府分别代表国家履行出资人职责，享有所有者权益，权利、义务和责任相统，管资产和管人、管事相结合的国有资产管理体制。关系国民经济命脉和国家安全的大型国有企业、基础设施和重要自然资源等，由中央政府代表国家履行出资人职责。其他国有资产由地方政府代表国家履行出资人职责。"该条根据党的有关国有资产管理体制改革的政策，对国有企业出资人制度作了规定，目的是充分调动中央和地方两个积极性，使社会生产力得到进一步解放。同时中央政府和地方政府合理分工分别代表国家履行出资人职责，这就界定了各级政府的管理国有资产的权利和责任，改变了过去中央统一管理，地方责、权、利不明确的弊端。这有助于强化管理上的激励和约束机制，克服"出资人主体虚位"的现象。

目前，我国广播电视系统建立国有出资人制度要解决的根本问题就是：完善和规范国有资产监督管理体制，实行"政资"分离，将经营性广播电视资产塑造成真正的法人实体和市场主体。

要尽快出台完善的政策法规，允许广播电视可剥离进行产业运营的部分进入资本市场。在所有权与经营权分离，明晰产权的基础上健全广播电视机构国有资本出资人制度，把政府履行国有资产出资人的职能与作为公共管理的职能分开，实现国有出资人身份和公共管理人身份的分离。实行国有资产委托经营制，资产经营责任制，设立考核国有资产保值、增值的指标体系和奖惩制度，建立完善的法人治理结构，探索建立投资、资产监管和管人管事相结合的广播电视机构运行机制。在公共服务主体方面，广播电视事业单位成为独立法人和独立核算单位，既履行公共服务的职能，又承担经营和创收任务。

2010年12月，云南省委、国家广播电影电视总局正式宣布，云南广电网络基本实现全省一张网。2012年1月，云南广电网络集团出资人协议的正式签署，标志着云南全省广电网络整合重组迈出重要一步。这也是全国广电系统建立国有出资人制度的初步探索。通过上市、投融资、金融信贷等资本运作手段，不断优化广电产业的资源配置。

五、公共服务的多元互动

建设服务型政府是当今世界公共管理变革的重要内容，也是我国政府管理体制的改革目标。党的十六届六中全会首次提出"完善公共财政制度，逐步实现基本公共服务均等化"的要求。建立与社会主义市场经济体制相适应的新型公共服务体系，必须打破政府在提供公共服务上的单一主体的垄断机制，引入市场机制和社会机制，形成三种机制分工协作多元化的公共服务供给体系。发挥市场力量的作用需要改革准入制度，降低准入门槛，鼓励或允许私营企业参与公共服务的生产。

由于民间非营利组织尚处于起步阶段，政府需要在公共服务领域中发挥主体作用。同时逐步把非营利组织纳入到公共服务体系中来，通过政策、法律、财政、税收等工具，对民间部门提供社会服务予以支持和规范，实现政府机制与社会机制的互动，建立"有限政府"，使政府集中力量提供核心公共服务。同样，广播电视公共服务领域同样需要引入竞争机制，实现公共服务由单一主体向多元主体过渡，建立新的广播电视公共服务供给机制。

随着社会主义市场经济体制的不断完善，市场机制已经被逐步引入公共服务的各个环节。《国家"十一五"时期文化发展规划纲要》已经明确提出"政企分开、政事分开、政资分开和管办分离"的指导原则。这意味着作为公共服务的主导者，政府应该通过制定相关的政策鼓励非政府的公共组织参与到公共服务中来，形成以政府为主导，社会参与的格局，由政府与社会力量共同承担公共服务的实施。这同样适用于广播电视公共服务体系建设。

在广播电视公共服务领域，应进入政府主导、政策调控、市场参与的阶段，提供包括有线网络建设、节目内容制作等服务在内的广播电视公共产品和服务。转换政府角色，逐步实现生产供给主体多元化，通过市场配置资源。各级政府应从提供者转变为保障者和监督者，鼓励、吸引社会多种力量参与广播电视公共服务的生产和供给。

混合所有制和民营广电企业也十分活跃,成为市场主力之一,参与到广播电视公共服务的生产与供给中。同时,政策方面也提供优惠,国家层面建立了影视剧产业发展基金,对转企改制后的影视剧制作机构进行资本注入,对无形资产采用溢价方式进行评估,利用民营资本看好影视行业的机会,允许部分股权溢价转让给民营企业。争取中央和省两级财政加大用于影视剧制作机构信贷担保和贷款贴息的资金投入。

六、建立现代监管制度

法律治理与政策规制是现代国家治理和社会调控的两种互为补充的必要手段,各自发挥着各自独特的作用。我国广播电视监管的现状是政策规制重于法律治理,从党的方针政策到国家的方针政策,再到主管部门的方针政策,对广播电视的新闻宣传、文艺创作、事业建设、技术规划、管理体制等各方面进行了规定。但由于意识形态等多方面的原因,我国广播电视等宣传文化领域立法一直滞后。2005年中共中央、国务院《关于深化文化体制改革的若干意见》规定:加强文化立法,通过法定程序将党的文化政策上升为法律法规。《国家"十一五"时期文化发展纲要》要求:立足我国国情,借鉴国外有益经验,抓紧研究制定广播电视传输保障法、电影促进法、文化产业促进法等,抓紧修订广播电视管理条例、音像制品管理条例等。

我国广播电视将逐步建立现代监管制度,监管方式将由单一的行政监管向综合的法治监管方向发展,并形成相互制衡关系。首先是制定广播电视法律法规,明确广播电视行业的准入条件、审批程序、节目标准、广告规则、惩治机制,公开广播电视机构的权利、义务和法律责任,公开广播电视监管机构的职能和职责,使广播电视业界和社会各界完全知晓、相互监督,维护法律法规的权威性。

其次,实施行政许可,把好广播电视行业的准入关。向符合条件的申请人颁发广播电视执照或签署特许协议,明确执照持有者或特许获得者的所有义务,明确执照持有者或特许获得者未履行义务的法律后果,监管部门可以抽查评估,在执照(协议)到期时决定是否续展执照、续签协议。

再次,要受理受众和用户的投诉和申诉,查明投诉和申诉的事实,并将处理结果告知投诉人和申诉人。国家广播电影电视总局设有信访办公室，专门受理各地来信来函，接待各地受众，及时处理各地反映的广播电视存在的问题。保存已播放的节目内容和有关资料，以备事后检查。

  积极推进广播电视行政管理体制改革，建立新型的广播电视行政管理体制，是广播电视业在完善社会主义市场经济体制、全面建成小康社会新的历史阶段的必然选择，也是广播电视业谋求自身快速、持续、健康发展的内在要求。能不能实现科学发展，体制是关键。广播电视体制改革，应着眼于建立健全党委领导、政府管理、行业自律、社会监管、依法运营的管理体制和富有活力的文化产品生产经营机制，本着"增加投入、转换机制、增强活力、改善服务"的方针，建立符合广播电视发展规律的体制机制，理顺政府与事业、事业与企业、政府与社团、公共服务与市场服务等诸多关系，真正做到又好又快发展。①

---

① 参见张君昌、张建庚主编：《21世纪中国广播电视大趋势》，中国广播电视出版社，2012年版，第279—280页。

第八章　中国广播电视的法治建设

1999年，九届全国人大二次会议通过宪法修正案，明确提出"中华人民共和国实行依法治国，建设社会主义法治国家"的治国方略。依法治国方针被写入宪法，极大地推动了社会各界对法治的研究与实践。在依法治国战略思想的指引下，广播电视管理也纳入法治建设轨道，广播电视与法律的关系从单纯的"法律制度"（法制）层面向"依法治理"（法治）层面过渡。2012年3月在太原召开的全国广播影视法制工作会议上，时任国家广播电影电视总局副局长张丕民作了题为《抓住机遇扎实工作大力推进广播影视法治实践》的讲话，明确使用"广播影视法治"[①]的表述。从"法制"到"法治"，不是单纯的语义改变，更是当代中国广播电视管理思路的飞跃。

第一节　广播电视法治基本内涵

法治是依法治国的简称，用在"广播电视法治"语境里，则有依法治理，依法管理之意。法治有别于人治，它与"法制"有着密切的联系，但又不同于"法制"。广播电视法治就是在党的领导下，健全广播电视法律法规体系，依据宪法和法律规定，对广播电视业进行管理，从立法、执法、司法等方面推动广播电视业发展，促进社会和谐健康发展。其根本特征是以法律法规作为管理广播电视各个层面互动关系的最高准则。

广播电视法治建设是社会主义法治建设的重要组成部分，是我国实施

[①] 由于广播电视与电影管理关系密切，两者在文件表述上相互交叉的现象较为普遍，通常将广播电影电视统称为广播影视。由于本书内容所限，本章对纯粹的电影法治不予涉及。

"依法治国"战略的重要步骤。随着我国广播电视业的迅猛发展,加快推进广播电视法治建设显得尤为重要。

一、法治与广播电视法治

"法治"是一种价值倾向,一种制度的选择,同任何概念一样都有自己特定的科学内涵。在法治的背景下,广播电视媒体要履行其社会责任,当好社会的监督器、过滤器、减压器和助推器,必须要坚持有法可依、坚持良法而治、坚持有法必依。

(一)法治的基本特征

理解法治,是理解广播电视法治的前提和基础。从历史的维度看,法治最早可追溯到亚里士多德的法治理论。亚里士多德指出:"法治应包含两重意义:已成立的法律获得普遍的服从,而大家所服从的法律又应该本身是制定得良好的法律"。[①]"法治等于良法加守法"这一法治公式概括了法治的两个基本特征,一是有优良的法律,二是优良之法得到民众普遍遵守。他的这一思想得到了后来者的发扬,成为当代法治思想的核心和精髓。

在我国古书中,也有对"法治"的记载。《晏子春秋·谏上九》:"昔者先君桓公之地狭于今,修法治,广政教,以霸诸侯。"《淮南子·氾论训》:"知法治所由生,则应时而变;不知法治之源,虽循古终乱。"在此,法治作为名词,其意义近似于法律。在现代汉语词典中,法治有两种解释:一是先秦时期法家的政治思想,主张以法为准则,统治人民,处理国事,简称"法治",这与儒家所提倡的"德治"共同构成了国家治理思想的两条基本脉络。二是指根据法律治理国家。我们现在通常采用第二种解释。也就是说,法治是一种持久的运动状态。它是以有法为前提,以执法为主体,以依法办事为主要途径的一种过程状态。法治表现的是一种思路,一种认识,一种执法人对于法的理解和再创造。

理解法治,还需要区别法治与法制的不同。"法治"与"法制"虽然都与法律有着密切联系,但它们所包含的内容不一样,法治的外延大于法制。《辞

[①] 亚里士多德:《政治学》,商务印书馆,1981年版,第199页。

海》对法制的解释有三种：广义的法制泛指国家的法律与制度，法律包括成文法与不成文法，制度包括依法建立起来的政治、经济、文化等方面的各种制度，其中也包括法律制度。较狭义的法制指统治阶级按照民主原则把管理国家事务制度化、法律化，包括法律制度与法律秩序。最狭义的法制仅指法律制度，即法律制度的简称。[①]《现代汉语词典》对法制的定义是：法律制度体系，包括一个国家的全部法律、法规以及立法、执法、司法、守法和法律监督等。[②] 这些解释中，法制有时作为名词使用，有时作为动词使用，事实上，大多数时候法制是作为法律制度的简称来使用的，是一种相对静止的状态，而法治不仅包含法律制度本身，还包含动态的法制建设，以及法治精神，法治理念等精神层面的含义。它的意义较法制更为广泛和深刻。

（二）广播电视法治的内涵

广播电视法治是"依法管理或依法治理广播电视事业"之意。具体而言，广播电视法治是指在党的领导下，健全广播电视法律法规体系，依据宪法和法律规定，对广播电视事业进行管理，从立法、行政执法、普法等方面推动广播电视事业发展，促进社会和谐。

广播电视法治的内涵主要包括以下几个方面：

1. 管理主体："四位一体"

广播电视法治的主体受我国广播电视事业管理体制的制约。广播电视事业管理体制是基于《宪法》有关基本原则及党对大众传播媒介宣传工作的指导方针而确定。我国广播电视事业管理体制可概括为"四位一体"，即党委政治领导，政府依法管理，行业规范协调，单位自我约束。

（1）党委政治领导

党委政治领导主要是党委宣传部门对广播电视事业政治思想方面的领导，通过党的政策文件实施对广播电视媒介的领导，实现思想宣传及舆论导向的作用。

（2）政府依法管理

我国广播电视事业管理的最高行政部门是国务院广播电影电视总局，负

---

① 辞海编辑委员会：《辞海》，上海辞书出版社，1999年版，第2534页。
② 社科院语言所词典编辑室编：《现代汉语词典》，商务印书馆，2005年第5版，第371页。

责广播电视媒体的传播活动的领导与管理；国务院信息产业部负责广播电视传输覆盖网的统一规划、建设与管理工作；国务院新闻办公室和文化部等相关部门通过与广播电视行政主管部门协调实现其相关的管理职能；地方各级政府的广电行政部门负责本行政区域内广播电视媒体的管理工作。

(3) 行业规范协调

行业规范协调是指中国广播电视协会等相关行业组织对广播电视行业进行的软性管理。

(4) 单位自我约束

单位自我约束指广播电台、电视台通过制定内部道德自律的规范来加强广播电视从业人员（主要是新闻工作者）的职业道德水平。

广播电视事业宏观管理体制，有别于广播电视事业内部经营管理制度，是以法律、规章、行政命令、政策指导等方式对广播电视事业进行宏观调控、管理的制度总和。在广播电视法治进程中，党委依法对广播电视事业实施引导，是为首要的法治主体；政府代表人民依法对广播电视事业实施管理，成为主要的法治主体；行业组织依法对广播电视业进行协调、监督，成为广播电视法治主体中不可或缺的力量；各级电台电视台依法自我约束，自我管理，则是广播电视法治重要的主体。

2. 基本前提：完善的法律制度

广播电视法治不仅包括广播电视从节目采编、制作、播出到传输、发射、接收等各环节有关的法律、法规、规章以及政策规定，也包括广播电视有关的立法、行政、执法、司法、普法等全过程，还包括在法律制度建设过程中所体现的法治精神。广播电视法治的建设必须以完善的法律制度作为基本前提，才能在实践中切实做到"有法可依，执法必严，违法必究"。

3. 根本保障：稳定民主的政治格局

民主与法制都是社会主义政治文明的重要组成部分，民主是法制的基础，法制是民主的保障。稳定民主的政治格局是建设法治国家的前提和基础。广播电视法治是社会主义法治的重要组成部分，它在社会政治中的地位和作用，与一国政治制度的民主化程度成正比。因此，在当代，为保障我国广播电视法治建设的顺利进行，必须维护和推进社会主义民主政治的建设，两者相辅相成。

4. 建设目标：促进传媒与社会和谐发展

和谐社会的实现，必然要以法治为基础。广播电视法治的精神价值在于追求正义，它通过分配权力义务使得利益冲突得到协调，通过惩罚违法犯罪维护正常的广播电视秩序，通过补偿和救济来弥补损失，其直接目的是以法促进广播电视业的健康发展，最终目标是实现传媒与社会的互动和谐。

二、加强法治建设的重要意义

加强广播电视法治建设是适应新时期改革和发展的重要举措，对促进广播电视行业的良性发展、加强舆论监督力度、切实保障广播电视工作者合法权益等方面都具有十分重要的意义。

（一）顺应全球化潮流，实现法律与世界接轨

从2001年中国加入世界贸易组织起，中国就以开放的姿态参与全球的市场竞争中，各行各业与世界的沟通、对话势在必行。与世界"接轨"，很重要的方面就是法律规则的"接轨"，是法制环境和产业政策与国际社会的兼容。入世后，随着我国广播电视对外合作、交流的进一步深入、拓展，一方面为我们积极实施"走出去"战略，扩大我国广播电视的影响提供了机遇，另一方面，国外强大的广播电视媒体通过各种方式进入我国，也给我国广播电视带来巨大的压力和挑战。这就需要我们充分利用世界贸易规则，及时制订科学的政策法规，完善现有的广播电视法律体系，既调动我们的广播电视"走出去"的积极性，又能有效保护我国广播电视，维护国家的文化主权。改革开放三十多年来，尽管我国广播电视法治建设取得了很大成绩，但远远跟不上飞速发展的广播电视行业，尤其是在新媒体冲击下，各种传播形态纷呈，产生了许多新的法律问题，这也需要更加完善的法律制度加以规范。因此，完善现有的广播电视法律体系，是顺应广播电视全球化趋势的重要步骤，加快广播电视法治建设是当前中国广播电视行业最为紧要的迫切任务之一。

（二）贴合国内实际，促进广播电视行业良性发展

从世界范围来看，以法"治广电"是广播电视发展的重要经验。以美国为例，美国的广播电视产业之所以能够在世界上保持领先地位，其中一个重要的原因就是形成了健全的广播电视法律体系。从1912年制定的《无线电

法》到1934年制定的《通信法》，再到1996年制定的《联邦电信法》，这些法律对限制电台电视台的数量、提高行业运营效率、促进多样化竞争、调整并优化产业结构等各个方面起到了积极的推动作用。

我国也于1997年8月以国务院行政法规形式颁布了《广播电视管理条例》，成为目前广播电视行业中覆盖面最广的法规。《条例》涉及电台电视台的设立，广播电视传输覆盖网的建设与管理等广播电视行业活动的主要方面，明确了广播电视在国家信息建设中的地位和作用，为广播电视的产业化、信息化开辟了道路。但是从总体上看，我国的广播电视法规还不够健全，主要表现在以下几个方面：

首先，法律层级不高。目前，我国广播电视还没有全国人民代表大会颁发的法律，能够作为广播电视部门进行行政处罚、行政许可及发生行政诉讼后法院判案依据的只有《广播电视管理条例》等5件行政法规，规范和管理广播电视的大多数是规章和规范性文件，这些规章法律层级低，在实际执行中缺乏应有的权威性。

其次，现有法律较为零散，不成体系，且有相互矛盾之处。我国广播电视立法工作由于基础薄弱，忙于应付，头痛医头、脚痛医脚的应急性立法现象比较普遍，立法工作随意性较大，缺乏整体的规划，显得比较零散，没有形成完整的体系。这种情况直接导致有的法律法规之间相互矛盾，甚至下位法与上位法相抵触，政策文件与法律法规相抵触，这就为行政、执法带来困难。

再次，立法滞后，行政干预过大。我国广播电视改革发展的步伐很快，而我国的立法工作却比较滞后，缺乏前瞻性，跟不上广播电视发展的步伐，适应不了广播电视发展的需要，例如《广播电视管理条例》主要侧重明确各级广播电视行政部门的职责，突出行政管理的特点，而在权力方面几乎没有界定，行政部门的可操作空间过大。在传媒格局不断发展变化的过程中，仅仅依靠行政命令，用行政手段去监督管理广播电视行业是远远不够的，只有立法才是根本保证。

（三）保障舆论监督，弘扬社会正气

近年来，各种腐败行为已经成了我国改革发展中不得不面对的重要问题，

它就像社会的毒瘤,严重阻碍了社会经济的发展。有学者认为,只有建立、健全监督机制,才是治本之策。舆论监督作为立法监督、司法监督、行政监督的重要补充,是遏制腐败、弘扬正气不可缺少的重要力量之一,广播电视媒体便担负着这一重要职能。通过立法、执法来保障新闻媒体的舆论监督的各项权利——采访权、报道权、评论权、批评权等权益——是当代中国广播电视法治进程中一项重要的内容。

在立法保障舆论监督方面,2003年,福建省制定了《福建省预防职务犯罪条例》,明确支持新闻媒体对国家工作人员的职务行为进行舆论监督。2004年,深圳市出台了《深圳市预防职务犯罪条例》,也提出了类似的条款。2010年1月,云南省昆明市开始施行《昆明市预防职务犯罪工作条例》,其中第22条备受瞩目:新闻媒体有权对国家机关、国有公司、企业、事业单位、人民团体及其国家工作人员的违法违规行为依法进行舆论监督。该条例同时还在法律责任中明确了干扰、阻碍新闻媒体依法开展舆论监督将被问责。这些地方立法保障舆论监督的做法体现了近年来传媒法治进程的阶段性成果,从法律层面保障了记者采访报道的合法权益,也是对公民的知情权、参与权、表达权和监督权的极大维护。但是这些条例还不够细化,缺乏可操作性,例如条例规定对干扰、阻碍媒体舆论监督者进行问责,但何为"干扰、阻碍"媒体监督仍显笼统。再者,立法固然重要,但是执行才是关键。除了细化和完善条例中的相关条款,更重要的是看执行。2013年8月,中共中央政治局召开会议审议通过《建立健全惩治和预防腐败体系2013—2017年工作规划》。要求改革党的纪律检查体制,健全和完善党内监督、民主监督、法律监督和舆论监督体系。广播电视的舆论监督权要真正得到保障,必须从党政两个方面,从立法、行政、执法多个层面,推进法治建设。

三、广播电视法治建设进程

法是一个历史的范畴,有其产生、发展和消亡的历史过程。1912年美国诞生了世界上第一部管制无线电的重要法律——《无线电法》(Radio Act of 1912),1924年我国北洋政府交通部颁布了我国第一部广播法规,从20世纪80年代开始,我国广播电视进入法制管理轨道,21世纪之后,广播电视法治实践步伐加快。

(一) 广播电视法规建设的起点

中国广播电视法规建设是伴随着外国人在中国境内开办广播电台开始的。1922年年底,美国记者奥斯邦(E.G. Osborn)与一位旅日华侨合作,在上海成立"中国无线电公司",组建了中国境内第一座广播电台,呼号为XRO,于1923年1月23日正式播音,揭开了中国广播史的序幕。由于奥斯邦私自运入无线电设备,建立广播电台,触犯了北洋政府于1915年制定的《电信条例》,北洋政府依照此条例实施干预,使得XRO电台在3个月后停止播音。1924年美商开洛电话材料公司与《申报》馆合作创办"开洛公司广播电台",持续播音5年之久。这座电台因设在法租界,北洋政府难以干预,且收听广播的人数不断增加,政府很难控制民间私装接收机,于是,北洋政府改变了全面禁止的策略,进而采取有条件限制的管理政策。1924年8月,北洋政府交通部颁布《装用广播无线电接收机暂行规定》(以下简称《暂行规定》),成为我国历史上第一个有关无线电广播的法令。

随着国人自办广播电台在哈尔滨、天津、北京、沈阳等城市相继出现,奉系军阀有关当局于1926年10月颁布了《无线电广播条例》、《装设广播无线电收听器规则》和《运销无线电收听器规则》。这三个条例虽比两年前颁布的《暂行规定》更全面细致,但对广播业诉诸法律,仍然是初步的,局部的。

国民党统治时期,国民党政府为加强对全国广播业的管理和控制,先后颁布了一系列广播法规,如《中华民国广播无线电条例》(1928年12月)、《装设广播无线电收音机登记暂行办法》(1930年7月)、《指导全国广播电台播送节目办法》(1936年10月)、《播音节目内容审查标准》(1937年4月)等,拓展了法规管理的范围。抗战相持阶段,汪伪政府实施广播节目的"严格审查",制定了《无线电收音机取缔暂行条件》及其实施细则和《收听规约》,查禁短波收音机,不准居民收听重庆和英美等国的广播。从当代视角审视,这些法规违背了法治"应当制约权力,而非由权力所生"的实质内涵,显然不能纳入广播电视法治的范畴。随着人民广播事业的诞生,中国的广播电视法规建设进入了一个新的历史时期。

(二) 政策规定对人民广播事业的推进

延安新华广播电台的开播,标志着我国人民广播事业的诞生。1941年5

月 25 日，中宣部发出《关于广播电台工作的指示》，强调广播电台在特定历史时期的重要作用及其应当传播的主要内容。为使新解放的广播电台得到充分利用，1948 年 11 月，中共中央下发了《对新解放城市的原广播电台及其人员的政策决定》，这个决定特别指出：新中国广播事业，应归国家经营，禁止私人经营，从政策上确保了人民广播的国有属性。此后，中共中央宣传部还发出《关于新解放城市广播电台问题给华北局宣传部的指示》、《关于对私营广播电台的处理办法给天津市委的指示》以及《关于对旧广播人员政策的补充指示》等，这些"决定"和"指示"，对解放区建立人民广播电台起到了重要作用。

为了加强对广播事业的管理，1949 年 6 月 5 日，中共中央下发《关于成立中央广播事业管理处的通知》，通知决定："将原新华总社的口头广播部，扩充为中央广播事业管理处，管理并领导全国广播事业。中央广播事业管理处与新华总社为平行组织，同受中共中央宣传部的领导。并要求各中央局所属的广播电台，应受各该中央局宣传部和中央广播事业管理处两方面的领导"。这一规定促使了广播电视事业管理机构的成立，奠定了我国广播电视事业接受党委和政府双重管理的基本格局。

此外，中央广播事业管理处于 1949 年 6 月 13 日下发《关于各地广播电台转播北平新华广播电台节目的规定》，要求各地广播电台转播北京新华电台每晚 20：30—21：30 的新闻等节目，这一转播惯例沿用至今。6 月 30 日，《对各地广播电台暂行管理办法》出台，明确了各地广播电台的名称呼号以及与中央广播事业管理处的关系。中央政策规定客观上促进了人民广播事业的发展，但由于这些政策规定并未形成系统的法规体系，且电视事业尚未发展，因此也难以列入广播电视法治的范畴。

（三）新中国广播电视法规的发展

新中国成立后，随着中国广播电视事业日益壮大，广播电视法规建设也逐步发展。这一时期广播电视法规涉猎的内容主要有对外广播、地方广播、农村广播网等。1958 年，北京电视台的成立，拉开了中国电视事业的序幕，但与之相对的法规却迟迟未露面，这在一定程度上反映了电视法规建设落后于电视实践的特点。

1. 对外广播

1949 年，中央广播事业管理处改组为广播事业局，该局于 1950 年 4 月 10 日成立国际编辑部，管理对外广播。

2. 地方广播

1955 年国务院下发《关于地方人民广播电台管理办法的规定》，明确了地方电台的管理体制：地方电台的编制、财务、计划及一般行政业务受各级人民委员会的领导；广播业务、广播技术和广播事业建设规划受中央广播事业局的领导。

3. 农村广播网

1956 年，中共中央颁布《农村发展纲要》，规定："从 1956 年开始，按照各地情况，分别在七年或十二年基本上普及农村广播网"。这一纲要虽不是专门针对农村广播而制定，但对发展农村广播有着直接指导作用。1956 年国务院下发《关于农村广播网管理机构和领导关系的通知》，规定中央广播事业局和省、自治区、直辖市都应设立相应的管理机构负责全国和各级广播网的建设领导工作，这对全国广播网的建设产生了积极影响。

"文化大革命"时期，我国党和政府主要依靠宣传纪律对广播电视事业进行管理，法制建设受阻。

（四）新时期广播电视法制建设的起步和发展

1978 年党的十一届三中全会确定了改革开放的基本方针，法制在我国社会主义现代化建设中发挥着越来越重要的作用。新时期广播电视法制工作得到了恢复和重视，使得广播电视事业管理真正走上了法制的轨道。这一时期广播电视法制建设大致分两个阶段：

1. 起步阶段

进入 20 世纪 80 年代，我国开始对法制建设的可行性进行调研，为广播电视法制建设做好了机构、人员、资料等方面的筹备工作。1986 年至 1990 年期间，我国明确广播电视法制建设的指导思想，组建立法机构，制定立法工作计划，奠定了广播电视法制建设的基础。

（1）确立实事求是的建设指导思想

时任广播电视部副部长聂大江指出："制定有关法规、条例时，要有先后主次，轻重缓急；要先从急需的、易于着手的、单项的、低层次的、客观条件比较成熟的方面做起，不要贪大、太急，不然的话，事与愿违"。他还强调："立法必须符合党和国家的基本方针政策，必须符合实际情况，定了就能执行。"① 为此，他要求立法机构与专业部门相结合，专家与群众相结合，中央与地方相结合，相关联的各方面相配合，群策群力，保证中国广播电视法制建设的顺利实施。

(2) 组建专门的法制工作机构

1982 年国家在中央广播事业局的基础上组建了广播电视部，增设了政策研究室，负责研究广播电视宣传和事业管理方面的政策法规问题。1986 年广播电影电视部成立了由部领导担任组长的法规领导小组，在政策研究室（1988 年改为政策法规司）增设了法规处，负责拟订广播电视法规制度等工作。此后，一些部署单位也先后成立法规领导小组和法规、规章起草小组。1990 年 10 月部行政复议委员会成立。法制机构的成立，对中国广播电视法制建设的顺利开展提供了组织保障。

(3) 制定立法计划，颁布法规规章

1987 年 8 月，原国家广播电影电视部召开第一次全国广播电视法制工作会议，研究落实"七五"（1986 年—1990 年）期间广播电视立法计划，该计划把广播影视系统的法规分为三个层次：人大颁布的法律，国务院颁布的行政法规和广电部颁布的规章，计划制定的广播电视法律法规包括：《广播电视法》、《广播电视设施保护条例》、《有线电视管理暂行规定》、《电影片、电视片进出口条例》、《关于实行电视剧制作许可证制度的暂行规定》、《广播电视广告管理》等。在立法实践方面，1982 年，国务院下发了《关于批转广播电视部制订的〈录音录像制品管理暂行规定〉的通知》，这是新中国成立以来的第一部音像管理的行政法规。1987 年国务院颁布了《广播电视设施保护条例》（2000 年修订），这是我国第一部广播电视行政法规。此外还完成了有关有线电视、中外合作摄制电影电视片、电影版权等行政法规和部颁规章的制定，法制建设颇有起色。

---

① 转引自欧阳宏生：《广播电视学导论》，四川大学出版社，2007 年版，第 280 页。

2. 发展阶段

20世纪90年代是我国广播电视法制建设取得初步成果的时期，这一阶段陆续颁布了一系列行政法规、部门规章及规范性文件，构建了广播电视基本法规框架，为广播电视事业管理提供了相应的法律依据。

1991年，第二次全国广播电影电视法制工作会议在青岛举行，规划1991年至1995年的广播电视法制工作。这一时期，有线电视、音像制品、卫星电视接收业务及音像制品迅速发展，由于受经济利益的驱动，一些地方乱设频道，播放格调不高的影视片，擅自接受境外卫星电视节目，甚至发生随意开办电台电视台的新问题。针对这些问题，广播电视立法机构依照"急用先立"的原则，把工作重点放在制定相关法规和部门规章上。1990年，国务院批准广电部、公安部、国家安全部发布《卫星地面接收设施接收外国卫星传送电视节目管理办法》，批准广电部发布《有线电视管理暂行办法》。1992年广播电视部发布《录音录像资料管理暂行规定》，1993年国务院发布《卫星电视广播地面接收设施管理规定》。1994年，广电部将法规司与办公厅合署办公，以加强法制工作。1995年成立部知识产权保护办公室，其他省份的广播电视行政部门则成立了法制工作小组，或配备了专职的法制工作小组。1996年广电部召开第三次广播影视法制工作会议指出，法制建设是全局性的工作，不仅仅是法制部门的事情，各级领导干部要进一步增强法制观念，加强对法制工作的领导，健全法制工作机构，充实法制工作人员。

截至1996年年底，由国务院制定的广播电视行政法规有4件，由广电部制定颁布的部门规章共有23件，规范性文件有八十多个。这些法规、规章解决了当时的一些突出问题，但是法规、规章仍不健全，已有的法规之间还存在不统一、不协调等问题，尤其重要的是，当时的法规只能分别对广播电视某一方面的工作进行规范，无法规范广播电视全局性的工作，同时这些法规、规章法律效力等级较低，缺乏有效力度，给实际执法工作带来了困难。在这样的背景下，1997年国务院发布《广播电视管理条例》，这是我国第一部全面规范广播电视活动的行政法规，它的颁布实施在广播电视法制建设史上具有里程碑意义。

（五）新世纪广播电视法治实践步伐加快

1997年党的十五大提出，依法治国是党领导人民治理国家的基本方略。

1999年3月,九届全国人大二次会议通过《宪法》修正案,规定"中华人民共和国实行依法治国,建设社会主义法治国家",从而使依法治国基本方略得到国家根本大法的保障。2002年党的十六大提出,要加强社会主义法制建设。2007年党的十七大进一步提出,要全面落实依法治国基本方略,加快建设社会主义法治国家。2012年党的十八大强调,更加注重发挥法治在国家治理和社会管理中的重要作用。根据中央精神,我国广播电视法治建设在立法、普法、依法管理、执法监督、知识产权保护、国际法制工作交流和法律服务等方面工作都取得了重要进展和成效,有力地发挥了保障、规范、服务和促进广播电视发展的重要作用。

1. 广播电视立法成效

首先是积极推进国家层面重要法律的调研和起草,广播电影电视总局于2003年启动《广播电视传输保障法》。2011年通过《最高人民法院关于审理破坏广播电视设施等刑事案件具体应用法律若干问题的解释》(法释[2011]13号,以下简称《刑法》第124条司法解释)。

其次修订和制定了行政法规(即国务院令)。2004年,广播电影电视总局修订完善1993年国务院发布实施的《卫星电视广播地面接收设施管理规定》。2009年公布《广播电台电视台播放录音制品支付报酬暂行办法》(国务院令第566号)。

最后是制定、修订、废止部门规章和规范性文件。2001年至2010年十年期间,广播电影电视总局共制定颁布了62个部门规章,内容涉及新闻宣传、安全播出、市场准入、节目制作、内容审查、广告管理、公共服务、设备入网、网络视听节目监管等。与此同时,广播电影电视总局根据《规章制定程序条例》的相关规定,先后进行了5次大规模的法规性文件清理工作。截至2010年年底,共保留8个行政法规、39个部门规章(其中拟修改10个)和380个规范性文件(其中拟修改150个)。① 各地人大及政府也相继制定出台了一批广播电视方面的地方性法规和政府规章。截至2010年年底,现行有效的地方性法规22个,地方政府规章44个。为确保广播电影电视总局规范性

---

① 参见刘习良主编,黄勇、张聪、张君昌副主编:《中国广播电视改革发展十年回眸》,中国国际广播出版社,2012年版,第266页。

文件的制定符合法定权限和法定程序，维护法制统一，2010年年底，广播电影电视总局下发了《关于进一步规范发文提高依法行政能力的通知》（广局〔2010〕543号）。2011年1月27日，广播电影电视总局办公厅和法规司印发了《关于规范性文件合法性审查的规定（试行）》，全面实行规范性文件合法性审查制度，以及相关的协商、会签制度。

2. 广播电视依法行政

1999年11月，国务院发布《国务院关于全面推进依法行政的决定》，指出依法行政是依法治国的重要组成部分。2004年3月，国务院发布了《全面推进依法行政实施纲要》，标志着依法行政进入了一个新的历史阶段。广播电视系统认真学习并积极贯彻落实国务院发布的这两份重要文件，积极推进广播电视依法行政制度建设，依法清理和规范广播电视行政审批项目，建立政务公开制度，加快电子政务建设步伐，化解纠纷，认真处理行政争议，推进文化市场综合执法改革，履行广播电视行政执法职责，严格执法，在依法行政方面成效显著。

3. 广播电视普法及其他法治建设工作

进入新世纪以后，广电系统积极开展法制宣传教育活动，开展一系列知识产权保护工作，并针对法制工作中难点多、热点多，法学理论准备不足的现象，开展研究工作。在中外广播电视法律交流方面，启动中德广播影视法律交流合作项目、世界知识产权组织（WIPO）交流项目等，积极参与《保护和促进文化表现形式多样性公约》的制定。此外，为适应广播电视法治建设的迫切需要，2006年3月正式批准单独组建广播电影电视总局法规司，并在广播电影电视总局广播影视发展研究中心下设广播影视法律事务所，业务由法规司直接领导。2009年4月法规司办公室加挂知识产权处牌子。2010年7月法规司行政复议处撤销"司法处"的牌子，加挂"综合执法指导处"牌子。北京、山西、湖北、上海、四川、海南、重庆、甘肃等省、市广电局也先后设立专门的法治工作机构。其他各省区市和新疆生产建设兵团广电局也都确定了负责法制工作的有关处室和专职法制工作干部以及工作人员，为做好工作奠定了组织保证和人才基础。

同一时期，网络等新媒体释法、立法工作起步。互联网等新媒体在中国经过十几年的发展，开辟了信息和意见传播的新格局，对民主建设、社会言论渠道建设作出巨大贡献，对推动改革、开展舆论监督发挥了积极作用。然而由此产生的问题也在积聚，其中最严重的就是网络谣言和各种人身攻击不时发生，非法信息传播严重。在新媒体法治建设中，起初是以经营者、使用者的自律教育为主。2004年6月，中国互联网协会制定《中国互联网行业自律公约》，建立我国互联网行业自律机制，规范从业者行为，依法促进和保障互联网行业健康发展。2009年12月，百余家移动互联企业联名签署《移动信息服务行业自律公约》，呼吁移动互联接入企业安排专人加强对手机网上信息监测，发现淫秽黄色信息、依法及时处理，配合国家相关部门对手机低俗内容进行整治。2011年8月，中国互联网协会发布《互联网终端软件服务行业自律公约》，规范互联网终端软件服务，保障互联网用户的合法权益，维护公平和谐的市场竞争环境。2013年4月，雅安地震发生后，WeMedia（自媒体）联盟率先发起"号召自媒体人为雅安公益募捐"的活动，倡议所有关注雅安的网友不信谣不传谣不造谣、力所能及地为灾区做贡献。这些行动为建立制度化的网络传播规管体系打下了基础。

2004年6月国家广播电影电视总局发布《互联网等信息网络传播视听节目管理办法》，2007年12月国家广播电影电视总局、工信部联合颁发《互联网视听节目服务管理规定》，对以互联网协议（IP）作为主要技术形态，以计算机、电视机、手机等各类电子设备为接收终端，通过移动通信网、固定通信网、微波通信网、有线电视网、卫星或其他城域网、广域网、局域网等信息网络，从事开办、播放（含点播、转播、直播）、集成、传输、下载视听节目服务等活动进行监管。2012年7月国家广播电影电视总局和互联网信息办公室联合印发《关于进一步加强网络剧、微电影等网络视听节目管理的通知》规定，通过赋予企业更多责任提高监管效率，统一网络视听节目内容审核标准，鼓励视频节目服务机构生产、制作、播出优秀网络剧、微电影、专业类视听节目，同时对业务开办主体实行准入和退出管理机制，规范行业市场。

2013年9月9日最高法院和最高检察院联合发布《关于办理利用信息网络实施诽谤等刑事案件适用法律若干问题的解释》，成为中国互联网发展史上有重要意义的转折点。这一《解释》厘清了依法追究网络犯罪的若干问题，将极大压缩谣言类非法信息在互联网上的传播空间，使追究相关网络犯罪变得有法可依，对指导司法机关办案有重大意义。2013年9月29日高法发布

《最高人民法院关于审理编造、故意传播虚假恐怖信息刑事案件适用法律若干问题的解释》，规定了编造、故意传播虚假恐怖信息罪的认定标准，入罪标准，从重和加重处罚情节，同时构成数罪如何处理，以及"虚假恐怖信息"范围等六个方面的内容。有人担心互联网会因"治谣"而失去活力，其实是对社会发展缺乏正确判断。中国不可能"禁言"，也不会为正当的网络监督设置障碍，因为这不符合中国的国家道路，也对应不了改革开放以来形成的强大社会现实。但中国也决不会成为造谣诽谤恣意横行的"乐园"。由法律主导互联网秩序，不但不会削弱互联网发展的既有成果，还能防止这些成果遭"虫蛀"，从而带动互联网良性调整，帮助它释放正能量。随着互联网技术的迅猛发展和信息传播方式的深刻变革，社会公众对政府工作知情、参与和监督意识不断加强，对各级行政机关依法公开政府信息、及时回应公众关切提出了更高的要求。由于互联网发展尚处在青年期，两高和高法的《解释》仅仅标志互联网"大字报时代"的结束，围绕互联网管理的相关释法与立法仍将不断深入下去。

从20世纪80年代中国广播电视法制建设起步发展至今，我国基本建立了一套较为完善的广播电视法规体系，广播电视法治的理念得到重视，广播电视法治的实践步伐加快，这对推进广播电视良性发展，促进传媒与社会和谐发挥了重要作用。

第二节 广播电视法律制度体系

广播电视事业虽已发展了数十年，但迄今为止，我国最高立法机关尚未专门针对广播电视工作制定法律。随着世界数字化信息化浪潮的到来，尤其是数字电视越来越成为涉及国计民生问题，有必要对我国现有的广播电视法律法规做一个全面系统的梳理，以便找到广播电视法治建设的重点、难点，以及未来建设的方向和目标。

一、广播电视的法律关系

广播电视法治建设的一项重要任务是广播电视立法，而立法的前提是明确广播电视法律关系，即广播电视法调整的对象和范围。法律关系是社会关系的一种，是法律在调整人们行为过程中所形成的权利和义务关系。法律关系属于上层建筑的范畴，以相应的法律规范为前提，以国家强制力为保障。法律关系由主体、客体和内容三个要素构成：法律关系的主体是指法律关系的参加者，即在法律关系中依法享有权利和承担义务的个人和组织；法律关系的客体是指法律关系主体的权利和义务所指向的对象；法律关系的内容是指法律关系主体所享有的权利和应承担的义务，是人们之间利益的获取或付出的状态。

广播电视法律关系比较复杂，既包含行政法律关系，如电台电视台与其从业者之间的行政法律关系；也包含民事法律关系，如电台电视台及其从业者与受众之间发生的著作权、名誉权、隐私权、肖像权、商标权纠纷；还包括刑事法律关系，广播电视监管机构、运营机构、从业者和受众如果违反刑法的规定，就存在刑事法律关系。

（一）广播电视法律关系的主体

广播电视法律关系的主体是指在广播电视法律关系中依法享有权利和承担义务的个人和组织，包括广播电视的运营机构、监管机构、从业人员和受众。

广播电视运营机构包括广播电视节目制作机构、集成机构、播放机构、传输机构等。节目制作机构包括电台电视台和独立制作机构；节目集成机构包括电台电视台和付费频道集成机构等；节目播放机构包括电台电视台；节目传输机构包括广播电视发射台、转播台、有线电视网络公司、卫星直播公司、通信公司等。广播电视运营机构是广播电视法律关系中最重要的主体，有了广播电视运营机构，才有广播电视从业人员、监管机构和受众。广播电视运营机构一般为法人主体，法人的成立必须具备一些条件：有必要的财产或经费，有自己的名称、组织机构和场所，依法成立，能够独立承担民事责任。根据我国的《民法通则》，法人分为企业法人、机关法人、事业单位法人和社会团体法人。目前，我国电台电视台、广播电视发射台转播台属于事业单位法人，有线电视网络公司、卫星直播公司、付费频道集成运营机构等属于企业法人。

广播电视从业人员包括记者、播音员、主持人、编导、制片人、工程技术、经营管理人员等，他们与广播电视运营机构之间存在着劳动人事法律关系，与监管机构之间存在着行政法律关系。

广播电视监管机构包括立法机关、行政机关和司法机关。立法机关通过制定法律规范广播电视活动，行政机关通过依法行政对广播电视活动进行引导管理，司法机关通过案件审判对广播电视活动进行监督。国家广播电影电视总局是国务院主管全国广播电视宣传和事业的直属机构，各省（自治区、直辖市）、市地、县广电局（文化广电新闻出版局）是当地主管广播电视宣传和事业的监管机构。

广播电视受众是指广播电视等媒体的传播对象和接受者，它包括听众、观众以及服务对象。听众观众主要指公民，广播电视服务对象既包括公民个人，也包括宾馆饭店等社会组织。

（二）广播电视法律关系的客体

广播电视法律关系的客体是指权利和义务所指向的对象，包括物、行为、智力成果和人身利益。

物是指与广播电视传播活动相关的资金、技术设备和物质要素。广播电视活动离不开物：采集信息需要使用笔记本、摄像机、话筒、录像机等；编辑制作节目需要电脑、编辑机等，还有发射台的发射设备和无线电波，以及有线电视网络公司的传输设备和有线电波等，都属于广播电视法律关系所调整的对象。

行为是指在广播电视传播活动中，具有法律意义的人所实施的信息采集、编辑、节目主持、节目播放等行为，包括作为或不作为。

智力成果是指人们在智力活动中所创造的精神财富，是脑力劳动的成果。在广播电视法律关系中，智力成果主要表现为具体的广播电视节目内容，包括新闻作品、文艺作品、娱乐游戏作品等。广播电视的智力成果享有知识产权，即权利人对其所创作的智力成果享有专有权利，其他媒体要转播需要署上原创作者的姓名，以营利为目的使用他人作品必须征得作者的同意，并支付一定的报酬。

人身利益包括人格利益和身份利益，是人格权和身份权的客体。如电台电视台形成的知名商标和品牌利益，知名播音员主持人、品牌节目栏目形成的利益等属于人身利益的范畴。

(三) 广播电视法律关系的内容

广播电视法律关系的内容是指广播电视运营机构、从业人员、监管机构和受众各自所享有的权利和应承担的义务。权利是指法律关系主体依法享有的某种权益或权能，义务是指法律关系主体依法承担的某种必须履行的责任。权利与义务是有机的整体，权利是履行义务的前提，义务是实现权利的基础。

1. 广播电视运营机构的权利和义务

广播电视运营机构是广播电视法律关系中最重要的主体，他们的权利主要有：(1) 拥有独立的节目采编、制作、播放、传输的权利；(2) 拥有独立使用运营广播电视资源的权利；(3) 拥有节目内容创新、表现形式创新、传播手段创新、技术途径创新等权利；(4) 拥有调查受众和了解用户需求的权利。[1] 广播电视运营机构在行使权利时不得违反相关法律的规定，不得侵犯公民个人和社会组织的合法权益。在行使权利的过程中，广播电视运营机构必须履行在节目内容、用户服务、接受监管等方面的法定义务，不断提高媒体的公信力、亲和力和感染力。在广播电视生产服务流程中，电台电视台主要负责节目采编、制作、集成、播放，有义务为受众提供丰富健康的精神产品；独立制作机构、频道集成机构负责节目制作和频道集成运营；有线电视网络公司、卫星公司、无线发射台、转播台等负责广播电视节目的传输覆盖和用户服务。广播电视运营机构之间存在着委托加工、版权保护、转播服务等民事权利和义务关系。

2. 广播电视从业人员的权利和义务

广播电视从业人员包括记者、播音员、主持人、编导、制片人及录音师、摄像师等工程技术人员等，其所处的法律关系有二：一是代表广播电视运营机构行使传播的专业权利时与社会发生的传播关系；二是与所属机构之间发生的劳动关系。因此，广播电视从业人员的权利主要包括传播的专业权利和劳动权利。

---

[1] 参见涂昌波：《广播电视法律制度概论》，中国传媒大学出版社，2011年版，第45页。

广播电视从业人员的专业权利而言,主要有两个方面,一是适用于新闻传播活动的传播权,它包括采访权、报道权、编辑权和评论权等方面。采访权是记者最重要的权利。记者的采访权不属于国家权力,也不属于私人的个体权利,而是带有社会公共性质的权利。记者的采访实质上是在代表公众行使一种职权,目的是实现公民的知情权和言论自由;报道权是指新闻媒体及记者自由地搜集新闻信息并将它们报道出来的权利,它和编辑权、评论权等都属于从业人员在传播工作中享有的基本权利。二是创作权。广播电视是艺术和技术的结合,属于意识形态和文化产品范畴,听众观众需求的是内容质量高、视听效果好的广播电视节目。创作权是广播电视从业人员的基本权利。由于广播电视的社会影响很大,因此对广播电视从业人员的素质要求较高,特别是对知名播音员、知名主持人、知名记者等公众人物要求更高,规定了比较严格的职业道德和义务责任,《中国广播电视编辑记者职业道德准则》和《中国广播电视播音员主持人职业道德准则》对此有明确的规定。

广播电视从业人员的劳动权利源于劳动法,2003年,最高人民法院作出关于事业单位人事争议适用劳动法的司法解释(最高人民法院[法释(2003)13号]),对于明确广播电视从业人员的劳动权利具有重要意义。

3. 广播电视监管机构的权利和义务

广播电视监管机构的权利和义务由法律授予规定,一般表现为监管机构的职责。根据国务院办公厅《关于印发国家广播电影电视总局职能配置内设机构和人员编制规定的通知》(国办发[1998]92号)和中央机构编制委员会办公室《关于调整国家广播电影电视总局内设机构有关问题的批复》(中央编办复字[2005]168号),国家行政管理部门的主要职责有:(1)研究拟定广播电视宣传和影视创作的方针政策,指导广播电视宣传和广播影视创作,协调题材规划,指导广播电影电视管理体制改革。(2)研究起草广播影视法律、法规草案,制定管理规章和发展规划,监督管理广播电视节目、卫星电视节目收录和通过信息网络向公众传播的视听节目,负责用于电台、电视台播出的节目的进口管理和内容审核。(3)审批广播电视播出机构和广播电视节目、电视剧、电影制作单位的建立和撤销,组织审查广播电视播出的影视剧及其他节目的内容质量,发放和吊销电影摄制、公映和电视剧制作、发行许可证。(4)管理广播影视科技工作,制订技术政策和标准,指导高新技术的研究和开发应用,研究广播影视的经济政策。(5)按照国家的统筹规划和政策法规,对广播电视专用网进行具体规划和管理,制定具体政策和规章,指导分级建设,保证广播电视安全播出;受信息产业部委托,编制广播电视专用频段的规划,指配频率、功率等技术参数,参与制订国家信息网络总体规划。(6)领导中央人民广播电台、中国国际广播电台和中央电视台,对其重大宣传进行协调检查,统一组织管理其节目的传输覆盖。(7)研究制订广电系统外事工作规定,指导管理对外交流与合作。(8)承办党中央、国务院交办的其他事项。

4. 受众的权利和义务

广播电视活动的根本目的是满足人民群众的精神文化需求,这就要求在广播电视法治进程中,应当把保护受众的权益应放在突出的位置上。随着人民群众生活水平的不断提高和法制意识的不断增强,要求保护消费者权益、保护受众权益的呼声越来越高,甚至一些国家还提出了"消费者至上"、"受众至上"的理念。在我国,受众多为公民,受众的权利与公民的权利有重叠交叉,《中华人民共和国消费者权益保护法》为受众在广播电视传播活动中的权益保护提供了较为直接的法律依据。

受众的权利主要有:(1)知情权。受众的知情权包含两层含义,一是受众拥有通过媒介知悉国家事务、社会公共事务和攸关自身利益的事务的权利;二是受众拥有知悉媒介本身情况的权利。知情权是公民的一项基本权利,媒介的采访权、编辑权、监督权等权利都是以此为基础的。(2)选择权。受众的选择权同样包含两层含义:一是受众具有选择媒体的权利,受众有权根据自己的喜好和判断收看(或不收看)某一电台电视台的节目。二是受众对媒体报道内容的选择权,即任何人不得强制受众接受媒体传播的某项信息观念。(3)公平交易权。从消费视角考察,信息传播的过程也是传受双方的交易过程,为了这一交易的顺利进行,双方都要承担相应的权利和义务,但由于传播者在传播中处于强势,因而传播者需要担负更多的道德义务。在广播电视传播过程中,受众有权要求广电提供的信息产品和服务物有所值、价格合理,且符合国家有关标准,遵循国家有关法规。(4)言论表达权。这是宪法赋予公民的基本政治权利,公民有权将自己的思想观点和意见表达出来,并通过合法的媒介渠道加以传播。(5)接近权。即受众有权接近和利用大众媒体发表言论和开展社会活动的权利。接近权是为实现受众知情权和言论表达权而提出的一种补充性权利，有助于受众从基本人权的角度扼制新闻传媒滥用新闻自由、垄断传播权的现象。（6）监督权。舆论监督权是受众的一项基本权利，是指受众通过一定形式的大众传媒和传播者表达公众意见，影响社会决策的权利。（7）人身权。公民的人身权包括姓名权、肖像权、名誉权、荣誉权、隐私权等，公民的人身权受到法律保护，包括广播电视传媒在内的任何组织和个人都不得非法侵犯。（8）申诉权。即当受众的正当权益受到侵犯时，他们有向政府或人民法院提出申诉并要求公开道歉和赔偿的权利。根据法律关系中，权利与义务对等的原则，受众在行使权利时同样不得侵害国家、社会和其他人的合法权益，滥用权利就等于权利的剥夺。

总之，要从我国经济政治社会生活的实际出发，认真厘清我国广播电视法律关系，全面把握广播电视各类主体之间的权利义务，使我国广播电视法制建设既反映普世价值和普遍规律，又符合中国基本国情，具有鲜明的中国时代特色。

二、广播电视法规体系

我国立法机关和法律界多使用"法律体系"的术语，政府部门多使用"法规体系"的概念。一般来说，法律体系是指一个国家的全部法律规范，根据调整对象和调整方法的不同，划分为若干法律门类，并按照一定的原则和要求，由这些法律门类及其所包括的不同法律规范而形成的相互联系、有机统一的整体。九届全国人大常委会根据立法实际和立法需要，将我国法律体系分为七个门类，即宪法及其相关法、民商法、行政法、经济法、社会法、刑法、诉讼和非诉讼程序法。广播电视法属于行政法的范畴，但是这七个法律门类都有涉及广播电视活动的法律条款。本书认为，广播电视法规体系是以广播电视法为核心，以有关法律、法规、规章、规定为配套的整体系统。

广播电视法规体系由广播电视专门法、有关法律部门的法律条文以及国际法的有关条款构成。

（一）我国广播电视专门法的四个层次

按照法律效力的等级的不同，我国广播电视专门法分为四个层次：

1. 法律层次

即由全国人民代表大会及其常委会制定实施广播电视法。1986年，广播电影电视部开始调研起草《广播电视法》，1987年之后，全国人大代表多次提出制定广播电视法的议案，但因为各种原因《广播电视法》未能出台。同时，与广播电视相关的司法解释，也具有与法律同等的法律效力，这种法律效力低于宪法，高于行政法规、地方性法规以及部门规章和地方政府规章。例如，2013年9月9日最高法院和最高检察院联合发布《关于办理利用信息网络实施诽谤等刑事案件适用法律若干问题的解释》，9月29日最高人民法院发布《最高人民法院关于审理编造、故意传播虚假恐怖信息刑事案件适用法律若干问题的解释》，这些《解释》对当前利用信息网络进行犯罪给予了更加明确的规定。

2. 行政法规层次

即由国务院制定实施广播电视管理条例等法规。1997年7月，国务院通过了《广播电视管理条例》并发布实施。

3. 地方性法规

即各省、自治区、直辖市人民代表大会及其常委会，较大的市的人民代表大会及其常委会（包括省、自治区人民政府所在地的市，经济特区所在地的市和国务院批准的较大的市）制定在当地实施的广播电视地方性法规。如《吉林省广播电视管理条例》于1989年公布，是我国第一部广播电视管理地方性法规。

4. 广播电视部门规章和地方政府规章

国务院广播电视行政管理部门可以根据法律和国务院的行政法规、决定、命令，在其职权范围内制定广播电视部门规章。各省、自治区、直辖市和较大的市的人民政府可以根据法律、行政法规和地方性法规制定在当地实施的广播电视地方政府规章。如《〈卫星广播电视地面接收设施管理规定〉实施细则》（1996年广电部令第11号）、《电视剧内容管理规定》（2010年总局令第63号），等等。

（二）与广播电视活动相关的法律条文

在我国现行成文法中，七大法律门类都有涉及广播电视活动的内容。

1. 宪法及其相关法

宪法及其相关法，主要规定国家的根本制度、公民的基本权利和义务、国家组织机构、维护国家主权、领土完整和国家安全等制度。我国宪法规定了国家发展为人民服务、为社会主义服务的新闻广播电视事业，规定了公民享有言论自由、科学研究自由、文艺创作自由等权利以及公民的人格尊严不受侵犯等。

2. 民商法

民商法主要调整自然人、法人和其他组织之间以平等地位而发生的各种民事商事法律关系，包括《民法通则》、《物权法》、《合同法》、《专利法》、《商标法》、《著作权法》、《公司法》、《破产法》、《证券法》、《期货法》、《保险法》、《票据法》、《海商法》等。广播电视运营者、用户以及与其他组织或个人之间发生的民事商事活动，都适用于这些法律。比如《民法通则》对公民名誉权等民事权利的规定、《合同法》对委托代理合同的规定、《著作权法》对广播电台电视台播放的规定、《证券法》对传播证券市场信息的规定等，直接规范广播电视运营者的从业活动。

3. 行政法

行政法主要调整行政主体与行政管理相对人（公民、法人和其他组织）之间因行政管理活动而发生的法律关系，包括有关行政管理主体、行政行为、行政程序、行政监督以及国家公务员制度等方面的法律规范。如违反广播电视活动，要依据《行政处罚法》进行行政处罚；广电行政部门对申请人进行行政复议，可依据《行政复议法》；《行政许可法》对广播电视行政部门实施行政许可进行了规定；《监狱法》规定，应组织罪犯收听收看新闻及其他有益于罪犯改造的广播影视节目；《保守国家秘密法》规定了广播电视节目应保守国家保密的义务；《药品管理法》对药品广告的内容进行了规定；此外《治安管理处罚法》、《道路交通安全法》、《传染病防治法》等都规定了与广播电视相关的内容。

4. 经济法

经济法主要调整国家从社会整体利益出发对市场经济活动实行干预、管理、调控所产生的法律关系，包括调整纵向法律关系和调整横向法律关系两种不同性质的法律规范。比如《反垄断法》、《反不正当竞争法》、《价格法》、

《广告法》、《消费者权益保护法》等都规范了广播电视的从业活动。

5. 社会法

社会法主要调整政府与社会之间、社会不同部分之间的法律关系,是国家干预社会生活过程中逐渐发展起来的一个法律门类,包括劳动关系、社会保障、社会福利、特殊群体权益保障等法律。比如《劳动法》、《人口与计划生育法》、《国家通用语言文字法》、《气象法》、《环境保护法》、《未成年人保护法》、《预防未成年人犯罪法》、《残疾人保障法》、《老年人权益保障法》、《教育法》、《体育法》等都有涉及广播电视的条款。

6. 刑法

刑法主要调整犯罪、刑事责任和刑事处罚等法律关系。我国刑法规定了破坏广播电视罪、传播走私淫秽物品罪、传播虚假证券信息罪、侮辱诽谤罪、侵犯著作权罪、擅自设置使用无线电台罪等。

7. 诉讼和非诉讼程序法

诉讼和非诉讼程序法主要规范调整社会纠纷的诉讼活动与非诉讼活动,包括《刑事诉讼法》、《民事诉讼法》、《行政诉讼法》、《仲裁法》、《行政复议法》等。当事人对广播电视民事纠纷可按《民事诉讼法》提起诉讼;当事人对广播电视行政部门的决定不服,可按《行政诉讼法》提起行政诉讼。

(三)国际条约和国际公约中的相关条款

一些国际条约和国际公约也有涉及广播电视活动的条款。一是《经济、社会及文化权利国际公约》(1997年我国政府签署该公约,2001年我国全国人大常委会批准加入该公约)规定:缔约各国承认人人有权参加文化生活,享受科学进步及其应用所产生的利益,并给予保护。二是《公民权利和政治权利国际公约》(1998年我国政府签署该公约)规定:人人有自由发表意见的权利,包括寻求、接受和传递各种消息和思想的自由,同时负有特殊的义务和责任,即必须尊重他人的权利或名誉,保障国家安全或公共秩序,或公共卫生或道德。三是《服务贸易总协定》(2001年我国加入)将广播电视作为视听服务纳入适用范围,该协定规定的跨境交付、境外消费、商业存在和自然人流动等四种服务贸易形式在广播电视领域均存在。四是《保护和促进文化表现形式多样性公约》(2006年我国加入)规定:缔约方可在其境内采取保护和促进文化表现形式多样性的措施,包括旨在加强媒体多样性的措施,包括运用公共广播服务。此外,《世界版权公约》、《伯尔尼保护文学和艺术作品公约》、《世界知识产权组织表演和录音制品条约》、《保护表演者、录音制品制作者和广播组织的国际公约》、《联合国海洋公约》、《联合国儿童权利公约》、《联合国残疾人权利国际公约》、《国际电信联盟组织法》等国际公约(条约)也对广播电视运营机构规定了相应的权利和义务。

三、广播电视法规规范的主要内容

从各国广播电视立法看,广播电视法规体系包括广播电视所有权制度、行政许可、监管机构、节目标准规范、传输覆盖网络、用户保护、法律责任和法律救济等内容。由于我国广播电台、电视台等运营机构的体制机制改革仍处于变动过程中,广播电视监管机构的职能主要由各级机构编制委员会负责确定,因此,我国现行广播电视法规里缺乏广播电视所有权、监管机构这两方面的内容,但对行政许可、节目标准规范、网络安全、用户接收、涉外事务、法律责任和法律救济等内容作了详细规定。

(一)广播电视行政许可

行政许可是指行政机关根据公民、法人或者其他组织的申请,经依法审查,准予其从事特定活动的行为。行政许可制度是国际通行的广播电视管理手段,是我国广播电视法规体系的重要内容,也是我国广播电视管理的重要手段。

1. 广播电视行政许可的类型

我国广播电视行政许可项目较多,涵盖范围较宽。根据《行政许可法》的要求,国家广播电影电视总局对行政许可项目进行了清理,我国广播电视审批项目共27项:其中,行政法规设定的11项,《国务院对确需保留的行政审批项目设定行政许可的决定》(2004年国务院令第412号)中设定的12项,《国务院办公厅关于保留部分非行政许可审批项目的通知》(国办发[2004]62号)保留的非行政许可审批项目4项。这27项审批项目涵盖了广播电视节目制作、播出、传输、发射、接收等各个环节,既包括了传统的广播电视传播活动,又包括了互联网等信息网络传播视听节目活动。

(1) 广播电视业务准入审批

广播电视业务活动主要包括节目制作、节目播出、节目传输等活动，许可项目有：设立终止广播电台、电视台（含分台、教育电视台）及变更台名、台标、节目设置范围、节目套数和跨地区经营审批；设立电视剧制作单位审批；设立广播电视节目制作经营单位审批；广播电视专用频段频率指配；引进用于广播电台、电视台播放的境外电影、电视剧及其他广播电视节目审批；广播电台、电视台以卫星等传输方式进口、转播境外广播电视节目批准；举办国际性广播电视交流交易活动批准；乡镇设立广播电视站和机关、部队、团体、企事业单位设立有线广播电视站审核；开办视频点播业务批准；网上传播视听节目许可证核发；省级行政区域内或跨省经营广播电视节目传送业务批准；境外广播电影电视机构在华设立办事机构审批；影视节目制作机构与外方合作制作电视剧审批；境外卫星电视频道落地审批；建立城市社区有线电视系统审批；付费频道开办、终止及节目设置调整及播出区域、呼号、标识、识别号审批；国产电视剧题材规划立项和电视剧片审查；广播电视播出机构赴境外租买频道、办台审批；广播电视传输网络公司股权性融资审批；广播电台、电视台开办群众参与的广播电视直播节目审批；境外人员及机构参加广播影视节目制作审批等。

(2) 广播电视设备设施审批

许可项目有：进口卫星电视广播地面接收设施证明核发；设置卫星地面接收设施审批；迁建广播电视设施审核；无线广播电视发射设备订购证明核发；广播电视设备器材入网认定等。

(3) 广播电视从业人员资格准入

广播电视从业人员资格准入主要是广播电视新闻采编人员、播音员、主持人实行资格认定。为规范广播电视编辑记者、播音员主持人执业资格管理，提高从业人员素质，加强广播电视队伍建设，我国于2004年8月1日起，正式实施《广播电视编辑记者、播音员主持人资格管理暂行规定》，适用于广播电视编辑记者、播音员主持人资格考试、执业注册、证书发放与管理等活动。

2. 行政许可制度的问题及建议

与其他国家和地区相比，我国广播电视行政许可事项过多过细，有的许可事项存在交叉，比如视频点播业务许可、网络传播视听节目许可、广播电视节目传送业务许可就存在交叉问题，从字面上看，网络传播视听节目许可包括了广播电视节目传送业务和视频点播业务。有的许可事项存在重复，比如设立广播电视无线发射台，需要申请广播电视频率使用许可、广播电视节目传送业务许可（无线）和无线电台执照三次许可。有的许可事项存在对象不准的问题，比如视频点播本是有线网络的一种功能，视频点播业务许可最初适用的对象是宾馆饭店的有线电视网络系统，而后引申到适用电台、电视台，但是绝大多数电台、电视台本身没有有线网络，从而造成许可对象与业务开展脱节。为此，应当按照加强管理、保障权益、加快发展的原则，对我国广播电视许可事项进行归并，主要包括以下九类：（1）广播电视台（站）许可；（2）节目制作经营许可；（3）付费频道经营许可；（4）有线广播电视经营许可；（5）卫星广播电视经营许可；（6）无线发射台、转播台许可；（7）电信网、互联网提供视听节目服务许可；（8）卫星地面接收设施使用许可；（9）广播电视设备器材入网认定；（10）广播电视编辑记者、播音员、主持人资格认定。

（二）节目内容的标准规范

我国广播电视法规体系中，规范节目内容的法规数量较大，且表述翔实，大致包括以下内容：

1. 明确广播电视节目禁止载有的内容

根据《广播电视管理条例》和《电视剧审查管理规定》，我国广播电视节目禁止载有以下内容：（1）反对宪法确定的基本原则的；（2）危害国家统一、主权和领土完整的；（3）泄露国家秘密、危害国家安全或者损害国家荣誉和利益的；（4）煽动民族仇恨、民族歧视，破坏民族团结，或者不尊重民族风俗、习惯的；（5）宣扬邪教、迷信的；（6）扰乱社会秩序，破坏社会稳定的；（7）宣扬淫秽、赌博、暴力或者教唆犯罪的；（8）侮辱或者诽谤他人，侵害他人合法权益的；（9）危害社会公德或者民族优秀文化传统的；（10）有法律、行政法规和国家规定禁止的其他内容的。此外，我国广播电视节目还禁止载有以下内容：（1）没有取得节目制作经营许可证的单位制作的节目；（2）未经审查批准的境外电影、电视剧和其他节目；（3）禁止播放按照《著作权法》规定须经著作权人许可方可使用的作品；（4）禁止未经批准擅自以卫星等传输方式进口、转播境外广播电视节目；（5）禁止教育电视台播放与教学内容无关的电影、电视片。

针对网络视听节目的内容监管，主要法律依据有八个：（1）《行政许可法》；（2）中共中央办公厅（以下简称中办）、国务院办公厅（以下简称国办）《关于进一步加强互联网管理工作的意见》（中办发［2004］32号）；（3）中办、国办《关于加强网络文化建设和管理的意见》（中办发［2007］16号）；（4）《国务院对确需保留的行政审批项目设定行政许可的决定》（国务院令第412号）；（5）《国务院办公厅关于印发国家广播电影电视总局职能配置内设机构和人员编制规定的通知》（国办发［1998］92号、国办发［2008］89号）；（6）国家广播电影电视总局、工信部《互联网视听节目服务管理规定》（广电总局令第56号）；（7）《互联网等信息网络传播视听节目管理办法》（广电总局令第39号）；（8）国家广播电影电视总局、互联网信息办公室联合印发《关于进一步加强网络剧、微电影等网络视听节目管理的通知》（广发［2012］53号），其中，《互联网视听节目服务管理规定》第十七条规定："互联网视听节目服务单位不得允许个人上载时政类视听新闻节目，在提供播客、视频分享等上载传播视听节目服务时，应当提示上载者不得上载违反本规定的视听节目。任何单位和个人不得转播、链接、聚合、集成非法的广播电视频道、视听节目网站的节目。"

2. 对广播电视节目实行两种审查制度

两种审查制度，一种是播出机构审查，即广播电台、电视台对其播放的节目内容进行播前审查、重播重审；付费频道开办机构对付费频道的节目内容进行播前审查、重播重审。随着更多的视听节目通过网络平台传播，《关于进一步加强网络剧、微电影等网络视听节目管理的通知》规定，互联网视听节目服务单位要按照"谁办网谁负责"的原则，对网络剧、微电影等网络视听节目一律先审后播。第二种是政府审查，对用于广播电台、电视台播放的境外电影、电视剧，由国务院广播电视行政部门进行审查批准；对国产和合拍电视剧的制作完成片，由国家和省级广播电视行政部门的审查机构依职权和分工负责审查批准。

3. 对广播电视节目实行事后监测评议制度

《卫星传输广播电视节目管理办法》要求广播电视行政部门设立监测中

心，对卫星节目进行监测，定期报告监测情况；要求设立视听评议机构，对卫星节目进行收听收看和评议，定期公布评议结果。《广播电视广告播放管理暂行办法》要求建立广播电视广告监听监看制度，对发现的问题及时进行处理。目前，我国已基本建成境内与境外相结合的广播电视监测网，可以对卫星广播电视、中短波广播、城市有线电视等进行全天候监测，对卫星广播电视进行视听评议。

4. 对广告节目、直播节目、付费节目、残疾人节目等作了特别规定

《广播电视广告播放管理暂行办法》对广播电视广告节目的用语、画面、广告播放时间比例、广告插播、广告禁播、广告与其他节目的区分标志等作了全面规范，要求广播电台、电视台每套节目中每天播放公益广告的数量不得少于广告总播出量的3%，每套节目每天播放广播电视广告的比例，不得超过该套节目每天播出总量的20%，不得随意插播广告；要求发射台、转播台、有线广播电视传输网络机构在转播传输广播电视节目时，不得以任何形式插播自行组织的广告，不得随意切换原广告，不得以游动字幕、叠加字幕等形式播放广告。

为了确保导向正确和播出安全，防止出现政治性事故，我国加强了对直播节目的管理。中宣部、广播电影电视总局联合下发了《关于加强广播电视群众参与的直播节目管理的通知》（广发编字［1999］703号），广播电影电视总局制定下发了《群众参与的广播电视直播节目管理暂行办法》（广发编字［1999］746号）、《关于群众参与的广播电视直播节目必须延时播出的通知》（广发编字［2004］239号），对广播电台、电视台开办群众参与的直播节目的条件作了规定，并要求所有群众参与的直播节目必须延时播出。

《广播电视有线数字付费频道业务管理暂行办法》规定，付费频道节目应符合专业化、对象化的要求，专业性、对象性节目的播出时间不得低于当天总播出时间的90%；付费频道的新闻类或信息类节目应真实、及时、公正，非影视剧付费频道不得播出影视剧节目；付费频道不得播出除推销付费频道的广告之外的商业广告，但经批准的专门播出广告或广告信息类服务的频道除外。

我国《残疾人保障法》规定：要通过广播、电影、电视、报刊、图书等形式，反映残疾人生活，为残疾人服务，丰富残疾人的精神文化生活；要开

办电视手语节目,在部分影视作品中增加字幕、解说。目前我国电视台开办电视手语节目的数量不多、栏目不多,需要加强对残疾人的视听权益的保障。

(三)网络安全

广播电视网络安全直接关系到广播电视节目的安全播出和安全传输,直接关系到广大听众观众接收广播电视的质量和效果。广播电视网络安全包括保设施安全和信号安全两个方面。

1. 确保广播电视设施安全

广播电视设施是从事广播电视活动的物质基础。我国对广播电视设施安全实行特殊保护制度。《广播电视管理条例》规定:任何单位和个人不得冲击广播电台、电视台,不得损坏广播电台、电视台的设施,不得危害其安全播出;禁止任何单位和个人侵占、哄抢或以其他方式破坏广播电视传输覆盖网的设施。《广播电视设施保护条例》细化了保护措施:一是对危及广播电视设施安全、危及广播电视信号发射设施安全、危及广播电视专用传输设施安全、危及广播电视监测设施安全的各种行为分别作了禁止性规定。二是对新建、扩建广播电视设施作了义务性规定。新建、扩建广播电视设施,应当按照国家有关规定选址,避开各种干扰源;广播电视信号发射设施建设,应当符合国家有关电磁波防护和卫生标准;在已有发射设施的场强区内,兴建机关、工厂、学校、商店、居民住宅等设施的,应当遵守本条例的规定,应当符合国家有关电磁波防护和卫生标准。三是对可能危及广播电视设施安全的行为进行了规定。比如规定,在天线、馈线周围500米范围外进行烧荒等活动,可能危及广播电视设施安全的,应当事先通知广播电视设施管理单位,并采取有效防范措施后方可进行。四是对广播电视设施的专用供电、供水、通信等进行了规定,要求有关部门或单位应与保障,要求对重要的广播电视设施配备备用电源、水源等设施。五是对各种危及广播电视设施安全的行为规定了处罚措施。此外,我国《刑法》规定:破坏广播电视设施,危害公共安全的,处三年以上七年以下有期徒刑;造成严重后果的,处七年以上有期徒刑。《治安管理处罚法》规定:盗窃、损毁广播电视设施的,处十日以上十五日以下拘留。

2. 确保广播电视信号安全

广播电视信号是广播电视节目内容的物质表现形式,包括电信号、数字信号等方式。广播电视信号安全关系到广播电视运营者的合法权益和广大听众观众的视听权益。国际电信联盟组织法第 45 条第一款规定：所有电台，不论其用途如何，在建立和使用时均不得对其他会员，或对经认可的业务经营机构，或对其他经正式核准开办无线电业务并按照无线电规则操作的业务经营机构的无线电业务或通信造成有害干扰。我国《广播电视管理条例》规定：任何单位和个人不得侵占、干扰广播电视专用频率，不得擅自截传、干扰、解扰广播电视信号。对违反者，由广播电视行政部门责令停止违法活动，给予警告，没收违法所得和从事违法活动的专用工具、设备，可以并处 2 万元以下的罚款；情节严重的，由原批准机关吊销许可证。《无线电管理条例》规定：对于干扰无线电业务的，由国家无线电管理机构或者地方无线电管理机构根据具体情况给予警告、查封或者没收设备、没收非法所得的处罚；情节严重的，可以并处一千元以上、五千元以下的罚款或者吊销其电台执照。

1999 年以来，我国广播电视信号受到以无线发射、有线插播、攻击卫星等方式干扰破坏达数百次。无线电监测结果显示，这些非法攻击的信号源在我国台湾地区。但是由于政治原因，我国大陆的无线电法律无法在台湾地区适用，对台湾地区也不能适用国际电信联盟组织法的规定。[①] 为此，我国一方面起草广播电视传输保障法，提升广播电视设施保护条例的法律等级；另一方面加强了对广播电视信号安全的技术防范，发射了广播电视专用卫星，建设了卫星、有线、无线广播电视监测网，建立了广播电视信号安全预警制度和安全播出调度指挥系统，以防范非法攻击破坏。

（四）用户接收

广播电视节目采编、制作、播出、传输、覆盖、接收等各个环节构成了完整的广播电视传播链。用户是广播电视传播链的终端，也是广播电视服务的最终受用者。为了维护广播电视业者和用户的合法权益，我国涉及广播电视用户权益的制度主要有：广播电视普遍服务制度、卫星广播电视地面接收许可制度、有线电视收费制度。

[①] 国际电信联盟是联合国的专门机构之一，只有主权国家才能加入，该联盟理事会 1972 年承认了中华人民共和国的合法席位。

1. 广播电视普遍服务制度

广播电视普遍服务包括在两个方面的内容：一是国民能够普遍接收到广播电视信号，二是广播电视内容能够满足国民的普遍需求。我国广播电视普遍服务实行分级负责制：中央广播电视机构负责全国性节目、对外节目、民族节目的制作、播放和传输覆盖；省（区、市）、地市、县广播电视机构负责本地节目、专题节目、民族节目的制作、播放、传输覆盖以及中央节目的转播覆盖。

中央［1983］37号文件规定我国中央、省、地市、县四级政府办广播电视、四级混合覆盖，这构成了我国广播电视普遍服务的基本框架。该通知规定的广播电视普遍服务的目标任务是：（1）在我国建成一个具有中国特色的，中央和地方、无线和有线相结合的，城市和农村、对内和对外并重的社会主义现代化广播电视宣传网，努力做到县县、乡乡、队队都通广播电视，户户、人人都能听到广播、看到电视。（2）扬独家之优势，汇天下之精华，集中力量办好为各方面群众共同感兴趣的节目；同时根据需要和可能开办不同的广播电视节目，适当满足不同职业、不同年龄、不同文化水平、不同兴趣和爱好的听众观众的特殊需求。国办发［2006］79号文件完善了我国广播电视普遍服务制度，规定居住分散的边远地区群众可以采取卫星接收方式，接收包括中央和本省的4套以上的广播节目和8套以上的电视节目；明确要求中央、省、地市、县四级政府加大对无线覆盖的投入，确保广大农村地区群众能够无偿接收到4套以上中央台的无线广播电视节目；明确要求增加科技兴农、法律知识、卫生防疫、文化娱乐等服务"三农"的广播电视节目，增加节目播出时间，提高节目制作质量。

广发［2008］3号文件进一步要求：实施有线电视数字化整体转换的地区，必须保留至少六个模拟频道，转播中央、省和当地电视台的主要节目，供没有机顶盒的用户接收，确保党和政府的声音进入千家万户。这是我国有线电视运营者实施数字化转换时应当承担的普遍服务义务。

2. 卫星广播电视地面接收许可制度

卫星广播电视地面接收许可有两种方式：一是民事许可方式，即公民可以通过与卫星运营商签订授权合同，安装卫星接收设施收、听收看卫星广播电视节目。二是行政许可方式，即公民安装卫星接收设施接收卫星节目，须经行政主管部门批准。我国对卫星地面接收设施的生产、进口、销售、安装和使用实行许可制度，个人不得安装和使用卫星地面接收设施，如有特殊情况，个人确实需要安装和使用卫星地面接收设施并符合国家行政部门规定许可条件的，必须向所在单位提出申请，经当地县、市人民政府广播电视行政部门同意后报省、自治区、直辖市人民政府广播电视行政部门审批。随着卫星技术的发展，卫星接收天线日益小型化，安装使用卫星接收设施越来越简便，我国卫星接收设施管理面临着技术发展迅速、群众需求迫切、经济利益驱动、市场争夺激烈、意识形态渗透等新的课题和难题。同时，随着人民群众民主法制意识的增强，我国卫星接收设施管理需要调整思路，突出重点，健全法律，转变方式，强化服务，建立起维护国家信息和文化安全、保护公民的合法视听权益、促进卫星广播电视健康有序发展的管理体制机制。

3. 有线电视收费制度

我国有线电视收费大致分为三种类型：一是有线电视基本收视维护费实行政府定价。按照 2004 年 12 月国家发改委、国家广播电影电视总局印发《有线电视基本收视维护费管理暂行办法》（发改价格［2004］2787 号）的规定，有线电视基本收视维护费的收费标准由价格主管部门制定。制定和调整有线电视基本收视维护费收费标准，应执行《政府价格决策听证办法》和《政府制定价格行为规则（试行）》等规定举行价格听证会，应充分考虑当地经济社会发展总体水平，充分考虑社会各阶层经济承受能力和心理承受能力。二是中央电视台加密播出的第三套（综艺频道）、第五套（体育频道）、第六套（电影频道）、第八套（电视剧频道）节目的收视费实行政府定价，有线电视用户每月每户收视费大致在 1—2 元。1995 年国家计委对中央电视台新开办的电影、体育、文艺卫星（有线）电视节目的收费规定，以各有线电视台入网户数为计费基础，每户每月不超过 2 元，少数民族及边远地区每户每月不超过 1 元。三是有线电视提供的付费节目、视频点播、电视商务等增值业务服务实行市场定价，由经营者与用户协商价格标准，由用户自由选择，自愿订购。

2008 年 1 月，国务院发布《关于鼓励数字电视产业发展若干政策的通知》（国办发［2008 年］1 号），其中第二十一条规定："有线数字电视基本收视维护费实行政府定价"，首次以国务院文件形式明确有线电视准许收费。为解决价格主管部门进行成本监审时没有"行业标准"可循的问题,2008年12月,中国广播电视协会有线电视工作委员会协同中国价格协会组成课题组,着手研究这项工作,最终通过论证。2012年11月,国家发改委、国家广播电影电视总局印发《有线数字电视基本收视维护费定价成本监审办法(试行)》(发改价格〔2012〕3505号),该办法于2013年3月1日起实施,对有线数字电视基本收视维护定价成本做了明确设定,对有线电视行业成本核算范围做出具体规定,为提高政府制定有线数字电视基本收视维护费的科学性、合理性提供了依据。

(五)涉外事务

随着卫星、数字、网络等信息技术的快速发展,广播电视全球覆盖已成为现实,广播电视国际贸易活动越来越多,《服务贸易总协定》、《与贸易有关的知识产权协定》等国际公约对包括广播电视在内的国际服务贸易进行了规范。广播电视属于媒体服务,不仅关系到一个国家的经济贸易问题,更关系到一个国家的政治利益和文化权益,因此各国法律一般都限制外资、外国人进入本国广播电视服务领域,保护民族文化和国内市场。

根据《服务贸易总协定》的规定,服务贸易包括跨境交付、境外消费、商业存在和自然人流动等四种形式:第一,跨境交付是指服务的提供者在一成员的领土内向另一成员领土的消费者提供服务。例如,一成员的广播电视运营商向另一成员境内提供卫星广播电视、中短波广播及网上广播电视等服务。第二,境外消费是指服务的提供者在一成员的领土内向来自另一成员的消费者提供服务。例如,一成员的消费者到另一成员的领土内享受广播电视服务。第三,商业存在是指一成员的服务提供者在另一成员领土内设立商业机构或专业机构,为后者领土内的消费者提供服务。例如,一成员的广播电视公司到另一成员领土内开设分公司、子公司等,提供广播电视服务。第四,自然人流动是指一成员的服务提供者以自然人的身份进入另一成员的领土内提供服务。例如一成员的节目主持人、编辑记者等到另一成员领土内直接提供节目主持、采编等业务服务。这四种服务贸易形式在我国广播电视领域均存在。

尽管我国加入世界贸易组织时没有承诺对外开放广播电视,但实际上,我国广播电视是对外有限开放的：一是允许通过贷款等方式，利用境外资金投入广播电视建设；二是允许境外机构设立驻华广播电视办事机构；三是允许境内电台电视台引进播出境外节目；四是允许中外合作制作（联合制作、协作制作、委托制作）电视剧、电视动画片等节目；五是鼓励外商投资生产先进的数字广播电视技术设备等。我国广播电视法规规定了以下管理制度。

1. 外商投资准入许可制度

我国法律禁止设立外资经营、中外合资经营和中外合作经营的广播电台、电视台。我国《外商投资产业指导目录》（2007年修订）将外商投资产业目录分为鼓励、限制和禁止三类，将各级广播电台（站）、电视台（站）、广播电视频道（率）、广播电视传输覆盖网（发射台、转播台、广播电视卫星、卫星上行站、卫星收转站、微波站、监测台、有线广播电视传输覆盖网），广播电视节目制作经营公司、新闻网站、网络视听节目服务等，列入了禁止类外商投资产业目录；将广播电视节目制作项目（限于合作）列入了限制类外商投资产业目录。对于境外机构设立驻华广播电视办事机构，境外机构与境内机构合作制作（联合制作、协作制作、委托制作）电视剧、电视动画片等广播电视节目，须按照规定由广播电视行政部门审批后方可进行。

2. 境外节目播出比例制度

这是许多国家为保护国内节目生产者的权益和民族文化而采取的措施。我国对境外节目的播出比例作出如下规定：各个电视频道每天播出的境外影视剧，不得超过该频道当天影视剧总播出时间的25%；每天播出的其他境外电视节目，不得超过该频道当天总播出时间的15%；未经广播电影电视总局批准，不得在黄金时段（19：00—22：00）播出境外影视剧。付费频道播出境外的电影、电视剧及动画片的时间不得超过该频道当天总播出时间的30%，不得以任何形式转播境外广播电视节目频道或栏目。每天播出国产动画片与引进动画片的比例不低于7∶3，每天17：00—21：00必须播出国产动画片或国产动画栏目。

3. 境外卫星节目落地管理制度

为加强境外卫星电视节目的落地管理，我国制定了《卫星地面接收设施接收外国卫星传送电视节目管理办法》对境外卫星电视节目的落地范围进行了规定，即教育、科研、新闻、金融、经贸以及其他确因业务工作需要的单位，常住外国人的涉外宾馆（饭店）、公寓确需提供国际金融、商情等经济信息服务的，可以申请接收境外卫星电视节目。同时，对境外卫星电视频道在境内落地实行审批制度，广播电影电视总局每年审批一次境外卫星电视频道在境内落地的申请。2008年，广播电影电视总局批准了美国有线电视新闻网（CNN）、家庭影院亚洲频道（HBO）等33个境外卫星电视频道在境内特定地区、特定场所落地。

此外，外国人参加我国广播电视节目制作活动，须按照有关规定报批。我国鼓励广播电台、电视台为了扩大广播电视节目在境外的覆盖，到国外设台、租买频道（频率）和播出时段，但须按照程序报批。

（六）法律责任和法律救济

法律责任是指广播电视运营者、监管者、受众（用户）及其他当事人因违反了法律规定的义务而必须承担的法律后果，包括行政法律责任、民事法律责任和刑事法律责任。法律救济是指广播电视运营者、用户及其他当事人的合法权利受到侵害，可以从法律上获得自行解决、或者请求法院及其他机关给予解决，使其受到损害的权益得到补救。法律救济的途径和形式多种多样，主要有行政复议制度、行政诉讼制度、民事诉讼制度、刑事诉讼制度、国家赔偿制度以及投诉申诉制度等。

1. 行政法律责任与行政救济

广播电视运营者、监管者、受众（用户）及其他当事人违反行政法律规定的义务，应当承担相应的行政法律责任。《广播电视管理条例》等法规对广播电视运营者、受众及其他当事人的违法行为以及相应的行政处罚进行了规定，对广播电视工作人员（共产党员）、监管者的违法行为以及相应的党纪处分、行政处分进行了规定。

我国法律规定的广播电视违法行为有：（1）擅自设立广播电台、电视台、教育电视台、有线广播电视传输覆盖网、广播电视站、广播电视发射台、转播台、微波站、卫星上行站、广播电视节目制作经营单位或者擅自制作电视剧及其他广播电视节目的；（2）擅自生产、销售、安装和使用卫星地面接收设施的；（3）制作、播放、向境外提供含有法律规定禁播内容的节目的；（4）未经批准，擅自变更台名、台标、节目设置范围或者节目套数的；

(5) 出租、转让播出时段的；（6) 转播、播放广播电视节目违反规定的；(7) 播放境外广播电视节目或者广告的时间超出规定的；(8) 播放未取得广播电视节目制作经营许可的单位制作的广播电视节目或者未取得电视剧制作许可的单位制作的电视剧的；(9) 播放未经批准的境外电影、电视剧和其他广播电视节目的；(10) 教育电视台播放《广播电视管理条例》第四十四条规定禁止播放的节目的；(11) 未经批准，擅自举办广播电视节目交流、交易活动的；(12) 出租、转让频率、频段，擅自变更广播电视发射台、转播台技术参数的；(13) 广播电视发射台、转播台擅自播放自办节目、插播广告的；(14) 未经批准，擅自利用卫星方式传输广播电视节目的；(15) 未经批准，擅自以卫星等传输方式进口、转播境外广播电视节目的；(16) 未经批准，擅自利用有线广播电视传输覆盖网播放节目的；(17) 未经批准，擅自进行广播电视传输覆盖网的工程选址、设计、施工、安装的；(18) 侵占、干扰广播电视专用频率，擅自截传、干扰、解扰广播电视信号的；(19) 危害广播电台、电视台安全播出的，破坏广播电视设施的；(20) 在广播电视设施保护范围内进行建筑施工、兴建设施或者爆破作业、烧荒等活动的；(21) 损坏广播电视设施的；(22) 在广播电视设施保护范围内种植树木、农作物的；(23) 在广播电视设施保护范围内堆放金属物品、易燃易爆物品或者设置金属构件、倾倒腐蚀性物品的；(24) 在广播电视设施保护范围内钻探、打桩、抛锚、拖锚、挖沙、取土的；(25) 在广播电视设施保护范围内拴系牲畜、悬挂物品、攀附农作物的；(26) 未经同意，在广播电视传输线路保护范围内堆放笨重物品、种植树木、平整土地的；(27) 未经同意，在天线、馈线保护范围外进行烧荒等的；(28) 未经同意，在广播电视传输线路上接挂、调整、安装、插接收听、收视设备的；(29) 未经同意，在天线场地敷设或者在架空传输线路上附挂电力、通信线路的。

对于广播电视违法行为，广播电视行政部门及有关部门应当按照各自的权限和程序实施警告、罚款、没收违法所得和非法财物、责令停止违法活动、吊销许可证等行政处罚。公民、法人或者其他组织对行政机关所给予的行政处罚，享有陈述权、申辩权；对行政处罚不服的，有权依法申请行政复议或者提起行政诉讼；对行政机关违法给予行政处罚受到损害的，有权依法提出赔偿要求。

广播电视播出机构工作人员违反宣传纪律的，广播电视行政部门及其工作人员在广播电视管理工作中滥用职权、玩忽职守、徇私舞弊，尚不构成犯罪的，依法给予行政处分，包括警告、记过、记大过、降级、降职、撤职、留用、察看、开除等；对行政处分不服的，可以进行申诉。对于广播电视播出机构中的共产党员违反宣传纪律的，给予警告、严重警告、撤销党内职务、留党察看、开除党籍等党纪处分，受处分的党员可以进行申诉。

2. 刑事法律责任与诉讼救济

广播电视运营者、监管者、受众（用户）及其他当事人违反刑法规定的义务，应当承担相应的刑事法律责任。我国刑法规定的涉及广播电视领域的犯罪行为主要有：破坏广播电视设施罪，制作、贩卖、传播淫秽物品罪，擅自设置无线电视台（站）、擅自占用频率罪，虚假广告罪，侮辱诽谤罪，渎职罪等。由司法机关对犯罪分子进行刑事处罚，包括管制、拘役、有期徒刑、无期徒刑、死刑，以及罚金、剥夺政治权利、没收财产等。当事人可以通过辩护、回避、上诉、申诉等刑事诉讼制度，维护自己的合法权益。

3. 民事法律责任与民事救济

广播电视运营者、监管者、受众（用户）及其他当事人违反民事法律规定的义务，应当承担相应的民事法律责任。涉及广播电视的民事纠纷主要有著作权纠纷、名誉权纠纷、服务质量纠纷等。承担民事责任的方式主要有停止侵害，排除妨碍，消除危险，返还财产，恢复原状，修理、重作、更换，赔偿损失，支付违约金，消除影响，恢复名誉，赔礼道歉，等等。当事人可以通过委托代理、申请回避、上诉、申诉等民事诉讼制度，维护自己的合法权益。

第三节 广播电视法治建设任务

党的十八届三中全会明确提出"推进法治中国建设"，广播电视要始终确保导向正确、确保安全运行，要不断丰富节目内容、净化声屏荧屏，要积极凝聚各方力量、促进产业开发，要坚持以人为本、推动科学发展、维护各方合法权益，都必须加强法制建设，解决立法滞后的"瓶颈"，努力做到有法可依、有法必依、执法必严、违法必究，更好地发挥广播电视在社会主义民主政治、市场经济、先进文化、和谐社会建设中的重要作用。

一、广播电视立法任务

我国已初步建立了以《广播电视管理条例》、《广播电视设施保护条例》为核心的广播电视法规体系，但是存在法律效力低、规定过于原则、权威性不够、可操作性较差、理论准备不足等问题，亟待制定一部符合我国基本国情的广播电视法。

制定广播电视法的时机已基本成熟，主要表现在五个方面：一是我们党和国家对广播电视的方针政策非常明确，许多方针政策已被实践证明是科学、可行和成功的，完全可以通过法定程序上升为国家法律。特别是党的十八大提出，扎实推进社会主义文化强国建设的目标，明确了加强社会主义核心价值体系建设、全面提高公民道德素质、丰富人民精神文化生活、增强文化整体实力和竞争力四大战略任务，为新时期进一步做好文化建设发展工作指明了方向。在这一形势下，文化领域立法滞后便成为突出问题。由于广播电视覆盖面广，社会影响大，乱播滥放以及低俗化问题屡禁不止，完全有必要制定广播电视法。二是我国广播电视发展迅速，规模庞大，种类很多，竞争激烈，难以有效管理，迫切要求制定广播电视法予以规范。三是我国涉及广播电视的法律法规规章很多，为制定广播电视法提供了坚实的法律基础。四是我国人民群众物质文化生活水平不断提高，民主法制意识不断增强，对广播电视等文化消费的要求越来越高，对广播电视依法行政、依法管理的呼声越来越强烈，制定广播电视法的外部舆论环境已具备。五是我国实施联合国人权公约的压力越来越大，我国已加入《经济、社会及文化权利国际公约》，正在研究加入《公民权利和政治权利国际公约》，制定广播电视法，有利于保证国际公约在我国正确实施，维护我国作为负责任大国的国际形象。

当然制定广播电视法也存在一些争议点：一是如何落实党的十八大报告提出的"保障人民的知情权、参与权、表达权、监督权"以及宪法规定的"国家发展为人民服务、为社会主义服务的文学艺术事业、新闻广播电视事业"和"公民有言论、出版……的自由"。这关系到制定广播电视法的宪法依据问题。二是如何表述广播电视的所有权结构。即哪些属于国家所有、哪些属于集体所有、哪些属于私人所有、各自的组织结构如何界定等。关系到广播电视生产关系是否与生产力发展相适应的问题。三是如何科学设计广播电视的监管体制和运营机制。是借鉴国外经验、全国统一垂直监管,还是继续分级负责、属地监管?是所有电台、电视台继续按照事业单位体制运营,还是有选择地将部分台、部分频道(频率)实行企业体制运营?直接关系到广播电视全国统一市场的建立和运营主体的内部活力。四是如何平衡广播电视业者与我们党和国家、社会公众、公民个人之间的利益关系。既要维护广播电视业者依法独立行使采访报道权,又要保证党的领导、国家的安全、社会的公共利益和公民个人的合法权益。这些争议点不能成为广播电视法制定时机不成熟的理由。相反,国家有关部门可以通过起草广播电视法,加强立法调研,理清立法难点,借鉴境外的成功经验,从我国广播电视的性质、功能和任务出发,制定出一部有中国特色的广播电视法,引领和保障我国广播电视科学健康有序发展。

二、广播电视行政执法任务

"宪法的生命在于实施,宪法的权威也在于实施。"① 行政执法是指行政机关进行行政许可、行政调查、行政处罚、行政复议、行政裁决等执法活动,是政府进行市场监管、社会管理、推动法律实施的重要手段。行政许可是指行政机关根据公民、法人或者其他组织的申请,经依法审查,准予其从事特定活动的行为。行政调查是行政机关对公民、法人和组织的个人信息档案、从事商业经营和公共事业活动的信息档案进行调查,获取有关证据材料。行政处罚是指行政机关对违反行政法律规范的公民、法人和其他组织给予的制裁,包括警告、罚款、没收违法所得和非法财物、责令停产停业、暂扣或者吊销许可证或执照、行政拘留等处罚。行政复议是指公民、法人或其他组织认为行政机关的具体行政行为侵犯其合法权益,按照法定的程序和条件向作出该具体行政行为的上一级行政机关提出申请,受理申请的行政机关对该具

---

① 习近平:《在首都各界纪念现行宪法公布施行 30 周年大会上的讲话》,新华网,2012 年 12 月 4 日。

体行政行为进行复查,并作出复议决定的活动。行政裁决是指行政机关对公民、法人或其他组织之间存在的民事争议进行调解裁决。当事人不服行政裁决决定的,可以向法院提起民事诉讼。在广播电视领域,这几种行政执法形式都存在。

广播电视行政执法的主体是中央和地方各级政府广播电视行政部门。比如国家广播电影电视总局和各省广电局主要进行行政许可、行政复议等执法活动,市地、县广电局主要进行行政处罚、行政调查等执法活动。广播电视行政执法的对象包括系统内的广播电台、电视台、发射台转播台、广播电视站、有线网络公司等,也包括系统外的宾馆饭店等其他组织或个人。

加强广播电视行政执法,其主要任务一是要严格遵守《广播电视管理条例》、《广播电视设施保护条例》、《卫星电视广播地面接收设施管理规定》、《有线电视管理暂行办法》、《卫星地面接收设施接收外国卫星传送电视节目管理办法》等法规规定的执法项目,不能擅自设立执法名目,不能超越职权进行执法。二是要严格遵循《行政许可法》、《行政处罚法》等法律规定的执法程序,不能违反行政执法程序。三是要加强执法检查,严格推行行政执法责任制。要按照国务院办公厅《关于推行行政执法责任制的若干意见》(国办发〔2005〕37号)的要求,梳理执法依据,分解执法职权,确定执法责任,建立评议考核机制和奖罚机制,建立严格执法、公正执法、文明执法的良好环境。四是要坚持执法与服务并重,增强服务意识,强化公共服务,努力建设法治政府和服务型政府。2010年11月,广播电影电视总局发出《广电总局关于印发加强法治政府建设工作规划的通知》,对依法行政和规范广播电视执法行为作出具体规定,表明在广播电视法治建设的过程中,广播电视的行政执法依然是一项长期而重要的任务。

三、广播电视普法任务

我国是人民民主专政的社会主义国家,法律是人民意志的体现,是社会和谐的调节器,是社会生产力发展的助推器。要使法律转化为人民群众的自觉守法行动,构建和谐社会,必须加强普法,加强法制宣传教育,牢固树立公平正义的社会主义法治理念,努力在全社会形成知法、守法、用法的良好氛围，让人民群众成为推动法律实施的主体。我国非常重视法制宣传教育普及工作，从1986年开始到2005年，我国实施了四个五年普法规划。2001年4月，中共中央、国务院转发《"四五"普法规划》，确定每年12月4日为全国法制宣传日。

2006年，中共中央、国务院转发了《中央宣传部、司法部关于在公民中开展法制宣传教育的第五个五年规划》，提出法制宣传教育的对象是一切有接受教育能力的公民，重点是领导干部、公务员、青少年、企业经营管理人员和农民群众；明确法制宣传教育工作有7项主要任务：一是深入学习宣传宪法，二是深入学习宣传经济社会发展的相关法律法规，三是深入学习宣传与群众生产生活密切相关的法律法规，四是深入学习宣传整顿和规范市场经济秩序的法律法规，五是深入学习宣传维护社会和谐稳定、促进社会公平正义的相关法律法规，六是坚持普法与法治实践相结合，大力开展依法治理，七是组织开展法制宣传教育主题活动。同年，全国人大常委会通过了《关于加强法制宣传教育的决议》，广播电影电视总局印发的《全国广播影视系统法制宣传教育第五个五年规划》，对广播电视法制宣传教育工作的指导思想、主要目标、工作原则、主要任务、工作安排、组织领导等作出全面规定。

广播电视承担着开展公益性法制宣传教育的社会责任，是推动法制宣传教育工作的重要方面军。要加强广播电视法治节目的制作，扩展报道范围，丰富节目形态，提高节目质量，增强法治节目的吸引力、感染力、说服力和公信力，发挥广播电视在"法律进机关"、"法律进乡村"、"法律进社区"、"法律进学校"、"法律进企业"、"法律进单位"等活动中的重要作用。要加强广电系统领导干部的法制宣传教育，提高依法决策、依法管理的水平；要加强广电系统公务员的法制宣传教育，提高依法行政、依法办事的水平；要加强编辑记者、播音员主持人、制片人的法制宣传教育，提高从业人员的法律素养和职业道德；要加强广电经营管理人员的法制宣传教育，提高依法经营的水平。同时加强广播电视法规的宣传教育，为我国广播电视立法、执法、法律监督营造良好的社会环境。

四、广播电视法律监督和执法监察任务

法律监督是指检察机关依照法定程序，检查、督促和纠正法律实施过程

中存在的违法情况，以维护国家法制的统一和法律正确实施的一项专门工作。我国宪法规定：人民检察院是国家的法律监督机关，依照法律规定独立行使检察权，不受行政机关、社会团体和个人的干涉。人民检察院主要对公安机关、人民法院、监狱、看守所、劳动改造机关的活动是否合法实行监督。对广播电视行政部门以及有关运营机构的活动是否合法进行的监督，不属于人民检察院的职权范围。但是如果广播电视工作人员因为违反刑法而被司法机关追究的，人民检察院应对司法机关的侦查、审判、执行等活动进行监督。

执法监察是指监察机关对国家公务员以及行政机关任命的其他人员执行法律法规、政策决定的情况进行监督检查、纠错惩戒等活动，目的是保证政令畅通，维护行政纪律，加强廉政建设，严格行政执法，改善行政管理，提高行政效能。《行政监察法》对监察机关的职责、权限、监察程序、法律责任等进行了规定。执法监察属于行政监督的范畴，我国政府的监察机关与党的纪检机关一般合署办公，党政监督合一。这一点在我国广播电视体现得更加突出。各级广播电视播出机构既是党的宣传机构，也是政府的事业单位，在广播电视播出机构的工作人员中，共产党员的比例较高，对播出机构及其工作人员的监督充分体现了党政监督合一的特点。2002年，国家广播电影电视总局根据《国务院关于国家行政机关工作人员的奖惩暂行规定》等规定，制定了《广播电视播出机构工作人员违反宣传纪律处分处理暂行规定》（广发纪字［2002］423号），对广播电视播出机构工作人员的违规违纪违法行为进行行政监察提供了法规依据；根据《中国共产党纪律处分条例》、《中宣部、广电总局关于建立违纪违规广播电视播出机构警告制度的意见》等规定，发布了《广播电视播出机构中的共产党员违反宣传纪律党纪处分暂行规定》（广党发纪字［2002］41号），对广播电视播出机构党员的违规违纪违法行为进行纪检监督提供了党纪依据。另外，广播电视纪检监察部门加强了对"西新工程"、"村村通"工程等国家重点工程和政府招标采购活动的监督检查，确保工程建设质量、确保专款专用。

第九章　中国广播电视的受众研究

受众是信息传播的接收者,包括报刊和书籍的读者、广播听众、电影电视观众和网民等等。受众是整个传播活动的目标,是对传播效果最直接的检测。中国广播电视把为人民服务放在传播工作的首位,将受众工作视为广播电视工作中十分重要的环节。广播电视传播应强化受众意识,这既是提高广播电视传播质量的需要,也是提高"两个效益"的需要。

当代中国广播电视已进入以受众为主体的买方市场,受众的多元需求是频道和节目定位的根据,受众的选择直接体现媒体的社会效益和经济效益。受众调查是受众工作的重要内容,其调查结果是广播电视谋求发展的重要参考依据,对推动广播电视发展具有重要作用。建立合理的受众调查机制,构建科学的广播电视节目评估体系,是广播电视继续深化改革的迫切要求和必然选择。

第一节　广播电视受众基本特征

广播电视受众是一个数量庞大、成分复杂的无组织群体,不同层次和类型的受众有着各自的特点。中国是世界上人口最多的国家,也是世界上广播电视受众最多的国家。宏观上受众是一个巨大的集合体,微观上受众又体现为具有丰富的社会多样性的人,对广播电视的需求和心态也存在较大差异,在接收广播电视信息传播过程中的行为和心理上都存在许多特点,了解和研究这些特点,并根据这些特点采取相应的举措,对于提高广播电视传播效果,具有非常重要的意义。

一、受众的结构特征

广播电视受众是广播电视受传者的复数形式,是指广播电视传播过程另一端的听众与观众的总称,是广播电视传媒所传播信息的受传者、消费者、译码者、参与者与反馈者。广播电视受众是以个人身份、个人动机参与到广播电视传播活动中的无组织个体组成的心理群体,一般情况下不借外力组织,而是社会人在面对广播电视传媒时,因为人口特征、个人差异自发结成的多个同质性或者异质性的群体集合。在这个意义上,广播电视受众主体意识强烈,有选择地理解和接受广播电视传媒的信息,组织形态及组织程度主要依赖于自身的文化特质和现实社会取向。科学准确地了解广播电视受众的构成及其变动状况,可以使广播电视传播者准确把握受众的特点和倾向,生产出契合受众需求的内容产品。

对受众的分类有两种方法,从人口统计学角度分,包括性别、年龄、区域等因素,从社会经济学的角度分则包括职业、收入、文化程度等因素,这两种方法的划分,基本上涵盖了受众调查中受众分类的主要因素。

(一)年龄构成

从年龄角度来看,我国受众由少儿、青年、中年、老年等受众构成。不同的年龄阶段在社会角色以及承担的社会责任等方面都有很大不同,相应地会呈现出不同的内容需求:儿童出于对新事物的好奇和幻想,喜欢看卡通片、科幻片等;青少年已经进入展示自我、追求自我发展的人生阶段,对广播电视节目中探险、意外、新潮时尚的内容较为热衷;中年人背负着生活和工作的重担,往往渴求能够在一天劳累后求得精神上的松弛,在节目中寻求某种心理平衡,希望节目能够给他们指点迷津,或揭示生活真谛,侧重于追求生活的真实意义;老年人大多喜欢医疗保健类节目以及有回忆色彩的内容,关注前者是出于对自己身体健康状况的关注,关注后者是出于对以往生活的怀旧。

从我国广播听众的年龄构成来看,对全国 30 个城市的抽样调查数据显示:15—24 岁、50—64 岁是收听广播最为集中的两个年龄段。15—24 岁的学生最喜欢的广播类型大多与流行时尚、休闲娱乐以及英语学习等相关,其收听时段往往是见缝插针，如乘坐公交车、就餐时，一般在晚上睡前会有一段收听广播的小高峰。对老年听众来说，主要集中在收听医疗保健类节目、天气预报以及国内外新闻等，在收听习惯上，老年人习惯在晨练时收听广播，因此，清晨7：00—8：00一般是老年人收听广播的"黄金时段"。进入新世纪以来，由于私家车的普及，30—39岁年龄段的听众人数呈上升趋势。[①]

从我国电视观众年龄构成上看，在13岁以上电视观众中，比例从高到低的年龄段是19—30岁、41—50岁和31—40岁，51—60岁和61岁以上，比例最小的是13—18岁的青少年观众。总体上看，年龄构成19—50岁人群比例较高，50岁以上观众所占比例相对较低，与全国第六次人口普查数据的特征吻合。[②]城镇观众比例略高于农村观众，小家庭属性开始显现。

（二）性别构成

性别是个体的基本社会认同，据研究，儿童到了4—7岁的时候，就会获得一种相对稳定的性别意识。这种性别角色的获得，代表了将其社会或文化中固定的性别行为或模式，转化为实际的符合性别要求的行为。男性受众和女性受众基于生理上的差异，在社会职业、社会观念等方面，特别是社会文化积淀中传统的性别观念等，使得不同性别的受众参与信息活动的深度与广度是不同的，收听收视习惯、内容侧重等方面都存在一定差异。一般而言，男性好动，多爱体育类新闻报道；女性好静，喜欢文艺，对服饰、化妆之类的内容也有偏爱。

从我国广播听众的性别构成来看，男性受众收听广播较女性比例更大且收听时间更长。尤其在移动听众中，男性与女性的占比分别是74.8%和25.2%，移动听众在车上每天收听广播的时长是170分钟。[③]在早晚高峰时段，男性听众占据较大收听份额，平均每天收听广播的时间高于女性。

从我国电视观众的性别构成为看，全国电视观众的性别构成与人口构成基本一致。在中央电视台2012年进行的全国电视观众抽样调查的全国315个

---

① 参见《中国广播迎来"第二春"》，新华网，2007年10月23日。
② 参见张宁、王建宏、赵文江主编：《中国电视观众现状报告》，中国传媒大学出版社，2013年版，第7页。
③ 参见赛立信：《2012中国广播广告影响力发展研究报告》，2013年4月。

样本区县中，男性观众比例为51.17%，女性观众比例为48.83%，与国内人口构成比例基本一致。在城市中，男性观众比例略高于女性；在农村电视观众中，男性比例略低于女性。从收视数据来看，我国女性观众收看电视的时间长于男性观众。

（三）文化程度构成

从文化程度角度来看，我国广播电视受众由不识字和半文盲、小学、中学、大学以及大学以上受众构成。2012年受众的文化程度构成为：小学及以下学历者占19.52%，初高中技校学历者达到64.45%，大专以上学历者达到15.68%。[①] 文化程度不同的受众对信息的接受、理解、吸收能力和方式都有差异，信息寻求动机和选择取向不同，表现在视听习惯、需求和比例等方面都有明显差异。一般来说，文化程度越高，其信息需求的强度越大，且倾向于政治和理论思辨色彩的内容；相反，如果受众文化程度较低，则倾向于娱乐性和实用性信息。

从广播听众的文化程度构成来看，具有较高文化程度的听众每天收听节目的时间要多于较低文化程度的听众，特别在大中城市，文化程度高的听众在收听行为中扮演着重要的角色。从电视观众的文化程度构成来看，存在着文化程度越低的观众收看电视越长这样一个现象，这与广播收听调查中的情况相反。无论在城市还有农村，观众都以初中、高中和小学文化程度为主。城乡观众的文化程度构成具有一定差异。城镇电视观众的学历高于农村电视观众的学历。在高学历、青年人和城镇人口中，网络、手机媒体的渗透率呈上升趋势，传统广播电视逐渐下滑。

（四）地域分布构成

从地域分布角度，我国广播电视受众可分为三种：按照城乡分布，可分为城市、农村和小城镇受众；按照地区分布，可分为东部地区、中部地区和西部地区受众；按照城市类型省会城市、一般地级城市受众。

不同地域的经济发展水平、文化特色及居民生活习惯的差异决定了处于

---

① 参见张宁、王建宏、赵文江主编：《中国电视观众现状报告》，中国传媒大学出版社，2013年版，第8页。

不同地域范围内受众接触广播电视传播媒介的不同倾向性。一般来说,广播电视受众从心理上更趋同于本地节目,更加关注本地民生民情,这不仅仅是因为本地的信息与自己的生产生活息息相关,从心理层面上说,是人们先天的地域归属意识使然。各地听众喜爱的广播节目虽然以新闻资讯类为首,但不同地区、不同城市的听众对不同类型的广播节目有着不同的偏好。例如,京沪听众偏好新闻和交通信息,此外,北京听众还喜爱曲艺相声,而上海的听众则热衷于收听流行音乐和医疗保健节目。天津听众也将曲艺相声排在靠前的位置,广州的听众则更喜爱流行音乐。

再以电视观众为例,全国七大行政区的人均收视时间由多到少排列如下:华北、东北、西北、西南、华南、华东和华中。华北、东北、西北和西南四个地区高于全国人均收视平均水平176分钟,其中华北和东北的观众用来看电视的时间最多,达到人均每天198分钟。华南、华东和华中这三大地区的人均收视时间最少,只有160分钟。[1]

随着广播电视节目日益丰富,中央台与地方台百花齐放,受众对节目的喜好也会有所变化。作为广播电视传媒,要尊重受众在不同时期的差异性,并不断调整传播方针和传播内容,随时进行较为精准的市场定位,从而达到良好的传播效果。

二、受众的视听心理特征

广播电视受众视听心理是社会生活和广播电视传播作用于受众大脑产生的主观印象,它随着主客观原因的变化而变化。广播电视受众视听心理是影响、制约广播电视受众接受行为的心理活动和规律。在广播电视传播过程中,受众是广播电视节目的接受者和服务对象。但他们不是被动接受,而是积极、主动的信息寻求者。受众总是根据自己的需要、兴趣、价值观念等因素去寻求、选择和理解信息。受众在主动寻求信息过程中,不是兼收并蓄所有信息,而是有选择地接触、注意、理解、记忆。因此,视听心理包括视听动机、视听兴趣、视听态度等因素,加强受众视听心理研究是科学安排节目,提高收

---

[1] 参见王兰柱主编:《中国电视收视年鉴(2007)》,中国传媒大学出版社,2007年版,第15页。

视率的重要前提。

(一) 视听动机

心理学认为，动机是激发、维持、调节人们从事某种活动，并引导活动朝向某一目标的内部心理过程或内在动力，动机支配着个体行为的方向性与强度，动机愈强烈，个体从事某项活动的指向越明确，活动的持续性和稳定性也就越高。因此，受众的视听动机建立在受众的各种心理需求之上，是激励受众视听行为的主要原因。洞悉观众的收视动机，无论对节目编创人员还是广告商无疑都有益处的。

受众的视听动机首先建立在人类基本需要基础上，每个受众个体有选择媒体满足个人需要的愿望，一旦受众需要发生变化，媒体也将随之而变化。由于视听动机具有可变性，对于不同层次和类型受众来讲，各类视听动机的强度不同，这将直接影响到受众的选择取向，而受众的喜好、取向还会受到国情、价值观等方面因素的影响。

"信息获取"、"娱乐消遣"是受众的视听行为的主要动机。处于社会转型期的受众，面对增加的机遇与风险，个体的自主性增强。社会的转型带来的是各类竞争日益激烈，各种利益关系不断调整，也关系到每个人的切身利益和生活状态，因此受众在接触传媒时，会更为关注时事新闻、方针政策方面的传播内容；更愿意在空余时间放松自己，广播电视便成为广大群众最方便的"信息获取"和"娱乐消遣"的方式。

(二) 视听兴趣

兴趣是人们积极探究某种事物或某种活动的意识倾向，它既表现为人们对客观事物的选择性态度，又带有快乐、欢喜和满意等积极的情感体验。受众兴趣一般可分为特殊兴趣与共同兴趣两种。特殊兴趣是指受众因性别、年龄、职业、教育程度等个人条件的不同而形成的兴趣差异。兴趣的差异首先表现在其指向性上，如有的喜爱足球新闻，有的喜爱国际新闻；其次表现在兴趣的范围和稳定性上。如有的受众兴趣广泛而稳定，有的受众的兴趣却单一而多变。实践证明，受众的兴趣只有与他们本身的事业和理想结合起来才能稳定、持久，才能发挥积极的作用。

共同兴趣是指大多数受众对某些新闻信息所共有的兴趣。而在一段时期里，受众有共同兴趣的节目类型就代表了最大多数的受众对广播电视节目的选择。调查显示，广播听众选择最多的节目是新闻、时事类节目和音乐。电视观众收看较多的是影视剧、新闻类节目和综艺类节目。这反映出广播、电视两种媒体在受众的视听选择中呈现的各自的特长。广播由于时效快、携带方便，因此新闻类节目是它的长项。而电视由于拥有独特的视听语言，它更有休闲娱乐的功能，尤其是优秀的影视剧，以其曲折动人的情节，形象鲜明的人物给观众留下了难忘的印象。广播电视媒体对于受众的视听兴趣还应加以培养和引导，以承担社会责任。

（三）视听态度

所谓态度，就是指相对持久的、相互关联的信念有机体对于一个目标或形势所作的描述、评价和拥护行动，每个信念具有可以认识的，能够表达感情举止行为的成分。简言之，态度就是个体对人或事物的稳定的心理倾向。而受众的视听态度则是指受众在视听过程中的评价和行为倾向，是个体比较稳定的内在心理结构。一般认为，态度有三个层面，即认知、感情和意向。

1. 受众认知

受众认知是指受众对信息的知觉、理解和评价等，它既包括对广播电视媒体提供信息之所知，又包括对信息的评论。影响受众的信息活动最重要的是其评价性认知。能直接影响受众认知因素的就是受众的信息素养。这里所指的信息素养是指受众对信息和信息活动的认识深度及其掌握程度，对信息源的熟悉程度，以及对接收、整理、组织加工信息方法和技能的掌握程度。

2. 受众情感

受众情感是指受众对事物的内心体验。受众作为信息消费活动的主体，是一个受需要意识和价值观所驱使与约束的既能思维又有情感的主体。在信息活动中，受众的某种内部心理状一旦产生，就成为其参与信息活动的重要的内部激活因素，支撑因素和调节、控制因素。譬如说受众从媒体上获得的信息让他获益，则会更信任媒体传播的信息，进而强化其信息活动。相反，如果受众多次因某媒体中的假新闻或无用信息而造成损失时会产生一种消极的情感体验，甚至对那些媒体提供的真实的、可能会给他带来利益回报的信息也采取不信任态度。

3. 受众意向

受众意向是受众对信息的反应倾向，或者说是受众对信息对象发动行为的可能性，即行为的一种准备状态，所以有人把意向称之为行为倾向。由于受众信息活动在很大程度上是通过各种信息行为表现出来，因而其行为的准备状态如何会对行为的结果产生重大的影响。行为倾向既有行为的目的状态，即行为期望到的目的是什么，又有行为的条件状态，即行为所需的条件是否充分具备，还有行为的策略状态，即行为如何运用各种条件以达到目的。[①]

三、受众的视听行为特征

影响受众的视听行为由许多复杂因素构成，研究这一构成情况有助于合理编排节目，以进一步提高视听率，更好地为广大受众服务。

（一）视听环境的广泛性

广播的收听环境非常广泛，其收听工具廉价而小巧，可随身携带，且收听广播可以和其他许多日常活动同时进行，为受众提供了极大的便利。电视在家庭中占据重要地位，它不仅是家庭娱乐消遣的主要媒体，还会使人们在轻松自然的环境里接触现代社会的最新信息。

（二）视听行为的伴随性

受众在收听广播时可以有许多伴随行为。如各地办的交通频道就是专门为一边出行一边收听广播的司机以及车上的乘客服务的，既方便司机及时掌握交通信息，又提供了其他资讯服务，如音乐节目、知识节目等等，受到了受众的欢迎。电视也是伴随性很强的媒体，人们平时在收看电视时经常会从事其他活动。例如，不识字和初识字的观众中边看电视边聊天的很多，女性观众看电视时最常见的伴随行为是做家务。

这种伴随性的传播特点，一方面，使受众在视听时收到身边环境各种因素的干扰，在一定程度上注意力不集中，影响了广播电视的传播效果；另一方面，说明受众把视听当做一种享受，心情随意轻松。

---

① 参见吴飞：《编辑学理论研究》，浙江大学出版社，2002年版，第333—334页。

(三）视听选择的多样性

面对众多的广播电视节目，受众只选择那些能引起他们兴趣以及符合他们需求的节目，在视听时一旦感到不满意，随时可以更换频道，方便快捷。据统计，每天晚上，手握遥控器的电视观众平均要更换 100 次频道，最多的达到 200 次。[①] 这从另一个角度也说明受众具有多样化的选择。

（四）视听时段的规律性

视听时段是受众在一天之中选择什么时间收听或收看广播电视节目。在节目编排中，只有掌握了受众的作息时间和视听时间规律，合理安排不同节目的播出时间，才能充分满足受众的需求。另一方面，受众也关心自己喜爱的节目在什么时间播出，以便按时收听或收看。

广播受众的收听时段主要是早、中、晚三个时段。一般而言，收听广播在全天会出现三个高峰，分别是早上 6：30—9：30，中午 12：00—13：00 和傍晚 18：00—19：00。电视的收视时段主要是在晚上，晚间的 19：00—22：00 是大多数观众收看电视的高峰时期。晚上 7 点以后，一般家庭已经吃完晚饭，做完家务，准备放松身心享受休闲时光。10 点以后，大多数观众要准备就寝。我国观众的这种作息时间规律使这三个小时成为黄金时段。[②] 因此，各电视台都把收视率高的重点节目安排在这个时段播出，以争取尽可能多的观众。

（五）视听时长的差异性

视听时长是指受众在一天之中收听或收看广播电视节目的时间长度。据中央电台听众调查显示，广播忠实听众的比例，城镇人口比农村人口比例高，东北及沿海地区人口比其他地区人口比例高，男性人口比女性人口比例高，年老人口比年轻人口比例高，高文化程度人口比低文化程度人口比例高，高收入人口比低收入人口比例高。职业群体中，离退休人员一直收听比例最高，其次是机关干部，待业人员比例最低。这个不同群体一直收听比例在一定程

---

① 参见张海潮主编：《电视中国——电视媒体竞争优势》，北京广播学院出版社，2001 年版，第 14 页。

② 参见《晚上十点档成为黄金时段》，《新民晚报》，2006 年 5 月 11 日。

度上反映了各听众群体在收听时长上的差异。

电视受众平均每天收看电视约三小时,受各种因素影响,不同受众情况有所不同。地区差异对收视时长影响较大。华北、东北、西北以及西南地区的人均每天收视时长高于全国收视平均水平,而华南、华东和华中地区的人均每天收视时长低于全国收视平均水平。城镇观众在收视时长上明显比农村观众长,农村观众收视时长与文化程度成正比,城镇观众则正相反,具有小学和中学程度观众的收视时间较长,而大专以上文化程度的观众收视时间较短。在各类职业中,收看电视时间最长的是自由支配时间较多的离退休人员以及待业、无业人员,而在校学生由于学习任务繁重,收看时间最短。

第二节 广播电视受众研究沿革

广播电视受众是广播电视传媒的接触者及其传播内容的使用者,是考察广播电视传播效果的出发点与立足点。在由广播电视传媒、社会与人的复杂关系建构起来的传播体系中,受众是一切问题的交叉点。换言之,广播电视受众是广播电视传播链条中的一个重要环节,也是广播电视传播得以存在的先决条件。同时,作为广播电视传播活动必不可少的环节,广播电视受众的内涵随着社会的进步和广播电视传播活动的发展而不断变化。正确认识广播电视受众,既是为广播电视受众服务的前提,也能对广播电视发展起到促进作用。因此,进行广播电视受众研究,可以更好地发挥受众的积极性和主动性,切实加强受众的参与和互动,提高广播电视节目的质量和传播效果。

一、受众研究的指导思想

中国广播电视受众研究的指导思想是以受众为本。具体来说,就是中国广播电视受众研究要以维护广播电视受众的根本权益为依归,以满足受众获取多方面信息需求为己任,以提高受众的思想素质、政治素质、道德素质和科学文化素质为目标。

(一)以维护受众根本权益为依归

受众权益有广义和狭义之分。狭义的社会权益仅指社会成员作为大众传播的受传者所应享有的权利。广义的受众权益不仅指社会成员视听阅读大众传播的权益，还包括社会成员以其他方式享用大众传媒资源——比如利用大众传媒表达意见、发布广告、有偿或无偿点播传媒节目，利用传媒举办各种活动的权益。广播电视的受众权益，即社会成员作为广播电视的受传者在传播过程中购买信息产品和接受信息服务所享有的权利。

中国广播电视不仅是具有意识形态使命的宣传工具，还是为社会提供文化和传播服务的信息产业。既然是信息产业，它的服务对象——受众便不可避免地具有了该产业消费者的特定身份和相关的权益要求。公民享受传媒服务的利益，就是公民作为传媒消费者所具有的各种需要以及这些需要的满足；而公民享受传媒服务的权利，则是公民为获取上述利益，向传媒或其他机构、他人提出某种要求的资格与行为自由，这种资格或行为自由因被社会承认为正当而受到法律保护或者道德、社会习惯的维护与支持。当人们对传媒服务的合理需求有可能受到非法剥夺、侵害或忽视的时候，就必然要提出维护这种需求的利益权利主张和权利要求。

根据我国宪法和现行法律文件、传媒政策的有关规定，结合传播消费的实践，我国公民享受传媒服务有五个方面的基本权益。即利用传媒服务获知信息，获取信息产品的权益；利用传媒服务刊播信息的权益；借助传媒服务阅听欣赏文艺作品和文化娱乐节目的权益；依靠传媒服务接受教育的权益；参与有关传媒活动的权益。开展受众研究，有助于维护受众的根本权益。

首先，立法部门将那些合理的、具备实施条件的受众权益准确、科学、适时地明示于法律、法规，有利于保障公民的受众权益的执法、司法工作，建立良好的传播秩序。

其次，有助于传播工作者理解、把握传播宗旨的精神实质。在既定的社会、法治环境和技术条件下，传播的质量及社会效益同传播从业人员的自律水平有着密切的联系。结合传播实践开展受众权益的讨论和教育，帮助传播机构制定出切合实际的，尊重、维护受众权益的职业道德守则和岗位业务规范，增强、完善传播工作者的职业道德观念，促使传播工作者把为人民服务这一崇高的事业宗旨和工作方针具体地落实到维护、尊重受众的合法权益上来，提高传播工作的质量与服务水平。

再次，还有助于指导公民树立正确的受众权益意识。我国的法治建设起步较晚，开展受众权益的研究和宣传，可以增强公民的受众权益意识，及时纠正人们在这方面的认识误区和行为偏差，指导受众在传播活动中合法地行使权利，认真履行义务与承担责任，并对传播活动中出现的侵权行为进行积极的监督和抵制，维护自身的正当权益，为建立良好的传播双边关系奠定广泛的群众基础。

（二）以满足受众多方面信息需求为依归

根据传播致效原则，人们对信息的传播是选择性的理解和记忆，选择性的认可和吸收。而受众在理解、记忆、接受信息的过程中，心理因素起着决定性的作用。不同年龄、不同性别、不同地域、不同社会阶层的人们的兴趣和爱好都各有不同。广播电视受众研究必须在了解了受众需求之后，才能制定切实可行的方案。

美国心理学家马斯洛把人的需要分为生理、安全、归属和爱、尊重、自我实现等五个层次，其中生理需要和安全需要属于物质需要，而归属和爱的需要、尊重的需要、自我实现的需要属于精神需要。受众作为一个普通人来说，其需要是多方面的。但对于传媒和传播内容的选择上则主要体现为精神层次的需要。受众接触传媒和传播内容的目的也是为了满足他们的某种需要。是消遣娱乐，还是学习知识，是解惑释疑，还是寻求情感上的慰藉，这种种需要都要通过受众对传媒和传播内容的选择来获得实现。受众的现实需要是指受众对于大众传播中与受众现实生存所需要与追求的物质目标或对象直接相关的那部分信息的需要。但是，由于受众的情况千形百态，同样一条信息能够适应这一部分受众的需要，却不一定能适应另一部分受众的需要。

因此，对受众的构成，收视行为与心理需求的分析以及对有关传播效果的研究，为广播电视媒体自觉响应受众、满足社会需要提供了重要保障。信息时代的受众十分关注自身利益，他们对重要性信息、实用性信息需求非常强烈。媒体是否代表了受众的利益，反映了他们呼声，是受众是否关注该媒体的首要因素。有了准确的受众群的定位，再针对其特定的受众阶层来制作节目，这样才能符合信息时代受众的特点。

另外，不仅传媒要了解受众的喜好，还要读懂受众如何表达他们对传媒文本的读解，以完成传播过程中一个重要环节：反馈。也就是说，传媒先是受众的传播者,然后又是受众的"受者",即受众反馈其解读结果时,成为传媒的传者。此时,受众已经成为传媒、传播者的"上帝",从对受众选择条件的不断改进到给受众制造一个良好的选择环境;从对受众种种需要的了解到分析受众选择时的心理,都是传媒、传播者所要认真研究的课题。只有认真研究受众的需求和心理,传播媒介才能让受众心甘情愿地选择自己,从而获得理想的传播效果。

(三) 以提高受众各项素质为目标

受众素质的提高一方面能促进新闻职业道德建设,实现传媒与社会发展的良性互动,另一方面也有助于受众充分利用媒介资源,完善自我,参与社会发展。

1. 提高受众的思想政治素质

爱国主义、集体主义和社会主义是中华民族精神的主旋律,也是我们每个公民应具备的基本的思想政治素质。信息传播的全球化,尤其是网络媒体的迅猛发展,向原有的传播体系提出了严峻挑战。严峻的形势要求广播电视必须牢牢占领传播阵地,加强主旋律作品的传播、渗透和引导力度,积极培育社会主义核心价值观。

2. 培养受众的科学素质

公民的科学素质指公民了解必要的科学知识,具备科学精神和科学世界观,以及用科学态度和科学方法判断及处理各种事务的能力。公民的科学素质与知识的扩散和应用密切相关,是经济发展的内在要求,但不会随着经济发展和社会进步以及人的知识的增长而自然提高、自动实现,需要通过接受相应的教育来培养。

为此,我们应全面实施科教兴国战略,努力普及科技知识。大众传播媒介是面向公众进行科学技术教育和科普宣传的主要阵地,应充分发挥各自的优势,以公众喜闻乐见的形式,丰富多彩、生动活泼地开展科普教育,倡导科学方法,传播科学思想,弘扬科学精神,引导大众树立正确的世界观、人生观、价值观,自觉抵制各种愚昧迷信和反科学、伪科学的行为,形成科学、健康、文明的生活方式。

3. 提升受众的人文素质

人文素质是指人所具有的人文知识和由这些知识所反映的人文精神内化

在人身上所表现出的气质、修养,主要指一个人的思想品位、道德水准、心理素质、思维方式、人际交往、情感、人生观、价值观等个性品格。要培育人的人文素质,就必须致力于用人类在漫长社会活动中所积累的智慧精神陶冶人、教育人,强调人的道德精神价值,注重对善与美的理解,引导人们求真、从善、爱美,使人能洞察人生的目的与意义,找到正确的生活方式;积极倡导富强、民主、文明、和谐,倡导自由、平等、公正、法治,倡导爱国、敬业、诚信、友善。

4. 提高受众的道德素质

舆论和社会道德的作用是相互的,每个受众都要受到来自这两方面的影响。广播电视要大力弘扬民族精神和时代精神,丰富人民精神世界,增强人民精神力量;大力倡导"爱国守法、明礼诚信、团结友善、勤俭自强、敬业奉献"的基本道德规范,加强社会公德、职业道德、家庭美德建设,努力提高公民道德素质,促进人的全面发展,培养有理想、有道德、有文化、有纪律的社会主义公民;大力传播先进文化,塑造美好心灵,弘扬社会正气,倡导科学精神,激励人们积极向上,追求真善美;帮助人们辨别是非,抵制假恶丑,为推进公民道德建设创造良好的舆论文化氛围。

二、受众角色的地位变迁

中国广播电视从内容生产角度,大致可分为以"宣传品"为主导、以"作品"为主导和以"产品"为主导的三个阶段。在这三个不同阶段,因为视听条件、视听需求、视听心理的变化,作为内容生产过程中重要的因素——受众所扮演的角色也在不断变化。

(一) 被动接受者

这一时期大致从新中国成立后到十一届三中全会召开之前。在计划经济体制下,中国社会分化尚不明显,高度集中的权力体系构成社会成员利益的高度一致,人们的信息来源单一、封闭。在这一时期,广播电视资源属于稀缺资源,不仅广播电视节目不多,而且拥有收音机的家庭数量也很少,电视机更是罕见。1979年,全国只有广播电台99座,电视台38座。那时的电视甚至还没有自己独特的形态和特点,宣传报道多以新华社的消息、文章配以画面，以高高在上的支配性语态灌输政治观点，属于"宣传品"，能满足受众需要的实用信息很少。计划分配体制割裂了卖方与买方的联系，属于传者中心时代。当广播电视以改变人们认知量和认知结构为使命，其所具有的强制社会性功能在很大程度上遮蔽和弱化了传播中人际性的一面。

这个阶段，由于传媒的内容和形式非常单一，加上受众的购买力与参与度十分低下，不可避免地出现以传者为中心，重政治轻经济，重宣传轻服务的倾向。受众对传媒基本上是被动接受，无法对传媒发展产生影响。广播电视受众视听的主要目的就是为了满足对新生事物的新鲜感、好奇感和神秘感，甚至是一定程度的崇拜感。正是因为受众有这种渴求感，又由于建立在特殊政治背景下的广播电视，从一开始就作为党和政府的喉舌和宣传工具，对于普通受众来说，听广播、看电视就是一个受教育的过程，就是一个净化灵魂的过程。但是，这种灌输的效果并不理想，它使受众完全处于被动接受的地位，是一个"接受教育者"的角色。受众观念的产生带有浓厚的政治色彩，不是传播的本质特征使然。特别是在"文革"时期，受众实际上扮演了被愚弄、无反抗能力的"沉默的螺旋"的角色，这种对受众的漠视在一定程度上甚至演变为对受众的敌视。

(二) 自发欣赏者

新世纪以来，广播电视管理者、从业者、研究者在对广播电视本体、广播电视内容生产规律的认识和研究上有很大进步，广播电视职业化、专业化追求得到了极大的尊重和肯定。广播电视开始关注受众需求，通过增加广播电视节目数量、丰富节目内容来不断满足受众的需要。经过全体广电人的共同努力，逐渐探索出具有电视独特传媒特征、艺术特征的新形式和新观念，如电视连续剧、电视专题片、春节联欢晚会等，一批优秀的导演、编导、主持人、演员出现，创作出大量充满着个性、原创性和独特性的电视"作品"。这一时期，广播电视媒体的社会属性得到不断体现和实现，其中突出地表现在媒体职能的逐步社会化，不断按照社会需求调整自身的传播内容。

同时，改革开放带来社会环境的宽松，各种新事物、新观念不断涌现，受众好奇心不断增强，他们需要电视来帮助他们了解新环境。广播电视承担起启蒙者的角色，通过向受众提供各类信息，来满足他们的不同需求。这种环境下，广播电视受众不再满足于收看，还要求能够更好、更舒适地收看到数量更多、类型更丰富、质量更高的节目。广播电视受众收看节目有了很强的目的性、选择性。在心理上电视受众也不再总是保持着迫不及待、急不可耐的神秘好奇之感。因此，广播电视受众的角色由被动的"沉默的羔羊"转变为积极的、主动的欣赏者角色。

（三）服务享受者

广播电视受众需求不断提高，变得多样和复杂，广播电视市场逐渐形成并成规模；与广告衍生产品带来很大的利润空间，广播电视的商业属性被高度重视，其产业化的进程逐渐加快；再加上网络技术、信息技术、生物技术等相关科学技术的发展日益迅速，传媒技术的迅猛发展使信息传播渠道激增，广播电视的生产力被释放，产品趋于丰富。受众不再只是满足于听看到和听看好节目，而是对视听行为的意义、价值有重新的考量，对节目内容的创新性有更多的要求，对广播电视的先进性、实用性有更全、更高、更强的需求。受众由受教育者、欣赏者的角色转变为具有更加自觉、"自我"的服务享受者的角色。

另外，新媒体的诞生与普及，也为受众地位的上升提供了机遇。一方面受众可以以各种形式参与到广播电视节目的制作中，与节目主创人员共同完成节目，另一方面受众可以借助新媒体将自己的看法、需求反馈给传播者，从而影响下一步的广播电视传播。

一方面，受众的兴趣点在不断地迁移，时尚的周期逐渐缩短；另一方面，受众最关注的不是信息内容能否带来思想上的启迪与收益，而是信息的时尚表现形式。他们不仅要求节目有较大的信息量和文化含量，还要求节目能随着时尚潮流调整产品的包装、策划与编排，提供更新、更快、更时尚的资讯和栏目。而且受众开始注重自身权益的维护，对自身权利的认识日益深入，不仅追求知情的权利，还追求点评、参与的权利。受众的要求越多，广播电视受到的制约就越大。

受众身份的衍变经历了前市场化阶段的"漠视"、到半市场化阶段的"开始受到重视"、再到市场化阶段的"地位凸显"这一过程，表明重视受众身份的主体性成为传媒的必然选择。可以肯定，当中国真正进入小康社会，受众在广播电视传播活动中的消费心理和接受心态将会发生新的变化。

三、日益清晰的图谱：受众理论的发展

受众是传播流程的出发点和归宿，在传播中占据一个极为重要的地位。随着传媒的发展，受众理论也经历了一系列变化。我国广播电视受众工作自新中国成立以来不断发展深入，工作内容和工作方法都有很大创新。

（一）受众研究的两种传统

尽管一个完整的传播活动的存在必然有受众，而且某种意义上可以说受众与传播是并存的。但是，只到美国政治学者拉斯维尔1946年提出大众传播过程的五要素说，即：谁（控制分析）、说什么（内容分析）、通过什么渠道（媒介分析）、向谁说（受众分析）、有什么效果（效果分析），受众才第一次作为大众传播过程中的重要构成因素被列为研究对象。

传播学在发展过程中吸收了政治学、社会学、心理学等研究成果，建立起两种不同的研究视角，国外的受众研究基本也沿着这两条思路前进。在不同历史情境下传统的受众研究产生了极为不同的研究风貌。美国的传播研究在第二次世界大战军队对宣传技巧的需求，与战后商业快速发展的需求背景下，发展出以行为科学为基础、用大量统计资料来解读受众行为的实证式受众研究传统：运用实证的方法，注重传播对受众的影响研究，通过市场化、精确化的思维，把受众纳入"生产者——消费者"的关系中考察。而欧洲丰饶的人文社会思想，则孕育出以符号学、结构主义、符号互动理论、文化研究与社会语言学等为基础的思辨式研究传统：将研究置于整个资本主义文化工业的语境中，采用批判与诠释的方式研究受众，使受众摆脱了被"物化"的境地。

在促进传播学中的"受众"研究诞生的诸因素中，有两个因素引人瞩目。一是受众测量方法论上的革命，统计学方法的兴起和应用；另一是社会学理论的发展，尤其是"大众社会"的理论为受众研究奠定了坚实的根基。

自20世纪20年代以来，运用统计方法进行定量研究在美国取得巨大的进展。早在1914年，美国广告商就建立了"收听率调查局"（Audit Bureau of Cir-culation to Verify）。1930年，克偌斯里创建了一家"广播分析公司"

(CAB),受众测量必备性得以确立。后来的尼尔森(A. C. Nielsen)公司就是建立在对听众收听调查的基础上,继而拓展到电视收视率调查,成了著名的跨国调查公司。

受众研究通常在统计方法的基础上进行,但是它的基本概念框架却是从20世纪早期的社会学研究中取得的。30年代末,早期芝加哥学派的社会学家布鲁默(Herbert Blumer)就提出了"大众社会"的理论架构。布鲁默认为"大众"是构成现代社会的一种新型的社会构成,对"大众"的社会学研究实际上就是"受众研究"最初的、最基本的形态。有了社会学家所奠定的研究基础以及概念构架,人们才可能深入、具体地考虑复杂的社会环境因素与特定类型的媒介以及媒介的接受者之间的关系。在这些研究的基础上,"现代受众"以及"受众研究"的内涵和外延才获得了人们关于它的不断丰富的认识和界定。

(二)受众研究理论的分类

国外大众传播理论研究中关于受众研究,从对待受众的态度来看,主要可以分为三类:

一是效果研究中的受众,本质上是传者中心论,把传者当成主体,而把受众当成客体遵循从传者——文本——受众的单向路径,强调传播对受众的影响。这类受众研究包括魔弹说、有限效果论、议程设置理论、培养理论、沉默的螺旋理论等。

二是使用满足理论中的受众研究,把受众当成接受主体,遵循受众——文本——传者的单向传播路径,强调受众的主动反应。

"使用与满足"理论是以受众为本位,把受众成员看做是有着特定"需求"的个人,把他们的媒介接触活动看做是基于特定的需求动机来"使用"媒介,从而使这些需求得到"满足"的过程。这种理论特别突出了受众在传播中的主导地位。因此对以往的以媒体为本位的思维定势的受众理论有着重要的修正意义。然而它本身还存在一些局限性,如过于强调个人和心理的因素,不能全面揭示受众与传媒的社会关系,过分夸大受众的能动性,等等。

三是主体间传播研究中的受众研究,遵循传者——文本——受众双向互动的路径,强调传播主体与接受主体之间通过文本对意义的共生。包括英国文化研究学派霍尔"编码—解码"理论,哈贝马斯"交往理性"学说等。

"编码/解码"理论主要是从对传统的大众传播学模式的批判中获得了启示。传统的传播学理论的局限在于它只把信息流通当做线性运动,而未考虑到信息在流通过程中可能会出现的各种干扰等情形。由于受到阿尔都塞意识形态理论和葛兰西文化霸权理论的影响,霍尔关注意识形态结构对大众传媒意义的编码的介入和作用,同时也看到了受众在解码过程中存在对结构的抵抗与解构。

哈贝马斯认为,相互理解是交往行动的核心,而语言占据特别重要的地位。交往行为是一种"主体——主体"遵循有效性规范,以语言符号为媒介而发生的交互性行为,其目的是达到主体间的理解和一致,并由此保持的社会一体化、有序化和合作化。简言之,劳动偏重的是人与自然的征服与顺从的关系,交往偏重的是人与人的理解和取信的关系。

(三)受众调查研究工作

我国广播电视业有尊重受众及其在传播过程中的作用的优良传统,改革开放以来,受众调研的规模不断扩大,受众工作的指导思想、工作内容和工作方法有很大改进、提高和创新。这段历程大体经过了三个阶段。

1. 开始采用现代科学方法调研阶段

传统的受众调研,一般是由传媒采取个别访问、打电话、开座谈会等方法分散进行,收集到的意见零碎而不全面。1982年4月,中国社会科学院新闻研究所和首都新闻学会调查组进行了"北京地区读者、听众、观众调查"(简称"北京调查")。这次调查以北京地区12周岁以上的人口为抽样总样,严格按照随机原则,首次用电子计算机抽选样本,首次对报纸、广播、电视的传播效果作综合考察。共调查295个单位计2430人,问卷回收率达99.7%,并首次用电子计算机分析受众调查数据。调查结果于1983年1月30日在《中国日报》发布,在国内外引起强烈反响,推动了当时蓬勃发展的新闻改革,是思想解放的一大成果。新闻界公认北京调查是我国新闻史上一次突破性的行动,这是中国内地新闻传播学界研究受众的开端。

之后,中国社科院新闻研究所又于1986年、1992年、2001年举办过三届受众研究学术研讨会。1986年10月以甘惜分教授任所长的中国人民大学舆论研究所成立，标志着我国的受众研究有了专门的组织。

从 1987 年开始，中央电视台和中央人民广播电台开始了五年一次的全国观众/听众抽样调查。从受众的基本情况、行为反应、心理感受三个层次，对受众的收看、收听心理作了较为全面的研究。受众调查开始成为媒体自觉的、定期的进行的一项受众研究工作。1987 年全国电视观众调查是我国电视史上的第一次全国性观众调查，最终成果是《1987 全国电视观众调查资料汇编》，它的出版，标志着我国电视受众学研究的创建。1987 年还有一项全国性调查引人瞩目，就是我国不发达地区农村广播电视受众调查，开创了区域受众调研的先河。

2. 由外显研究到内在研究阶段

1990 年第 11 届亚运会在北京举行，由原广电部政策法规司牵头，首都 8 家新闻单位组成调查组，开展了"亚运会广播电视宣传效果调查"，多层次、多角度、全方位的考察了受众对亚运会的态度，调查成果收入《中国社会心理的轨迹——亚运会调查报告集》。以此次广播电视传播效果研究为受众调研的新起点，受众理论研究与实践从显性向隐性深入。

1990 年 6 月，首次"全国广播电视受众研讨会"在杭州举行，有 27 个电台和电视台的 37 名受众调研工作者参加，发出了"关于成立受众研究会的倡议书"。同年 9 月，《中国广播电视学》出版，书中首次对受众的地位和作用以及受众的心理和受众反馈的原理和特点作出系统阐述，为广播电视受众工作提供了理论指导。

1991 年 4 月，中国广播电视学会受众研究委员会在广州宣告成立，标志着我国广播电视的受众研究进入新阶段。该委员会经常支持、参与广播电视机构开展受众调查，举办调研人员培训班，召开受众调研研讨会，评选受众调研优秀论文，并组织力量编著、编译出版受众研究的有关书籍和文章，有力地推动了受众调研工作的开展。

3. 专业化、规范化研究阶段

1995 年以后各类媒介调查公司的大量涌现，受众调查进入市场，走向科学化，规范化。1995 年 6 月，全国最大的受众调查咨询机构——央视调查咨询中心成立。该中心前身是中央电视台总编室观众联系组。与此同时，许多电视台受众调研队伍一分为二：一部分人进入央视调查咨询中心系统，另一部分人留在电视台的受众调研机构。这种分工有利于受众调研向专业化、规范化发展。

1996年5月,央视调查咨询中心与法国SOFRES集团合资成立了央视——索福瑞媒介研究有限公司(简称CSM),专门从事电视收视率的调查研究及相关软件、业务系统的研制开发。从1997年开始,CSM按年度推出《中国电视受众研究》,提供全年电视收视率调查的详细数据。此外,国家统计局系统的北京美兰德信息公司也在广播电视受众调查方面做出了成绩,继多次完成"凤凰卫视中文台内地收视状况调查"之后,1999年又与受众研究委员会合作,成功地进行了"中国上星电视台观众收视状况调查"。

1999年10月,受众研究委员会分别成立了广播部和电视部,中央电台听众工作部主办的内部刊物《听众与广播》特别为广播部设专栏,交流全国广播系统受众调研信息。同年,受众研究委员会与《中国广播电视学刊》联合在天津召开"新时期广播电视受众工作学术研讨会",着重从理论上探讨受众在传播活动中的地位及其调研工作应遵循的规律和方法。

进入21世纪,我国广播电视快速发展,新闻与传播的研究日益深入,受众活动也日益多样化和多层面。广播电视受众研究需要超越以往受众调查的局限,从多角度,结合多种方法来进行研究。比如:构筑一个综合信息平台,整合各研究机构的成果,实现资源共享,进行全方位、多层次、交叉式、多媒体、大数据、时点化的立体研究。

第三节 广播电视受众调查方式

广播电视受众调查,是指系统、客观、科学地收集广播电视受众的相关资讯并以此为基础对受众状况进行分析、解释、判断和预测的一项活动,也是科学的受众研究方法之一。通过广播电视受众调查可以了解广播电视传播媒介的受众构成、规模、特征及分布状况,可以了解受众市场状况、受众接触行为和选择偏好、广播电视传播媒介的竞争力状况及受众的评价状况等。

广播电视受众调查对电台、电视台的宏观决策、节目评估、广告经营等方面有着重要意义。广播电视受众调查是广播电视节目创新和市场竞争的必然要求。受众调查既可以为广播电视内容产品的策划和改进提供依据,也可以为广告商选择广播电视内容产品投放广告提供依据,还可为广播电视理论研究提供第一手资料。

一、受众调查的重要性

传播是信息传播者与受传者之间相互交流、沟通、影响的双向过程。传播者可以通过所传信息影响受众,受众也可以通过反馈的信息影响传播者。通过反馈受传者可以向传播者表达对信息的要求、希望、态度、评价等,而传播者也可根据受众的反馈信息对所输出的信息进行改进和调节,以提高传播效果。没有了反馈这一环节,传播便不再是一个完整的过程。

受众反馈作为重要的传播资源在广播电视传播过程中发挥着独特的调节功能。因此,准确有效地掌握受众反馈是广播电视更好发挥作用的重要途径。在广播电视传播中,收集受众反馈信息的重要手段,是受众调查。它是掌握受众行为和心理的重要途径,是充实和改进广播电视传播内容从而提高广播电视传播效果的依据,是促进广播电视传媒和受众之间联系的有效方法。根据受众调查所收集的信息,可以测定广播电视传播媒介的受众规模和构成,受众接触广播电视传播媒介的兴趣和动机,受众对广播电视传播内容与形式的看法和反映等。

广播电视受众调查就其形式而言有着悠久的历史,应该说自广播电视传媒兴起以来,不同目的、不同层次、不同程度的广播电视受众调查即已展开,但那些个别媒体进行的为解决某些具体问题而进行的临时性调查并不归于科学调查的范畴。更重要的是早期的广播电视受众调查不是建立在受众本位的基础之上,而是带着许多不自觉或功利的成分。世界范围内建立在科学方法论基础上的广播电视受众调查的出现不过四五十年的历史,在中国这一历史还不到三十年。随着科学技术的突飞猛进和社会的快速发展,广播电视受众调查已演绎为当代社会越来越不可或缺的生活情状、思维框架和文化景观。受众调查在当代广播电视传媒发展中扮演着重要角色,主要体现在以下方面:

(一)受众调查为广播电视传媒了解受众提供了基本参考

受众调查可以帮助广播电视传媒了解受众规模、受众构成、受众特征及分布状况，可以了解受众市场状况、受众接触行为和选择偏好、受众的需求、受众的心理、受众的评价状况及受众的权利与义务等；可以帮助广播电视传媒不断改进工作，了解和满足受众需求，更好地为受众服务，进而赢得更多的受众；可以帮助广播电视传媒建立一个系统、客观、准确的传播效果检验和反馈渠道；可以帮助广播电视传媒了解自身的竞争力状况和受众市场环境的变化情况以及探索新的受众市场机会。

（二）受众调查为电台电视台的宏观决策提供了重要参考

通过受众调查，可以对受众状况有一个全面、客观的了解，这种多方面、综合性的客观调查结果，使传播者能够准确、充分的认识受众状况。在媒介竞争日益激烈的今天，好的媒介经营策略取决于正确的市场定位和受众细分。因此，准确、充分认识受众客观状况是媒体制定正确的经营策略所必不可少的。通过受众调查，结合整个社会的发展，还可以分析和预测出受众状况的变化趋势，为广播电视传媒制订改革和发展规划提供决策依据。

（三）受众调查为电台电视台的节目评估提供了主要指标

引入竞争机制，建立科学、公正、准确的节目评估体系，是提高广播电视节目质量的重要措施。而受众调查结果就是其中最主要的指标。尤其是视听率调查的结果，用直观的数据表现受众实际的视听状况，避免了在评价节目中的感情因素，可以为节目因而受到普遍的重视，在节目评估体系中占据相当大的比重。除了视听率之外，节目评估体系还包括满意度调查数据、专家评议意见等，为节目定位、节目调整、节目编排、节目评估、节目经营、节目评比等提供重要参考，使节目的评估更为科学和全面。

（四）受众调查电台电视台的广告经营提供了重要依据

在市场经济条件下，广告已经成为广播电视产业经营的重点。广告客户最关心的是广播电视节目的影响力和影响面。如果受众人数达不到一定的规模，广告客户投放广告的目的就难以达到。因此，受众调查数据可以为广播电视传媒制定广告时间价格提供重要依据；为广播电视传媒开展广告招商和广告经营活动提供数据；为广播电视传媒及广告客户、广告公司检验广告效果提供依据；为广告客户和广告公司做好广告媒体计划提供重要依据。总之，客观公正、准确可靠的受众调查能够使广告客户更好地利用广播电视推广自己的产品,而广播电视也可以由此获得更多的广告收入,使广告经营更趋于理性、成熟。

二、受众调查的主要形式

调查是人们认识主客观世界的一种方法。调查的过程也是研究的过程。只有不断地对调查所获的资料进行去粗取精、去伪存真的分析研究,才能全面地认识和反映客观实际。受众调查,就是运用调查研究的方法,全面了解和认识受众,以便更好地为受众服务。

(一) 受众调查的方式

受众调查的方式主要有普查法、抽样调查法、个案调查法等等。

1. 普查法

普查法是以受众总体为调查对象的一种调查方法,是为了了解受众的某种现象在一定时空上的情况而进行的一次全面调查。这种调查内容十分丰富,如受众视听的频度、视听时长、选择意向及对某一节目的接纳程度,等等,具备全面性、精确性,相对稳定。

普查法通常是由专门的普查机构来主持,需要组织统一的人力和物力,确定调查的标准时间,提出调查的要求的和计划。由于普查法的侧重点是宏观的,它本身包含着很多具体内容,因此它也是受众调查中运用较少的一种。

2. 抽样调查法

对受众全部进行调查当然是最理想的,但是,受经费和操作中实际困难的制约,受众调查通常采用抽样调查的方式进行。抽样调查是根据部分实际调查结果来推断总体标志总量的一种统计调查方法,属于非全面调查的范畴。它是按照科学的原理和计算,从若干单位组成的事物总体中,抽取部分样本单位来进行调查、观察,用所得到的调查标志的数据以代表总体,推断总体。

抽样调查可以通过抽样设计,通过计算并采用一系列科学的方法,把代表性误差控制在允许的范围之内;另外,由于调查单位少,代表性强,所需调查人员少,工作误差比全面调查要小。特别是在总体包括的调查单位较多的情况下,抽样调查结果的准确性一般高于全面调查。因此,抽样调查的结果是非常可靠的。

3. 个案调查法

个案调查法是指采用各种方法，搜集完整有效的资料，对单一对象进行深入细致研究的方法。它针对单一个体在某种情境下的特殊事件，广泛的搜集有关资料，从而进行系统的分析、推理、解释。

个案调查法搜集个案资料的方法是多样的，综合的。研究中常常要综合运用测验法、访谈法、观察法等多种方法，从多角度把握对象发展变化。只有这样才能全面系统的考察研究对象的特点和发展变化的过程和规律，从而得出比较科学的结论。

（二）受众调查的方法

受众调查的主要方法有日记调查法、个人访问法、电话调查法、召开研讨会、问卷调查法、装置计量法等等。

1. 日记调查法

广播电视机构在一些愿意记录他们使用广播（电视）情况的样本户中发放视听日记本，从中获得受众构成的数据以此数据作为电脑计算节目收视（听）率的原始数据，这种方法既经济又快捷。

2. 个人访问法

个人访问法是调查人员到抽样户家里，逐个询问每个家庭成员在过去24小时内的视听行为。这种方法可以使访问者深入的询问被访者的想法以及在节目选择等问题上的实质性意见。但由于这种方法费用昂贵，并且现代社会中深入城市家庭日益困难，许多机构在进行大规模调查时已经停止使用它。

3. 电话调查法

电话调查法在中心地区比较容易进行，它比面对面的访问更快捷也更便宜。即使远距离访问，也可以通过服务专线降低费用。它也不受被调查者文化程度的影响。电话调查的不足之处在于：其一，许多人不愿意接听陌生电话询问，问题越深入，厌恶感越强。其二，这种方法不容易获得凌晨和深夜节目的收听（视）情况。其三，如果不是每个受众都有电话的话，这种抽样就会缺少某些受众类型，特别是城市中的低收入者。

4. 召开座谈会

电台和电视台在重新修订节目表或增设新栏目时常常会召集各方人士进

行座谈,征求他们对原节目的意见和对新栏目的建议,将这些意见和建议反馈到节目的设计和编排中。另外,把自己的重点节目集中起来,组织专家和权威人士进行研究讨论,也是受众调查的有效方法。

5. 问卷调查法

问卷设计和样本选择是进行受众抽样调查的基础工作。问卷调查是用填写表格的方法收集一系列的客观事实,问卷调查要求能够准确地提出问题,选择调查对象,明确调查的目的和任务,提出统计表格的方法。问卷的设计要遵循一定的要求,提问组合要恰当,问题简单易答,以保证问卷的有效性。

问卷的发放要注意样本的选择的代表性,样本的数据要准确的反映它所代表的那个整体的特征,这需要两个因素的保证:一是抽样群体(抽样框)的确定,二是抽样方法的选择。调查者要事先确立容许误差,保持一定的样本基数,以既达到抽样目的又节省经费对目标。

6. 装置计量法

计量装置是一种和收音机、电视机相连接并且自动记录开关情况的检测装置。典型的自动记录仪通过电话线与媒体、调查公司的电脑中心连接,定期传回储存的收听(视)信息。通过计量装置收集数据虽然比较准确,但它也有先天的局限性。其一,计量装置耗资大。其二,它无法辨别收音机、电视机被打开后是否有人在收听或收看。其三,它不能提供受众构成情况。其四,它无法记录受众对节目的满意程度。因此,调查机构会将通过其他方法获得的受众构成信息补充进去。

三、受众调查的研究方法

在获得大量数据之后,接下来要做的工作是对数据进行分析研究。由于研究的目的各不相同,研究方法也是千差万别。最常用的研究方法是定量研究法、定性研究法和内容分析法。

(一)定量研究法

定量研究是确定事物某方面量的规定性的科学研究,是科学研究的重要步骤和方法之一。主要搜集用数量表示的资料或信息,并对数据进行量化处理、检验和分析,从而获得有意义的结论的研究过程。定量的意思就是说以数字化符号为基础去测量。

定量研究法一般是为了对特定研究对象的总体得出统计结果而进行的。它通过对研究对象的特征按某种标准作量的比较来测定对象特征数值，或求出某些因素间的量的变化规律。由于其目的是对事物及其运动的量的属性作出回答，故称定量研究。

定量研究的理论基础是西方哲学史上发展了一百多年的实证主义哲学。实证主义认为，现实事物是不以人们的意志为转移的，是客观存在的，不受主观价值因素的影响。主体和客体是两个截然分开的实体，主体可以通过对一套工具的操作而获得对客体的认识。在对客体的认识上，必须建立在经验的基础之上，社会现象可以被经验地感知，一切概念必须还原为直接的经验内容，理论的真理性必须由经验来验证。

在认识论上，实证主义极力推崇经验的作用，认为主体对客体的认识必须建立在经验的基础上，一切概念必须还原为直接的经验内容，理论的真理性必须由经验来验证，认为"知识"有其客观的规律，具有可重复性。研究者只要遵循一定的方法规范，就可以将研究的结果在更大的范围内推广。

在方法论上，实证主义倾向于夸大科学方法的作用，视自然科学的方法论逻辑为科学理论合理性的依据，试图将自然科学的方法运用于包括哲学、人文科学和社会科学在内的一切研究领域。正是科学主义在教育研究领域的大力提倡，使人们误以为教育研究就是要提倡那种不以人的主观意志为转移的客观规律，强调对教育的研究应精确化、量化。

广播电视受众研究中的定量研究着重受众量的方面，依据的主要是调查得到的现实资料数据，要运用经验测量、统计分析和建立模型等方法；以概率论、社会统计学等为基础，主要以数据、模式、图形等来表达。旨在是通过对受众各方面数据的测量，从中发现规律，然后确定它们之间的关系以及解释变化的原因，以指导实践。

（二）定性研究法

定性研究方法是根据社会现象或事物所具有的属性和在运动中的矛盾变化，从事物的内在规定性来研究事物的一种方法或角度。它以普遍承认的公理、一套演绎逻辑和大量的历史事实为分析基础，从事物的矛盾性出发，描述、阐释所研究的事物。进行定性研究，要依据一定的理论与经验，直接抓住事物特征的主要方面，将同质性在数量上的差异暂时略去。

定性研究的理论基础包括建构主义、后实证主义、解释学、现象学等各种理论流派。以现象学为代表的哲学流派则认为，社会现实的本质并不是客观存在的，而是因不同的人在不同的时空赋予各不相同的意义。主体对客体的认识实际上是主体在和客体的互动关系中对客体的重新建构，主体和客体两者是一个互为主体的关系。否认事实与价值是相互独立的客体，他们认为对知识的认识不是唯一不变的，它是对具体社会文化情境的建构，是参与各方面通过互动而达到的一种暂时的共识。知识是一个重构的创造的问题，不存在带有普遍意义的、脱离具体情境的、抽象的知识。

在方法论上，以现象学为代表的哲学流派则对此提出了猛烈的批评，他们认为人为万物的尺度，因此应关注人生的价值、意义、态度与理解，关注价值世界，注重情感、创造性的智慧和对生命的感受。而这一切是无法用数学的语言用数据的形式来表现的，只能通过描述性、解释性的语言来实现。

定性研究注重从研究者本人内在的观点去了解他们所看到的世界。它强调在自然情景中作自然式探究，在自然的情景中收集现场发生的事件的资料，最主要的研究工具是研究者本人。他们在自然的情况下通过和参加者交谈，和被研究者作长期的接触，观看他们的日常生活，自然地、直接地接触被研究对象的内心世界，以期获得被研究者在自然情景中的第一手研究资料。

广播电视受众研究中的定性研究大多是采用参与观察和深度访谈而获得第一手资料，具体的方法主要有参与观察、行动研究、历史研究法、民族志方法。其中参与观察，是定性研究中经常用到的一种方法。参与观察的优势在于，不仅能观察到被观察的受众采取各种媒介接触行为的原因、态度、依据等等，还通过参与，获得一个特定受众群体中一员的感受，因而能更全面地理解行动。然后通过对观察和访谈法等所获得的资料，采用归纳法，使其逐步由具体向抽象转化，以至形成理论。

定性研究有两个不同的层次，一是没有或缺乏数量分析的纯定性研究，结论往往具有概括性和较浓的思辨色彩；二是建立在定量分析的基础上的、更高层次的定性研究。在实际研究中，定性研究与定量研究常配合使用。在进行定量研究之前，研究者须借助定性研究确定所要研究的现象的性质；在进行定量研究过程中，研究者又须借助定性研究确定现象发生质变的数量界限和引起质变的原因。

(三) 内容分析法

内容分析法是一种对于传播内容进行客观，系统和定量的描述的研究方法。其实质是对传播内容所含信息量及其变化的分析，即由表征的有意义的词句推断出准确意义的过程。内容分析的过程是层层推理的过程。是对传播内容进行的客观的、系统地统计调查后，予以分析和描述。它以定量研究为主，兼具定性研究的某些因素。内容分析法是媒介以及传播研究中一种非常重要的方法，具有客观、方便、经济等优点。

内容分析法最早产生于传播学领域。美国学者拉斯韦尔等人在二次大战期间组织了一项名为"战时通讯研究"的工作，以德国公开出版的报纸为分析对象，获取了许多军政机密情报，这项工作不仅使内容分析法显示出明显的实际效果，而且在方法上取得一套模式。20世纪50年代美国学者贝雷尔森发表《传播研究的内容分析》一书，确立了内容分析法的地位。真正使内容分析方法系统化的是J.奈斯比特，他主持出版的"趋势报告"就是运用内容分析法，享誉全球的《大趋势》一书就是以这些报告为基础写成的。

内容分析法与英国文化研究学派所进行的文本分析有所不同。文本分析主要采用的是符号学和结构主义的分析方法来分析文本（Text）的结构和意义，探寻受众对意义的不同解读方式和文本中所隐藏的意识形态的操纵力量，属于定性研究范畴；而内容分析主要是运用统计知识对传播的内容（Content）进行分析与归类，目的是为了描述传播内容的固有倾向，说明信息来源的特征等，属于定量研究的范畴。在早期的传播学研究中，内容分析主要用于对印刷媒介内容的分析，如拉斯韦尔于20世纪20年代对第一次世界大战时期的宣传技巧进行的研究。随着传播学研究的深入和媒介的发展，内容分析法的运用范围扩展到各种声音和图像讯息。

内容分析法的主要操作程序是：

首先，建立假设命题，确定研究范围。例如，以某广播电视台某一时期的新闻节目为研究对象。

其次，制定一个类别表作为考察和测量节目内容的统一标准。类别表有两项内容：一是把研究内容分成若干类，如新闻节目可以分成国内、国外、地方新闻等。二是在各类研究内容中确定若干个"分析单元"作为内容分析的最小单位，如将新闻节目分为时政新闻、社会新闻等。设计类别表时，要对这些内容作出明确的规定。

最后，类别表制定好以后，从节目中摘出有关分析单元对号入座，分别计算出它们在各种类别中所占的比例，每个分析单元出现的频率数。再以百分比、对比分析、相关分析等统计手段得出结果。最后用这些结果验证假设，完成研究报告。

四、建立合理的受众调查机制

受众市场的快速发展和媒体的高速化运转及竞争的日趋激烈，媒体市场定位日益呈现细分化、专门化和规模化的特征。市场细分趋势使得受众从一个笼统的整体概念转变为具体的、有明显特征的小群体。每个群体都有自己的目标受众群。这使得广播电视媒体必须依据一种比较科学的工具来进行辅助。这个工具就是受众调查。受众调查是促使媒体对市场调研及受众定位问题加以关注并在传播实践中加以应用的重要因素。

从2003年开始，我国广播电视节目评奖开始参考视听率、满意度等受众调查数据。其目的是通过数据了解受众的媒介接触行为、态度和对媒体的满意度，以便在激烈的市场竞争中，吸引更多受众的"眼球"。但在实践中，人们发现这些数据的获得却存在不完整、不科学的问题。因此，在评奖操作过程中，数据只是作为参考，主要还是以专家对参评节目进行主观评价为主进行评判。于是，建立一套为多方认可的合理的受众调查机制，并最终通过行业标准的形式颁发并推行成为受众工作的目标。具体来讲，可以从以下几个方面予以完善：

第一，确立准确的数据采集样本户。

《全球收视率测量指南》（GGTAM）规定，固定样组的规模要根据它应该由需要被测量的次级人群也就是目标收视人群的地理分布和人口覆盖情况以及频道覆盖的数量和规模来决定，还应该考虑到由不同抽样方法所带来的样本设计的有效性等方面。完整的固定样本量的设置取决于这个地区以上因素的综合情况。

根据我国相关研究，如果需要做全国受众调查，需要建立一个全国受众调查网络，抽取的样本要能代表全国广播电视信号覆盖区域内所有4岁以上的家庭人口。并且在抽样之前要开展大规模的基础研究。

如果是需要做省级受众调查，则需要建立省级受众调查网，调查总体为某台在全省广播电视信号覆盖区域内所有4岁以上的家庭人口。抽取的样本要在600—1000，其中城乡各300—500户之间，并且在抽样之前要开展基础研究，基础研究的样本量在700户以上，其中城乡各350户。市级受众调查总体为某台在全市（包括区、县）广播电视信号覆盖区域内所有4岁以上的家庭人口。样本量为100—400户之间。在大城市特别是省会城市，样本量要在300户以上，而在一些小城镇，样本量可以为100户。

第二，合理分配数据采集样本。

由于广播电视受众数量巨大，普查是不现实的，只能选择具有代表性的样本，通过样本统计量对总体参数进行估计。在理论上来讲，样本量的确定受四方面的影响：一是抽样总体中各单位的差异程度。差异度越大，为保证达到一定的抽样精度，所需要的调查的样本量就越大；二是最大的允许误差。允许误差越小所需要调查的样本容量也就越大；三是抽样的方法。不同的抽样方法决定了不同的效率；四是人力、物力、财力等条件的限制和投入。调查单位所投入的人力、物力和财力随着样本量的增大而增大。在具体的实践操作中，允许误差和投入此消彼长的关系，最优化的方案是达到两者的平衡，从而达到预期的调查目的。

在我国，市镇与乡村总人口的差异非常大，但受众调查主要针对城市进行采样，忽略了庞大的农村人口基数。这导致样本的采集不具有代表性或代表性不强，直接引起的后果是调查结果的不准确。

样本调查范围本身还存在"盲区"。例如，受众调查的首先是对常住收视、收听人口的调查，而现实生活中却大量地存在着一些非常住人口。随着社会生活形态的变化，满街跑动的出租车司机、黄金时段仍在忙碌的加班人员等都是潜在的收视、收听人群。还有在宾馆、酒楼、学生宿舍、购物中心、便利店等人口聚集的地方，电视普遍存在，而在这些场合收看电视的人也普遍存在。可这往往是收视调查的"盲区"，往往从来没有被测量过。另外，随着受众生活方式的变迁，新媒体的快速发展，手机电视、IP电视、网络电视的崛起，给传统的视听率测量带来了极大的挑战，因为这些新媒体拥有大量潜在的受众，对于这些受众群体，传统的视听率调查方式是无法测量其收视行为的，这同样也给受众调查带来了新的课题。因此，如何合理分布数据应该有一个客观性的描述，并且要切实做到。

第三，建立受众调查监督机构。

受众调查行业是专业性较强的服务性资讯行业，也是一个依赖技术的行业。因此，在选择调查公司的时候，需要格外看重它的资质，包括调查的专业性、人员的素质、客户的评价、行业口碑，以及行业权威性等等。一个资质良好的调查公司意味着调查数据能得到认可，能比较准确地反映受众的视听状况；相反，如果调查公司资质不够，数据的可信度较低，业内认同度不够，就很难确保节目评估的准确和客观，用这样的数据去参与节目的综合评估也就失去了意义。

在我国从事受众调查服务的机构大约有100多家，从市场份额来看，CSM大致占到了整个市场份额的80%，而AGB尼尔森大约占到10%—15%的份额，其余的5%—10%的份额是其他小型调查机构。专业的视听率调查公司一般按照严格的操作规范进行测量，数据来源可靠，抽样方法科学。但由于市场上的调查机构背景、实力、规模、资信、市场地位差别较大，在具体的执行标准上存在很多差异，所以在这种情况下，要想获得"唯一性"较强的数据显得有些困难。

受众调查是技术含量较高，专业性较强的行业，为保证数据的可信和真实还需遵循一定的操作规范。因此，建立受众调查监督机构，审核和认定受众调查公司的资质，并在其技术指导下开展工作就显得尤为重要。受众调查监督机构必须秉承公平、公正的态度，而且是非盈利性质。应以受众调查专家为主要成员，对受众调查市场有深入的了解和把握，非常熟悉和了解受众调查的技术规范和要求，并且综合来自客户及固定样组代表的意见，作为一个独立的第三方对受众调查公司进行审核和监督。

受众调查行业在国内尚属新兴产业，目前还没有适当的"行业准入"制度，也缺乏相应的规范。受众调查不可避免地会出现误差和各种问题，需要第三方来进行监督，对于数据异动现象，也需要调查公司配合公益性质的第三方机构进行调查和处理。

第四节 构建科学节目评估体系

广播电视节目评估主要是指电台电视台为提高节目质量、传播效果和经管效率，按照一定的原则和标准，对节目传播所产生的包括社会效益和经济效益在内的各种直接或间接效果所进行的评价和测定。广播电视节目评估体系是指为实现节目评估目的而建构的一套评估系统。虽然是一种业内评价的标准，却连接着广播电视受众、从业者和管理部门三种完全不同的群体或机构。作为社会主义体制下的广播电视台，其节目评估体系建构的指导原则必须注重社会和经济双重效益的考量。因此，它既是一种效果评估机制，也是一种激励机制，更是一种导向机制，有着重大影响和作用。我国广播电视节目评估体系的建构开始于20世纪90年代末，经过21世纪初的广泛实践得以不断完善。在新形势下，广播电视节目评估体系将进一步适应受众需求，进行评估体系的调整和改进，实现广播电视媒体在传播方式、价值导向、经营意识、管理模式等方面的创新发展，朝着构建更为成熟的、有中国特色的广播电视节目综合评估体系的目标迈进。

一、节目评估体系建构的背景

节目评估体系的建构虽是依循我国广播电视发展的历史必然所作的现实选择，但其背后既有深刻的历史和现实原因，也有我国广播电视所特有的体制机制的原因。

（一）建构完整的节目评估机制是我国广播电视体制的必然要求

我国广播电视媒体集政治属性和产业属性于一身，既要服务于社会效益，同时又要考虑经济效益。如果用单一的指标来检验评估节目不但会顾此失彼，也会影响到双重效益的均衡发挥。所以，我国广播电视节目的评价标准既不同于纯商业媒体可以"唯视听率"马首是瞻，少量兼顾或者并不兼顾其他评估指标和内容，也不同于公共媒体以"满意度"、"欣赏指数"等作为节目主要考量的标准而忽略视听率的因素。中国广播电视节目评价指标体系最重要的基本指标应是"两个效益"指标,即社会效益指标和经济效益指标。

社会效益评价指标是指衡量节目所产生的社会效益状况的指标。良好的社会效益,是国家和政府对广播电视的重要要求,也是我国广播电视媒体自身顺利发展和整个社会健康发展的重要保证。经济效益评价指标是指衡量节目所产生的经济效益高低的指标。良好的经济效益不但是自身发展的有力保障,也是为社会各行各业提供相互交流机会和信息宣传渠道及自身直接参与社会经济活动的有力保障。

(二)建构完善的节目评估体系是我国广播电视深入持续发展的迫切需要

按照媒介经济学的观点,在视听市场上,广播电视传播进行着双重交换。其一是广播电视业生产具有某种专业或艺术价值的节目,作为商品,通过传播来交换和满足人们的视听需要;其二是以此为基础,广播电视传播"生产"自己独特的产品——受众,并将这些受众作为商品出售给广告商,通过后者的广告投入,实现传播的价值补偿。因此,在愈演愈烈的竞争背景下,必须提高节目的品质以形成自己理想的受众群,并进一步吸引更多的广告客户,创造更多的经济效益和社会效益,从而实现媒体资源和社会资本的优化配置。也就是说,受众作为广播电视竞争的根本,其需求成为媒体行动的直接动力,受众评价成为媒体改革和发展的主要依据。只有把按照受众需求来决定如何结构节目的内容和形式作为广播电视运作的中心,才能通过受众信息了解媒体的市场状况,竞争状况和受众需求状况,才有可能赢得尽可能大的受众市场。

针对受众需求的视听率、满意度以及与市场紧紧相连的经济效益指标也逐渐成为节目评估的主导因素,节目评估体系为节目质量的提高提供了一种持续不断的推动力和鞭策力。进入"十二五"以来,广播电视既面临着三网融合的机遇和挑战,同时也承受着境外及网络视听媒体竞争的挤压,如何保证其持续有力地提供优秀产品,在竞争中取胜,是广电媒体面临的一项重大课题。在新形势下,只有构建体系完备的节目评估机制,才会在竞争中用内容占住先机,制播既符合社会发展要求又为受众所喜爱的节目。节目评估体系完善与否,既关系到广播电视是否能够提供满足受众需求的节目,也关系到广电媒体的自身发展。依靠科学的评估机制作导向,以多元的评估体系取代简单的节目评价办法成为一种必然的趋势。此外，随着体制机制改革的深入，广播电视势必会获得更好的发展机遇，为业界所普遍认可的综合节目评估体系的建构，也可为节目交易市场的形成及规范化运作提供保障。

（三）建构完备的节目评估机制是规范广播电视日常管理的重要环节

广播电视属于创意文化范畴，其管理的规范化相对来说比较困难，有体系完整的节目评估机制可以在日常管理中有据可依。这不但涉及节目质量管理的范畴，还与人员评聘、激励以及品牌发展等密切相关。在竞争日趋激烈的情况下，建立科学的节目评估体系不仅是媒体加强频率频道管理的当务之急，更是科学的节目管理体系中不可缺少的环节。

在宣传管理体系中，核心体系是节目管理体系，节目管理体系中又以节目评估体系最为核心、最为重要。构建节目评估体系是建立广播电视媒体管理体系的迫切需要。评估体系能为创立名牌节目提供制度保障，为节目的合理定位、设置和布局及节目运作机制提供科学依据，为衡量广播电视媒体的整体实力提供依据。节目质量的管理过程涉及人才培养、考核机制、质量管理、广告管理等诸多因素，科学完善的节目质量管理体系必须从实际出发、多者兼顾、操作性强，才能有的放矢，有效增强广播电视媒体的竞争实力。

科学节目评估体系的建立，可以发挥节目导向的功能。不仅可以使节目的策划、采编和播出过程形成科学的运作机制，使节目的质量不断提高，而且能够使节目的定位、内容、形式、设置、布局以及时间段的使用更趋合理，为节目改革、调整和广告业务提供科学的依据。它还是提高队伍素质、鼓励多出人才的一项根本性措施，是推动、深化广播电视人事制度、分配制度、内部管理制度等项改革，建立科学合理的成本核算机制、分配机制的强大动力。它的建立，将充分弥补传统型、经验型的节目评价各方面的不足，成为指导节目运作过程的有效工具，从而实现科学的节目管理。

二、节目评估体系的发展历程

节目评估大体分为两种，一种是对节目质量进行评估，另一种是对节目传播效果进行评估。节目效果评估又分为播前评估和播后评估。播前评估属于预馈性的，是一种预估；播后评估则属于反馈性的，主要针对传播效果而言。播前评估和播后评估，都有可能涉及对节目质量（或价值）因素的评估。国内常见节目评估体系，是指为实现评估目的而构建的一套多指标、综合性、定量化的评估系统。一般是将各种待评要素指标化和可测化（或可评化），主要采用量化方式处理不同指标之间的关系，最终形成由各种指标、权重和数学运算组成的系统，基本属于播后效果评估这一类。

（一）节目评估发展的初级阶段

20世纪80年代之前，受众对节目的评价主要通过自发来信和媒体不定期地到受众中召开座谈会的方式进行。虽然不是属于普遍常态化的媒体行为，但是至少说明了广播电视管理者对节目质量和受众的重视。

真正意义上的节目评估初级阶段肇始于20世纪80年代。此时的广播电视媒体的主要功能是宣传功能，是否符合党的宣传口径就成了广电媒体的主要价值取向，各级领导者义不容辞地担负了节目评价主要任务。此外，从事节目生产与研究的专家，也是节目评估的一支主要力量。领导和专家的意见充分保证了舆论导向的正确性，他们用专业眼光分析节目艺术表现力，注重节目本身的质量检验，为广播电视媒体生产优秀节目作出很大贡献。

领导和专家的意见受到广播电视媒体的重视，对改进节目本身质量，发挥积极的社会效益起到良好作用。他们评价节目的方法一般是：由专家们汇聚一堂，对节目逐个审看，对节目的思想性、艺术性、表现手法、创新程序、主持人作用等加以点评、综述，优胜劣汰。受众的意见却很难对节目的评估产生根本性的影响。

这一时期对节目内容和质量本身的关注尽管渗透着评论者对节目的人文关怀，也包含着评论者对节目创新能力的肯定，但这种传统的节目评价只注重节目本身的质量检验，而没有把节目作为一种精神文化产品。它并没有真正了解节目的传播效果，缺乏市场的分析与调研。而个别访谈和座谈会式的受众调查也存在不够全面和精确的缺点。所以初级阶段的节目评估只能是局部的分析与探讨，很难自成体系。

（二）节目评估发展的多样化阶段

在激烈的市场竞争中，受众的地位和作用发生了很大的变化，传媒更加重视对受众的研究。"传播者本位"为主导的传播模式客观地、必然地让位于

"受众本位"为主导的传播模式。媒体必然要根据受众的需求来决定传播的内容和形式。节目评估方法开始重视受众的节目评价意见,从引入视听率到满意度的推出,受众调查朝着多样化方向发展。

1. 视听率指标的提出

20世纪80年代中期到90年代中后期,广播电视节目越来越瞄准市场,瞄准目标受众,就越来越重视受众的意见和要求。此时,媒体越来越感觉以前获取受众评价的方法已经跟不上时代的发展。因此,媒体开始借鉴国外的受众调查方法,利用节目收视率和收听率数据来研究受众。

20世纪90年代初期,视听率调查还带有很明显的非市场性特征。调查数据主要作为媒体内部分析节目效果的参考,仅相当于媒体的自我反馈行为,而不是一种市场行为。90年代中后期,随着竞争日益白热化。视听率作为反映受众视听行为和偏好的主要指标在节目编排、广告投放决策以及节目评估中的作用越来越被业内人士所重视。在这种背景下,以1997年12月央视—索福瑞媒介研究(CSM)成立为主要标志,广播电视改变了仅靠受众零星来信反馈意见的落后状况,开始整体上客观、科学地反映受众对节目的评价。

2. 满意度指标的提出

单纯的视听率指标本身存在诸多缺陷。于是人们在引入视听率的指标之后,再次引入满意度指标。满意度是测量受众对节目质量的评价,对频道或节目满意程度的指标。在我国香港地区,欣赏指数调查于1989年引进,1991年开始实行。在内地,受众满意度调查是在参照英国BBS欣赏指数调查的基础上推出的,同时从香港电视节目欣赏指数调查中汲取了一些经验,并结合具体的国情进行了改进。

1999年年初,中央电视台开始委托央视调查咨询中心进行全国观众满意度调查,采用入户问卷的访问的样本调查方式,每季度举行一次。从启动伊始,这项调查就一直在寻求创新。在引进国际上比较通行的一些指标的同时,将评分办法从十分改为百分制;另外让观众选择自己喜欢收看的一定数量的频道和栏目进行评价。这些举措为内地电视的受众调查创新提供了宝贵信息。

从视听率的引入再到满意度的推出,节目评价方法进一步丰富和完善。此间,广播电视还采用了受众抽样调查、发放节目调查信、召开受众座谈会、组织评审员、建立评估工作站、开展评估周、评估月、由受众评选自己喜爱的节目和组织专家监听、监看与评议节目等多种方法来获取受众和专家对节目的评价。这些做法和过去比较，能够更加全面客观的把握受众的需求，对广播电视节目的发展进步产生了更为显著的促进作用。但它的不足也客观存在，如无法进行节目质量的横向比较和排序等等。

（三）节目评估发展的规范化阶段

节目评估体系的逐渐成形是在21世纪初期。随着媒体市场竞争的加剧和内部管理需求的增长，媒体开始思考如何用科学的方法来全面、系统地考核和评估节目质量，开始考虑如何从理论上对节目评估体系进行探索，并尝试着建立起具有一定理论指导意义又具有可操作性的节目评估体系。

2001年4月，全国部分广播电台及调查公司的代表，在福建厦门举行"广播节目研讨会"。大家就广播节目评估的概念、构成、各指标的量化及计算方法、运作程序等问题进行了深入的研究。在这次研讨会上，第一次把"投入产出比"这个成本指标纳入节目评估体系。中央电视台实施的《节目综合评价体系方案》中引入成本指标评价是一个亮点。加入这个成本指标后，突出了成本因素，有利于加强成本核算，增收节支。经过一段时间的酝酿和实践，"广播电视节目综合评价体系"开始实施。这就是俗称的"三项指标，一把尺子"，所谓三项指标是指客观评价指标、主观评价指标和成本指标，"一把尺子"则是指三者加权后得出的节目最后的评价值。客观评价指标以收视率为主要考核内容，主观评价指标反映的是领导、专家对节目的评价，成本指标体现的是节目的投入产出情况。

2002年，中央电视台推出《中央电视台栏目警示及淘汰条例》，即俗称的"末位淘汰制"。《条例》实行后，有人评价说："这是央视用人制度和管理制度的一项强有力的改革。""栏目质量和每个人的生存状态息息相关"。各地电台电视台对"三项指标，一把尺子"以及"末位淘汰制"的运用虽有所不同，却使我国节目评估体系的实践与研究得以深化。

总体上看，21世纪初推出的节目评估体系具有两个重要特征：第一个特征是注重收视率，并将其设为节目评估体系中最重要的指标。这一方面说明从西方引进的视听率可以从客观上反映节目的受欢迎程度及其市场表现，但同时也为日后"唯收视率论"埋下了隐患。第二个特征是强调节目评估的体系性，不是用单一指标来考量节目的表现，而是综合领导、专家以及投入产出等主要元素来对节目进行评估。这一方面体现了评估体系正逐步走向全面与平衡，另一方面主观评价指标的定义及规范的模糊以及对成本指标的相对轻视，造成这两个指标在实际操作时不能被有效体现。

这一时期节目评估体系的推出和实施，产生了较好的示范作用，并奠定了以后节目评估的主要指标体系。

（四）节目评估发展的科学化阶段

广播电视实践及生态变化丰富且复杂，整个行业一直未有统一的评估标准与规范出台。但整个行业还是进行了大量有益的探索和尝试，评价指标更为多元和全面，评价方式也更强调可操作性，节目评估体系逐步走上了科学化发展的阶段。

2005年，由于各家媒体盲目争夺"收视率"，一味追求高的收视份额，导致了"唯收视率"观念盛行。仅仅以收视率作为导向的价值观导致了节目的同质化倾向严重，也导致节目出现"三俗"倾向。出于对"三项指标，一把尺子"和"末位淘汰制"反思，2005年11月，中央电视台提出"绿色收视率"概念。

绿色收视率概念的提出，主要是回应已出现的过分夸大视听率指标的倾向，体现了一种对视听率认知的反思以及对其作用的理性认识。从这一点上来讲，绿色收视率概念的提出具有积极意义，但此概念更多体现的是观念上的警示和愿望上的美好，并没有可资实践操作的具体方案，因此，也未能使节目评估体系有实质上的提升。

2011年5月，央视推出《中央电视台栏目综合评价体系优化方案暨年度品牌栏目评选方案（试行）》（以下简称《优化方案》）。该《优化方案》的目的是以评选年度品牌栏目的方式提高节目品质，推进栏目品牌化建设，全面提升国家电视台引导力、影响力和传播力。从2011年7月1日起，《中央电视台栏目综合评价体系优化方案暨年度品牌栏目评选办法》进入实施阶段，此举宣告了在央视实施6年之久的"末位淘汰制"的终结。

这套新的评价体系由引导力、影响力、传播力、专业性四大块构成。"引导力"、"影响力"这两个新的指标考核的是栏目的社会效果，权重占到了

45%。原来的收视率指标也转换为"传播力"指标,用来考核栏目的市场效果,权重占到了50%,而专业性却只占到5%。在由四个一级指标构成的评价指标中,对传播力的考评也不再以收视率绝对高低为依据,而是进一步深化为收视目标完成率、观众规模、忠诚度、成长趋势等多维指标。

为了保证数据的有效性和可信度,央视从调查方式、抽样原则、问卷设计、统计方法等诸多方面进行了制度化和规范化的设计,力求用标准化的操作流程确保数据的有效性和可信度。在观众调查方面,样本量达到每季度1.2万个,通过在全国184个抽样点随机抽样确保其代表性;在专家调查方面,专门组建由300人构成的专家评审队伍,并设计了严格的抽选、轮换和打分原则,并在专家组结构上充分考虑到职业、背景、年龄和性别的均衡,确保专家打分的公平性和客观性。

《优化方案》在重视定性定量考评的科学合理性的同时,也关注通过对节目的考评来鼓励栏目的创新创优,以正向激励带动负向激励,以奖优带动罚劣,变硬性淘汰栏目为主动置换栏目,从而使全台宏观调控和频道精细管理之间实现联动对接,也使品牌栏目的建设走向良性发展轨道。[①]《优化方案》为节目评估面临的问题所提供的改进措施是建设性的,预示了我国广播电视节目评估体系的未来发展趋向,但其中存在操作成本过高等问题,需要在实践中进一步调整。

三、科学节目评估体系的未来趋向

构建科学节目评估体系,一直是与广播电视有直接或间接关系的各个机构、组织的共同愿景,它不但牵涉节目自身,还关系到体制机制层面以及国情。2011年10月,国家广播电影电视总局出台《关于进一步加强电视上星综合频道节目管理的意见》,提出从2012年1月1日起,34个电视上星综合频道要提高新闻类节目播出量,对部分类型节目的播出实施总量调控,防止过度娱乐化和低俗倾向;2012年2月,又下发《关于进一步加强和改进境外影视剧引进和播出管理的通知》。两个文件实施后,各上星综合频道新闻类、社

---

① 参见张君昌、吕鹏:《广播电视节目评估体系:背景、现状及其发展趋向》,《中国广播电视学刊》,2011年第11期。

教类节目明显增加，公益价值凸显，编排方式更加合理，国产电视剧得到扶持，观众满意度提高。2012年7月，国家广播电影电视总局进一步出台《关于建立广播电视节目综合评价体系的指导意见（试行）》和《关于加强广播电视收视（听）率调查数据使用管理工作的通知》，要求不得以收视率考核作为唯一标准，品质评价指标（思想性、创新性、专业性、满意度、竞争力、融合力）权重不低于总体的60%。积极鼓励各地广电媒体进行内容创新，倡优抑劣，建立科学评估体系。

科学节目评估体系的建构，不仅关系到广播电视节目评估的公认度，更关系到广播电视效益的发挥和市场的完善。上述政策、文件的出台，可以起到一时的整改作用，但根本性措施，还是建立行业统一公认的科学的广播电视节目评估体系。

（一）全面完善综合评估指标

在超媒体环境下，单向线性的传播模式转向"网状——链式"新型传播模式，传媒与传媒、传媒与受众、受众与受众之间壁垒被颠覆，促使受众调查及评估方法发生全面转型。

1. 丰富受众态度层面指标

建立新的科学评估体系应重新梳理相关指标，可根据传播效果理论设置认知层面、态度层面和行为层面三个层面的一级指标。在其下分别设置二级指标，如对认知层面的传播效果可以设置除收视率以外的占有率、到达率等指标；对态度层面的传播效果，筛选出知名度、喜爱度、公信力等指标进行评估，对行为层面的传播效果，可以用忠诚度指标进行测量。要避免对视听率指标的过度甚至非理性依赖，并充分考虑到实践中的可操作性，对某些指标的具体实施进行监督和测评。

2. 增加衡量新媒体受众的指标

受众接触媒介的行为在全媒体时代发生着革命性的变革。现在，大规模的人群通过网络来收听收视广电节目，因此，科学节目评估体系应当不仅涉及传统渠道播出的节目，还应涉及通过网络媒体播出的节目。

收视调查的测量指标也应作出相应调整，增加反映受众接触电视节目新的收视习惯的指标。对于在新媒体上传播的视听节目，增加点击率、点播率等指标，反映广播电视节目在新媒体上的传播效果。新的受众调查指标应向大样本覆盖评估转型，向全过程动态化时点评估转型，向多样化服务产品评估转型。

3. 完善指标加权方法

节目评价体系中的指标数据是不同类型的数据，如视听率是计数数据（比率数据）满意度、专家评议是等级数据，节目成本是连续数据，这些不同类型的指标，只有经过转换才能综合到一个统一的评价公式中去，否则无法产生一个综合的评价分值。

目前，大多广电媒体都是采用加权评估法，把所有指标数据统一起来进行节目评价的。通过加权可以解决节目横向比较问题，但是，权数的计算在实践中还缺乏依据。一些媒体计算出来的权数大都是凭经验估算的，既没有理论依据，也缺乏科学论证。从权重的意义来看，一方面权重的确定反映出评估机构对评估指标的侧重点和倾向性，另一方面，除了权重确定的方法选择外，权重的确定也是各方博弈的结果。在节目评估中，影响评估指标的因素很多，且这些因素都在变化，它们的权数是难以准确计算的。不同节目的加权评比问题、同一节目在不同时段不同频道播放的横比问题，还有地面频道与上星频道、国家台与地方台之间差别的指标加权问题，是评估体系建构中所必须面对的难题。

完善指标加权方法，在对不同节目进行分类时，应综合多方面因素慎重考虑。区分对待不同的节目，用多元的权重比例来修正不同节目影响因素。节目评估体系并不拘泥于某些固定不变的指标，在尽可能健全这些主要指标的情况下，还可以针对节目的特征细节补充一些其他指标来进行评估。例如引入修正因子，采用系数修正法，以修正视听率指标的片面性。

（二）建立多层次监管机制

建立第三方监管和评估机制，增强评估信度。用全面反映受众视听行为，体现节目品质的指标体系进行评估，引导广播电视媒体制作出既叫好又叫座的节目。

1. 要建立独立于数据提供方的用户委员会监督机制

用户委员会是最直接的监督力量，由数据用户自发形成，与数据提供方相互独立，独立行使监督职能。鉴于中国视听数据用户较为分散，建议由中央级媒体牵头，联合几家有号召力的省级媒体发起成立调查数据用户委员会。行政管理部门应推动用户委员会的建立与发展。

2. 要建立行业协会的监督机制

行业协会的主要功能是在广电行政部门指导下，制定视听调查行业标准，规范数据的使用行为，对于干扰破坏收视调查公正性和独立性的行为予以监督和处罚。政府相关行政部门可在政策、资金等方面支持行业协会的发展，帮助行业协会建立起可操作的审核程序和投诉处理程序。

3. 建立政府监管机制

一方面，广电行政部门可以扶持不受制于任何利益方的非营利性调查评估机构，使之成为指导广电业发展的有力工具；另一方面，推动建立比单一视听率更全面更科学的综合评估体系，定期对广播电视节目进行调查评估并公布相关数据，逐步引导广播电视业界建立起全面评估的意识。

（三）重视理论研究的跟进

我国广播电视节目评估体系的建构几乎都是发端于电台电视台自身，这一方面体现了节目评估实践性强的特征，另一方面也暴露出理论研究的滞后。任何一种体系的成熟，学界理论的支撑都是不可缺少的，如果只着眼于节目评估实践的评价、解读与修补，就会忽略理论研究跟进的不足。

建立科学的广播电视节目评估体系是现代广播电视发展面临的一项复杂的系统工程，无论是理论的构建还是具体的实践操作，都需要持续不断地探索与尝试。这需要业界学界、行业协会以及政府管理部门共同努力，致力于建立一个开放的、动态的，面向多屏幕、全业态，具有一定稳定性的节目评估系统，提升超媒体时代受众调查数据服务的客观性、准确性，解决好超链接测量可能带来的相关法律问题，更好地服务于媒介融合语境下广播电视的创新与发展。

第十章 中国广播电视的队伍建设

"人才资源是第一资源,人才问题是关系党和国家事业发展的关键问题,人才工作在党和国家工作全局中具有十分重要的地位。"① 广播电视人才是党和国家整个人才队伍的重要组成部分,是社会主义先进文化的建设者和传播者,是广播电视科学发展的第一资源。广播电视人才队伍的素质直接影响和制约着我国广播电视的未来发展。

根据国家中长期人才发展规划纲要和广播电影电视总局颁布的《广播影视"十二五"人才发展规划》(广发〔2010〕87号),我国要培养造就一支规模适宜、素质优良、结构合理的人才队伍,为广播电视改革发展提供坚强的思想政治保证、才人保证和智力支持。党的十八大从战略高度强调了"营造有利于高素质文化人才大量涌现、健康成长的良好环境"的重要性。就我国广播电视人才队伍建设的现状来看,虽然政治素质和业务能力均得到了提高,但离这一总体目标仍有一定距离。随着广播电视数字技术、网络技术以及视听新媒体业务的快速发展,加快广播电视人才队伍建设显得尤为重要。

第一节 广播电视人才职业素质

素质是指一个人在社会生活中思想与行为的具体体现。百度百科归纳出三种解释:一是指人的生理上的原来的特点;二是指事物本来的性质;三是指完成某种活动所必需的基本条件。② 在教育领域,素质源于第三种解释。由

---

① 胡锦涛:《在全国人才工作会议上的讲话》,2010年5月26日于北京。
② 参见百度百科:《素质》,baike.baidu.com/2013—07—11。

此出发，广播电视人才素质就是指广播电视从业人员为履行广播电视工作职责所必须具备的各种能力，它是心理、知识、价值观、能力等诸多要素的综合体现，具有明显的专业特征。广播电视集政治性、业务性、技术性和文化艺术性于一体。在新技术不断给我国广播电视事业带来新的机遇和挑战的情况下，建立新的广播电视人才素质架构刻不容缓。

一、广播电视人才的基本素质

广播电视具有信息传播、舆论监督、宣传教育、文化娱乐等功能，它在我国经济、政治、文化和社会中的地位，决定了新世纪广播电视才人素质要求的特点。

（一）政治素质

我国广播电视的性质决定了广播电视才人必须具备较高的政治素质，且在才人基本素质中居于核心地位。概括而言，广播电视才人的政治素质是：以中国特色社会主义理论为指导，坚持真理，实事求是，坚持党的基本路线、方针、政策，坚持正确的舆论导向。具体而言，就是要有较高的马列主义理论修养，坚持辩证唯物主义和历史唯物主义的思想方法，善于从纷繁复杂的表象中寻找事物的本质，正确引导社会舆论，引导社会心理，使人们的价值取向和行为方式朝着正确健康的轨道良性发展。

随着社会主义市场经济发展，广播电视引入市场机制，实现一些部门和业务市场化运作。这对广电人才队伍的思想政治工作带来了挑战。加强广播电视人才队伍的思想政治工作，提高他们的政治素质，要从实际出发，建立一套完善的人才政治思想工作机制。具体包括：（1）建立促进核心人才发挥模范作用的制度和有效的沟通制度。（2）建立一套完善的思想政治工作激励机制。（3）在加强思想政治教育的同时，建立以针对性、实用性、开放性为重点的教育培训机制，素质教育、思想教育相得益彰。（4）建立完善的反馈机制。

（二）人文素质

人文素质是指人们在人文方面所具有的综合品质或达到的发展程度。当代社会所提出的人文素质，在很大程度上是作为"科学主义"、"实用主义"

的对立面而出现的。它相对于"科学主义",强调的是关注人的生命、价值和意义的人本主义;相对于实用主义,它强调的是注重人的精神追求的理想主义或浪漫主义。"科学"、"实用"与"人文"、"理想"是人类生存和发展不可或缺的两个价值向度。

对于广播电视从业者来说,人文素质是不可或缺的基本素养,因为它体现了一名广播电视从业者对自然,对社会和对他人所持的基本态度,以及对正义、高尚、卑劣的辨识。它是一种知识和智慧,也是一种涵养和气度。在我国,广播电视从业者肩负着启迪心智、拓宽视野、愉悦情怀、更新观念的社会责任,只有具备了深厚的人文素质,以及较高的审美观、人生观和价值观,才能发现生活的真、善、美,才能传播健康文化,提高观众的审美品位。没有人文素质做基础,就不可能产生优秀的文化作品,也不可能塑造高尚品格的人。

作为广播电视从业者,必须努力提高自身的人文素质,而作为管理者,必须加强人才的人文素质建设,从人文素质的内涵出发去评价和提高从业者的人文素质。具体而言,人文素质包含以下几个方面的内容:首先要具备人文知识。人文知识是人类关于人文领域(主要是精神生活领域)的基本知识,如历史知识、文学知识、政治知识、艺术知识、哲学知识、宗教知识、道德知识、语言知识等;其次要理解人文思想。人文思想是支撑人文知识的基本理论及其内在逻辑。同科学思想相比,人文思想是有很强的民族色彩、个性色彩和鲜明的意识形态特征。人文思想的核心是基本的文化理念;再次要掌握人文方法。人文方法是人文思想中所蕴涵的认识方法和实践方法。人文方法表明了人文思想是如何产生和形成的。学会用人文的方法思考和解决问题,是人文素质的一个重要方面。与科学方法强调精确性和普遍适用性不同,人文方法重在定性,强调体验,且与特定的文化相联系;最后是追求人文精神。人文精神是人文思想、人文方法产生的世界观、价值观基础,是最基本、最重要的人文思想、人文方法。人文精神是人类文化或文明的真谛所在,民族精神、时代精神从根本上说都是人文精神的具体表现。

(三) 法律素质

高素质的广播电视才人必须具备较强的法律意识。法律是国家的行动准则,也是现代社会经济、政治、文化实践活动赖以有序运行的准则。社会主义市场经济的实质是法制经济,广播电视正是围绕经济建设这个中心服务的,因此强化广播电视从业者的法律素质显得尤为重要。

首先,广播电视是为人民群众喜闻乐见的传播方式,这对于开展法制宣传极为有利。广播电视肩负着普法宣传的职责,其目的在于提高每一个社会成员的法律意识。普法宣传不仅仅是法治栏目(节目)所承载的功能,也渗透到经济、文化、社会生活等各个领域。广播电视从业者要善于运用法律的眼光去分析社会、政治、经济、文化生活中的各种现象,捕捉各种易为人们忽略的行为,分析这些表象背后的法律实质和意义,从而强化人民群众的法律意识,提高整个民族的法律知识水平。如果从业者自身的法律意识淡薄,就难以通过广播电视节目传递正确的法制的声音,难以做好对老百姓的普法宣传工作。

其次,近年来,在新闻报道和社会传播活动中一些维权、涉法的事件不断出现,广播电视从业者更应该提高警惕,增强法治观念,依据法律武器维护自己的合法权益,并避免侵害他人的正当权利。2007年,有学者对700例新闻侵权案例进行分析,发现涉及侵害他人名誉权、隐私权、肖像权,并承担民事责任的案例占最大比例。人格尊严是人权的重要组成部分,人权在民法中包括姓名权、名誉权、肖像权、隐私权和信用权,侵犯其中任何一项权利,都可能构成新闻侵权,而造成新闻侵权最主要的原因就是诽谤和失实。如果广播电视从业者对这些基本法律常识都不知道,就很容易踏入雷区,触犯法律。

将法律意识纳入广播电视人才基本素质的架构中,意味着不仅是从事法治节目采编的从业者必须具有法律素养,而且全体广播电视从业人员都应具备高度的法律警觉,自觉的学习法律知识,接受法律培训,把法治观念融入到节目生产的各个环节中,保证广播电视报道顺利进行。

综上所述,坚定的政治立场,良好的人文素质,充足的法律意识,是当代广播电视人才必须具备的三个基本素质,是保证广播电视各项工作有序开展的基础。当然,由于广播电视系统内部分工的不同,不同岗位对应了不同的职位要求。我国广播电视正处于一个快速发展时期,广播电视人才不仅应具有基本的政治、人文和法律素养,还必须具有更加专业化的技能,具有更高的职业素质。

二、广播电视人才的职业素质

所谓广播电视人才的职业素质，是指他们在从事新闻实践的过程中，为了完成或实现特定的任务或目标，所应该掌握和具有的某些特长或综合能力，以及带来的整体效应。从根本上看，广播电视业发展的主要驱动力是人，因此人才队伍的职业素质，决定了广播电视发展的专业程度和传播品质。

在广播电视系统中，由于分工的不同，对各个岗位的职业素质要求会有所偏重。广播电视从业队伍结构大致包含节目制作、播出、传输与发射、管理等几大块。各类人才由于工作性质的不同，对其职业素质的要求也会有所偏重。

（一）节目制播人员的职业素质

节目传播系统的从业人员是广播电视从业队伍的主体，它主要由两部分构成：节目制作人员和节目播出人员，统称为节目制播人员，如新闻节目采访、编辑与创作、播音主持等领域的专业人员，其专业性质往往较多地体现广播电视的传媒属性。节目制播人员不尽数量多，而且业务素质的要求也相对较高，其职业素质的高低对广播电视传播的成效起着决定性作用。因此，节目传播系统从业队伍的建设是整个广播电视系统队伍建设的核心和关键。

1. 合理的知识结构

知识结构是指知识系统下属子系统的内容，各系统的结构，比例关系，以及结构所产生的功能。广播电视人才的知识结构之所以重要，是因为从事这项工作每天都要同各领域的人交往，要接触到各类新闻事件。如果知识结构不合理，就会对受众产生误导。

在信息爆炸的时代，广播电视才人应具备"T"型知识结构。"T"上面的一横代表"博学"，下面的一竖代表"专长"。

首先，广播电视制播人员应是知识广博的人，既懂人文社会科学又懂自然科学，成为触类旁通的"杂家"和"通才"。要成为杂家，广播电视从业者就必须具有较强的求知欲望和快速获取知识的能力，同时还要找到获取知识的途径和方法。由于网络技术的发展，搜索引擎的出现，为各类知识的获取提供了方便，但也增加了辨别知识准确性及信息真伪的难度，因此，广开门路，多渠道求索，可以开阔眼界，拓展知识的宽度。

其次，由于广播电视采编涉猎的领域不同，还要求广播电视从业者要成为某一领域的专家。如果说知识的"杂"可以促进节目多样性和内容的广泛性，那么知识的"专"，有助于增强新闻报道的深度，提高节目质量。以科技报道为例，国外很多科技记者都是长时间甚至一生致力于某一领域的科技报道，积累了深厚的科学素养，他们对学术研究的成果兴趣浓厚，对科学上哪怕细微的进展都抱以很大的热情，对这些进步会给人类和社会带来什么样的好处讲得生动而具体，对科学进展的报道也不吝惜篇幅，称得上这一领域的专家。相比之下，我国报道中的科技新闻偏少，偶尔为之也是跟着社会热点走，专业化程度不高。在报道细节和表达方式上，都需要进一步提高。

在"杂"和"专"的关系问题上，我们提倡先当"杂家"，成为知识面较广的多面手，然后再成为某方面的"专家"。只有成为杂家和专家，才能成为符合时代要求的复合型知识结构的高素质人才。

2. 扎实的业务技能

广播电视从业人员的业务能力可以外化为在广播电视各工作环节中去分析、解决问题的技巧和能力，业务技能应是反映信息时代要求的多项专业能力构成的业务能力体系，包含以下几个方面：

（1）采访写作能力

采访与写作是广播电视采编人员的安身立命之本。在广播电视传播过程中，无论技术如何发展，各栏目的文稿，各类文体和脚本的写作仍然是该行业最基本的工作环节。记者型主持人的出现，告别了口播新闻的时代，主持人即便是出镜亮相，也得在幕后练好采访与写作的基本功。

（2）议题策划能力

策划是借助特定的广播电视媒体信息、素材，为实现某种目的而提供的创意、思路、方法与对策。无论是采写一篇新闻报道，还是经营一个栏目，抑或是对广播电视机构的品牌塑造，都离不开策划。策划是一个节目的起点，是节目成功与否的关键。

（3）掌握现代传播技术能力

网络时代各种新的传播技术已渗透到广播电视传播领域，广播电视工作者必须具备熟练运用摄像技术、录音技术、编辑技术、多媒体技术、动画合成技术，以及卫星通讯等多项现代技术的能力。

(4) 跨文化传播能力

当代世界性的经济、文化和信息的频繁交流，使世界形成一个经济、文化整体。网络时代的广播电视从业人员不仅面向国内传播，更需要把视角伸向世界的各个角落，开展更广泛的跨文化交流。为了实现与其他国家的平等对话，广播电视从业者必须熟练掌握至少一门外语，了解世界多样文化，积极参与跨文化沟通和交流。

(5) 社会交往能力

广播电视是一项社会性极强的工作，从业人员必须深入实际与社会各阶层沟通文流。因此，必须具备较强的社会活动能力，公关沟通技巧，方能成功地与各个阶层，不同文化程度，生活经历、生活方式和人格理念的人士文流，并激发起交流对象的良性互动，配合工作任务的顺利完成。

(6) 现场驾驭能力

现场具有不可知性，随着传播技术的发展，直播手段的运用，使得广播电视从业者面临更大挑战。从事广播电视工作，随时可能遇到突发的情况，这就要求从业者临危不乱，从容应变。

在以上各项专业技能中，采写与策划能力是核心技能，是基础，科技及外语能力是广播电视工作的助推器，交往及应变能力则是顺利开展工作的润滑剂。为确保广播电视工作的专业性和高效率，必须以这六项专业技能为依托，打下扎实的业务基础。

3. 良好的精神品德

精神品格包含两层意思：一是外在的精神状态和风貌，二是内在的品格和修养。"新闻之所以重要，主要有一个原因，那就是：人。它写人，影响人，而且通常只有当它对人有影响时，最无生气的题目才会显得重要。"[①] 这句话阐明的道理很简单：人是新闻之所以称为新闻的理由。只要是人，除了知性、理性外，还有感性的一面。广播电视从业者不仅要表现新闻人物的情感世界，也要以自身的精神品格去打动受众。

---

① 【美】威廉·大卫·斯隆等编：《普利策新闻奖最佳作品集》，中国新闻出版社，1987年版，序。

(1) 精神风貌的外显

首先要热爱广播电视工作。对一项事业的热爱是获取成功的不竭动力。有记者曾说，表现历史的时候要有事件，表现事件的时候要有人物，表现人物的时候要有激情。激情是热爱的结果，一个对事业缺乏热爱的人，只把广播电视工作当做一种职业看待，做一天和尚撞一天钟，得过且过，这样即便作出点成绩，也没有太大作为。而对于将其作为事业追求的人来说，即便遇到很多困难，受到很多阻碍，他依然干劲十足，虽苦犹荣，这就是爱岗敬业精神所产生的力量。

其次要有踏实肯干的工作作风。广播电视事业的成功，要靠广电人一点一滴，脚踏实地的做事。

(2) 品格修养的内化

如何内化品格修养？首先要认清自己的缺点，承认自己的不足，敢于担当和面对问题。其次，要树立行业楷模，以此为榜样激励自己，时刻提醒自己要做一个品格高尚的人。然后，通过学习，以及艺术熏陶，使得心灵得到净化。最后坚持原则，克己奉公。

作为广播电视从业者，注意磨炼自己的品格十分重要。在广播电视人才的职业素质结构中，它处于金字塔尖的位置，也就说即便有丰富的知识，扎实的业务能力，若缺乏良好的品格，也难以成为优秀的广播电视人才。

(二) 技术人才的职业素质

广播电视系统中的许多技术部门的专业人员也是直接从事节目传播工作的。在节目生产制作过程中，技术部门及其专业人员直接参与从采编到完成制作的整个过程，然后技术人员又承担节目的播出、传送和发射系统的工作，他们是广播电视从业队伍中的重要力量。

当代广播电视技术人才需要具备的职业素质主要包括两方面：

首先是专业素质。广播电视技术工作由于其专业性强，从业者必须具备与技术相关的专业知识和专业技能，如通信、电子、电力、机械等专业。在学历上，由于岗位分工的不同，广播电视技术人才至少应具有大专学历，随着广播电视技术的发展，高学历成为未来广播电视技术人才的职业需求。

其次是心理素质。广播电视技术工作因其工作的特殊性，要求工作人员必须具备吃苦耐劳的品格，且能胜任高强度的工作，具备良好的心理素质。

当然这只是针对纯技术工作人员的职业素质要求，对于从事一般性技术工作，如涉及广播电视摄像、灯光、录音、编辑等技术工作的人员，则以广播电视制播人员的职业素质要求之。

（三）管理人员的职业素质

管理系统包括编播业务管理、技术管理、经营管理、行政管理、后勤服务管理等几个主要方面的工作，并渗透到广播电视工作的各个环节，是整个广播电视系统正常运作的可靠保证。管理人员不仅要具备和掌握广播电视各种业务的相关知识、政策，还要具备和掌握管理学知识，具备比一般业务人员更高的素质。

1. 具有全面的综合素质

这是当今社会中科学、产业、经济日益整合一体的要求，也是广播电视全方位发展的要求，具体而言：对自己专长的某一职能以外的其他各方面职能都要有广泛的了解和经验；能够平衡经济目标、社会目标以及科技目标、政治目标之间的关系；善于与各方面专家沟通利用他们的知识与经验增强管理决策的科学性、准确性、适应性和前瞻性。

2. 具备相应的管理技巧

广播电视管理者要具备三方面的技巧：

第一，专业技术方面，要具备业务能力。广播电视涉及广泛的专业领域和科学技术领域。管理者必须具备广博的专业技术素养，了解广播电视传播、工程、节目、市场等各方面基本状况，同时精通负责管理的领域。

第二，人际关系方面，要具备人际关系能力。管理者须具备良好的人际沟通能力，善于调动员工积极性、鼓舞员工士气。其中最重要的要有统一协调，促进员工合作共事的能力。

第三，现代化理念方面，要具备概念形成能力。广播电视是现代化媒体，其管理者必须具备现代化理念。

3. 具有胜任角色的能力

广播电视管理者具备了上述技巧，就具备了胜任其角色的基础条件。角色分为三大类：

第一，在人际关系方面，作为组织的象征，广播电视管理者有三重角色：领导者角色，即发挥高度的指挥功能，人际关系挂名领袖的角色以及内外部的联络者角色。

第二，在信息传递方面作为组织的"神经中枢"，广播电视管理者要扮演三种角色：信息监听者角色、内部沟通者角色以及外部发言人角色。

第三，在决策制定方面，由于在组织策略制定过程中的责任，广播电视管理者要扮演三种角色：媒介资源分配者角色、冲突协调者角色和谈判者角色。

4. 具有良好的心理素质

广播电视管理者应具备的心理特质是：与时俱进的创新能力；当断则断的决断能力；灵活机动的应变能力。对应变力的理解要注意三个方面：一是应变行为的总目标不能变，行为的变化不能随心所欲而需符合活动的总体目的；二是应变行为要有新意，大胆探索适应新形势的新思路和新方法；三是应变速度要快，以适应媒体市场的激烈竞争。同时，广播电视管理者，必须具备坚强的心理承受能力，只有具备了以上心理素质，才能有较好的驾驭各种复杂局面的心理基础从而有利于做好媒介管理工作。

5. 具有良好的个性特征

良好的个性特征也是值得注意的素质要求。管理者的个性特征是管理人员选拔和培养中更值得注意的素质要求。它包括较强的管理欲望，正直的优秀品质，饱满、稳定的情绪，能换位思考的移情意识及高度的责任感和成熟的心智。

在广播电视人才队伍中，除了制播人员、技术人员和管理人员外，还有广播电视支持系统各部门，如节目报刊业、音像出版业、视听广告业、专业教育业、科研教育业等，也对自己的专业人员有各自的专业和素质要求。需要指出的是，虽然各个专业都有自己的分工，但在广播电视实践中，一些专业分工和智能岗位之间的界限并不很明显，不少专业岗位通常与其他岗位在工作职能上还存在着交叉现象，因此，在广播电视领域，团队合作精神是广播电视人才必须具备的职业素质。

三、广播电视人才的职业道德

所谓职业,指个人在社会中所从事的作为主要生活来源的工作,从本质上来看,是社会职能专业化和人的角色社会化的统一。职业生活与家庭生活和公共生活一起,构成了人类复杂的社会生活,它是人类社会生活得以发展的社会组织形式。由于职业所固有的社会性质和地位,决定了每种职业在道德上都有自己的特殊要求,各行各业都有与本行业相一致的道德准则和行为规范。所谓职业道德,就是所有从业人员在职业活动中应该遵循的行为准则,涵盖了从业人员与服务对象、职业与职工、职业与职业之间的关系。①

(一)广播电视职业道德的基本规范

广播电视属于我国社会主义新闻事业的范畴,因此,中国记协制定的《中国新闻工作者职业道德准则》应成为广播电视从业者的基本行为准则。在此基础上,广播电视编辑记者还应遵循《中国广播电视编辑记者职业道德准则》,播音员主持人则须遵守《中国广播电视播音员主持人职业道德准则》。

1. 责任担当与舆论引导

广播电视工作者所从事的事业,担负着传播先进文化,弘扬民族精神,维护国家利益,促进经济社会发展,推动人类文明的崇高使命和社会责任,应热爱祖国和人民,珍视国家和人民赋予的权利,全心全意为人民服务,为社会主义服务,为党和国家工作的大局服务。忠于党的新闻事业,坚持党性原则,坚定执行党的路线、方针、政策,自觉遵守宪法和法律法规,保守国家秘密,真实报道新闻,正确引导舆论,努力传播知识,热情提供服务,不断满足广大人民群众的精神和文化需要。不宣扬利己主义、拜金主义、享乐主义的人生观、价值观和生活方式。坚持把社会效益放在首位,严肃认真地考虑新闻传播的社会效果。不片面追求经济利益,不报道危害国家安全、影响社会稳定、违背社会公德、损害公共利益的内容。坚持报道的高品质、高品位,不迎合庸俗、低级趣味。对重大事件、社会热点和敏感问题的报道,应注意把握分寸、时机、力度,释疑解惑,积极引导。不炒作和蓄意制造舆

---

① 参见王天定等:《广播电视法规与职业道德》,中国广播电视出版社,2005年版,第324页。

论"热点",误导受众。

报道意外事件,应顾及受害人及家属的感受,在提问和录音、录像时应避免对其心理造成伤害。尊重和保护未成年人、妇女、老人和残疾人的合法权益。报道违法犯罪的未成年人和性侵犯的受害者时,录音、图像应经过特殊处理,使之不可辨认;不公布其真实姓名,不描述犯罪过程。

2. 维护真实与秉持公正

广播电视从业者应该对报道内容的真实和准确负责,报道必须以事实为依据,不编造新闻,不歪曲、夸大事实。消息来源必须真实可靠。应深入新闻现场采集第一手信息,保证新闻要素准确无误,未经证实的消息,应加以说明,除需要对提供信息者保密外,报道中应指明消息来源。应认真核实报道内容,包括基本事实、背景资料、引述转述语言等。对稿件中采用的声音、图像、数据、文件摘录及其他材料,做到真实、准确、科学、统一。报道中的细节必须真实,不加以拔高、想象和夸张。报道所采用的声音、图像均应来自新闻现场或与报道主题相关的采编活动,而非个人编造或拼接。在报道、说明、解释和评论事实时,要全面把握和正确反映社会生活的本质和主流,避免因为报道肤浅、片面而导致公众对事物的判断产生偏差或错误。报道一经发布,如果发现错误,应立即公开更正。

广播电视从业者应坚持客观公正的职业理念,坚持深入实际,调查研究,忠于事实,追求真理的职业精神。坚持准确、公正、全面、客观的报道原则。不从个人或小团体利益出发进行影响公共利益的报道。要区分报道事实和评价事实,不将评论或猜测作为认定的事实发表。不参与任何可能有损于自身公正和信誉的组织及活动,不在自己服务的媒体上发表本人及亲属涉诉事件的报道和评论,不阻挠正当的舆论监督。正确行使舆论监督职能,勇于批评和揭露违法违纪行为、消极腐败现象和违背社会公德的不良风气,弘扬社会正气,捍卫社会公正,维护社会稳定。批评性或揭露性报道要有利于问题的解决。不追求所谓"轰动效应"、哗众取宠;不以个人情绪代替政策法律、发泄私愤、中伤他人。尊重被批评者申辩的权利。案件报道不应影响司法公正和法律判决。不偏袒诉讼任何一方;案件判决前,不作定罪、定性报道;不针对法庭审判活动进行暗访;报道公开审理的案件,应遵守相关法律规定。报道中避免对种族、性别、年龄、职业、宗教信仰、教育程度、居住地等的任何歧视。

3. 语言规范与形象庄重

广播电视从业者要积极推广、普及普通话，规范使用通用语言文字，维护祖国语言和文字的纯洁，发挥示范作用。除特殊需要，一律使用普通话。不使用对规范语言有损害的口音、语调、粗俗语言、俚语、行话，不在普通话中夹杂不必要的外文。用词造句要遵守现代汉语的语法规则，语序合理，修辞恰当，层次清楚。避免滥用方言词语、文言词语、简称略语或生造词语。表达要通俗易懂、准确生动、富有内涵、朴素大方。避免艰涩、易生歧义的语言和煽情、夸张的表达。不追求低俗的主持风格和极端个人化的主持方式。与受众和嘉宾平等交流、沟通，做到相互尊重、理解、通达、友善，赢得公众信赖。

广播电视从业者尤其是播音员主持人代表着电台电视台的形象，言谈举止有着广泛的社会影响和示范效应，应自觉树立良好形象，维护媒体公信力。树立良好的声屏形象，尊重大众审美情趣和欣赏习惯。服饰、发型、化妆、声音、举止等要与节目（栏目）定位相协调，大方、得体，避免媚俗。形象设计要符合中华民族的文化传统，不盲目模仿境外和外国人的形象，不用外国人的名字作艺名。少儿节目主持人的服饰、发型、化妆、声音、举止要充分考虑到对未成年人的影响，展示积极健康向上的形象和精神风貌。严格约束日常行为。在工作和生活中要保持良好仪表和文明举止；自尊自爱，不参加任何有损于媒体形象、自身形象的组织和活动；要有公众人物的自觉意识，接受社会、公众和媒体较常人更为严格的监督。确立正确的公众人物观念。尊重观众、听众，热情礼貌地对待受众；不以个人知名度和社会影响寻求利益，谋求优惠、照顾和方便；在涉及个人的纠纷中，不以强调个人工作身份和个人知名度影响、干扰和破坏法律法规的实施。努力提高政治素养、文化内涵、语言能力、心理素质，保持外在形象和内在素质的和谐统一。

4. 作风清廉与品格高尚

广播电视编辑记者应该清正廉洁，克己奉公，反对任何形式的"有偿新闻"。不利用职务之便，直接或间接地为本人、亲属及其他人谋取私利。不擅自组团进行采访活动，不参加他人擅自组织的采访活动。不以任何名义索要、接受和借用报道对象的钱物。不以批评报道相威胁或以表扬报道相引诱，为个人和小团体谋利。不以"公开曝光"、"编发内参"等方式要挟他人以达到个人目的或其他不正当目的。严格区分新闻报道与广告，不以任何形式从事广告和其他经营活动。不利用新闻报道拉赞助、拉广告；不以新闻报道形式为企业或产品做变相广告或形象宣传；广告和广告信息应有明确广告标识。自觉遵守有关廉政的规章制度和财经纪律，自觉接受公众和有关部门的监督。

涉及使用其他新闻来源的报道时，应尊重其他新闻来源和相关作者的知识产权。对内容的选择应忠实于原作，不断章取义。尊重采访对象的声明和要求，采访时应主动出示工作证件或单位介绍信。同行之间互相尊重，互相学习，互相支持，开展正当的业务竞争。

（二）建构传播者职业道德的保障机制

传播者所具备的职业道德除了靠自我学习和自我约束外，还必须靠制度来进行约束，或奖励，或惩罚，以保障其职业道德的持久性。建构传播者职业道德的保障机制，可以从四个方面着手。

1. 建立新闻真实的保障机制

首先要确立忠于事实的职业理念。这个要求看似很"虚"，但却是假新闻产生的主要问题。为了宣传而造假是最常见的现象，而且很少被披露和受到批评。这说明报道者没有真正把忠于事实放在职业道德的首要位置，而把实现某种主观需要看得更加重要。同时也缺乏宣传伦理素养。并非目的正当就可以不择手段地造假，手段的不正当说明正当的目的也是可疑的。

其次要有证据意识。当下，中国正处在社会转型中，社会资源和利益的重新分配引发了很多矛盾和冲突。同一事件，可能涉及矛盾双方甚至多方，即使针对同一事实，不同的当事人可能有大相径庭、截然相反的表述。为了维护公共利益，体现报道的正义，记者需要搜集所有能"说明问题"的证据，包括之前的公开报道、内部资料、物证、书证、证人证言、鉴定结论、笔录等。证据是事实的重要载体。尽管并非所有事实都能得到不同信源的印证，但记者必须多方求证，把得到确认的事实写进报道，尽可能做到报道的客观与平衡。

证据意识是记者的一种重要职业素质。在判断一个选题能否操作时，记者要看是否有证据做依据；一个事件能否最终形成报道，要有核心证据的支撑；报道引发官司，能够拿出证据呈送法庭。因此，记者从介入一个选题开始，就要有判断、搜集和保存证据的意识。

2. 形成工作流程中的监督机制

形成一套行之有效的涉及新闻采访、写作和编辑的职业规范，以及相应的工作流程中的监督机制。例如采访，至少需要有这样的要求：不采用无可证实的事实；不采用取证不当的事实；不采用证据存疑的事实；再如核实，至少要懂得不能向爆料者核实，不能向新闻作品中被肯定的一方核实。在编辑流程中，要有制度保障各个环节的衔接，以及后续编辑必须查看原始稿件的要求，以免发生因删节、丢失等原因造成的误读。

3. 形成失实后的"更正与答辩"机制

新闻以时效性为特征，第一时间报道的事实很难保证所有细节的真实。因而，主动更正此前发布新闻中的差错，是新闻传媒的正常业务之一。一些不属于技术性差错的假新闻，报道的媒体有必要向公众道歉。发生重大的新闻失实，要追究当事人，以及有责任的上级领导人的责任，这就要求传媒内或行业内得制定具体的追究责任的程序和处罚条例。

4. 组织及人员保障

传媒内部要有具体的部门和专人来监督本媒体各项职业规范的落实。实践证明，只要媒体设有专人督查，假新闻出现的案例就会明显减少。

第二节 传媒新生态的人才需求

进入21世纪以后，中国传媒进入第三次发展高潮，即传媒体制改革以及数字化发展。广播电视逐步走出从分散到集中再到融合的道路，当代广播电视传媒生态环境呈现出复杂的多元共生的特征，媒体人才的需求状况也发生了根本性的改变。

一、广播电视人才队伍的特征

广播电视人才队伍是一支不断发展壮大的队伍，支撑着广播电视事业建设和产业发展。几十年来，随着我国广播电视人才素质的逐步提高，结构的逐步改善，已基本形成一支以新闻宣传、艺术创作、工程技术、经营管理人员为主体，专业门类齐全，符合现代传媒要求，充满生机活力的人才队伍。

（一）人才队伍规模不断壮大，结构逐步优化

随着中国广播电视的快速发展，人才队伍也呈现较快发展态势。"十一五"期间，全国广播电视人才在五年内增长14.1%，达到64.49万人。预计"十二五"期间，广播电视人才将有较大幅度增长，总体规模达到100万人，但不同岗位人员增幅会有一定差别。

从从业人员岗位构成来看，主要分为公务员、事业单位管理人员、企业经营管理人员、专业技术人员和后勤服务人员五大类。广播电视专业技术人员分布于采编、播音主持、工程技术、艺术等岗位。截止2010年年底，"十一五"期间，采编和工程技术两类专业技术人员增长较快，分别较2006年增长17.18%和8.98%，达到13.06万人和12.23万人；播音主持和艺术人才增长不明显，分别达到2.52万人和1.55万人。截止2012年年底，采编人数达到14.23万人，工程技术人员达到15.19万人，播音员主持人达到2.82万人，艺术人员为1.79万人。各类人员基本保持了"十一五"期间的增长态势，但新增经营人员3.16万人，反映出广电产业发展势头日趋走强。

广播电视系统人才队伍已基本涵盖党政管理、新闻宣传、艺术创作、国际传播、工程技术、新媒体新业态、经营管理、出版、法律等各个专业门类，拓展了新领域新专业。截止2012年年底，从知识结构看，研究生及以上学历的占3.14%，大专及本科学历的占到69.39%，队伍整体学历水平明显提高。从专业结构看，专业技术人员占51.01%，其中中级职称比例占29.00%，副高正高级职称比例24.26%，高层次、高技能专业技术人才和复合型人才数量明显增加。从分级构成看，中央单位占6.09%，省级占35.46%，市级占23.67%，县级占34.78%，基层人员所占比重较大。从年龄结构看，35岁以下的占46.11%，36—50岁的占43.51%，[①] 形成了老中青相结合，充满活力的人才梯队。

[①] 上述数据分别参见《2012年全国广播电视人才队伍情况图表》，载《中国广播电影电视发展报告（2013）》，社会科学文献出版社，2013年版，第360—366页；《中国广播电影电视发展报告（2011）》，社会科学文献出版社，2011年版，第138—139页。

在上述数据之外，还有一部分广播电视系统之外的从业人员，也是广播电视行业的重要力量。由于国家文化体制改革不断深入和发展，在系统管理之外产生的相当规模的民营广播电视节目制作、营销机构，也聚集了一大批专业人才和管理人才，由于其规模和数量不断变化，从业人员尚未有准确的统计数据。

（二）广播电视人才素质不断提高

在思想政治素质方面，广播电视行业坚持用中国特色社会主义理论武装头脑、指导实践，努力把党的理论创新成果转化为各级广播电视机构谋划发展的工作思路和具体措施，引导各级干部高举旗帜、践行宗旨，全面贯彻科学发展观，进一步强化各级班子和广大干部的党性意识、阵地意识、导向意识和责任意识。

在业务能力提高方面，坚持在重点工程、重大项目、重要岗位实践中培养人才，锻炼人才，在完成急难险重任务中提高能力。通过重大宣传报道项目培养锻炼了一大批新闻宣传和艺术创作人才；在"村村通"、"西新工程"等重点工程的实施中，培养了高层次技术研发和应用型人才；在推进实施数字广播电视、移动多媒体广播电视等重点技术项目中，加强新媒体新业务人才的培养使用；在实施"走出去"工程中，不断扩大国际传播人才队伍；在深化体制机制改革、大力发展广电产业过程中，培养锻炼了一批优秀的产业经营管理人才；还培养了一大批专门从事少数民族语言广播电视的优秀人才等。在专业技术人才管理方面，通过加强资格准入，不断提高队伍素质。"十一五"期间，广播电视系统规范了编辑记者、播音员主持人职业资格管理。

（三）干部人事制度改革进一步深化

干部人事制度改革不断深化，以培养、吸引、激励为主要手段的广播电视人才资源开发体系及工作机制不断健全和完善。"十一五"期间，国家广播电影电视总局共选派69名干部到中西部地方党政部门、广电部门及国家重点工程挂职锻炼，同时安排116名基层干部到国家广播电影电视总局交流任职。仅2010年就安排40名干部在国家广播电影电视总局范围内挂职锻炼，其中司局级后备干部12名；进行了第二批国家广播电影电视总局所属单位与西藏、新疆广电单位专业干部双向交流锻炼；参加了全国博士服务团赴地方挂职交流,接受"西部之光"访问学者和新疆"特培"干部等工作。

二、广播电视面临的新生态

生态学(Ecology),是德国生物学家恩斯特·海克尔于1869年定义的一个概念:生态学是研究生物体与其周围环境(包括非生物环境和生物环境)相互关系的科学。半个多世纪以来,生态学已经展现出由自然科学向社会科学和其他人文科学渗透的轨迹,它已经不再仅仅是一门专业化的学问,而是一种统摄自然与社会、生命与环境、物质与文化的理论观点,一种新型的世界观。当代广播电视人才,只有首先认识到我国当前传媒生态环境的特点,才能有针对性的锻炼培养提高,以适应新形势下传媒对人才的需求。

(一)传媒生态环境的概念

20世纪末21世纪初开始,媒介生态学在我国的研究来自于我国传播学者的自觉,属于原创,不是从国外引进的。所谓媒介生态学,是指用生态学的观点和方法来探索和揭示人与媒介、社会、自然四者之间的相互关系及其发展变化的本质和规律的科学。在我国媒介生态学研究中,不同的学者对媒介生态、媒介环境等概念有不同的见解,甚至常常把它们互相混淆。媒介环境和媒介生态两个概念的区别是:前者着眼于媒介环境的整体,后者侧重于媒介彼此之间以及媒介与社会环境之间的相互关系。[1] 媒介生态是一个宏观概念,媒介环境则是一个相对中观的概念,有时这两个概念又是交叉的,本章采用"媒介生态环境"这一概念。

(二)媒介生态环境中的生态因子

任何一种环境都包含着各种不同的因素,每一种因素都会对生物产生或多或少、或直接或间接的作用。并且这些因素的作用并不是单独的,而是互相联系、互相影响的。生态学上把环境中对生物个体或群体的生长、发育、生殖、行为、分布等起着影响作用的因素称为生态因子,如光照、温度、水、土壤、地形等。在广播电视生态环境中,同样存在着多种多样的生态因子,

---

[1] 参见崔保国:《理解媒介生态——媒介生态学教学与研究的展开》,载张国良、黄芝晓主编:《全球信息化时代的华人传播研究:力量汇聚与学术创新》,复旦大学出版社,2004年版,第262页。

所有生态因子共同对广播电视媒体的生存发展发挥作用。也就是说，所有对电视媒体的生存发展发挥作用的生态因子共同构成了广播电视生态环境。值得注意的是，与其他任何一种环境一样，在一定的条件下，广播电视生态环境中的各种生态因子的重要性是不同的，具有主次之分，即非等价性。在广播电视生态环境中，与广播电视生态系统的生存、发展联系得最为紧密的是制度生态因子、经济生态因子、文化生态因子、技术生态因子。当然，制度、经济、文化、技术四个生态因子本身又都有着丰富的内涵和复杂的影响。

（三）当代广播电视媒介生态环境的特征

在借鉴已有的媒介生态学研究成果的基础上，当代中国广播电视的生态环境呈现以下几个方面的特征。

1. 制度生态因子：制度改革力图打破行政区划，恢复广播电视生态系统的互动性

中国广播电视制度发展始于新中国成立之初，到20世纪80年代基本成型。有人用"喉舌定性、事业建制、管办合一、四级建设"来总结长期以来我国广播电视制度的特征，但随着改革开放的深入，这种制度生态环境受到广播电视产业的挑战，体制改革渐露端倪。

一方面，"事业建制、管办合一"是计划经济条件下，以公有制为唯一体制形式背景下的产物。改革开放后，我国广播电视具有"事业性质，企业管理"的双重属性，客观上促进了广播电视的新一轮跨越式发展。但随着广播电视产业的推进，广播电视作为事业单位的管理思维定势，使得广播电视系统外的市场主体和资金难以进入广播电视的经营领域，制度改革被提上日程。

另一方面，1983年确定的"四级办"的方针，在当时的历史背景下确实发挥了积极作用。但从当前媒介环境看，"四级办"按行政区划人为地分割市场，导致重复建设，资源浪费。于是，突破行政区划，各级广播电视互动协调发展的格局开始显现。例如，2008年借奥运之势崛起的中国体育联播平台（CSPN）成为中国首个体育电视网联营的雏形。中国体育联播平台（CSPN）矩阵式采用"联合引进、联合制作、联合播出"模式，统一购买欧洲杯等重大赛事节目版权，并自行制作多档新闻类节目，由7家省级体育频道实现同步播出，覆盖5亿观众。2008年3月，上海第一财经传媒有限公司与包括省

级电视台在内的全国20多个地方电视台合作，结成电视财经战略联盟，电视财经节目可通过节目提供或频道合作的方式得以流通。随着以媒体联盟为主体的节目生产交易网络的探索和发展，广电产品流通市场将呈现良性的发展态势。而这种流通的实现，便是以生态环境的互动性为前提条件的。

2. 经济生态因子："食物链"中对广告的单纯依赖开始降低，多种融资途径需求增加

在西方传媒界有这么一种说法："总编辑是广告部主任的拉拉队。"足见广告对媒体的重要影响。有数据显示，中国有80%的广播电视产业资本来自于广告费。不夸张地说，长期以来广告都是广播电视生态系统"食物链"的支撑性经济来源。然而，2008年，由美国次贷危机升级而来的一场席卷全球的金融危机，也波及我国的实体经济。由于我国媒体的广告收入占总收入的比例远远高于西方国家的媒体，在支柱型行业广告投入下滑的态势下，我国传媒广告业开始被阴影笼罩。广播电视广告的传统优势正在被弱化，广播电视广告的市场份额正被新媒体快速分食。对我国广播电视产业而言，减轻对广告的经济依赖已是不能回避的现实问题。我国广播电视良好的经济生态环境的建设需要扩充融资渠道，探索更加丰富的盈利模式。

3. 文化生态因子：同质化竞争呼唤有差异的文化生态位

伴随我国广播电视产业化、集团化的迅速发展，广播电视文化生态的同质化现象仍显严重。从形态到内容，从节目、栏目到整体频道定位，"克隆"之风未减，这对我国电视文化生态带来的负面影响不容忽视。

从生态学的角度看，生态位是指在自然生态系统中一个物种的时间、空间上的位置及其与相关种间的机能关系。由于竞争的排斥作用，生态位越接近的物种之间竞争会越激烈；反之，能够在同一区域生存的两种生物的生态位相似性必然有限，它们肯定在某些方面有所差别。它们可能是通过资源利用的专化，缩小生态位，减少生态位重叠以减少竞争，最后求得共存。根据生态学中生态位规律，任何一种媒体都必然有其特殊的时间与空间上的生态位，以及它在这一状态下的特有作为，很少有两种媒体能长期共有同一生态位的。因为一般来说，在一定的时间、空间范围内，媒体赖以生存的信息、受众、广告等资源都是有限的，不可能为所有媒体平等分享。所以，无论是广播电视媒体之间的种内关系，还是广播电视媒体与其他媒体之间的种间关

系，都存在着残酷的竞争。一味地同位（生态位）竞争只能是死路一条，差异化竞争才是制胜之道。

4. 技术生态因子：技术革新，促进新媒体与传统媒体的大融合

科学技术是第一生产力，技术生态因子同样是媒介生态系统发展的巨大推动力。自20世纪末开始，网络技术的诞生给曾经风光无限的广播电视带来巨大冲击和严峻挑战。网络的海量性、交互性、自由性、开放性等优势，正是传统广播电视的缺陷所在。新技术带给广播电视的竞争压力，迫使广播电视努力增强自身的科技含量，跟上技术发展的步伐，满足受众在信息时代的新需求。

网络、手机等新媒体的强势进入，已经悄然改变广播电视的技术生态环境。网络广播电视因流媒体技术、P2P而成为可能；3G技术使用户在手机上也可以收看电视；数字电视这种终端上的新设备也是技术更新的结果。用新技术改造传统媒体，用新媒体提升传统媒体的过程，使得广播电视技术生态环境呈现出更大的丰富性。

从以上四个方面可以看出，无论从制度层面，还是经济、文化、技术层面，我国广播电视生态环境正朝向融合方向发展。媒介融合带来媒介生态环境的变革，对整个传媒格局的影响广泛而深刻，其中也影响和制约了广播电视人才的发展格局。

三、媒介融合对人才的新需求

从中国媒介融合的现实环境以及广播电视业的发展趋势来看，未来广电人才市场需求结构将出现以下几方面的变化。

（一）对高层次人才的需求加大

广播电视人才需求的第一个趋势是，以注重传统的专业技术队伍向掌握广电科技发展新技术的高层次人才转变。广播电视数字化带来的是广播电视制作、传输、播出、监测、监管等方面的技术革命，因此数字化改变着广播电视业现有人才结构。当前，那些能掌握广电科技发展新技术如数字技术、网络技术、卫星技术等高层次人才缺口较大，此类人才在今后将会有旺盛的需求。

(二）创新型复合人才需求加大

广播电视人才需求的第二个趋势是，以注重专业技术型队伍向创新型、专业交叉型、学科综合型人才队伍转变。广播电视产业作为文化产业的重要组成部分之一，其内容创新、艺术创新及技术创新等已经成为今后发展的着力点，相应的创新性广电产品、服务将会有大量的创新型、综合型的人才需求。

(三）经营管理人才需求增加

广播电视人才需求的第三个趋势是，以注重传统宣传队伍向既懂宣传业务又懂传媒经营、管理的知识复合型人才队伍转变。随着现代广电产业的发展，传统广电人才队伍在市场意识、营销观念、经营能力、管理水平等方面已经出现明显的不适应，因此在某种程度上大大阻碍了广电产业的快速发展。为适应新形势发展的需要，一些广电单位开始着手挖掘、培养一批广播影视改革发展急需的战略规划、资本运作、版权管理、科技管理、项目管理等知识复合型经营管理人才。这一类人才在未来将会成为广电人才市场需求的重点，并且在人才数量上会有较大增加，会在一定程度上改变广电人才结构。

(四）国际化人才需求增加

广播电视人才需求的第四个趋势是，以注重本土化队伍培养向懂传播、会管理、精通外语的外向型、国际化人才队伍的转变。随着网络技术、卫星技术的发展，广播电视业开始转向跨行政区域、跨媒体经营，有的甚至开始走出国门。因此传统本土化的人才队伍已经很难满足广播电视业"走出去"发展的需要，一些懂传播业务、会经营管理、精通外语以及熟悉国际传播规则的优秀人才成为广电人才市场需求重点之一。

以全媒体统筹考量人才培养战略，是超媒体时代的必然要求。每个记者、策划、经营管理人员都应掌握将互联网和各种在线信息融入日常工作的本领，并创建经常浏览的在线信息源收藏夹。未来传媒人才的形象是：手持智能手机、肩扛摄像机、包揣上网本，不仅能给报纸、网站写文稿，也会在网上发音视频、用手机织"围脖"、为广播电视做连线。同时，职业广播电视工作者的作用也将愈加重要。其超凡的专业修养，将帮助他们成为新时代的舆论先锋，用巧妙的手法，聚合恰当内容；用卓越的笔锋，解读新闻背后的信息，引导受众分辨真伪，判断良莠。① 我们要适应超媒体时代的新特点、新要求，努力造就一支立场坚定、业务精通、了解国情、熟悉外语、通晓国际规则的复合型传播队伍，这对于构建覆盖广泛、技术先进的现代传播体系，不断增强国际传播力，提高我国文化软实力，具有划时代的意义。

第三节　广播电视人才培养目标

新世纪以来，广播电视系统高度重视人才队伍建设，取得了显著成绩。但是，广播电视人才的整体水平与我国经济社会发展需要和广播电视科学发展要求相比还存在不适应的地方。我们要增强紧迫感和责任感，坚定不移地走人才强国、人才兴业的道路，做到科学规划，重点突破，整体推进，加强对人才的培养和选拔，不断开创人才辈出，人尽其才的新局面。

一、加快人才培养的重要意义

广播电视人才是党和国家整体人才队伍的重要组成部分，是社会主义先进文化的建设者和传播者，是广播电视科学发展的第一资源。加快人才培养是广播电视发展的直接驱动力。

（一）广电人才培养的特殊性

与传统行业不同，广电行业是一个智力密集型行业，内部岗位分类复杂，专业跨度极大，既有从事采编播的新闻、综艺、影视剧制作人才，又有从事广电工程的技术人才，还有从事综合保障工作的后勤专业人才，各类人员业绩考评的标准不尽相同。因此，广电行业的人才有如下特点：一是创作方式更多依赖团队协作和整体素质，拼的是激情和活力，比的是勇气和毅力；二是创新是广电行业发展的根本，如果专业团队没有足够的创新活力，发展就会受到影响；三是培养人才周期长，尤其是从事深度报道、专题报道、艺术创作、工程设计等工作的人才；而且核心岗位都是"技术＋艺术"型的，而对艺术的评价则会受到文化背景、风俗习惯等多方面的影响；四是年轻员

---

① 参见张君昌：《做超媒体时代的舆论先锋》，《青年记者》，2012年7月下。

工群体规模庞大,年轻人的独立个性对传统人力资源管理手段提出了极大的挑战。

(二)广电人才培养的迫切性

近年来,国内广电行业的竞争不断升级,各级广电机构都绞尽脑汁,新节目形态层出不穷,生动反映了广电行业的竞争态势。与此同时,传媒业与国际市场接轨紧密,具有西方传媒集团背景的企业利用各种途径进入中国市场抢地盘、挖人才,高端人才竞争加剧。各大广电传媒纷纷推行多元化战略,业务领域不再仅限于传统的播出业,而是积极向内容制作、演艺行业(如天娱传媒),甚至新型无店铺零售业(如快乐购、东方CJ、好易购)扩张,而这些新兴产业的企划和运营显然是传统广电行业人才不熟悉的,急需一大批懂经营、会管理的创新型专业人才。因此,广电人才培养的迫切性日渐凸显。

二、广播电视人才培养的原则、目标和任务

广播电视的人才培养是一项有序的系统的工程,必须遵循一定的原则,在一定的目标指引下完成特定的培养任务。

(一)培养原则

中国广播电视人才队伍建设应遵循以下原则:坚持党管人才原则,把握正确用人导向,树立和落实科学的人才发展观;坚持德才兼备,以德为先的人才标准,着力培养政治素质高、道德素质好的优秀人才;坚持服务发展,紧紧围绕广播电视科学发展的主题,制定人才队伍建设目标任务,加大培训力度,完善政策措施;坚持以用为本,重视实践锻炼,积极为各类人才的健康成长和发挥才能提供机会和条件;坚持创新机制,努力构建与广播电视改革发展相适应的人才工作机制,激发人才创造活力;坚持高端引进,以各领域领军人才、拔尖人才为重点,突出培养急需紧缺的复合型人才、创新型人才、外向型人才,充分发挥高层次人才的示范带动作用;坚持整体开发,统筹抓好各类人才队伍建设,重视基层和西部少数民族地区广播电视才人队伍建设,重视青年创新人才的培养锻炼,实现人才队伍的协调发展。

(二)培养目标

我国广播电视人才中长期发展总体目标是:培养造就规模适宜、素质优

良、结构合理的人才队伍,为广播电视改革发展提供坚强的思想政治保证、人才保证和智力支持。人才队伍的规模不断壮大,人才的增长幅度与广播电视的发展速度相协调,确保满足事业产业发展的需求;人才素质显著提高,人才队伍的年龄结构、知识结构、专业结构更加合理,创新型、复合型、外向型人才比例逐步提高,人才布局与广播电视事业产业布局相适应、相协调;人才竞争比较优势明显增强,在党政管理、新闻传播、国际传播、艺术创作、经营管理、科技研发、新媒体新业态、理论研究等方面培养一批优秀人才;人才工作体制机制更加完善,人才培养、管理、服务体系更加健全,形成育才、引才、聚才、用才的良好环境。

(三) 培养任务

广播电视人才包括党政管理人才、新闻传播人才、国际传播人才、艺术人才、经营管理人才、科技人才、新媒体新业态人才、研究和法律人才等。他们在各自的岗位上,各司其职,共同维护着广播电视系统的正常运转。在人才培养上,应针对其岗位、职位的特征,适时调整人才培养方针和培养任务。

1. 广播电视党政管理人才培养

按照深化干部人事制度改革的要求,以提高领导水平和执政能力为核心,努力建设一支政治坚定、勇于创新、善于推动广播电视科学发展的高素质党政管理人才队伍。把思想政治建设作为首要任务,不断提高各级广播电视管理部门、企事业单位领导班子和领导干部政治意识、大局意识、责任意识,确保广播电视的领导权牢牢掌握在忠于党和人民的人手中。加大竞争性选拔干部力度,逐步做到竞争上岗工作常态化、制度化。注重从基层选拔干部,不断优化领导班子结构,增强整体功能。加大干部实践锻炼力度,把多岗位锻炼、交流任职、挂职等作为实践锻炼的主要方式,不断提高干部的实际工作能力。逐步建立健全干部岗位职责规范及其能力素质标准,形成较为完善的体现不同类型、不同层次干部特点的考核评价体系。加强后备干部队伍建设,按照干部管理权限制定落实后备干部培养锻炼计划。

2. 广播电视新闻传播人才培养

适应建设国家重要媒体的要求,以提高广播电视舆论引导能力为核心,努力建设一支政治坚定、素质优良、作风过硬的新闻传播人才队伍。加大名编辑、名记者、名评论员、名播音员、名主持人培养力度,加快培养复合型专家型编辑记者和新闻评论等人才。进一步深入开展"三项学习教育活动",加强中国特色社会主义理论体系、马克思主义新闻观、职业精神职业道德学习教育,提高广播电视新闻从业人员思想政治素质,增强把握导向、引导舆论的能力。进一步加强新闻传播人才实践锻炼,有计划的安排中青年业务骨干到基层和艰苦地区挂职锻炼。切实加强广播电视编辑记者、播音员主持人资格管理,进一步完善准入退出机制。

3. 广播电视国际传播人才培养

适应加强国际传播能力建设的要求,以提高广播电视国际传播能力为核心,按照掌握话语权、赢得主动权的要求,努力建设一支熟悉国际传播规律、掌握对外传播策略和技巧、具备跨国界、跨文化沟通能力的国际传播人才队伍。加强与国内有关高校在人才培养方面的交流合作,有计划地选派优秀国际传播人才到海外研修培训。积极创造条件从海外引进国际传播高层次人才和急需紧缺人才。探索海外本土化人才聘用方式,优化人才资源配置,不断增强广播电视重点媒体和骨干企业国际传播整体实力。

4. 广播电视艺术人才培养

适应推进文化艺术大繁荣大发展,多出精品、多出效益、多出人才的要求,以提高艺术创作、创意、创新能力为核心,建设一支思想进步、社会责任感强、业务精湛的优秀艺术人才队伍。加强高层次人才培养,加大自主扶持力度,促进广播电视剧创作、动漫形象创意、文艺栏目节目晚会和影视评论等方面的广播电视名家、艺术大师的不断涌现。完善扶持青年编剧、青年导演的资助培养机制,加强年轻人才培养。引导广播电视工作者坚持"二为"方向和"双百"方针,坚持深入实际、深入生活、深入群众,从社会生活中汲取营养、激发灵感,推动创作繁荣。

5. 广播电视经营管理人才培养

适应广播电视产业发展的要求,以高级经营管理人才为重点,着力培养造就一支讲政治、懂业务、会经营、善管理的广播电视经营管理人才队伍。以推动产业发展和经营性事业单位转企改制为契机,打造一批广播电视骨干企业和企业集团,进一步加强高层次复合型经营管理人才培养,加大广播电视业务、现代企业经营管理业务培养力度，壮大职业经理人队伍，提高其综合素质。积极培养和引进企业管理、新媒体经营、市场营销、资本运作等高层次人才，努力提高开拓国际国内市场的能力。

6. 广播电视科技人才培养

适应广播电视高新技术发展的需要，以提高研发运用和高技能操作能力为核心，建设一支掌握现代高新技术、善于运用科技手段推动广播电视发展的科技人才队伍。结合广播电视重点工程、重大科研攻关项目，加大数字技术、网络技术、制作、播出、统计等人才培养力度。加强领军人才、核心技术研发人才培养和创新团队建设，切实发挥高新科技在广播电视科学发展中的引领、支撑、保障和推动作用。以技师和高级技师为重点，加强高技能人才培养培训，充分发挥行业协会的作用，依托鉴定机构和职业院校，逐步建立重点职业（工种）技能实训鉴定基地。

7. 广播电视新媒体新业态人才培养

适应新媒体新业态快速发展、传统媒体新兴媒体深度融合的趋势，以抢占舆论制高点、掌握发展主动权为目标，培养造就一支创新能力强的视听新媒体人才队伍。适应互联网视听节目服务、互联网电视、IPTV、手机电视、视频点播、公共视听载体等新业态的发展需要，加强网络文化、新媒体运营、视听新媒体人才的培养培训。与有关高校、企事业单位、社会培训机构联合建立若干新型人才培养基地。

8. 广播电视发展研究和法律人才培养

适应广播电视改革发展的需要，以广播电视宏观政策、发展战略、体制改革、产业发展等重要问题研究为重点，建设一支政治素质好、理论水平高的研究人才队伍。适应加强广播电视法治建设的需要，以提高法律服务和保障水平为重点，建设一支具有较高政治素质、业务素质的法律人才队伍。坚持以马克思主义新闻观、文艺观为指导，培养一批用科学理论武装起来的广播电视理论研究才人，切实加强广播电视领域迫切需要解决的规律性、政策性课题研究。与有关高校、科研院所合作开展理论研究人才培训培养工作。鼓励支持优秀研究人才开展对外交流合作。加强对法律人才的政治、业务培训，充分发挥法律人才队伍在科学决策、依法行政、防范风险等方面的作用。

三、广播电视人才培养现状

中国广播电视人才培养的重要基地是高校,以1959年北京广播学院正式成立为标志,中国广播电视高等教育事业经过半个多世纪的发展,已实现了从"部门办学"模式向"开放教育"办学模式的转变。在办学层次上,完成了从低学历向高学历专业人才培养的过度;在培养方针上,更加重视应用型、国际化、全媒体人才的培养,以适应广电媒体大跨步的发展。

(一)广播电视人才培养历史沿袭

我国广播电视人才的培养是与广播电视诞生相伴发展起来的。20世纪初叶我国培养的第一批无线电通信人才创办了国人第一座广播电台,开启了广播人才培养的萌芽阶段。经过90多年的曲折发展,现已建立了一套较为完整的人才培养体系。

1. 广播电视人才培养的奠基阶段

从20世纪20年代初到1959年这一时期可以视为我国广播电视教育的奠基阶段。1959年以前,我国广播人才培养尚未形成系统,主要是由广播管理机构或各广播电台组织的培训班来培养大部分采编播和技术人员。1959年北京广播学院(现为中国传媒大学)开始招生,标志着广播电视教育迈上新台阶。在经历短训班、中等专科、高等专科教育三个阶段之后,我国广播电视教育正式步入高等本科教育阶段。"文革"初期,广播学院停办;1973年恢复办学,接收工农兵学员。

2. 广播电视人才培养的发展阶段

1977年,全国高等院校通过统一高考招生的方式得到恢复,广播学院恢复正常招生。党的十一届三中全会以后,各高等院校逐步恢复正常教学秩序。1979年起,北京广播学院开始招收新闻学专业广播电视方向硕士研究生。

20世纪80年代以后,全国各地普遍开办广播电视院校。1986年,浙江广播电视专科学校(2004年更名为浙江传媒学院)成立,主要为地市级广播电视部门培养新闻、艺术人才,学制为二到三年,设有新闻、播音、文艺、摄录等专业。1992年,山西省创建广播电影电视部管理干部学院,作为培养各级各类管理人才的成人高等学校。同年,北京广播学院建立了广播电影电视部培训中心，担负短期培训国内外广播电视人才的任务。广播电影电视部还于20世纪80年代中期开办华北广播电视学校（太原，1992年开办的广播电影电视管理干部学院在此基础上建立）和郑州广播电视学校两所中等专业学校，主要培养影视动画、录音艺术、摄影和广播电视技术人才。这一时期，广播电视教育的管理日趋规范科学，全国共有17个省的广电厅（局）开办了广播电视中专学校。

在专门培养广播电视人才的院校复兴并蓬勃发展之时，一部分综合院校的新闻系也开始开设广播电视新闻专业，广播电视系统自己培养广播电视人才的模式得以突破。1985年起，中国人民大学、复旦大学、武汉大学、厦门大学等综合性大学的新闻院（系）先后开始了广播电视新闻专业。20世纪90年代初期，南京大学、四川大学、杭州大学等新闻系的新闻学专业也先后开设了广播电视专业方向。一些综合大学的中文系和电影戏剧专门院校也充分利用自身的资源优势，开设了电视文化、影视文化、电视剧编导等专业（或专业方向）。另外，一些著名的工科院校则以自身传统的无线电专业为基础，以广播电视人才市场需求为风向标，培养相关的人才。

3. 广播电视人才培养体系的创建阶段

对于国家发展而言，1992年是一个重要转折点。邓小平南方谈话和十四大经济体制改革的提出，极大地促进了我国传媒业的发展。对于我国广播电视教育而言，也是具有转折意义的一年。传媒结构的调整、报道内容和形式的更新，新技术的应用、新媒体的出现等都对广播电视教育产生深刻影响。

1992年11月，国家技术监督局颁布新的国家标准《学科分类与代码》，其中将"广播与电视"列为"新闻学与传播学"学科范围的二级学科，下设"广播电视史"、"广播电视理论"、"广播电视业务"、"广播电视播音"等三级学科。广播电视的学科地位得以提升。此后，我国广播电视教育呈爆炸式发展。1997年，国务院学位委员会、国家教委颁布的研究生学科、专业目录中，在艺术学一级学科范围内首次列入"广播电视艺术学"。1998年，教育部修订后颁布的《本科专业目录》中，涉及广播电视教育的相关本科专业增加至20多个。2002年，国务院学位办批复，同意复旦大学将广播电视学列入"博士学位授予一级学科范围内自主设置的学科、专业"，标志着广播电视教育覆盖了本科、硕士、博士三个阶段。① 2012 年，教育部公布《普通高等教育本科专业目录（2012 年）》，将"广播电视新闻学"调整为"广播电视学"，正式确立了"广播电视学"一级学科地位。

从全国开办广播电视教育的高等院校来看，1992 年到 1999 年，增设广播电视新闻学专业点的速度比较平稳，8 年内增设了 13 个专业点。而到 2000 年，一年就增设了 13 个，2001 年则猛增 18 个专业点。进入新世纪，广播电视教育不仅在理工类、师范类、财经类、法制类、体育类、政法类、农业类院校全面开花，而且在一些地级城市院校也开始涌现。据统计，到 2012 年，全国广播电视新闻学本科专业教学点已达 163 个、播音与主持艺术专业 145 个、广播电视编导专业 152 个、戏剧影视文学专业 56 个、数字媒体艺术专业 98 个、录音艺术专业 23 个、照明艺术专业 4 个，相关专业教学点总数达到 641 个。②

2000 年，根据国务院在《关于进一步调整国务院部门（单位）所属学校管理体制和布局结构的决定》和国务院办公厅转发的《教育部等部门关于调整国务院部门（单位）所属学校管理体制和布局结构实施意见的通知》的精神，北京广播学院从广电部划归教育部管理，浙江广播电视高等专科学校（现浙江传媒学院）划转浙江省管理，国家广播电影电视总局管理干部学院划转山西省管理。我国广播电视教育从"部门办学"模式逐渐向"开放教育"的办学模式转变。在办学层次上，广播电视的教育不但培养中专、大专、本科和硕士学历的专业人才，也开始培养博士学历的人才。北京广播学院于 2004 年设立了广播电视新闻学和广播电视艺术学等广播电视专业方向的博士点。这一时期，各院校都加大了对广电教育的经费投入，如现代化教学设备的更新，优秀教育资源的引进，重点学科研究基地的建设等，办学实力明显增强。高校从事广播电视教育的师资力量得到充实，很多具有博士学位的教师开始走上教学岗位，教师的待遇也得到了进一步改善，这些措施有力地推进我国广播电视教育的发展。在改革开放日益深化的大环境下，我国的广播

---

① 参见赵玉明：《谈谈广播电视研究和广播电视学学科建设》，《媒介研究》，2007 年 6 月。
② 参见教育部：《关于公布 2012 年度普通高等学校本科专业设置备案或审批结果的通知》（教高 [2013] 4 号），2013 年 3 月 28 日。

电视教育开始走向国际化，通过与世界各地办有不同类型广播电视教育的国家和地区互派教师讲学、培养对方留学生、共同研究课题，联合召开国际性学术研讨会和合作制作节目等多种形式，深化交流与合作，积极促进我国广播电视教育的教学科研水平的提高。

（二）当代广播电视人才培养的特点

我国的广播电视教育正处于积极平稳的发展状态。整体发展势态良好，教育结构多样化、教学课程综合化、教育协作国际化、教育宗旨终生化的广播电视教育模式初步形成。

1. 教育结构的多样化

经过几十年的发展，我国广播电视新闻教育的办学方式日益灵活，单一的教育结构已经逐步向多样化的教育结构演化。现代经济社会和广播电视发展都给广播电视教育提出了新的要求，单一的"部门办学"的培养方式已经很难适应社会对广播电视专业人才的需求。这也促使我国的广播电视教育对传统的广电管理部门办学培养专业人才的教育结构进行改革，实现教育结构类型的多样化。现在，我国的广播电视教育除了专门的高等院校教育，如中国传媒大学、浙江传媒学院（2000年成立浙江广播电视高等专科学校，2004年更名）的广播电视教育，还有综合高等院校的广播电视教育，师范、财经、体育、农业、法律等专业高等院校的广播电视教育，地方院校的广播电视教育以及民办高等院校如中国传媒大学南广学院（2004年成立）、河北传媒学院（2000年成立河北影视艺术学院，2007年更名）、吉林动画学院（2000年成立吉林艺术学院动画学院，2008年更名）、四川传媒学院（1997年成立成都理工大学广播影视学院，2013年更名）、山西传媒学院（2000年成立广播电影电视管理干部学院，2013年更名）、江南影视艺术职业学院（2003年成立）、华中师范大学武汉传媒学院（2004年成立）、重庆工商大学长江传媒学院（2009年成立）等，地方及民办高校已成为广播电视教育不可忽视的力量。除此之外，还有各地的广播电视学校的中专教育、中央及各地广播电视大学的成人教育、各高校的远程教育以及广电管理部门或传媒单位组织的和一些大型传媒集团投资的广播电视教育机构提供的在职教育，广播电视教育多种方式并存，培养目标各有侧重，教学方法灵活多样。

从广播电视专业人才培养的结构层次来看，专科生、本科生、研究生各层次均已齐备。以广电人才培养的主要基地中国传媒大学为例，建校初学校以培养本科生和专科生为主，1979年开始招收硕士研究生，1999年开始招收博士研究生，2004年，学校拥有3个博士后科研流动站（后增至4个）。从教育结构的多样层次可以看出，我国完整的广电人才培养体系已经建立，广播电视全程化教育得以实现。

2. 教育课程的应用化

广播电视的发展和现代科学与生产的发展趋势相一致，都是以应用化为基本特征。尤其是网络技术的发展和新媒体兴起以后，传统媒体与新媒体的融合，对广播电视人才培养提出了更高要求。这一发展趋势反映在广播电视教育上，就是教学课程走向综合化，应用化，重视跨学科发展，专业教育和基础教育、应用研究相互渗透、交叉进行，把教育的重点放在培养适应广播电视事业发展需要和具有解决复杂现实问题能力的复合型人才上。

经过多年的实践积累，我国的广播电视教育已基本形成一套比较成熟的课程体系框架。框架主要包含两大部分：一部分是公共基础课，如政治理论课、文史哲知识课、体育、外语和计算机等；另外一部分是专业课，这又细分为专业基础课（即核心课程）和专业课。此外，各专业学生还需完成专业实践和论文。综观我国主要的广播电视教育专业点的课程设置，近几年都适当增加了公共基础课的比重，拓宽课程范围，内容涉及人文、社会和自然等多个学科领域。除规定的必修课和限选课以外，还积极鼓励学生选修或辅修若干门其他专业，如社会学、经济学、心理学等学科的课程，开始重视"大学科"教育内容，在通识层面上重构专业课，打通专业界限，增强学生学习的能动性。

在课程改革方面，高等院校的广播电视教育还表现出另一特点，即越来越重视实践教学。例如，中国人民大学在大一就开设《新闻传播技术基础》课程，尽早掌握音频视频内容制作的基本方法，鼓励学生充分利用焦点小组访谈实验室、广告实验室、全媒体实验室等进行跨媒体实验。汕头大学采用医学院的办学模式来办新闻的主张也颇受瞩目，即主张把实习变成实战，一定要在媒体发表新闻；把课堂变成战场，边干边学；变校园为社会，积极推进实践课程改革。① 实践性课程改革已经成为高等院校广播电视教学的重要课题。

3. 教育协作的国际化

新技术革命的兴起，大大缩短了各国之间的地理距离，加强了在经济、科技、文化和教育方面的联系。各国的广播电视各具优势和特色，各国的广播电视教育也各有不同。面对各国在广播电视教育上的投入和努力，可以说，每个国家的广播电视教育都面临着机遇和挑战。所以，面向世界、面向国际、共同加强协作与交流才是办好我国广播电视教育的必由之路。作为广播电视教育任务的主要承担者，高等院校越来越多地通过交流办学经验、交换情报资料、参与国际学术活动和合作研究与开发项目、交换学者和互派留学生来拓宽办学视野和提升教学科研水平，加强教育协作的国际化成为我国广播电视教育改革发展的趋势之一。再以中国传媒大学为例，从20世纪90年代开始，通过开展学术研讨、业务培训、培养留学生、研究课题等多种形式已经同美国、加拿大、德国、法国、英国、俄罗斯、日本、新加坡、韩国、澳大利亚等五十多个国家以及香港、澳门、台湾地区一百六十多个高等院校和广播影视机构建立了交流与合作关系。其他有实力的综合性大学如北京大学、清华大学、复旦大学、武汉大学等也充分利用自身优势加强国际交流与合作，走国际化的广播电视办学之路。

4. 教育宗旨的终身化

迅速多变的现代科技和生产，对社会在职人员提出了新的要求。他们不但要具备一定的生产经验和劳动技能，而且还要具备合理的智力结构和不断更新的知识结构。21世纪就是一个以终身教育体系为基础的学习型社会，学习、工作和生活紧密联系在一起，成为一种生存要素。终身教育理念的推行，对于广播电视从业人员的教育而言尤为重要。广播电视的发展与科学技术的发展联系紧密。随着技术革命的推进，高新科学技术的更新速度也越来越快。而且随着人民精神生活的不断丰富，对广播电视传播内容的要求也越来越高。单靠大学专科、本科甚至是研究生这么短暂的一段学习时期是不可能完成一

---

① 参见"中国高等教育学会新闻与传播学专业委员会第七届理事会第一次会议资料"，2012年9月于开封。

生所需要的知识、能力、素质等各方面的教育培养的。广播电视从业人员要牢固树立终身教育的观念，通过再教育及时更新理论知识、业务技能，不断地再学习和再补充。

从我国广播电视教育发展情况来看，教育宗旨的终身化趋势已经凸现出来。在职教育（包括成人教育、远程教育、职业培训、自学考试等）已经成为我国广播电视教育中不可忽视的组成部分。高等院校除了提供全日制的高等教育之外，也非常重视成人教育、远程教育、职业培训等高等职业教育。中国传媒大学在 2005 年合并了继续教育学院、现代远程教育中心和成人教育学院，成立了专门承担职业教育职能的"远程与继续教育学院"，采取函授、夜大、现代远程教育等多种教学模式，建立多媒体、多形式、多层次的继续教育体系，为信息传播领域提供全方位的继续教育服务。同时，利用拥有丰富的教学资源，常年开设电视编导制作包装研修班、电视编辑摄影照明培训、记者型主持人培训等职业培训班，给在校学生和社会在职人员提供提升专业素养的平台。除此之外，各地的广播电视大学、民营高校的高等职业教育也很受广电在职人员欢迎。随着终身教育理念的深入人心，广播电视等传媒机构也积极鼓励从业人员进行再教育，有些电台电视台还拨出专款为采编播人员提供进修费用。这些从业人员除了进修广播电视类专业之外，学外语、电脑、经济管理、法律的也十分热门。一些广播电视单位和高校联合起来，开设一些常设性继续教育机构，以满足从业人员的需求。

（三）广播电视人才培养的瓶颈

湖北省采取比例配额抽样方法抽取 40 所广播电视新闻学专业院校，从专业设置、招生形式、生源、师资队伍、人才培养目标、课程体系和学生就业等方面进行了全面调查。其调查结论是，我国广播电视新闻专业教育已完成规模的增长，部分院校呈现出改革动向，但总体面临困境。我国内地广播电视新闻学专业教育存在三大矛盾。[①]

首先是专业点数量增长过快且布局不合理与质量提升的矛盾。209 个专业点中，2000 年到 2009 年共计增加 191 个，平均每年增加 19.1 个，数量增长

---

① 参见彭爱萍：《中国内地广播电视新闻学专业教育现状调查报告》，《现代传播》，2011 年第 4 期。

迅猛。但区域分布很不平衡，由于仓促开办和重复建设，使有限的师资、资金等办学资源分散。

其次是欠缺的办学条件与较高的人才培养要求的矛盾。媒体发展要求学生由过去单一的能力提高到全媒体所需要的复合能力，由实践能力提高到实战能力。新能力要求的培养条件却受到师资和实践资源的制约。

再次是缺乏科学和特色与实际需求的矛盾。一是有部分院校培养目标受精英教育阶段思想、制度、培养方式等影响深重；少数院校还没有自己的具体定位，基本上是教育部颁布的国际目标翻版或其他院校培养目标的照搬，人才培养目标仍体现精英教育阶段的理念——差异性不明显，缺乏特色；二是课程体系不合理，课程结构呈现为两头小（通识教育和专业选修课），中间大（专业必修课）的橄榄型结构，即过分强调专业教育忽视了素质教育和人才的个性发展。造成学校人才培养滞后于媒体发展、学生个体发展和国家建设的需要，使人才培养出现同质化，带来结构性失衡。

四、建立广播电视人才培养新体系

广电行业是高科技、高智力的行业，而人才正是维系这个行业欣欣向荣的生命线。针对广播电视人才培养的现状，我国应采取兼容并蓄、鼓励创新的用人思路，为人才发展营造了宽松和谐的空间，一方面紧紧抓好人才吸引、培养开发、使用激励等环节，持续提升员工专业技能，大力加强员工队伍建设，加快人才结构调整，优化人才资源配置，促进人才合理分布；另一方面要着力营造有利于人才成长的体制、机制和环境，努力形成人才辈出、人尽其才的良好局面，充分利用信息技术等先进手段，构建持续的人力资源竞争优势，推进举才、用才、育才工作日臻完善。

（一）广纳贤才，多途径选拔

首先把选才纳贤的着力点放在疏通进口，加快引进急需的传媒、科技人才以及既懂业务又善经营的复合型人才上，优化人力资源"增量"。第一个途径就是从应届毕业的大学生、硕士生中招聘优秀人才。以三个"坚持"严把"选才关"：一是坚持德才兼备的原则，既有严格的学历标准、知识标准，又有严格的政治标准、技能标准和身体标准，二是坚持"公开、公平、竞争、择优"的原则，严格地通过面试、笔试、专业测试等程序，择优录取，量才使用；三是坚持立足当下，着眼未来，定期选拔一批具有活力和潜能的人才，为广播电视新闻事业的未来发展打下坚实的基础。同时，根据现实需求，采取"缺什么，补什么"的原则，通过社会招聘等途径不定期招聘一部分急需的专业人才，如新闻与经济专业的复合型人才、新闻与法律专业的复合型人才、广告管理与策划人才等。

（二）因人制宜，多层次培养

应针对广播电视才人职业发展的不同阶段，科学设置培养和开发重点，为处于不同年龄阶段的员工提供有针对性的培训、开发手段，通过四个层次全面推进人才培养工作。

一是对于刚刚入门的新人，重在对其职业理念的教育和培训。让他们在入职前全方位多角度了解所处的行业现状，认识并认同所在组织的文化，理解并接受组织的共同语言和行为规范，引导他们在充分进行自我分析和内外环境分析的基础上，制定自己的职业发展规划，坚定自己的职业选择。

二是对于有一定从业经历，处于事业上升阶段的员工，重在继续强化专业能力培养，使其尽快成长为岗位能手。督促他们不断更新知识，拓展事业和管理技能，持续提升自身竞争优势。可以每年定期举办专业知识讲座，成立各种沙龙，邀请业界知名专家学者来和员工进行交流。

三是对于核心业务骨干和基层管理者，处于职业成熟阶段的员工，重在提高其综合素质，拓展专业知识结构，引导他们继续充电，不断更新知识结构，保持发展的动力，使他们向复合型人才方向发展。为应对日臻激烈的媒体竞争与挑战，使得广播电视人才发展与国际接轨，可与国内外的知名院校和媒体展开培养合作，每年选拔骨干人才赴国外进修，使其了解最前沿的媒体业态、最先进的管理理念，结合案例教学和实地考察，进一步开阔视野，激发创新思维，提高创新能力。

四是对于高端核心管理人才，重在进一步提高其全方位竞争意识和战略眼光，引导他们合理配置精力，通过参加高端培训、同行交流拓展其视野。

（三）学以致用，多渠道发展

广电行业是一个智力密集型行业，内部岗位纷繁复杂且相互交融。应不断引导员工在多条通道上发展,建立为各类专业人才提供更大发展空间以充分实现其专业价值的职业发展多渠道发展机制。一是发展专业技能,通过在现有专业岗位上设置与管理岗位相同的职级,开通专业人才晋升通道。二是拓展专业结构,开展横向岗位交流和岗位轮换,逐步成长为"素质精良、基础扎实、专业宽广、能力突出"的多专多能型人才。三是提升专业空间,晋升更高职务,承担更大范围的工作职责,引导学术前进方向,带领团队不断取得更好的业绩。

(四)全面发展,多方位提升

广播电视从业人员代表的是媒体的公信力,要在传播过程中承担责任与义务,因此,广播电视从业者的职业道德尤为重要,只有高尚的职业道德修养才会有高尚的道德情操。所以在人才培养教育方面,不仅要关注他们业务技能的提升,更要注重加强他们的道德品质和个人情操的培育。一方面,坚持开展马克思主义新闻观和职业道德教育,始终把社会效益作为最高准则,认真贯彻实施《中国新闻工作者职业道德准则》、《中国广播电视编辑记者职业道德准则》等规定,做到用制度规范言行、用制度检阅工作成效,精心打造一支唱响主旋律、打好主动仗的专业传播队伍;另一方面,要不断丰富广电员工队伍精神文明建设。通过一系列举措和活动加强对专业岗位员工团队精神的培养,提升员工的团队工作技巧,充分发挥团队协作的合力效应,为推动广播电视科学发展提供和谐的文化氛围,注入强大的精神动力。

后 记

2004年12月，国家广播电影电视总局将部级重大社科研究项目——《当代中国广播电视学》正式下达给中国广播电视协会。由于种种原因，历时四年多未能结项。2009年3月，中国广播电视协会将此任务交由第三届学术委员会完成。当年6月，第三届学术委员会召开主任会议，听取原写作组情况介绍。会议认为，1990年原中国广播电视学会曾组织编写过一部《中国广播电视学》，在学界业界产生较大影响，奠定了广播电视学的学科基础。新世纪重新组织编写《当代中国广播电视学》，须在原有成果基础上有所突破，有所创新。应站在时代高度，审视和总结新的传媒生态和全球化语境下产生的新趋势、新理念、新思维，力图体现本学科理论的时代性、规律性和创造性。"新"是《当代中国广播电视学》价值所在，生命所系。会议确定由时任中国广播电视协会副会长兼学术委员会副主任张振华、学术部主任张君昌负责，组建课题组完成此项任务。要求重新起草框架结构，提出编写方案。经过多方协商，2009年年底，学术委员会批准了以四川大学欧阳宏生教授的博士团队为骨干组建课题组的方案。

2010年3月，欧阳宏生主持起草大纲，经过数轮修改，2011年10月，大纲获得批准。10月14日，张振华委托张君昌到成都召开课题组成立暨写作动员会，制订《课题研究、写作体例及进度要求》，启动调研工作。2012年3月12日，张君昌再赴成都召开座谈会，调整章节设计，敲定四级目录。2012年4月至9月，欧阳宏生主持完成初稿写作及初审。2012年10月至2013年2月，张君昌主持完成二稿修订。2013年3月至7月，张振华主持完成三稿修订。这次修订，以党的十八大提出的关于建设文化强国和构建现代传播体系的一系列新观点、新主张、新要求统领全书，结合十二届全国人大一次会议确立的新闻出版广电总局新体制,进行了大幅度调整与改写,使全书面貌焕然一新。

随后,书稿提交中国广播电视协会张海涛会长终审。不久,张海涛答复:书稿写得很好,内容全面翔实,理论联系实践,只是觉得数据有些陈旧,建议用最新数据统稿。张振华责成张君昌执笔处理,以2013年版《广电蓝皮书》、《2012全国电视观众抽样调查报告》(央视)和《2012中国广播广告影响力发展研究报告》(赛立信)为依据,全面勘校、更新文稿数据。同时,将习近平总书记2013年8月19日在全国宣传思想工作会议上的讲话和2012年12月4日在首都各界纪念现行宪法公布施行30周年大会上的讲话、2012年12月4日中共中央政治局审议通过《中央政治局关于改进工作作风、密切联系群众的八项规定》和2013年8月28日审议通过《建立健全惩治和预防腐败体系2013—2017年工作规划》中涉及新闻报道、舆论监督方面的内容,2013年9月9日最高法院和最高检察院联合发布《关于办理利用信息网络实施诽谤等刑事案件适用法律若干问题的解释》、2013年9月29日高法发布《最高人民法院关于审理编造、故意传播虚假恐怖信息刑事案件适用法律若干问题的解释》以及国务院2013年6月19日常务会议通过国家新闻出版广电总局"三定"方案、9月18日常务会议研究部署进一步加强政府信息公开工作和8月17日印发"宽带中国"战略及实施方案,由此引发政府简政放权、发挥社团中介枢纽作用带来的体制机制变化、加大信息公开力度、将宽带战略正式上升到国家层面等相关分析,统筹增补到各个章节中去,将新一届中央领导集体关于新闻宣传、舆论监督、法治建设和体制改革方面的论断、主张体现得更为全面完整。还按照学术规范要求再次对书稿加工、润色、删节,对注释重新校订,文献、数据引用截止于2013年9月底,现稿字数35万字。终于在21世纪以来北京持续高温天气最长的暑期里,完成统稿任务。本课题组从接受任务、起草大纲、写作修订,直至完成,历时四年。最终能以全新面貌问世,是协会上下及社会力量以高度的使命感、责任意识、奉献精神,任劳任怨,通力合作的结晶。

中国广播电视历经若干历史阶段的发展,无论是在理论研究还是行业发展方面,都出现了许多新气象,产生了新观念,创造了新经验,实现了新突破，达到了新高度，对此需要加以梳理和总结。特别是进入 21 世纪以来，随着国际传播环境的改变、现代传播意识的确立、信息科技的飞速发展，对我国广播电视实施有效传播提出了新的课题与挑战，如何在新的传播条件下对中国广播电视理论、实践的现实发展进行准确的学术关照，是当前广播电视学术理论研究的核心问题，也是本课题研究的理论意义和现实价值之所在。

接受国家广播电影电视总局这一重大课题，我们深感责任重大。为确保研究质量和科学规范的研究进程，课题组通过召开专题论证会、研讨会、实地调研、专家学者访谈等多种形式，广泛听取了国家广播电影电视总局、中央和省市级电台、电视台的高层管理人员、广播电视理论专家学者等多方面的意见，最终确立了"坚持正确立场、基础理论创新、前沿问题探索"的写作思路，并制定了详尽系统的研究计划和方案。

全书涉及中国广播电视理论和实务研究最主要的十大问题，也即总课题之下所划分并展开的十个研究子课题，力求在邓小平理论、"三个代表"重要思想、科学发展观指导下，从中国广播电视学术理论研究的最前沿和行业实践新进展出发，在对新中国广播电视基础理论研究几十年的成果积淀进行全面梳理、对广播电视发展现状进行详尽考察的基础上，实现的对中国广播电视理论研究的一次全方位、大跨度、整体性的理论创新和探索。

在涉及的理论研究层面，我们大量会同广电行业高层管理人员、著名专家学者进行反复商讨、谨慎求证，以确保理论的准确性与开放性。其中特别强调"体现时代性，把握规律性，富于创造性"，在继承和吸收已有学术研究成果的基础上，密切追踪中国广播电视研究的最新理论前沿，同时紧扣当代经济、政治、社会、文化、科技、生态等这个大环境及传媒生态这个中环境，对其进行详尽的描绘、剖析与解读，以期达到对当代中国广播电视发展规律的科学把握与阐释。

在涉及的实务研究层面，为反映中国广播电视行业发展的最新进展，课题组派研究人员到中央及多个省、地市级电台、电视台进行实地调研，同各级广播电视机构的各级管理、采编、经营人员进行了大量的访谈工作和深度交流，真实系统地了解广电行业的现实状况，搜集了大量一手资料，为研究奠定了扎实的基础，保证了研究成果的客观性、真实性。

《当代中国广播电视学》是由中国广播电视协会、四川大学等多所高校从事广播电视理论研究和教学的专家、学者共同合作的结晶。课题组主要成员有：张振华（中国广播电视协会）负责全书纲目和内容的总体把握和终审，张君昌（中国广播电视协会）、欧阳宏生（四川大学）共同负责整体研究方案设计、理论框架制定、书稿提纲确立以及撰写指导工作。杨璐（昆明理工大学）参与前期大纲起草和修订工作，李鹏（西安外国语大学）负责后期大纲修订和初稿统稿工作。各章主要作者如下：欧阳宏生、杨璐参与绪论撰写，张君昌、杨璐参与第一章撰写，张振华、汤甜甜（重庆大学）参与第二章、第三章撰写，张振华、李鹏参与第四章撰写，徐明卿（四川大学）参与第五章撰写，李鹏参与第六章撰写，陈芊芊（重庆交通大学）参与第七章、第九章撰写，黎薇（西南政法大学）参与第八章、第十章撰写。此外，徐栋（四川大学）、晏青（暨南大学）参与前期部分调研工作；陈晓宁（中国有线电视网络有限公司）、曾文莉（成都体育学院）提供了技术咨询；高杨（中国国际广播电台）、单亦砺（中国广播电视协会）、张务纯（中国广播电视协会）参与校对工作。

本书在撰写、修订过程中经过了数轮修改，有的章节甚至历经十几次修改，最终定稿与初稿已相去甚远。虽然作者、编者力求精益求精，试图把广播电视理论及其发展过程中的最新成果全面反映出来，但由于水平有限，加之书中涉及知识面较广，错误及不妥之处在所难免，敬请读者批评指正，以便进一步修订。

本书付梓之际，正是中国广播电视协会学术委员会与中央人民广播电台广播学会联合举办"2013理论走基层"启程之时。9月3日，十位专家学者赴革命老区河北省涉县周边四县（市）调研，把最新的理论成果送到基层一线，听取意见，以实际行动落实习近平总书记提出的"理念创新，手段创新，基层工作创新。"让新世纪广播电视改革发展产生的一系列新理论、新观点，直接接受一线实际工作的检验。

感谢中国国际广播出版社祝晔等同志的辛苦工作，使这本著作得以顺利出版，也感谢所有为这本书付出智慧与辛劳的人，他们为本书的诞生所提出的真知灼见与睿智思想使我们受益匪浅，本课题组全体成员在此一并致谢！

编者

2013年7月17日

9月17日又及

10月9日定稿

图书在版编目（CIP）数据

当代中国广播电视学/ 张振华主编.—北京：中国国际广播出版社，2014.1
ISBN 978-7-5078-3678-3

Ⅰ.①当　Ⅱ.①张　Ⅲ.①广播工作－中国－现代②电视工作－中国－现代　Ⅳ.①G229.2

中国版本图书馆CIP数据核字（2013）第277984号

当代中国广播电视学

主　　编	张振华
责任编辑	祝　晔
版式设计	国广设计室
责任校对	徐秀英
出版发行	中国国际广播出版社（83139469　83139489[传真]）
社　　址	北京复兴门外大街2号（国家广电总局内） 邮编：100866
网　　址	www.chirp.com.cn
经　　销	新华书店
印　　刷	北京艺堂印刷有限公司
开　　本	710×1000　1/16
字　　数	400千字
印　　张	28
版　　次	2014年1月 北京第一版
印　　次	2014年1月　第一次印刷
书　　号	ISBN 978-7-5078-3678-3 / G・1426
定　　价	78.00元

欢迎关注本社新浪官方微博
官方网站 www.chirp.cn
版权所有
盗版必究